Günther Stürner

**Oracle7
Die verteilte semantische Datenbank**

Günther Stürner

Oracle7

Die verteilte semantische Datenbank

dbms publishing

Impressum:

Günther Stürner
Oracle7-Die verteilte semantische Datenbank

ISBN 3-930124-00-9
3. erweiterte Auflage

dbms publishing 1993

Verlagsanschrift:
dbms publishing 1993
postfach 1227
71284 Weissach/Württ.

Umschlagentwurf:
Groß Art
Gerokstr. 75
70184 Stuttgart

Satz und Druck:
Gaiser Offsetdruck & Informations-GmbH
Im Spagen 5
73527 Schwäbisch Gmünd

Text, Abbildungen und Programme wurden mit größter Sorgfalt erarbeitet.

Der Verlag und der Autor können jedoch für fehlerhafte Angaben und deren Folgen weder eine juristische Verantwortung noch irgendeine Haftung übernehmen.

Das vorliegende Buch ist urheberrechtlich geschützt. Alle Rechte vorbehalten. Kein Teil dieses Buches darf ohne schriftliche Genehmigung des Verlages in irgendeiner Form durch Fotokopie, Mikrofilm oder andere Verfahren reproduziert werden. Auch die Rechte der Wiedergabe durch Vortrag sind vorbehalten.

Inhaltsverzeichnis

Vorwort I

1. Einleitung 3

2. Einführung in SQL (Teil1)
2.1 Einführung 13
2.2 Historie 13
2.3 Gliederung von SQL 15
2.3.1 Datendefinition 16
2.3.2 Datenwiedergewinnung 22
2.3.3 Datenmodifikation 26
2.3.4 Datensicherheit und Datenorganisation 28
2.4 Einsatzebenen von SQL 30
2.5 SQL-Standardisierung 32

3. ORACLE Archiktektur
3.1 Einführung 35
3.2 Die ORACLE Datenbank-Architektur
3.2.1 Die Physische Struktur 37
3.2.2 Die logische ORACLE-Datenbankstruktur 39
3.2.3 Die Tablespace-Struktur 42
3.2.4 Die Segment-Ausprägung 45
3.2.5 Die Datenbank-Block Struktur 48
3.2.6 Das Physische Datensatzformat 54
3.2.7 Zusammenfassung 57
3.3 Software-Architektur
3.3.1 Einführung 60
3.3.2 Der Software-Aufbau 66
3.3.3 ORACLE Prozeß-Struktur 70
3.3.4 Der ORACLE-Datenbank-Cache 77
3.3.5 Konfigurationsalternativen ORACLE-MTS/DS 79
3.3.6 ORACLE Parallel Server
3.3.6.1 Einführung 83
3.3.6.2 Paralleles Cache Management (PCM) 84
3.3.6.3 Beispiele
3.3.6.4 Erweiterte Fehlertoleranz bezüglich Rechnerausfall 92

3.4 Data-Dictionary
3.4.1 Einführung 93
3.4.2 Die Data-Dictionary Tabellen 94
3.4.3 Data-Dictionary Views 96
3.4.4 Die Implementierung des Data-Dictionaries 98

4. Ablaufintegrität
4.1 Einführung 101
4.2 Sperrmechanismen 104
4.3 Das Transaktions-Konzept 108
4.4 Konsistentes Lesen 112
4.5 Diskrete Transaktionen 117

5. Recovery
5.1 Einführung 119
5.2 Transaktionsablauf 120
5.3 Prozeß-Recovery 121
5.4 Instanz-Recovery 123
5.5 Medium-Recovery
5.5.1 Allgemeines 127
5.5.2 Sicherungsverfahren einer ORACLE-Datenbank 128
5.5.3 Wiederherstellungsverfahren einer ORACLE-Datenbank 134

6. Datenbank-Tuning
6.1 Einführung 139
6.2 Tuning-Ebenen 140

7. SQL-Einführung Teil 2 (PL/SQL)
7.1 Einführung 155
7.2 Die PL/SQL Sprachkonstrukte 159
7.2.1 Der Deklarations-Teil 161
7.2.2 Der Ausführungs-Teil 170
7.2.3 Der Fehlerbehandlungsteil 178

8. Gespeicherte PL/SQL Programme
8.1 Einführung 181
8.2 PL/SQL Modul Konstrukte
8.2.1 Einführung 183
8.2.2 PL/SQL Prozeduren und Funktionen 185

8.2.3 PL/SQL Pakete 188
8.2.4 Die Ausführung von PL/SQL Programmen 191
8.3 Entwicklung und Test von PL/SQL Programmen 194
8.4 Abhängigkeitskontrolle.. 198
8.5 Von ORACLE bereitgestellte PL/SQL Programme 202

9. Semantische Datenintegrität
9.1 Einführung 207
9.2 Deklarative Integritätsmethode
9.2.1 Einführung 210
9.2.2 Referentielle Integritätsdefinitionen 213
9.2.3 Entity Integritätsdefinitionen 220
9.2.4 Verwaltung von deklarativen Constraints 223
9.3 Prozedurale Integritätsmethode
9.3.1 Einführung 225
9.3.2 Die ORACLE DB-Trigger 228
9.3.3 Das Anlegen von DB-Triggern.. 234
9.3.4 Das Verwalten von DB-Triggern 235
9.4 Beispiel-Scripts 236

10. Datenschutz
10.1 Einführung 239
10.2 Die Datenbank Privilegien 241
10.3 Das Oracle7 Rollenkonzept... 245

11. Trusted Oracle7 – Eine kurze Einführung 251

12. Datenbank-Verwaltung
12.1 Einführung 259
12.2 Aufgabe des Datenbankadministrators 259
12.3 Starten und Stoppen einer ORACLE-Datenbank 261
12.4 Überprüfung der Datenbank-Aktivitäten 264

II. Verteilte ORACLE Datenbanken
Einleitung... 269

13. ORACLE Netzwerk-Technologie
13.1 Einführung 273
13.2 Die Produktfamilie 274

13.3 Die TNS-Knotentypen 279
13.4 Beschreibung eines ORACLE-TNS Netzwerkes 281
13.5 Das ORACLE*MultiProtokoll Interchange
13.5.1 Allgemeines 290
13.5.2 Struktur eines ORACLE*MPI 291
13.6 Zusammenfassung 294

14. ORACLE Verteilte Datenbank Technologie

14.1 Einführung 297
14.2 Das ORACLE Datenbank-Link Konzept
14.2.1 Allgemeines 299
14.2.2 Datenbank Links ohne globale Namen 300
14.2.3 Praktischer Einsatz von Datenbank Links 305
14.2.4 Datenbank Links mit globalen Namen 311
14.3 Verteilte Datenbankoperationen
14.3.1 Allgemeines 314
14.3.2 Das 2 Phasen Commit Protokoll 320
14.3.3 Der Ablauf beim 2PC Protokoll 324
14.3.4 Fehlerzustände während des 2PC Protokolls 327
14.3.5 Manuelle Eingriffe während des 2PC Protokolls 333
14.4 Das ORACLE Replikat-Konzept 334

15. Oracle7 Release 7.1 – ein technologischer Update

15.1 Einleitung 343
15.2 Parallele Query Technologie
15.2.1 Einleitung 346
15.2.2 Einsatz der Parallelen Query Technologie 355
15.3 Paralleles Recovery-Verfahren 366
15.4 Erweiterung des Tablespace-Konzeptes 374
15.5 Erweiterungen für gespeicherte PL/SQL-Programme 378
15.6 Erweiterungen der Prozeduralen Integritätsmethode 389
15.7 Oracle Open Gateway Technologie
15.7.1 Einleitung 391
15.7.2 Die Oracle Open Gateway Produkte 393
15.8 Oracle7 Release 7.1-Netzwerk-Technologie 402
15.8.2 Erweiterung des Oracle7-Replikations-Konzeptes 405
15.8.3 Oracle7 Symmetrische Replikation – Ein Ausblick 410

Index 415

Vorwort

Schon seit etlichen Jahren zeichnet sich ab, daß sich die Information auf der Ebene der Unternehmensführung zum Produkt der Zukunft entwickelt. Informationslogistik und die Aufbereitung der Informationen gewinnen mehr und mehr an Bedeutung. Globales Informationsmangement ist deshalb angesagt. Die Globalisierung und Integration des Informations-Mangements sowohl technologisch, organisatorisch als auch geographisch wird eine der herausfordernsten Aufgaben der Zukunft sein.

Wer heute im Markt erfolgreich bestehen will, ist auf die hierzu nötigen Instrumente angewiesen. Zu diesen Instrumenten zählen zweifellos Informations-Management Systeme. Komplexes Informations-Management erfordert jedoch die nötigen, marktrelevanten Informationen marktnah und zeitgerecht verfügbar zu machen. Diese Forderung ist jedoch oftmals nicht einfach zu realisieren, da in der Praxis, auf den verschiedensten Ebenen der meisten Unternehmen, vielfach inkompatible Rechersysteme installiert sind. Solange diese Systeme nicht durchgängig mit einer portablen und verteilbaren Software ausgestattet sind, ergeben sich beim Aufbau eines marktrelevanten Informations-Management Systems erhebliche Schwierigkeiten.

Die Integration der heterogenen Informationstechnologien ist die eigentliche Herausforderung der nächsten Jahre. Dies zeigt ganz eindeutig auch die Diskussion um die sogenannten offenen Systeme. Ohne Datenhaltungssysteme, die unabhängig sind von möglichst vielen Hardware-Architekturen und Betriebssystemen lassen sich diese nicht realisieren.

Relationale Datenhaltungssysteme sind heute 'State-of-the-Art'. Die offene Software von ORACLE basiert auf einer relationalen Datenbank, die auf allen verbreiteten Plattformen verfügbar ist- auf unterschiedlichsten Host-Rechnern, auf dezentralen Bereichsrechnern und diversen Arbeitsplatzrechnern. Darüberhinaus unterstützt ORACLE alle verbreiteten, marktüblichen Schnittstellen- sowohl im Kommunikations- als auch im Backendbereich. Gleichzeitig wird dabei auch den neuesten Trends in der Hardware-Entwicklung, wie z.B. der Unterstützung von sogenannten Massiv-Parallelen-Systemen Rechnung getragen.

Einen Eckpfeiler dieses Gesamtkonzeptes von offener Software bildet daher Netzwerk-Computing- das heißt, Technologien und Verarbeitungsformen, die den Benutzer zum Mittelpunkt geographisch verteilter Informationsverarbeitung und -logistik machen. Dabei muß allerdings berücksichtigt werden, daß heute noch viele Unternehmen auf den unterschiedlichen Ebenen unterschiedliche und proprietäre

Vorwort

Datenhaltungssysteme einsetzen. Da es nicht immer möglich ist, diese vorhandenen Systeme kurzfristig mit einer einzigen durchgängigen Datenbank-Technologie wirtschaftlich zu ersetzen, müssen dem Anwender umfassende Integrationslösungen auch für heterogene Datenhaltungssysteme angeboten werden.

Das vorliegende Buch zeigt Möglichkeiten auf, wie mit einem zukunftssicheren und dem neuesten Stand der Technik entsprechenden Datenbanksystem die Schlüsselaufgaben eines effizienten und auch unternehmesweit integrierten Informations-Managements gelöst werden können.

Franz Niedermaier
Geschäftsführer
ORACLE Deutschland GmbH

Vorwort des Autors

Mit der Einführung von Oracle7, der neuesten Version des ORACLE Datenbanksystems, wird eine Vielzahl von neuen Konzepten und Funktionen eingeführt, die zum Teil ein radikales Umdenken der Software-Entwickler wie auch der Datenbankverantwortlichen erfordert.

Dieser Quantensprung der Datenbankfunktionalität bestätigt die oft formulierte These, daß sich die 'Halbwertszeit' eines einmal erlangten Wissensstandes drastisch verkürzt. Dies bedeutet auf der anderen Seite, daß in immer kürzeren Abständen ein immer komplexer werdender Lernstoff aufgenommen, verarbeitet und letztendlich angewandt und in Produkte umgesetzt werden muß. Dabei hängt der persönliche Erfolg jedes Einzelnen oder aber der Erfolg eines Software-Produktes in hohem Maße davon ab, wie schnell, wie effizient und mit welcher Qualität eine neue Technologie adaptiert und umgesetzt werden kann.

An diesem Punkt setzt nun das vorliegende Buch ein. Es sollte eine Informationsquelle über die neue ORACLE Datenbankversion geschaffen werden, die die schnelle Einarbeitung, das Verstehen und die Umsetzung der neuen Funktionen zum Inhalt hat. Es wurde dabei stets versucht, auch komplizierte und zum Teil äußerst komplexe Sachverhalte in einer anschaulichen Art und Weise darzustellen, die sowohl dem erfahrenen ORACLE-Benutzer als auch Neueinsteigern die Einarbeitung in diese neue Produktfamilie erleichtert.

An dieser Stelle möchte ich es nicht versäumen all denen zu danken, die mich bei der Erstellung dieses Buches unterstützt haben. Dazu gehören viele Kollegen und auch Leser meines ORACLE Version 6-Buches, die mich motiviert haben, über die neue Version ebenfalls ein Buch zu schreiben.

Besonderen Dank gebührt den Kollegen Ken Jacobs und Mike Hartstein, die eine Vielzahl von Fragen mit hoher fachlicher Kompetenz beantwortet haben und mich vor manch falscher Schlußfolgerung und Darstellung bewahrten.

Bedanken möchte ich mich auch bei vielen Zuhörern verschiedener Seminare, an denen ich immer wieder Erklärungsmodelle auf ihre Tauglichkeit erproben konnte, was unmittelbar der Qualität des Buches zugute kam.

Den größten Dank schulde ich jedoch meiner Frau, die sich als Lektorin für die Gestaltung und die Qualität des Buches verantwortlich zeichnete und ohne deren Unterstützung dieses Projekt nicht zu einem fertigen Buch hätte führen können.

Günther Stürner
April 1993

Einleitung

Günther Stürner

Oracle7

Die verteilte semantische Datenbank

1. Einleitung

In der kurzen Geschichte der elektronischen Datenverarbeitung hat es bereits viele Revolutionen gegeben, die gerade erst etablierte Strukturen und Verfahren vom Tisch fegten und eine Vielzahl von Evolutionen, die die Veränderungen zwar nicht so schnell und abrupt, aber deshalb nicht weniger nachhaltig bewirkt haben.

Dabei sind Rechnersysteme und Rechnerarchitekturen immer wieder alles verändernden Quantensprüngen ausgesetzt. So werden neue Rechnerarchitekturen eingeführt, die ein immenses Leistungspotentioal versprechen und die bisherigen Systeme in der Leistung um ein vielfaches übertreffen.

Als eine Evolution kann die Verlagerung der Betrachtungsweise hin zu den Daten- und Beziehungsstrukturen bezeichnet werden. Nicht das Programm alleine steht im Mittelpunkt des Interesses, sondern die zugrundeliegenden Daten- und Beziehungsstrukturen werden als das wichtige Wirtschaftsgut eines jeden Unternehmens anerkannt. Dies führt zu einer stärkeren Betrachtung einer Software-Komponente, die speziell für die sichere und effiziente Verwaltung der Daten und deren Beziehungen entwickelt und bereitgestellt wird, das **Datenbanksystem**. So wie Daten und die daraus abgeleiteten Informationen als wichtiges Produktionsmittel betrachtet werden, so ist das Datenbanksystem als unabdingbare Basis für die Verwaltung dieses essentiellen Wirtschaftsgutes anerkannt. Ohne ein Datenbanksystem und datenbankbasierende Entwicklungswerkzeuge ist die Realisierung von komplexen, hochflexiblen und portablen Systemen, die in der Wirtschaft und im Bereich der öffentlichen Verwaltungen anstehen, nicht denkbar.

Komplexe Systeme sind gefordert, um auf die Herausforderungen, denen sich die Industrieunternehmen und die öffentlichen Verwaltungen gegenübersehen, eine adäquate Antwort bereitzuhaben.

Die Beibehaltung der Wettbewerbsfähigkeit, kürzere Modellzykluszeiten, Modularität und Steuerung der Produktion, flexible Fertigungs- und Produktionsmethoden und ausgeklügelte Transportlogistik lassen sich nur mit massivem Einsatz von modernsten elektronischen Hilfsmitteln erreichen. Dabei spielen jedoch nicht nur die Rechnersysteme und die Netzwerke eine wichtige Rolle, sondern die verwendeten Software-Komponenten und hier insbesondere das Datenbanksystem, sind entscheidend für den Erfolg oder den Mißerfolg eines eingeschlagenen Weges.

Komplexe Informationssysteme sind gefordert, in denen komplexe Zusammenhänge abgebildet werden können (Datenmodelle, Datenstrukturen), in denen komplexe Abläufe implementierbar und ausführbar sind (Programme, Funktionen) und

Einleitung

die auf komplexen Konfigurationen aufgebaut werden können. Komplexe Konfigurationen, wie wir sie heute bereits vielfach vorfinden, können bestehen aus:

- unterschiedlichen Rechner- und Betriebssystemen,
- unterschiedlichen Netzwerken und Netzwerkprotokollen,
- unterschiedlichen graphischen und nicht-graphischen Benutzeroberflächen.

Komplexe Systeme lassen sich nur dann effizient implementieren, wenn diese Barrieren überwunden werden können, wenn Programme unabhängig sind von den jeweiligen Rechnersystemen oder dem jeweiligen Netzwerkprotokoll. Dabei kommt dem Datenbanksystem eine zentrale Rolle zu, das die zunehmende Flut an Daten in immer größeren Datenbanken speichern und bei Bedarf schnell und sicher wiederfinden muß.

Die heute von ORACLE zur Verfügung gestellten Produkte lassen sich in fünf Produktkategorien einordnen und adressieren unterschiedliche Teilbereiche von komplexen Anwendungssystemen.

Das ORACLE-Datenbanksystem und die ORACLE-Netzwerktechnologie können dabei als die Basiskomponenten betrachtet werden, um komplexe Software-Systeme aufzubauen, die unabhängig sind von den jeweils verwendeten Rechner-

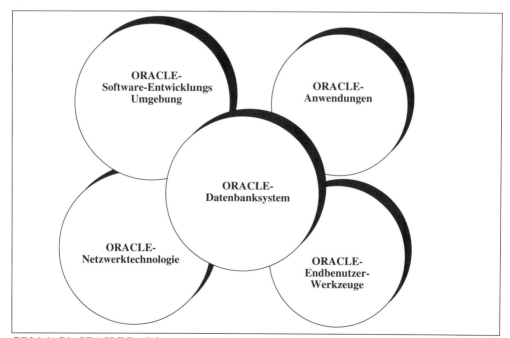

Bild 1-1 : Die ORACLE Produktgruppen

Einleitung

systemen oder der zum Einsatz kommenden Netzwerke. Das vorliegende Buch hat zum Ziel, die Funktionen und Einsatzmöglichkeiten der Software-Komponenten dieser beiden Produktgruppen vorzustellen.

Wenn man die Entwicklungsgeschichte des ORACLE Datenbanksystems analysiert, lassen sich mehrere Phasen ausmachen, die jeweils unterschiedliche technologische Anforderungen an das Datenbanksystem stellten und unterschiedliche Anwendungsprofile abdeckten. Dabei wurden folgende Entwicklungsphasen durchlaufen:

- die Pionier-Phase (1977-1984)
- die Management-Informations-System-Phase (1984-1988)
- die Online-Transaktions-Phase (OLTP) (1988-1992)

Insbesondere die OLTP-Phase ist geprägt durch extrem hohe Anforderungen an das Datenbanksystem, das Funktionen bereitstellen muß, um viele gleichzeitige Benutzer und stetig wachsende Datenmengen mit hoher Performance und hoher Datensicherheit bedienen zu können. Die ORACLE Versionen 6.0/6.2 (ORACLE Parallel Server) lieferten die Basis-Technologie für OLTP-Systeme, die sowohl auf Einzel-CPU Systemen als auch auf den modernen Symmetrischen Multi-Prozessor Systemen (SMP) oder gar auf lose-gekoppelten Systemen (Cluster Systeme) bzw. Massiv-Parallelen Systemen realisiert wurden. Mit diesen Versionen wurden technologische Meilensteine gesetzt wie:

- Unbegrenzte Anzahl von Datensatzsperren ohne Eskalationsverfahren
- Konsistentes Lesen ohne Sperren
- Fast-Commit-Verfahren
- OLTP-fähiges ONLINE-Backup
- ONLINE Recovery
- Unterstützung aller relevanter Rechnerarchitekturen

Alle diese Funktionen, die auch in lose gekoppelten Systemen ohne Einschränkungen implementiert wurden, sind unabdingbare Voraussetzungen für hoch-performante und hoch-funktionale Anwendungssysteme.

Der weitere Weg führt hin zu komplex-verteilten Anwendungssystemen, die auf breiter Front implementiert werden müssen. Solche Systeme sind nicht etwa Spielwiesen für Informatiker und Wissenschaftler, sondern sie werden zur schlichten Notwendigkeit, wenn Unternehmen dem zunehmenden Wettbewerbsdruck durch Schnelligkeit, Flexibilität und Qualität innerhalb der Fertigung und bei diversen

Einleitung

Dienstleistungen standhalten und ihre Konkurrenzfähigkeit erhalten wollen. Diese Systeme bestehen aus komplexen (u.U. verteilten) Datenstrukturen, komplexen Abläufen und komplexen Konfigurationen und bilden das Rückgrat der Unternehmen der 90er Jahre. Dabei dürfen weder Rechnersysteme/Rechnerarchitekturen und Netzwerke, noch inkompatible Benutzeroberflächen oder unterschiedliche Datenquellen der Integration von Daten und Informationen im Wege stehen.

Oracle7 wurde speziell für diese Art von Anwendungen konzipiert und deckt die folgenden Anforderungen ab:

- Bearbeitung von vielen gleichzeitig operierenden Benutzern
- Verwaltung von großen und „übergroßen" Datenbanken
- Uneingeschränkter unterbrechungsfreier Betrieb
- DB-Server gesteuerte semantische Datenintegrität

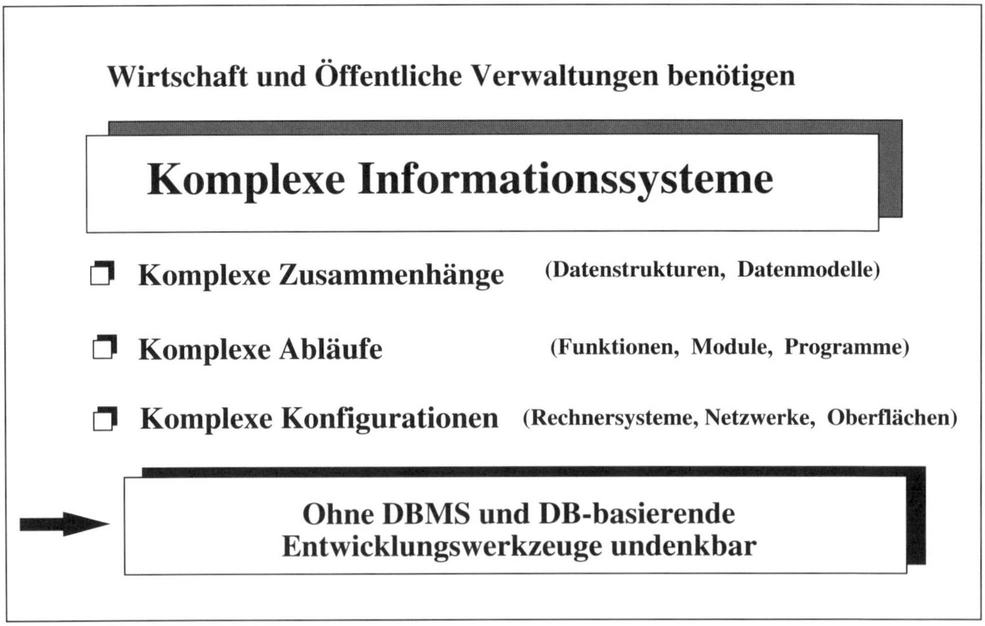

Wirtschaft und Öffentliche Verwaltungen benötigen

Komplexe Informationssysteme

☐ **Komplexe Zusammenhänge** (Datenstrukturen, Datenmodelle)

☐ **Komplexe Abläufe** (Funktionen, Module, Programme)

☐ **Komplexe Konfigurationen** (Rechnersysteme, Netzwerke, Oberflächen)

→ **Ohne DBMS und DB-basierende Entwicklungswerkzeuge undenkbar**

Bild 1-2 : Komplexe Informationssysteme

- Client/Server Konfigurationen in homogenen und heterogenen Netzen
- Verteilte Lese- und verteilte Änderungsoperationen bei vollständiger Ortstransparenz u.U unter Einbeziehung von beliebigen Datenquellen
- Administrierbarkeit von komplex-verteilten OLTP-Systemen

Einleitung

Dabei standen folgende Entwicklungsziele im Vordergrund:

- Einführung einer neuen, zusätzlichen Software-Architektur, die es erlaubt, noch mehr gleichzeitige Benutzer bzw. Benutzerprozesse auf einer gegebenen Rechnerplattform betreiben zu können. Die neueingeführte MultiThreaded Server (MTS) Architektur ist gedacht für Online-Anwendungen und unterstützt insbesondere auch Rechnersysteme, die nach dem SMP (Symmetrische Multi-Prozessor) Prinzip arbeiten. Parallel zu der MTS Architektur können Anwendungen, die eine Vielzahl von Datenbank-Operationen ausführen, mit der Dedicated Server Architektur ausgeführt werden, d.h je nach Anwendungsprofil kann die jeweils geeignete Konfigurationsform für eine Anwendung gewählt werden.
(s. dazu Kapitel 3.3)
Lose gekoppelte und Massiv-Parallele Systeme werden mit Oracle7 ebenfalls unterstützt (Oracle7 Parallel Server).

- Einführung von deklarativen Entity-/Referentiellen Integritätsregeln und Integritätsaktionen gemäß der ASNI/ISO SQL Norm. Die in der Version 6 eingeführte Syntaxunterstützung wird in Oracle7 vom DB-Server aktiv unterstützt. Doch nicht nur die Definitionen der Beziehungen stehen hier im Vordergrund, sondern auch der Verwaltung dieser definierten Regeln wurde große Auf-

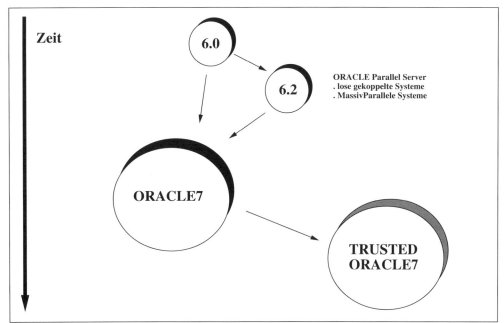

Bild 1-3 : Entwicklungsgraph des ORACLE Datenbanksystems

Einleitung

merksamkeit geschenkt. So können Regeln eingeschaltet und ausgeschaltet werden und eventuelle Regelverstöße in einer 'exception'-Tabelle abgespeichert und weiterverarbeitet werden. (s. dazu Kapitel 9)

- Einführung von gespeicherten PL/SQL Programmen. Dabei bilden drei Software-Konstrukte nämlich Funktionen, Prozeduren und Pakete die Basis für datenbankresidente Softwaremodule, die mit modernen Methoden der Modulkonzeption und -definition (basierend auf dem Modulkonzept der Sprache ADA) erstellbar sind und vom DB-Server verwaltet werden. (s. dazu Kapitel 7 und 8)

- Einführung von Datenbank-Triggern zur Definition und Integration von komplexen Regeln innerhalb der Datenbank. Ein DB-Trigger wird wie ein gespeichertes PL/SQL Programm entwickelt und ist stets einer Tabelle zugeordnet. Ein DB-Trigger wird aktiviert und ausgeführt, wenn mit der zugehörigen DB-Tabelle bestimmte DML-Operationen durchgeführt werden. (s. dazu Kapitel 9)

- Einführung eines neuen Datenschutzkonzeptes durch Einführung des Rollen (roles) oder Aufgabenkonzeptes. Dabei werden einer Rolle beliebige System- bzw. Objektprivilegien zugeordnet, die zur Erfüllung einer Aufgabe notwendig sind. Eine mit solchen Privilegien ausgestattete Rolle wird dann weiteren Rollen oder den einzelnen Benutzern zugeordnet. (s. dazu Kapitel 10)

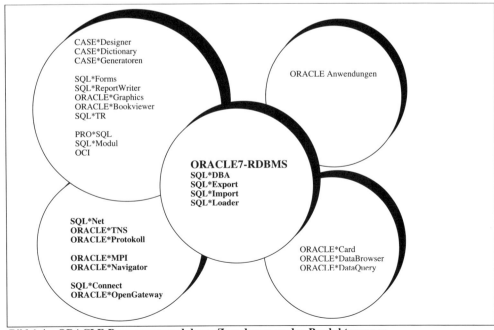

Bild 1-4 : ORACLE-Programme und deren Zuordnung zu den Produktgruppen

Einleitung

- Oracle7 bildet die Basis für ein Spezial-Datenbanksystem (Trusted Oracle7), das insbesondere für hochsensible Daten mit erhöhten Datenschutzanforderungen nötig wird. (s. dazu Kapitel 11) Alle Oracle7-Funktionen sind vollständig und ohne Einschränkungen in Trusted Oracle7 vorhanden, das jedoch eine Reihe von zusätzlichen Funktionen besitzt, um Anwendungssysteme, die einen erhöhten Sicherheitsbedarf (B1) benötigen, unterstützen zu können.

- Einführung von verteilten transparenten Transaktionen. Durch die Einführung eines transparenten 2-Phasen Commit Protokolls, das jede Art von verteilter Transaktion ohne Eingriff durch den Programmierer absichert, ist es erstmals möglich, auch komplexe verteilte Systeme zu realisieren. (s. dazu Kapitel 13 und 14)

- Über die Datenbankfunktionen, die Vernetzungs- und Verteilungsfunktionen hinaus bietet ORACLE eine Reihe weiterer Produkte an, um Software-Systeme zu entwickeln (ORACLE Software-Entwicklungsumgebung) und um dem Endbenutzer einfach und elegant die Möglichkeit zu bieten, ohne Kenntnisse der Datenbanksprache SQL arbeiten zu können (ORACLE Endbenutzer Werkzeuge).

Im Bild 1-4 sind für die verschieden Produktsäulen die wichtigsten ORACLE-Produkte angegeben und werden in der Tabelle 1 kurz erläutert.

Einleitung

ORACLE-PROGRAMM	KURZBESCHREIBUNG
SQL*DBA	Dient dem Datenbank-Administrator zum Anlegen, Starten, Stoppen, Sichern (BACKUP), Wiederherstellen (RECOVERY) und Monitoring der Datenbank. Das SQL*DBA Programm kann dabei sowohl im Befehls-Modus (line-mode) als auch im Full-Screen Modus betrieben werden.
SQL*Loader	Dient zum Laden von externen Dateien in eine ORACLE-Datenbank. Viele unterschiedliche Formate sind verarbeitbar u.a. das DXT-Format für IBM-Grossrechner. Das Laden von großen Datenmengen kann mit dem 'Direct-Path' Loader durchgeführt werden. Mit Hilfe dieser Option des SQL*Loader Programms kann eine extrem hohe Ladegeschwindigkeit erreicht werden.
SQL*Export SQL*Import	SQL*Export dient zur logischen Sicherung einer ORACLE-Datenbank. Unterschiedliche MODI mit unterschiedlicher Sicherungstiefe sind möglich. Auch ist es möglich, einen inkrementellen EXPORT durchzuführen. MODE 1 : Sicherung einzelner Tabellen MODE 2 : Sicherung aller Objekte eines Benutzers MODE 3 : Sicherung einer gesamten Datenbank (DBA-Privileg erforderlich) SQL*Import dient zum Laden eines mit SQL*Export erzeugten Datenbank-Abzugs. Kann benutzt werden um Daten und Applikationen von einer Rechner / Betriebssystem- Umgebung auf eine andere Umgebung zu portieren.

TABELLE 1.1-1

ORACLE-PROGRAMM	KURZBESCHREIBUNG
CASE*Designer CASE*Dictionary CASE*Generatoren	Diese Produktgruppe unterstützt den Datenbank-Designer während des gesamten Datenbank- und Funktions-Design Prozesses. Die zugrundeliegende Design-Methode basiert auf der Entity-Relationship Methode. Viele Plausibilitätsprüfungen sind möglich. Automatische Datenbank-Struktur Generierung. Generierung von hochkomplexen Prototypen für die ORACLE Programme SQL*Forms, SQL*Menu, SQL*ReportWriter und SQL*Plus durch CASE*Generatoren. CASE*Designer : Graphisches Datenbankdesign (E/R-Methode), Funktionsdesign , Datenflußdiagramme und Matrixdiagramme CASE*Dictionary : Stellt das eigentliche Repository dar. Enthält alle relevanten Informationen eines Projektes Generierung eines vollständigen Datenbankstruktur CASE*Generatoren: Generierung von komplexen Prototypen
SQL*Plus	Komfortabler interaktiver SQL-Interpreter zur Definition beliebiger SQL-Befehle , SQL*PLUS Prozeduren und PL/SQL-Programme. SQL*PLUS dient im wesentlichen dem Programmierer zur SQL-Programmentwicklung und zum Testen von SQL-Befehlen , PL/SQL-Programmen und Datenbank-Triggern.
SQL*Forms	Dient zur Entwicklung von interaktiven Programmen mittels visueller, ereignisorientierten Programmier-Methode. Alle Objekte eines Programmes werden in der Datenbank gespeichert und aus dieser Datenbasis werden die ausführbaren Programme generiert. Eine Vielzahl von Standard-Einstellungen und die Verwendung von SQL*FORMS Triggern erlaubt eine äußerst effiziente und produktive Entwicklung.

TABELLE 1.1-2

Einleitung

ORACLE-PROGRAMM	KURZBESCHREIBUNG
SQL*ReportWriter	Dient zur Entwicklung von komplexen Reports. Der Programmierer definiert mit einer window-orientierten Oberfläche die Funktionen und das Layout des Reports. Alle Objekte eines Report-Programms werden in der Datenbank gespeichert, aus der die ausführbaren Programme generiert werden.
ORACLE*Graphics	Dient zur Visualisierung von Datenbeständen. Kann integriert werden in SQL*Forms und SQL*ReportWriter. Mit Hilfe von PL/SQL Programmen kann ein komplexes graphisches Anwendungssystem aufgebaut werden. Das Graphische-Entwicklungssystem von ORACLE*Graphics ist auch Bestandteil von SQL*Forms und SQL*ReportWriter
SQL*TR	Dient zur Verwaltung und Verarbeitung von nicht-strukturierten Daten (Text, Bilder). Texte unbegrenzter Länge können in der Datenbank abgelegt und nach Textinhalten recherchiert werden. Durch die Bereitstellung von 3GL und 4GL Programmbibliotheken ist es möglich, daß Textretrieval Funktionen in z.B. SQL*Forms Programme ohne großen Aufwand integriert werden können.

TABELLE 1.1-3

ORACLE-PROGRAMM	KURZBESCHREIBUNG
PRO*SQL	Dient zur Integration der Datenbanksprache SQL in konventionelle Programmiersprachen. SQL-Befehle, gespeicherte PL/SQL Programme oder PL/SQL Blöcke werden direkt in ein 3GL Programm eingetragen, die der Pre-Compiler in ORACLE-Call's übersetzt. Dynamisches SQL ist ebenfalls möglich. Es stehen Pre-Compiler für die Sprachen : C,FORTRAN,COBOL,PL/1,PASCAL und ADA zur Verfügung
SQL*Modul	Dient zur Integration von SQL-Befehlen in 3GL Programme. SQL*MODUL unterstützt im wesentlichen das Entwickeln von Programm-Moduln und der entsprechenden Programm-Schnittstellen die innerhalb der 3GL Programme aufgerufen werden. Solche Programm-Module können in einer 3GL Sprache oder in PL/SQL entwickelt werden.
OCI	OCI steht für OracleCallInterface und stellt eine Call-Schnittstelle für 3GL-Programme dar. Call's die die SQL-Befehle repräsentieren, werden innerhalb eines 3GL Programmes eingetragen. Diese Art von Programme können direkt compiliert werden, ohne daß ein Pre-Compilauf notwendig wird. Die Programmierung ist jedoch um ein vielfaches aufwendiger als die Pre-Compiler oder SQL*Modul Methode.

TABELLE 1.1-4

Einleitung

2. Einführung in SQL (Teil 1)

2.1 Einführung

Die Datenbanksprache SQL stellt für das ORACLE Datenbanksystem die wichtigste Basiskomponente zur Kommunikation von Anwendungsprogramm und Datenbanksystem dar. Aus diesem Grund werden durch alle Kapitel dieses Buches hindurch immer wieder SQL-Befehle eingeführt oder dienen als Beispiel für unterschiedliche Operationen.

Dieser erste Teil der SQL-Einführung soll die Grundkonzepte der Sprache SQL darlegen, ohne daß dabei der Anspruch auf Vollständigkeit erhoben werden soll. (Es gibt eine Vielzahl hervorragender SQL-Einführungsbücher, auf die man zurückgreifen kann).

Im 2. Teil der SQL-Einführung (Kapitel 7) wird die ORACLE Erweiterung PL/SQL (Programming Language/SQL) mit der Version 2.0 vorgestellt, die als Basis für gespeicherte Prozeduren, Funktionen, PL/SQL-Pakete und für Datenbank-Trigger dient.

2.2 Historie

Die Geschichte der Datenbanksprache SQL (auch SEQUEL gesprochen) steht in unmittelbarem Zusammenhang mit der Entwicklungsgeschichte des Relationalen Datenbankmodells, das 1970 durch einen Artikel von Edgar F. Codd, einem wissenschaftlichen Mitarbeiter der IBM, aus der Taufe gehoben wurde. Die Datenbanktechnik war zu dieser Zeit geprägt durch Hierarchische- und Netzwerk-Datenbanksysteme, die jedoch den Forderungen nach

- Entlastung der Programmierer
- Datenunabhängigkeit der Programme
- Flexibilität der Datenstrukturen
- Benutzung auch durch End-Benutzer

in keiner Weise Rechnung tragen konnten.

Einführung in SQL

Codd konnte mit seiner Arbeit theoretisch nachweisen, daß das Relationale Datenbankmodell die Mängel der vorhandenen Systeme beseitigen konnte. Es bestand, sehr vereinfacht ausgedrückt, aus zwei wichtigen Komponenten:

Einer Datenstruktur, die sich aus zweidimensionalen Tabellen aufbaute, und einer Datenbanksprache, basierend auf der Relationenalgebra, mit der alle notwendigen Datenbankoperationen ausführbar waren.

Diese theoretische Abhandlung elektrisierte viele Forscher auf dem Gebiet der Datenbanktechnik. Es entstanden eine Vielzahl an Forschungsarbeiten in den Labors der Universitäten und in den Forschungszentren der großen EDV-Hersteller. Alle Aktivitäten hatten zum Ziel, die vorliegende Theorie in praktische Softwareimplementierung zu überführen und ein neues, in der Praxis einsetzbares Datenbanksystem zu entwickeln.

Eines der wichtigsten Projekte war das System R Projekt, das zwischen 1974 und 1977 im IBM Forschungszentrum in San Jose mit großem personellen und finanziellen Aufwand betrieben wurde. Dieses Projekt wurde in zwei Projektphasen realisiert. In der Phase 0 wurde System R als Single-User Datenbanksystem konzipiert, bei dem die physischen Zugriffsmethoden und vor allem die Definition und die Entwicklung der Relationalen Datenbanksprache SQL (Structured Query Language) sowie die „automatische" Zugriffsoptimierung (SQL-Optimierer) im Vordergrund standen. Während dieser Zeit sind die maßgeblichen Konzepte, die die Sprache SQL auch heute noch prägen, festgelegt worden.

Während der Phase 1 wurde System R zu einem voll funktionstüchtigen DBMS ausgebaut, das auch mehrbenutzerfähige Funktionen und bereits alle notwendigen Backup und Recovery-Funktionen enthielt. Aus diesem Forschungsprojekt konnten einige wichtige Schlußfolgerungen gezogen werden:

1. Ein Relationales Datenbanksystem konnte mit den damals vorhandenen Hardwarevoraussetzungen implementiert werden.

2. Die Sprache SQL konnte als nicht-prozedurale und mengenorientierte Sprache Programmierer sehr effektiv unterstützen und die Produktivität wesentlich erhöhen.

3. Die automatische Zugriffsoptimierung von SQL führte zu einer bis dahin nicht gekannten Datenunabhängigkeit. Änderungen der Zugriffsstrukturen und Zugriffspfade und gewisse Änderungen der Datenstruktur konnten im wesentlichen vor den Programmen verborgen werden.

Der Abschluß des System R Projektes im Jahr 1977 und die Veröffentlichung aller Forschungsergebnisse führte zu einer Reihe von Firmengründungen, die die Entwicklung von Relationalen Datenbanksystemen auf der Basis der Sprache SQL zum Ziel hatten. Ein typisches Unternehmen dieser Art war ORACLE, das im Jahre 1977 gegründet wurde. Die heutige Dominanz von SQL – es gibt keine Datenbanksprache von derartiger Wichtigkeit und ähnlichem Verbreitungsgrad – wurde begründet durch folgende Faktoren:

- Unabhängige Software-Häuser konnten bereits Ende der 70er Jahre kommerziell verfügbare SQL-Datenbanksysteme anbieten, die sich im praktischen Einsatz bewähren konnten. Die Version 2 des ORACLE Datenbanksystems war das erste kommerziell verfügbare relationale SQL basierende Datenbanksystem.

- Anfang der 80er Jahre kündigte IBM zwei SQL-Datenbanksysteme an: SQL/DS für DOS/VSE- und VM- Maschinen und DB2 für MVS-Maschinen. Diese Ankündigung machte Relationale Systeme und SQL auch in den großen Rechenzentren „hoffähig".

- SQL wurde den Normierungsgremien des American National Standards Institute (ANSI) zur Normierung vorgelegt, das 1986 die erste SQL-Norm verabschiedete.

2.3 Gliederung von SQL

Der Name SQL (Structured Query Language = Strukturierte Abfrage Sprache) suggeriert, daß es sich bei SQL lediglich um eine Abfragesprache handelt. Dieser Eindruck wurde noch verstärkt durch die Literatur und durch die Anbieter von SQL-Datenbanksystemen, die sich bei der Darstellung der Sprache meist auf die Abfragekomponente beschränkten. SQL wurde jedoch von Anfang an als vollständige Datenbanksprache konzipiert, mit der alle Bereiche der Datenbanktechnik abgedeckt werden sollten.

SQL kann in die folgenden Teilbereiche aufgegliedert werden:

- Datendefinition
  dient zur Definition von Datenstrukturen innerhalb der Datenbank

- Datenmanipulation
  dient zur Änderung der Daten innerhalb der Datenbank

- Datenwiedergewinnung
  dient zum Lesen und zur Darstellung der Daten aus der Datenbank

Einführung in SQL

Befehlsart	Beispiele	

Datendefinition	create table / alter table
	create or replace view
	create index
		create table test (
		  nr number(8) not null primary key,
		  text varchar2(350));

Datenwiedergewinnung	select
	  from
	  where
		select *
		from <tabelle>
		where nr > 4711;

Datenmodifikation	insert update delete	update test set text = 'ABC' where nr = 4711;
Datenschutz	create role grant <priv> to role create view	create role junior_dba; grant <priv> to junior_dba;
Datensicherheit	commit rollback (to <savepoint>) savepoint <savepoint_name>	commit;
Datenorganisation	create database create tablespace create profile	create profile <prof_name> cpu_per_session <n> idle_time <n>;

Bild 2-1 : Gliederung der Sprache SQL

- Datenschutz
  dient zur Definition von Zugriffsrechten auf Objekte in der Datenbank

- Datensicherheit
  dient zur Gewährleistung der Ablaufintegrität

- Datenorganisation
  dient zur Verwaltung der gesamten Datenbank

In den folgenden Abschnitten wird auf diese Teilbereiche der Sprache näher eingegangen und es werden jeweils einige Sprachbeispiele dargestellt. Als Grundlage für die Beispiele soll eine einfache Datenstruktur dienen, die in Bild 2-2 als E/R-Diagramm (Entity-Relationship Diagramm) dargestellt ist.

2.3.1 Datendefinition

Die Befehle, die unter dem Oberbegriff Daten Definitions Sprache (DDL) zusammengefaßt werden, dienen der Definition (create), Strukturänderung (alter) und zum

Einführung in SQL

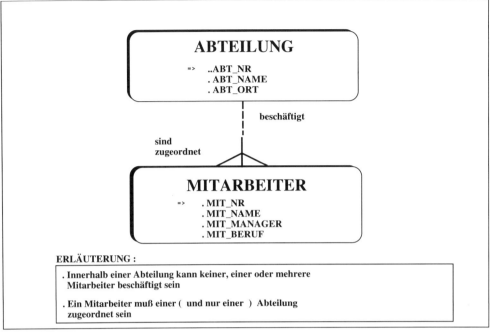

Bild 2-2 : Beispieldatenstruktur als E/R-Diagramm

Löschen (drop) von Daten- und Zugriffsstrukturen. Dabei können die folgenden Datenbankobjekte unterschieden werden:

- Tabellen
- Views (Sichten)
- Indices
- Tabellen-Cluster
- gespeicherte Pakete, Prozeduren und Funktionen
- Datenbank-Trigger
- Snapshots und Snapshot Logs (s. dazu Kapitel 14)
- Sequenzen (Nummern-Generatoren)

An dieser Stelle sollen Tabellen, Views und Indices als Beispiele für Datendefinitions-Operationen besprochen werden. Die anderen ORACLE-Objekte wie gespeicherte Pakete, Prozeduren und Funktionen und die ORACLE Datenbank-Trigger werden in eigenen Kapiteln ausführlich behandelt (Kapitel 8 und 9).

Einführung in SQL

Die Tabelle ist die eigentliche Datenstruktur, die einer Relationalen Datenbank zugrunde liegt. Dabei wird ein Objekt aus der realen Welt, das durch den System-Designprozeß als Informationsträger identifiziert wurde, mit Namen benannt, und alle zugehörigen Attribute und deren Datentypen werden definiert. Um die einfache graphische E/R-Darstellung aus Bild 2-2 mit SQL zu definieren, sind die folgenden beiden SQL Befehle nötig :

```
create table abteilung (
abt_nr                   number(4) constraint abt_pk primary key,
abt_name                 varchar2(40),
abt_ort                  varchar2(40)  );
```

Obiger Befehl legt die Abteilungs-Tabelle an und der nachfolgende Befehl legt die Mitarbeiter-Tabelle mit allen notwendigen referentiellen Integritätsbedingungen an.

```
create table mitarbeiter (
mit_nr                   number(8) not null,
mit_name                 varchar2(20),
mit_manager              number(8),
mit_beruf                varchar2(20),
mit_abtnr                number(4),
constraint mit_pk primary key (mit_nr) ,
constraint mit_fk
foreign key (mit_abtnr)
references abteilung(abt_nr) );
```

Datentyp	Bemerkungen	Max-Werte	Beispiele
char(n)	Festformatierter Alpha-Numerischer Datentyp, es werden stets n-Bytes benutzt u.U. mit Blanks aufgefüllt	255Bytes	char(40)
varchar(n)	Zur Zeit noch Synonym für VARCHAR2 ORACLE empfielt jedoch VARCHAR2 zu benutzen	2000Bytes	varchar(80)
varchar2(n)	Alpha-Numerischer Datentyp mit variabler Spaltengröße Nur tatsächlich belegte Bytes werden benutzt	2000Bytes	varchar2(35)
number(v,n)	Numerischer Datentyp für INTEGER und REAL Zahlen v = Anzahl der Vorkomma-Stellen n = Anzahl der Nachkomma-Stellen	v=38 n=-84 bis +127	number(8) number(12,4)
date	Datentyp zur Speicherung des Datums und der Uhrzeit Pro Datumswert werden 7 Bytes benutzt(4 für Datum, 3 für die Uhrzeit)	31.12.4712	date
raw(n)	Datentyp für die Speicherung von Binärdaten	2000Bytes	raw(1500)
long	Datentyp zur Speicherung von alpha-numerischen Daten bis zu 2GB Länge (variable Spaltengröße)	2GB	long
long raw	Datentyp zur Speicherung von binären Daten bis zu 2GB Länge (variable Spaltengröße)	2GB	long raw

Bild 2-3 : Zusammenfassung aller ORACLE Datentypen

Einführung in SQL

Jede Tabelle erhält einen Namen und besteht aus einer Anzahl von verschiedenen Attributen, auch Columns oder Spalten der Tabelle genannt, und jeder Spalte wird ein ORACLE-Datentyp zugeordnet. Im Bild 2-3 sind alle ORACLE-Datentypen zusammengestellt. Zusätzlich sind in diesem Beispiel drei explizite, mit Namen versehene Constraints definiert, ABT_PK, MIT_PK und MIT_FK. Diese Constraints definieren die Primär- und Fremdschlüssel und stellen die Beziehung zwischen den beiden Objekten her. Explizite Constraint-Namen sind von Vorteil, da das System bei einer Constraint-Verletzung den entsprechenden Constraint-Namen mit der Fehlernummer ausgibt, was u.U. die Ursachenforschung wesentlich vereinfacht.

Nach der Ausführung der beiden 'create table' Befehle sind diese Strukturen im ORACLE Data-Dictionary eingetragen und können mit Daten gefüllt werden.

Eine einmal angelegte Tabelle kann mit dem 'alter table'- Befehl in ihrer Struktur verändert werden. Dabei sind zwei Strukturänderungen zulässig:

- Anfügen neuer Spalten
```
alter table mitarbeiter add ( mit_geburtstag date);
```

- Vergrößern einer bereits vorhandenen Spalte
```
alter table mitarbeiter modify (mit_name varchar2(40));
```

Um die Struktur einer Tabelle inclusive aller Daten, aller zugehörigen Indices und aller Zugriffsberechtigungen zu löschen, dient der Befehl 'drop table'. Dabei wird die Data-Dictionary-Information gelöscht und der von dieser Tabelle belegte Speicherplatz dem Datenbanksystem wieder zur Verfügung gestellt.

Im Gegensatz zu einer realen Tabelle, die physisch in der Datenbank angelegt wird, und dort auch Speicherplatz verbraucht, stellt eine VIEW eine virtuelle Tabelle dar, die physisch nicht existiert und, bis auf die View-Definition selbst, keinen Speicherplatz in der Datenbank verbraucht. Zur Laufzeit wird die definierte Sicht auf die Daten mit Hilfe des SQL Lesebefehls 'select' bereitgestellt. Eine einfache View, basierend auf einer Tabelle, stellt folgende Definition dar:

```
create view mitarbeiter_20 ( nummer, name) as
select              mit_nr , mit_name
from                mitarbeiter
where               mit_abtnr = 20
with check option ;
```

Bei dieser View werden aus der Basis-Tabelle 'mitarbeiter' die beiden Spalten 'mit_nr' und 'mit_name' selektiert, die in der View 'mitarbeiter_20' die Spaltenbezeichnungen 'nummer' und 'name' erhalten. Dies kann auch als vertikaler Ausschnitt der View (Projektion) bezeichnet werden.

Des weiteren werden nur die Datensätze angezeigt, die der 'where' Bedingung genügen. Dies stellt den horizontalen Ausschnitt der View (Selection) dar. Alle anderen Datensätze, die der View-Bedingung nicht genügen, werden über die View 'mitarbeiter_20' nicht angezeigt und können nicht verändert werden.

Mit dem obigen View-Befehl wird unter dem View-Namen 'mitarbeiter_20' der dieser View zugeordnete select-Befehl in das ORACLE Data Dictionary eingetragen. Eine so angelegte View wird aktiviert, indem SQL-Befehle ausgeführt werden, die als DB-Objektbezeichnung den View-Namen, anstatt wie bisher den Tabellen-Namen enthalten.

Der SQL-Befehl :
```
select * from mitarbeiter_20
where name like 'RICHARDSON';
```

aktiviert die View 'mitarbeiter_20'. Die View-Definition wird aus dem Data Dictionary gelesen und zusammen mit den äußeren Bedingungen (name like 'Richardson') ausgeführt. Siehe dazu auch das Bild 2-4

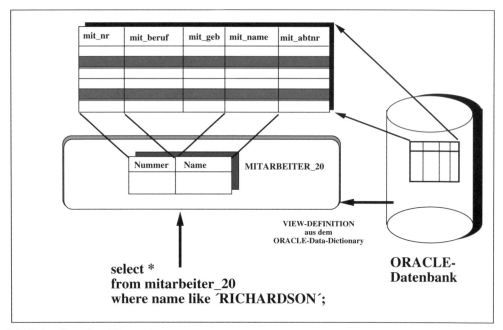

Bild 2-4 : Das View-Konzept

Die View-Definition kann als Filter für die nach außen dringenden Informationen verstanden werden, der nur die Daten durchläßt, die der View-Definition genügen. Der Einsatz von Views kann aus zwei Gründen vorteilhaft sein:

1. Hinter Views können komplexe Operationen versteckt werden wie Joins über mehrere Tabellen, Gruppierungen oder mehrfachgeschachtelte Sub-Queries. Auf diese komplexen Views lassen sich dann meist einfachere, überschaubarere und somit auch fehlerunanfälligere SQL-Befehle formulieren.

2. Views können zusätzlichen Datenschutz bereitstellen, da ein Benutzer nur das Ausführungsrecht auf die View besitzen muß, nicht jedoch das Zugriffsrecht auf die darunterliegenden Datenstrukturen. Hier kann also mit einfachen Mitteln ein sehr effizientes, auch benutzerabhängiges Datenschutzkonzept aufgestellt werden.

Ein typischer Einsatzfall für Views ist der Zugriff eines ORACLE-Benutzers auf das ORACLE Data-Dictionary, der vollständig über Views gesteuert wird (siehe dazu auch Kapitel 3). Hierbei kommen sehr komplexe Views zum Einsatz, die oftmals über mehrere View-Hierarchien (View über View über View...) definiert sind. Ein Blick in das Definitions-File 'catalog.sql', in dem alle View-Definitionen des ORACLE Data-Dictionaries abgelegt sind, macht die Komplexität deutlich und gibt eine kleine Vorstellung von der Mächtigkeit dieses Konzeptes.

Während mit den Tabellen- und View-Befehlen die Datenstrukturen angelegt werden, mit denen der Benutzer arbeitet, dienen Indices dazu, alternative Zugriffspfade zu den Daten bereitzustellen, um schnell auf die in den 'where' Bedingungen der SQL-Befehle definierten Datensätze zugreifen zu können. Wird ein SQL-Befehl ausgeführt, bestimmt der SQL-Optimierer aus u.U. mehreren Alternativen den bestmöglichen (kostengünstigsten, schnellsten) Zugriffspfad zu den Daten. Es werden im allgemeinen zwei Indexarten unterschieden, der unique Index und der non-unique Index. Wird ein UNIQUE-Index aufgebaut, so müssen die Spaltenwerte über denen ein UNIQUE-Index erzeugt wurde, innerhalb der gesamten Tabelle eindeutig sein. Ein UNIQUE-Index wird stets automatisch bei allen als PRIMARY KEY bzw. UNIQUE definierten Spalten oder Spaltenkombinationen angelegt. Weitere UNIQUE-Indices können jedoch jederzeit, auch im laufenden Betrieb mit

```
create unique index <index_name>
on <tabellen_name> ( spalte1 , spalte2,...);
```

angelegt werden. Werden hinter dem Tabellen-Namen mehrere Spaltennamen angegeben, so spricht man von einem zusammengesetzten Index, der aus maximal 16 Spalten bestehen kann. Ein NON-UNIQUE Index sollte für alle FOREIGN-KEYs (Fremdschlüssel) erzeugt werden und u.U. für Spalten, über die in der Anwendung sehr häufig zugegriffen wird. Der Befehl:

```
create    index     mit_ind1
on mitarbeiter(mit_abtnr)  ;
```

Einführung in SQL

erzeugt einen Index über der Tabelle 'mitarbeiter', der auch Duplikate beinhalten kann.

Das Anlegen eines Indices ist nicht zwingend notwendig und beeinflußt die Funktionalität der SQL-Befehle in keiner Weise, es sollten jedoch aus Performancegründen folgende Indices immer angelegt werden:

- UNIQUE-Index über Primärschlüssel (wird vom ORACLE System für alle PK-Schlüssel automatisch gemacht)
- NON-UNIQUE-Index über alle Fremdschlüssel
- NON-UNIQUE-Index über Spalten, die häufig abgefragt werden und die eine große Selektivität haben

2.3.2 Datenwiedergewinnung

Der Datenwiedergewinnungsbefehl 'select' ist, wie anfangs schon erwähnt, einer der am häufigsten verwendeten Befehle und gilt als Synonym für die Sprache SQL schlechthin. Es ist daher nicht erstaunlich, daß sich einige DBMS-Systeme bereits SQL-basierend nennen, sobald das Schlüsselwort 'select' in irgendeiner Weise in der verwendeten Sprache vorkommt. Der 'select'-Befehl dient dazu, Daten aus der Datenbank zu lesen und die Daten in der gewünschten Form darzustellen. So einfach diese Erklärung auch erscheinen mag, der 'select'-Befehl ist der am weitaus komplexeste SQL-Befehl, der eine Vielzahl unterschiedlichst strukturierter Aufgaben zu lösen vermag. Ohne auf jede Aufgabenstellung näher einzugehen, sollen einige davon stichwortartig aufgelistet werden:

- Einfache Abfragen
- Abfragen mit Sub-Queries
- Abfragen mit korrelierenden Sub-Queries
- Joins
- Outer-Joins
- Gruppierte Abfragen
- Stücklisten-Auflösung
- Sortierte Ausgaben
  – aufsteigend
  – absteigend
  –'chaotisch' sortiert

Einführung in SQL

Eine einfache Abfrage könnte folgendermaßen aussehen:
```
select * from mitarbeiter;
```
Dieser Befehl zeigt alle Spalten und alle Datensätze der Tabelle 'mitarbeiter' an. Nach dem 'select'-Schlüsselwort werden stets die auszugebenden Spalten angegeben, wobei der 'Stern' (*) für alle Spalten der in der 'from'-Klausel benannten Tabelle steht.

Sollen nur bestimmte Spalten und bestimmte Datensätze ausgegeben werden, so werden die Spaltennamen in der Felderliste der 'select'-Klausel angegeben. In der 'where'-Klausel werden die Bedingungen definiert, die für auszugebende Datensätze erfüllt sein müssen. Der Befehl:

```
select          mit_name,mit_beruf
from            mitarbeiter
where           mit_name like 'A%' or
                mit_beruf = 'PROGRAMMIERER';
```

zeigt Namen und Berufsbezeichnung aller Mitarbeiter, deren Namen entweder mit 'A' beginnen (%=Wildcard für beliebig viele Zeichen), oder deren Beruf 'PROGRAMMIERER' ist. Soll die Ausgabe dieses Befehls noch nach deren Namen sortiert werden, muß die ORDER BY-Klausel angefügt werden:

```
order by mit_name
```

Dabei kann in aufsteigender Reihenfolge (ASC) oder absteigender Reihenfolge (DESC) sortiert werden. In der Praxis sind diese beiden Varianten oftmals nicht ausreichend, und zwar immer dann, wenn eine bestimmte, vom Benutzer festgelegte Sortierung verlangt wird. Soll eine Ausgabe aller Mitarbeiterdatensätze derart erzeugt werden, daß zuerst alle Datensätze der Abteilung 20, danach die der Abteilung 10 und zum Schluß die Mitarbeiterdatensätze der Abteilung 30 ausgegeben werden, ist folgender Befehl notwendig :

```
select *
from                    mitarbeiter
order by decode(mit_abtnr, 10,2,
                           20,1,
                           30,3,100);
```

bei dem die SQL 'decode'-Funktion die SORTIERUNGSGEWICHTE in Abhängigkeit der Abteilungsnummern neu definiert. Für den Sortiervorgang wird die 10 in eine 2, die 20 in eine 1 umgewandelt, was zur Folge hat, daß die Mitarbeiter-Datensätze der Abteilung 20 vor denen der Abteilung 10 ausgegeben werden.

Einführung in SQL

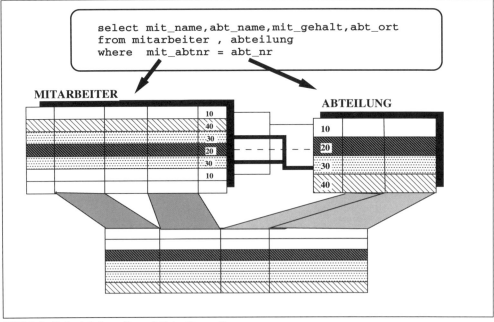

Bild 2-5 : Beispiel einer (inner)-Join-Operation

Eine sehr häufig benutzte Datenbank-Operation ist der JOIN von mehreren Tabellen. Dabei werden Daten aus zwei oder mehreren Tabellen gleichzeitig ausgegeben. Sollen bei der Ausgabe von Mitarbeiterdaten gleichzeitig Daten zu deren Abteilung aus der Abteilungs-Tabelle ausgegeben werden, ist folgender Befehl zu definieren:

```
select        mit_name,abt_name,mit_gehalt,abt_ort
from          mitarbeiter , abteilung
where         mit_abtnr = abt_nr
```

Bei diesem Befehl werden in der 'from'- Klausel die beiden Tabellen angegeben, die 'gejoint' werden sollen. In der 'where'-Klausel werden die Tabellen-Spalten angegeben, die die Verbindung der beteiligten Tabellen definieren. Ein gleicher Wert für die Abteilungsnummer der Mitarbeiter-Tabelle und in der Abteilungs-Tabelle führt zu einer Ausgabe der in der Felderliste angegebenen Spalten.

Eine weitere interessante Variante des 'select'-Befehls wird dort eingesetzt, wo die Auflösung von hierarchischen Strukturen gefordert wird. Dies ist bei der Bearbeitung von Stücklisten der Fall oder bei der Darstellung von Organisations-Diagrammen. Eine solche Datenstruktur kann modelliert werden, indem in jedem Datensatz die Teile-Nummer des übergeordneten Teils angegeben wird. Bild 2-6

Einführung in SQL

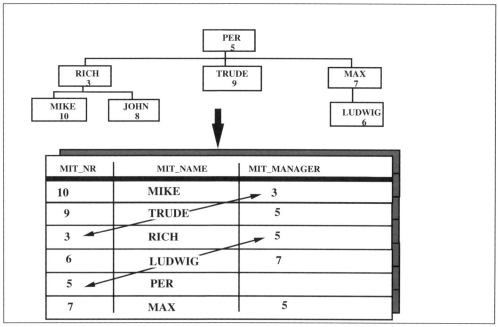

Bild 2-6 : Auflösen einer Hierarchischen Datenstruktur

zeigt eine hierarchische Datenstruktur am Beispiel eines einfachen Organigramms und die Übertragung dieser Struktur in eine tabellarische Darstellung.

Dabei ist die Tabellen-Spalte MIT_MANAGER jeweils die Mitarbeiter-Nummer des jeweiligen Vorgesetzten. Die Auflösung einer solchen Datenstruktur kann mit SQL folgendermaßen formuliert werden:

```
select *
from                 mitarbeiter
connect by prior     mit_nr = mit_manager
start with           mit_nr = 5;
```

Dabei beschreibt die 'connect by'- Klausel die hierarchische Abhänigkeit (siehe auch die Pfeile im Bild 2-6) und die 'start with'-Klausel definiert den Datensatz, mit dem die Strukturauflösung beginnen soll. Solche hierarchischen Datenstrukturen können dabei sowohl von 'oben' nach 'unten' als auch von 'unten' nach 'oben' aufgelöst werden.

2.3.3 Datenmodifikation

Nachdem die Datenstrukturen und die Zugriffsstrukturen festgelegt sind, können die in den einzelnen Tabellen abgelegten Daten mittels SQL-Befehlen verändert werden. Dazu stehen drei Basis-Operationen zur Verfügung:

- Datensätze einfügen (insert)
- Datensätze ändern (update)
- Datensätze löschen (delete)

Ein einzelner Datensatz kann in eine Tabelle eingefügt werden durch den Befehl:

```
insert into abteilung   (abt_nr,   abt_name,   abt_ort)
values                  (99,  'EDV',  'STUTTGART');
```

Dabei korrespondieren die Spaltennamen mit den entsprechenden Konstanten der 'values'-Klausel. Innerhalb einer Programmiersprachenumgebung werden die Konstanten üblicherweise durch Programmvariablen ersetzt.

Bei dem Befehl :

```
insert into abteilung   (abt_nr,   abt_name,   abt_ort)
values                  (:var_nr,  :var_name,  :var_ort);
```

werden die durch den Doppelpunkt gekennzeichneten Programmvariablen im 'insert'-Befehl angegeben und deren Werte in die Datenbank eingetragen. Um eine Menge von Daten aus einer anderen Tabelle oder View zu übernehmen, könnte folgender Befehl zur Anwendung kommen :

```
insert into mitarbeiter
select *
from personal
where pers_beruf like 'PROG%';
```

Dieser Befehl übernimmt alle Datensätze aus der Tabelle (oder View) 'personal' in die Tabelle 'mitarbeiter', deren Berufsbezeichnung mit 'PROG' beginnt (% ist ein Wildcard für beliebige Zeichen). Dabei wurde der Einfachheit halber angenommen, daß die Struktur der beiden DB-Objekte 'mitarbeiter' und 'personal' identisch ist.

Änderungen von Datenwerten innerhalb einer Tabelle können mit dem 'update'-Befehl durchgeführt werden. Im 'update'-Befehl werden die zu ändernde Tabelle, die zu ändernden Spalten und die Datensätze, die geändert werden sollen, definiert.

Eine Gehaltserhöhung aller Mitarbeiter der Abteilung 30 wird folgendermaßen ausprogrammiert:

```
update          mitarbeiter
set             mit_gehalt  = mit_gehalt*1.10
where           mit_abtnr   = 30;
```

In der 'set'-Klausel können dabei Konstanten, Variablen oder beliebige arithmetische Ausdrücke zur Anwendung kommen. Sollen für unterschiedliche Abteilungen unterschiedliche Erhöhungen innerhalb eines update-Befehls durchgeführt werden, kann die bereits bekannte SQL-Funktion 'decode' zum Einsatz kommen.

```
update          mitarbeiter
set mit_gehalt  = decode(mit_abtnr,10,mit_gehalt*1.10,
                                   20,mit_gehalt*1.05,
                                   30,mit_gehalt*1.15,
                                   mit_gehalt);
```

Dabei erhalten in Abhängigkeit der Abteilungsnummern die Mitarbeiter unterschiedliche Gehaltserhöhungen. Die Abteilung 10 eine zehn-prozentige Erhöhung, die Abteilung 20 eine fünf-prozentige, usw. Da dieser Befehl keine 'where'-Klausel enthält, wirkt er auf alle Datensätze der Tabelle. Bei diesem Beispiel übernimmt die SQL-Funktion 'decode' die Auswahl, welcher arithmetische Ausdruck für die Änderungsoperation des jeweiligen Datensatzes zum Tragen kommt. In Abhängigkeit der Abteilungs-Nummer wird die entsprechende Änderung durchgeführt. Die decode-Funktion ist eine von ca. 70 ORACLE-SQL-Funktionen (z. B. substr, round, sin, cos, translate, initcap,....), die sich in der Praxis als unerläßlich herausgestellt haben und sehr häufig eingesetzt werden.

Eine weitere interessante Möglichkeit ist der Einsatz eines 'select'-Befehls innerhalb der 'set'-Klausel. In diesem Fall wird der Änderungswert durch einen 'select'-Befehl erst zur Änderungszeit ermittelt (u.U. aus einer anderen Tabelle). Ein Beispiel hierfür könnte folgendermaßen lauten: Ein neuer Mitarbeiter (gekennzeichnet durch das Fehlen eines Gehaltswertes) soll 10 Prozent weniger verdienen als das aktuell gültige Durchschnittsgehalt innerhalb der Abteilung, in der der neue Mitarbeiter eingesetzt wird. Folgender Befehl kommt dafür zur Anwendung:

```
update          mitarbeiter m1
set mit_gehalt  =(select avg( mit_gehalt) * 0.9
                 from mitarbeiter m2
                 where m1.mit_abtnr = m2.mit_abtnr)
where mit_gehalt is null;
```

Dieser Befehl wird für alle Mitarbeiter durchgeführt, die noch keinen Gehaltswert besitzen. (Dies kennzeichnet die äußere 'where'-Klausel durch die Bedingung 'mit_gehalt is null'). Für diese Mitarbeiter wird nun das Durchschnittsgehalt (avg(mit_gehalt)) in deren jeweiliger Abteilung errechnet und um 10 Prozent gekürzt (*0.9). Der ermittelte Wert ist dann das Gehalt des neuen Mitarbeiters.

Der letzte Befehl, der für DML-Operationen zur Verfügung steht, ist der 'delete'-Befehl, mit dem Datensätze aus der Datenbank gelöscht werden können. Auch hier können, je nach Formulierung der 'where'-Klausel, mit einem Befehl eine Menge Datensätze gleichzeitig gelöscht werden. Sollen beispielsweise alle Mitarbeiter aus der Mitarbeiter-Tabelle gelöscht werden, die älter sind als 65 Jahre, müßte der 'delete'-Befehl folgendermaßen aussehen:

```
delete          from mitarbeiter
where           mit_geburtstag <= add_months(sysdate,-65*12);
```

Dabei werden alle Datensätze gelöscht, bei denen das Geburtsdatum kleiner oder gleich (<=) dem Ausgabewert der Datumsfunktion 'add_months (...)' ist. (In diesem Fall sind die Personen älter als 65 Jahre.) Im obigen Beispiel rechnet diese Funktion vom aktuellen Datum an (sysdate) fünfundsechzig Jahre zurück (-65 JAHRE*12 MONATE) und liefert das dann resultierende Datum als Ergebnis.

2.3.4 Datensicherheit und Datenorganisation

Bisher wurden Datenbankänderungen hauptsächlich unter dem Aspekt der Erläuterung der einzelnen Befehle betrachtet. Aus der Sicht des Datenbanksystems sind solche Änderungsoperationen Zustandsänderungen der Datenbank von einem konsistenten Zustand in einen anderen konsistenten Zustand. Eine wesentliche Forderung an heutige Datenbanksysteme ist, daß es keine Situation geben darf, bei der ein inkonsistenter Zustand der Datenbank zurückbleibt. Aus diesem Grunde wurde der Begriff der TRANSAKTION eingeführt. Eine Transaktion ist eine atomare Datenbankaktion, die die Datenbank von einem konsistenten Zustand in einen anderen konsistenten Zustand überführt. Dabei kann eine Transaktion aus einem SQL-Befehl bestehen, der nur einen einzigen Datensatz verändert, oder es können mehrere SQL-Befehle zusammengefaßt werden, von denen jeder einzelne eine Vielzahl von Datensätzen ändert.

Einführung in SQL

Die folgenden SQL-Befehle stehen für die Transaktionssteuerung zur Verfügung:

- COMMIT
  beendet eine Transaktion positiv, d.h. alle Änderungen, die innerhalb der Transaktion durchgeführt wurden, werden in die Datenbank übernommen und in der Datenbank 'permanent' gemacht.

- ROLLBACK (TO ‹save_point_name›)
  beendet eine Transaktion oder eine Teiltransaktion negativ, d.h. alle Änderungen, die innerhalb der Transaktion durchgeführt wurden, werden rückgängig gemacht.

- SAVEPOINT ‹save_point_name›
  definiert Marken innerhalb einer Transaktion, zu der mit dem ROLLBACK-Befehl zurückgesetzt werden kann.

Über die Lese-, Änderungs- und Transaktionsbefehle hinaus, gibt es noch eine Reihe von SQL-Befehlen, die für die Organisation der Datenbank benutzt werden können.

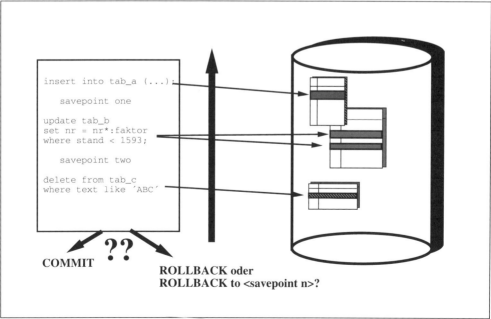

Bild 2-7 : Transaktions-Steuerung

Einführung in SQL

Diese Befehle dienen dem Datenbankadministrator eine Datenbank zu verwalten, wobei, unter vielen anderen, folgende Aufgaben zu nennen sind:

- Anlegen und Erweitern einer Datenbank
- Starten und Stoppen einer Datenbank
- Wiederherstellung einer Datenbank nach einem Medium-Fehler (Plattenfehler)
- Überprüfung der Datenbank-Aktivitäten (Monitor)
- Tuning der Datenbank

2.4 Einsatzebenen von SQL

Das ursprüngliche Ziel der Entwickler von SQL war es, eine Sprache zu entwerfen und zu implementieren, die sowohl interaktiv nutzbar sein sollte, als auch eingebettet werden konnte in Sprachen der dritten Generation wie C, COBOL, FORTRAN oder PL/1.

Eine dritte Einsatzebene kam mit der Entwicklung immer leistungsfähiger Programmierwerkzeuge hinzu, die die Entwickler von Relationalen Datenbanksystemen anboten. ORACLE bietet so z. B. im Rahmen seiner Software-Entwicklungsumgebung eine abgestimmte Palette von Werkzeugen an, die ein CASE-System mit 4GL Generatoren, eine 4GL Produktlinie und eine 3GL Produktlinie beinhaltet. Mit Hilfe der ORACLE-CASE Generatoren können aus den System-Definitionen heraus komplexe Anwendungssysteme generiert werden, die hochkomplexe SQL-Befehle beinhalten, mit denen auf die ORACLE Datenbank (oder auf Fremd-Datenbanken) zugegriffen werden kann.

Trotz der ständig steigenden Bedeutung von SQL-basierenden Programmierwerkzeugen werden heute auch viele Anwendungen in Sprachen der dritten Generation wie COBOL,C,FORTRAN,PL/1,Pascal oder Ada programmiert. Sollen diese Programme mit einer Datenbank kommunizieren und Daten austauschen, ist es notwendig, daß SQL-Befehle in die Programme eingestreut werden. Da die oben genannten Programmiersprachen in keinerlei Beziehung zu SQL stehen (COBOL oder 'C' kennen keinen 'create table' oder 'update' Befehl), wurde das SQL-Einbettungsverfahren eingeführt und normiert, um SQL mit diesen Sprachen zusammen betreiben zu können. Wird ein 3GL Programm entwickelt, so kann der Programmierer an jeder beliebigen Stelle des Quell-Programmes SQL-Befehle einstreuen, die mit dem Präfix 'exec sql' versehen werden. Nach dem Abschluß der Codierung wird das Programm mit einem Pre-Compiler verarbeitet, der aus den SQL-Befehlen Code-Segmente der verwendeten Programmiersprache erzeugt. Das durch den Pre-Compiler erzeugte Quell-Programm kann anschließend mit dem herkömmlichen Compiler übersetzt und danach mit den notwendigen SQL-Bibliotheken gebunden werden, um ein ausführbares Programm zu erhalten. Den typischen Ablauf bei der Programmierung zeigt Bild 2-8, wobei die Pre-Compiler Phase als neue Phase beim Entwicklungsablauf hinzukommt.

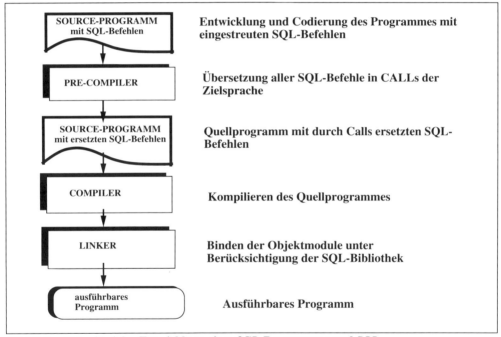

Bild 2-8 : Ablauf bei der Entwicklung eines 3GL Programmes und SQL

Grundsätzlich kann zwischen zwei Einbettungsverfahren unterschieden werden, die statische und die dynamische SQL-Einbettung. Bei der statischen SQL Einbettung (kurz: statisches SQL) steht der SQL-Befehl bereits zur Programmierzeit fest. Lediglich die Eingabevaribalen (auch Bindevariablen genannt) erhalten zur Laufzeit einen entsprechenden Wert. Ein typischer statischer SQL-Befehl könnte lauten:

```
exec sql   select      mit_name,mit_gehalt
           into        :name,:gehalt
           from        mitarbeiter
           where       mit_abtnr = :a_nr
```

Einführung in SQL

Die Eingabevariable in diesem Beispiel ist die Variable ':a_nr'. Dabei signalisiert der Doppelpunkt vor dem Variablen-Namen dem Pre-Compiler, daß es sich um eine Programmvariable handelt und nicht um einen Spaltennamen eines Datenbank-Objektes. Dieser Programmvariablen wird zur Laufzeit ein Wert zugewiesen, mit dem der 'select'-Befehl ausgeführt wird. Das Ergebnis des 'select'-Befehls wird über die 'into'-Klausel in die Programmvariablen :NAME und :GEHALT übertragen und steht für eine beliebige Weiterverarbeitung innerhalb des Programms zur Verfügung.(Außerhalb der SQL-Befehle werden die Programm-Variablen ohne Doppelpunkt angegeben.)

Bei der dynamischen SQL-Einbettung (kurz: dynamisches SQL) steht der SQL-Befehl zur Laufzeit noch nicht fest. Erst bei der Ausführung des Programmes wird einer Programmvariablen der SQL-Befehl übergeben und dann pre-compiliert, optimiert und ausgeführt. Die Benutzung von dynamischem SQL ist komplizierter und aufwendiger in der Programmierung als statisches SQL, es erlaubt jedoch die Erstellung äußerst kompakter und flexibler Anwendungen, die, optimiertes Laufzeit-Parsing und Laufzeit-Binding vorausgesetzt, kaum langsamer sind in der Ausführungszeit als statisches SQL. Der zur Ausführung kommende dynamische SQL-Befehl kann:

- durch den Benutzer interaktiv eingegeben werden
  (mit dynamischem SQL kann ein SQL-Interpreter mit relativ geringem Aufwand programmiert werden)
- vom Programm generiert werden oder
- aus einer Datenbank-Tabelle, die SQL-Befehle beinhaltet, ausgelesen werden (Steuerung der Programme durch Datenbanktabellen).

2.5 SQL-Standardisierung

Die Dominanz von SQL auf dem Gebiet der Relationalen Datenbanksprachen (es gibt heute praktisch keinen Anbieter von Datenbanksystemen mehr, der nicht zumindest eine SQL-Schnittstelle in Arbeit hat) wurde hauptsächlich begründet durch die Normierung von SQL im Jahre 1986 durch das ANSI-Kommitee (American National Standard Institute). Damit war ein jahrelanger „Glaubenskrieg" um die richtige Relationale Datenbanksprache zugunsten von SQL entschieden. Das eigentliche Standard-Dokument, das SQL normiert, wurde 1986 vom ANSI-Kommitee verabschiedet und trägt den Titel 'ANSI-SQL X3.135-1986(ISO 9075)'. Dieses

Einführung in SQL

Dokument wurde vom DIN, dem deutschen Norminstitut, unverändert übernommen. Obwohl durch die Normierung SQL zur vorherrschenden Datenbanksprache wurde, handelt es sich nur um einen „minimalen" Standard, in dem eine Vielzahl notwendiger Sprachkonstrukte nicht definiert sind. So gibt es keine Befehle, um eine Tabelle zu löschen (drop table) oder um die Struktur einer Tabelle zu verändern (alter table). Des weiteren sind im Standard keine SQL-Funktionen vorgesehen (decode, substr,initcap,round,...), die im praktischen Einsatz von großer Bedeutung sind.

Ebenfalls nicht integriert war ein Standard für eingebettetes SQL. Dies wurde erst 1989 mit dem Dokument 'EMBEDDED-SQL X3.168-1989' nachgeholt. Dabei wurden die Funktionen der Pre-Compiler für C, COBOL, FORTRAN, Pascal und PL/1 definiert, allerdings auch hier auf einer sehr niederen Ebene. Nicht mit einbezogen wurde die Möglichkeit von dynamischem SQL. Dem aktuellen Standard wurde 1989 ein weiteres Dokument hinzugefügt, das die Möglichkeit beschreibt, Bedingungen für die 'REFERENTIELLE INTEGRITÄT' bei der Definition der Datenbanktabellen anzugeben (Addendum I X3.135.1). Der aktuelle SQL-Standard 'ANSI-SQL X3.135-1989' bestehend aus der ursprünglichen Normierung von 1986 und den beiden Erweiterungen für Embedded SQL und für Referentielle Integrität bietet nicht die notwendige Funktionalität, die im praktischen Einsatz einer Datenbanksprache erforderlich ist. Dies ist der Grund, weshalb ORACLE eine weitaus größere Funktionalität und einen weitaus größeren Sprachvorrat offeriert, als dies der SQL-Standard vorgibt. Der SQL-Standard ist jedoch eine Untermenge aller ORACLE-SQL Funktionen. Programmierer, die lediglich den ANSI/ISO SQL-Standard nutzen möchten, werden durch den ORACLE-Fips-Flagger unterstützt, der innerhalb von Pre-Compiler Programmen alle Nicht-ANSI SQL-Befehle markiert und eine Warnung ausgibt.

Der aktuelle Standard ist aus den genannten Gründen der Kritik der Anwender und der SQL-Datenbankanbieter ausgesetzt. Aus diesem Grund wird die Weiterentwicklung des SQL-Standards (oft als SQL2 bezeichnet) in einem weitaus größeren Gremium, bestehend aus Datenbankanbietern und Anwendergruppen, diskutiert. Dieser Standard wird eine Vielzahl von Funktionen beinhalten, die das ORACLE Datenbanksystem bereits heute anbietet.

Dies sind u.a. :

- Datum/Zeit Datentypen
- Datumsarithmetik
- Views über UNION/GROUP BY-Views

Einführung in SQL

- SQL-Funktionen
  (DECODE,SUBSTR,ROUND,POWER,...)
- INTERSECT und MINUS Mengenoperation
- variable CHAR Datentypen
- dynamisches SQL innerhalb von Pre-Compiler Programmen
- Auflösung hierarchischer Strukturen (Stücklisten)

3. ORACLE Architektur

3.1 Einführung

Bei der Entwicklung von Datenbanksystemen stand das Ziel im Vordergrund, den Programmierer von der Aufgabe der Datenverwaltung zu befreien. Er sollte sich bei der Entwicklung eines Anwendungsprogrammes um datenverwaltungstechnische Details nicht zu kümmern brauchen, da ihm dies durch das Datenbanksystem abgenommen wird. Eine Datenanforderung an das Datenbanksystem sollte vollständig von diesem bearbeitet werden und alle Sonderfälle und Problemsituationen ohne Eingriff des Programmierers bzw. des Anwendungsprogrammes lösen.

Mit dem Einsatz von relationalen Datenbanksystemen und der Einführung von relationalen Datenbanksprachen wie z.B SQL, konnte diese Idealvorstellung weitgehend erreicht werden. Ein Anwendungsprogramm setzt eine Datenanforderung in Form eines SQL-Befehls ab, der vom Datenbanksystem verarbeitet wird. Die Verarbeitung durch das Datenbanksystem umfaßt dabei die Bestimmung des physischen Speicherortes (oder der Speicherorte, falls durch den SQL-Befehl mehrere Datensätze bearbeitet werden), den Zugriff auf die Daten, die Behandlung von Ausnahmesituationen und die Bearbeitung der Daten gemäß der geforderten Operation.

Diese Situation ist im Bild 3-1 schematisch dargestellt. Anwendungsprogramme senden die Datenanforderung an das Datenbanksystem, das die Operationen mit den gewünschten Daten durchführt und das Anwendungsprogramm über den Verlauf der Operation informiert und ihm ggf. die gewünschten Daten zur Verfügung stellt. Die folgenden drei Betrachtungsebenen können dabei unterschieden werden :

- die Anwendungsprogramme
  die die eigentlichen Anwendungsfunktionen beinhalten, z.B. Finanzbuchhaltungsysteme, Zeichnungsverwaltungsysteme, Produktionsplanungs- und Steuerungssysteme, u.v.a mehr

- das Datenbanksystem
  das die spezifischen Datenverwaltungsfunktionen bereitstellt, z.B. Lesen und Ändern von Daten, Anlegen von Datenstrukturen, Zugriffskontrolle und Steuerung bei Mehrbenutzerbetrieb, Backup/Recovery-Verfahren u.v. mehr

- die Datenbank
  die die eigentlichen Datenstrukturen, Zugriffsstrukturen, deklarative und prozedurale Integritätsdefinitionen, gespeicherte Datenbank-Module und die Daten beinhaltet, die durch das Anwendungsprogramm und das Datenbanksystem bearbeitet werden sollen.

Diese drei Ebenen können natürlich bei allen datenbankbasierenden Anwendungen angetroffen werden und können deshalb nicht als spezifische Merkmale des ORACLE Datenbanksystems bezeichnet werden. Innerhalb dieses Kapitels sollen die ORACLE-spezifischen Architekturmerkmale, die eine ORACLE-Datenbank bzw. ein ORACLE-Datenbanksystem ausmachen, dargestellt werden. Im Kapitel 3.2 wird die ORACLE-Datenbank nach den charakteristischen Strukturmerkmalen untersucht, die notwendig sind, um eine effiziente und sichere Datenhaltung zu ermöglichen. Das Kapitel 3.3 untersucht die Basisfunktionen des Datenbanksystems und geht auf unterschiedliche Konfigurationsarten für unterschiedliche Benutzeranforderungen und Lastprofile und für unterschiedliche Rechnerarchitekturen ein.

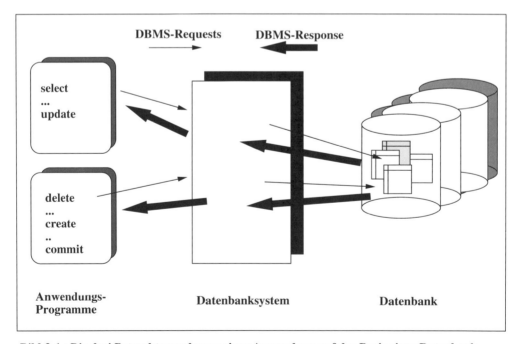

Bild 3-1 : Die drei Betrachtungsebenen einer Anwendung auf der Basis einer Datenbank

3.2 Die ORACLE Datenbank-Architektur

3.2.1 Die Physische Struktur

Was bisher als die ORACLE-Datenbank bezeichnet wurde, entpuppt sich bei näherer Betrachtung als ein System, das aus drei unterschiedlichen Filearten besteht, wie im Bild 3-2 dargestellt. Eine ORACLE-Datenbank besteht demzufolge aus:

- beliebig viele Datenbank-Files, die auf beliebige Plattenlaufwerke verteilt werden können
- mindestens zwei REDO-Log-Files und
- mindestens zwei Kontroll-Files

Jeder Filetyp enthält spezifische Daten, die für bestimmte Datenbankfunktionen notwendig sind.

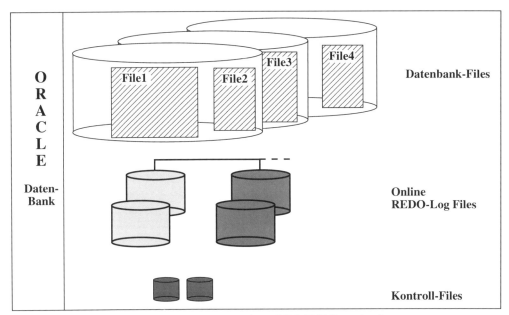

Bild 3-2 : Die physischen Strukturelemente einer ORACLE-Datenbank

ORACLE Architektur

In den Datenbank-Files sind alle DB-Objekte, die ein ORACLE-System verwalten kann, abgelegt. Sowohl das ORACLE-Data-Dictionary als auch die vom Benutzer angelegten Datenstrukturen, Zugriffstrukturen, prozedurale Objekte und die eigentlichen Daten werden hier verwaltet. Während die Datenbank-Files für den Normalbetrieb eines ORACLE-Datenbanksystems zuständig sind, d.h. für das Anlegen von DB-Objekten, für Lese- und Änderungsoperationen u.s.w. dienen die REDO-Log Files und die Kontroll-Files im wesentlichen der Behandlung von Ausnahmefällen, die während des Betriebes auftreten können. Die REDO-Log Files dienen dazu, alle Datenänderungen, die innerhalb einer Transaktion durchgeführt werden, zu protokollieren und abzuspeichern. Eine Datenbank-Zustandsänderung (eine Transaktion) gilt erst dann als positiv abgeschlossen, wenn alle Änderungen und die Information über das Transaktionsende selbst, im REDO-Log File abgespeichert sind.

Im Bild 3-2 sind die ONLINE-Redo-Log Files dargestellt, die auch in einer gemultiplexten Konfiguration auftreten können. Der Vollständigkeitshalber sei jedoch bereits an dieser Stelle erwähnt, daß zu einer ORACLE-Datenbank üblicherweise stets eine Reihe von sogenannten archivierten REDO-Log Files gehören. Archivierte REDO-Log Files sind in der Regel vollständig beschriebene REDO-Log Files, die zu Sicherungszwecken auf eine andere Platte oder auf ein anderes Speicherungsmedium kopiert (archiviert) werden. Da dieser File-Typ alle Änderungen der Datenbank in kompakter Form beinhaltet, sind diese Files der integrale Bestandteil zur Wiederherstellung einer ORACLE-Datenbank bzw. einzelner Datenbank-Files. (s. dazu auch Kapitel 5)

In den Kontroll-Files werden die Grundstrukturen und Grundinformationen über eine ORACLE-Datenbank abgelegt. Hier finden sich :

- der Zeitpunkt der Datenbank-Erstellung

- die Namen aller Datenbank-Files

- die Namen aller REDO-Log Files und deren Sequenz-Nummern

- Zeitpunkt des letzten Checkpoints und zugehörige REDO-Log Files und vieles mehr.

Werden Datenbank-Strukturänderungen durchgeführt z.B. Vergrößern der Datenbank durch zusätzliche Files, oder das Verlagern von Files auf andere Plattenlaufwerke, wird dies auch im Kontrollfile vermerkt. Insbesondere für das Öffnen, Schließen und für verschiedene Recovery-Fälle wird dieser File-Typ benutzt.

Obwohl wir bisher bei den Datenbank-Files stets von einzelnen Files geprochen haben, die die ORACLE-Datenbank-Objekte beinhalten, sind Files für ORACLE lediglich eine untergeordnete Strukturierungseinheit und dienen im wesentlichen

ORACLE Architektur

als Lieferant von Speicherplatz, dem das ORACLE-Datenbanksystem eine spezifische - logische - Struktur aufprägt.

3.2.2 Die logische ORACLE-Datenbankstruktur

Eine ORACLE-Datenbank besteht, aus dem Blickwinkel des Betriebssystems betrachtet, aus einer Reihe von Files, in denen die unterschiedlichen Daten für unterschiedliche Funktionen abgelegt sind.

Für das ORACLE-Datenbanksystem sind die Datenbankfiles lediglich Speicherlieferant, dem das ORACLE System seine eigene, für die Verwaltung großer Mengen von Daten optimale Struktur aufprägt.

Aus ORACLE Sicht besteht eine ORACLE-Datenbank aus REDO-Log Files, Kontroll-Files und aus sogenannten ORACLE-Tablespaces. Ein ORACLE-Tablespace besteht dabei aus mindestens einem und maximal 255 Betriebssystemfiles, wobei die Größe und der Ort (die Platten), an dem diese Files angelegt sind, keine Rolle spielen. Bild 3-3 zeigt die Zuordnung von Betriebssystemfiles, die auf unterschiedlichen Plattenlaufwerken angelegt wurden, zu den entsprechenden ORACLE-Tablespaces.

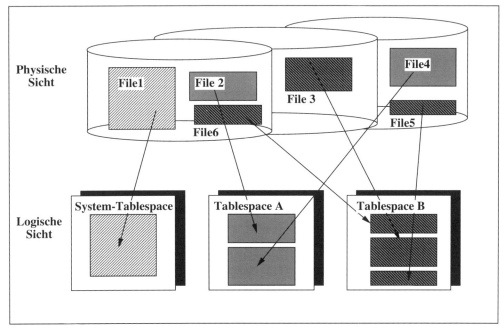

Bild 3-3 : Zusammenhang zwischen Physischer Sicht und Logischer Sicht

ORACLE Architektur

In diesem Beispiel besteht der System-Tablespace aus einem File, der Tablespace TA aus zwei Files und Tablespace TB aus drei Files, die auf zwei bzw. drei Platten verteilt sind. Bei der Erstellung einer ORACLE-Datenbank wird stets der System-Tablespace mit den zugehörigen Files angelegt. Die weitere Strukturierung der Datenbank durch zusätzliche Benutzer-Tablespaces und die Zuordnung von entsprechenden Files zu diesen Tablespaces ist abhängig von Art und Umfang der aufzubauenden Datenbank. Alle innerhalb einer ORACLE-Datenbank angelegten Datenbank-Objekte werden stets einem Tablespace zugeordnet und verbrauchen den Speicherplatz dieses Tablespaces. Ein DB-Objekt kann innerhalb eines Tablespaces wachsen, auch über Filegrenzen und somit auch über Plattengrenzen hinweg. Ein DB-Objekt kann sich jedoch nicht über Tablespacegrenzen hinweg ausdehnen.

Im Bild 3-4 sind die notwendigen SQL-Befehle aufgeführt, die zur Erzeugung der ORACLE-Datenbank aus Bild 3-3 notwendig sind. Dabei wird der System-Tablespace beim Erstellen der Datenbank ('create database') angelegt, der jedoch später, wie alle anderen Tablespaces mit dem 'alter tablespace' Befehl vergrößert werden kann. Die beiden Benutzertablespaces TA und TB wurden mit dem 'create tablespace' Befehl angelegt und der Tablespace TB wurde nachträglich mit dem 'alter tablespace' Befehl um das File 'file6.ora' erweitert.

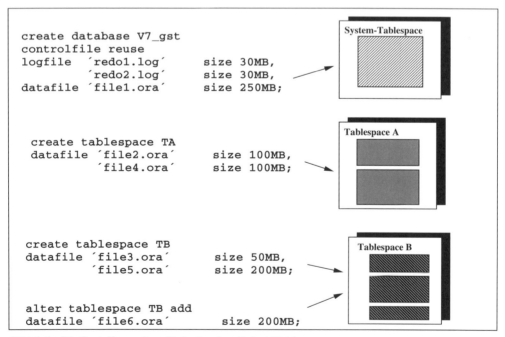

Bild 3-4 : Die Erstellung einer Datenbank mit drei Tablespaces

Ein File, das einem Tablespace zugeordnet wurde, kann nicht mehr aus dem Tablespace entfernt werden. Es ist jedoch möglich, einen kompletten Tablespace mit allen zugehörigen Files aus der Datenbank zu löschen. Der SQL-Befehl 'drop tablespace ta' löscht den Tablespace TA aus Bild 3-3 und gibt alle zugehörigen Datenbank-Files frei, falls noch keine Datenbanktabelle oder sonstige Datenbank-Objekte diesem Tablespace zugeordnet sind. Sind diesem Tablespace bereits Datenbank-Objekte zugeordnet, wird der obige SQL-Befehl mit einer Fehlermeldung abgebrochen. In diesem Fall muß der Befehl lauten : 'drop tablespace ta including contents'. Alle Datenbank-Objekte und alle Datenbank-Files würden dabei gelöscht werden. Dieser Befehl kann, wegen seiner enormen Auswirkungen, nur von Benutzern mit dem 'drop tablespace'-Privileg ausgeführt werden.

Auch ist es möglich, einen oder mehrere Tablespaces für bestimmte Zeit OFFLINE zu setzen: 'alter tablespace TB offline' setzt den Tablespace TB OFFLINE. Alle Datenbankobjekte innerhalb dieses Tablespaces sind daraufhin nicht mehr zugreifbar. Alle anderen Tablespaces und deren Tabellen und Indices sind davon nicht betroffen und können in gewohnter Weise bearbeitet werden.

Der OFFLINE Parameter im 'alter tablespace'-Befehl besitzt drei Optionen, 'normal', 'temporary' und 'immediate', wobei die 'normal' Option die Default-Option darstellt. Im 'normal' Fall wird für alle Files des betreffenden Tablespaces ein Checkpoint durchgeführt, bevor der Tablespace Offline geschaltet wird. Ein späteres Online-Setzen des Tablespaces benötigt in diesem Fall keine Recovery-Aktion. Im 'immediate' Fall wird kein Checkpoint durchgeführt, der Tablespace wird dabei ohne zusätzliche Aktionen Offline geschaltet. Ein späteres Online-Schalten dieses Tablespaces bedingt jedoch stets eine vorhergehende Medium-Recovery Aktion und kann somit nur im 'Archive'-Mode der Datenbank benutzt werden. Der 'temporary' Fall ist ein typischer Zwitter-Fall. Für alle online-Files eines Tablespaces wird zum Zeitpunkt des Offline-Schaltens ein Checkpoint geschrieben. Diese benötigen kein Medium-Recovery beim späteren Online-Schalten des Tablespaces. Für alle offline-Files muß jedoch ein Medium-Recovery durchgeführt werden.

Über das manuelle Offline-Schalten eines Tablespaces hinaus, kann auch das ORACLE-System selbst einen Tablespace in den Offline-Modus versetzten. Dies geschieht immer dann, wenn bei der Ausführung von Lese- oder Schreiboperationen Fehlerzustände auftreten. Tritt ein automatisches Offline-Schalten eines Tablespaces ein, erhält das Anwendungsprogramm eine entsprechende Fehlermeldung und der Datenbankadministrator wird durch das ORACLE-Alert File informiert. In beiden Fällen (manuelles OFFLINE-Setzen bzw. automatisches OFFLINE-Setzen eines Tablespaces) können alle noch im Zugriff befindlichen Tablespaces (ONLINE Tablespaces) in gewohnter Weise und ohne irgendeine Beeinträchtigung weiter benutzt werden. Der Datenbankadministrator kann einen OFFLINE gesetzten Tablespace wieder ONLINE setzen mit dem SQL-Befehl: 'alter tablespace TB online'. In diesem Fall wird der Tablespace TB wieder ONLINE gesetzt, und alle dort befindlichen Datenbank-Objekte sind wieder zugreifbar.

Es gilt noch zu erwähnen, daß der SYSTEM-Tablespace einer ORACLE-Datenbank nicht OFFLINE gesetzt werden kann, da in diesem Tablespace das gesamte DATA-DICTIONARY abgelegt ist, ohne das die Datenbank nicht funktionsfähig ist.

Die Möglichkeit der logischen Strukturierung einer ORACLE-Datenbank sollte in jedem produktiven ORACLE-System unbedingt angewandt werden, um:

- zusätzliche Fehlertoleranz gegenüber Plattenfehlern zu erreichen. Dies ist verstärkt erreicht, wenn die Datenbank-Files auf unterschiedliche Plattenlaufwerke verteilt werden, und die Files eines Plattenlaufwerkes (oder auch Contollers) einem Tablespace zugeordnet werden. In diesem Fall ist durch den Ausfall eines Plattenlaufwerkes nur ein Tablespace betroffen.

- die Möglichkeit zu haben, Tabellen (Daten) und zugehörige Indices auf unterschiedliche Tablespaces und somit u.U. auf unterschiedliche Plattenlaufwerke zu verteilen, was sich meist positiv auf die Performance auswirkt.

3.2.3 Die Tablespace-Struktur

Alle DB-Objekte, die innerhalb einer ORACLE-Datenbank angelegt werden, sind stets einem Tablespace zugeordnet. Im wesentlichen können vier Objekt-Typen bzw. Segmentarten unterschieden werden:

- Tabellen (Datensegmente)
- Indices (Indexsegmente)
- Rollback-Segmente
- Temporäre-Segmente

Im Bild 3-5 wird die Beziehung der Objekte und der Segmentarten veranschaulicht. Jede Tabelle, Index oder Rollback-Segment belegt dabei genau ein Daten-, Index- oder ein Rollback-Segment innerhalb des betreffenden Tablespaces. Ein temporäres Segment kann nicht direkt vom Benutzer angelegt werden. Dies ist Aufgabe des ORACLE-Systems, das für bestimmte Operationen (z.B. Sortiervor-

ORACLE Architektur

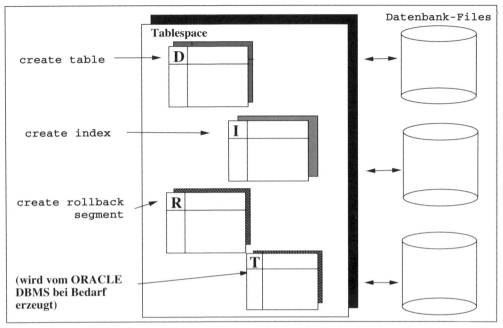

Bild 3-5 : Zusammenhang zwischen Segmentarten und SQL-Befehlen

gänge, Indexaufbau, ..) temporär externen Speicherplatz benötigt und diesen in Form von temporären Segmenten anlegt und nach Gebrauch wieder freigibt.

In welchem Tablespace das entsprechende DB-Objekt mit dem zugehörigen Segment angelegt wird, hängt davon ab:

- auf welche Tablespaces der Benutzer, der das Objekt anlegt, Zugriff hat
- mit welchen Privilegien der Benutzer, der das Objekt anlegt, ausgestattet ist
- welche Optionen der 'create'-Befehl, der das Objekt erzeugt, beinhaltet

Wird ein ORACLE-Benutzer mit dem 'create user'-Befehl angelegt, hat er standardmäßig auf keinem Tablespace Verbrauchsrechte, d.h. ein solcher Benutzer kann keine eigenen DB-Objekte, die Speicherplatz innerhalb der Datenbank verbrauchen, definieren. Erst mit Hilfe der Quota Option innerhalb des 'create user' bzw. 'alter user'- Befehls kann dem jeweiligen ORACLE Benutzer das Recht zugewiesen werden, Speicherplatz innerhalb eines Tablespaces zu verbrauchen.

Im Bild 3-6 wird ein Benutzer angelegt, der unbegrenzte Verbrauchsrechte hat auf Tablespace TA und dessen Verbrauchsrechte auf 10MB begrenzt sind für Tablespace TB. Gleichzeitig wurde diesem Benutzer ein 'default'-Tablespace zugeordnet. Erzeugt dieser Benutzer ein DB-Objekt z.B. eine Tabelle mit dem 'create table'-Befehl ohne explizite Tablespace Angabe, wird dieses Objekt im default-Tablespace des

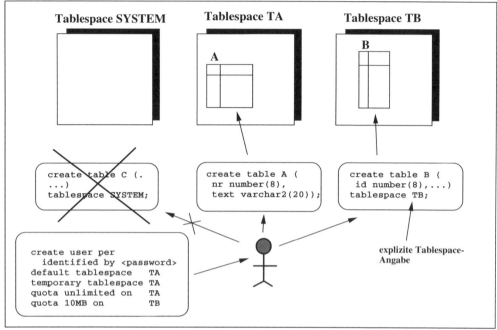

Bild 3-6 : Zugriff und Quotas auf Tablespaces

Benutzers angelegt (Fall 1 im Bild 3-6). Im Fall 2 des Bildes 3-6 erzeugt der gleiche Benutzer ebenfalls eine Tabelle, diesmal jedoch mit einer expliziten Angabe des Ziel-Tablespaces TB. Wird mit dem Anlegen der Tabelle B die Gesamt-Quota des Benutzers für diesen Tablespace nicht überschritten, kann Tabelle B im Tablespace TB angelegt werden, ansonsten erhält der Benutzer eine Fehlermeldung wegen Quota Überschreitung. Ein Versuch des Benutzers PER ein DB-Objekt im System-Tablespace zu plazieren wird zurückgewiesen, da er für diesen Tablespace keine Verbrauchsrechte (Quota) besitzt.

Das beschriebene Verhalten ist für Datensegmente (Tabellen), Indexsegmente (Index) und für Rollback-Segmente identisch. Temporäre Segmente werden stets bei Bedarf durch das ORACLE-System angelegt und zwar entweder in dem Tablespace der im 'create user'-Befehl unter der Option 'temporary tablespace' angegeben wurde oder, falls keine explizite Angabe existiert, im System-Tablespace.

Es ist zu betonen, daß alle Segmentarten voneinander unabhängig sind. Dies bedeutet, daß Daten(Tabellen)-Segmente und die, zu diesen Tabellen gehörenden Index-Segmente, unabhängig voneinander, in verschiedenen Tablespaces angelegt werden können. Diese Eigenschaft kann genutzt werden, um Daten und Indices auf unterschiedliche Plattenlaufwerke zu verteilen, was in vielen Fällen zu einer verbesserten Performance führt.

3.2.4 Die Segment-Ausprägung

Jedes der besprochenen Segment-Arten belegt innerhalb des entsprechenden Tablespaces Speicherplatz. Um eine Fragmentierung der einzelnen Segmente zu verhindern bzw. zu minimieren, besteht die Möglichkeit, die Speicherplatzzuordnung und den Speicherplatzverbrauch über Speicherungsparameter (storage parameter) zu steuern. Aus diesem Grund muß das Segment selbst noch ein wenig genauer betrachtet werden.

Ein Segment besteht aus einem oder mehreren 'extents', das sind Speicherbereiche in bestimmbarer Größe, die einem Segment zugeordnet werden können. Dabei wird unterschieden zwischen einem Anfangs-Extent (initial extent), das bereits zum Erstellungszeitpunkt des Segments (z.B. 'create table') angelegt wird und beliebig viele Folge-Extents (next). Die Folge-Extents werden immer dann vom System erzeugt, wenn der bisher allokierte Speicherplatz nicht ausreicht, um neue Datensätze aufzunehmen. Auch die Größe des Next-Extents eines Segments ist definierbar und kann zusätzlich mit einem Wachtums-Parameter (pctincrease) versehen werden, der die Größe eines Next-Extents gegenüber dem Vorgänger-Extent entsprechend vergrößern kann. Jedes Extent wiederum besteht aus einer bestimmten Anzahl von ORACLE-Datenbankblöcken, die bei den meisten Implementierungen 2KB groß sind.

Die Speicherungsparameter, die alle optional angegeben werden können, haben die Form:

```
storage (   initial         20MB,
            next            10MB,
            minextents      3,
            maxextents      80,
            pctincrease     15,
            freelists       3)
```

und können in den folgenden SQL-Befehlen benutzt werden:

```
create/alter    tablespace
create/alter    table
create/alter    index
create/alter    rollback segment
create/alter    cluster
create/alter    snapshot
create/alter    snapshot log
```

ORACLE Architektur

Die Angabe einer storage-Definition bei einem Tablespace dient als default-Definition für alle DB-Objekte, die ohne explizite Angabe einer storage-Klausel erstellt werden. Die explizite Verwendung einer storage-Klausel bei der Definition von DB-Objekten überschreibt eine vorhandene default-Storage Definition des Tablespaces.

Im Bild 3-7 werden im Tablespace TA zwei Tabellen erstellt. Tabelle A1 wird ohne explizite Angabe einer storage-Klausel definiert und übernimmt deshalb die storage Werte, die für diesen Tablespace mit dem 'create tablespace' Befehl oder mit dem 'alter tablespace'-Befehl angegeben wurden.

Die Tabelle A2 wurde mit einer expliziten storage-Klausel definiert. Beim Ausführen des 'create table'-Befehls wird bereits der im initial-Parameter angegebene Speicherplatz allokiert. Wird dieser Speicherplatz durch nachfolgende 'insert'-Operationen verbraucht, wird diesem Segment ein Speicherplatzbereich (extent) der Größe des next-Parameters innerhalb des Tablespaces TA zur Verfügung gestellt. Ist dieser zusätzliche Platz ebenfalls verbraucht, wird ein weiteres extent der Größe (next+next*pctincrease/100) bereitgestellt.

Im Bild 3-8 sind die storage-Parameter und ihre Bedeutung nochmals zusammenfassend dargestellt.

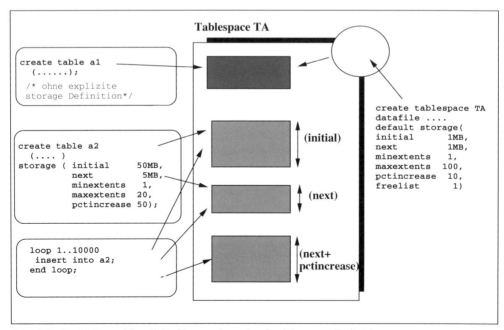

Bild 3-7 : Explizite und Implizite Verwendung der Speicherungs-Definitionen

ORACLE Architektur

Wie die einzelnen Tablespaces einer ORACLE-Datenbank definiert sind, aus welchen Files sie bestehen und wie die default-Speicherungsparameter eingestellt sind, läßt sich aus dem ORACLE-Data Dictionary ermitteln. Der folgende Befehl zeigt alle Tablespaces eines ORACLE-Systems, mit allen Speicherungsparametern und dem aktuellen Status der Tablespaces (online oder offline):

```
select * from
user_tablespaces;
```

In welchem Tablespace ein DB-Objekt abgespeichert ist und mit welchen Speicherungsparametern ein DB-Objekt ausgestattet wurde, liefert der folgende Befehl für alle Tabellen eines Benutzers:

```
select *
from user_tables;
```

Dabei sind 'user_tablespaces' und 'user_tables' Data-Dictionary Views, die Informationen aus dem ORACLE-Data-Dictionary bereitstellen.(s.dazu auch Kapitel 3.4)

initial	Gibt die Größe des ersten Extents eines Segmentes an. z.B. **initial 50MB , initial 10KB**. Dieser Speicherbereich wird zur Definitionszeit des Segmentes allokiert.
next	Gibt die Größe des jeweils nächsten Extents des Segmentes an. Dieser Bereich wird jeweils auf Bedarf allokiert.
minextents	Gibt die Anzahl der Extents an, die bereits bei der Erstellung eines Segments angelegt werden sollen, z.B. bei **minextents = 3** werden der initial-Bereich und zweimal der next-Bereich zur Definitionszeit des Segmentes allokiert.
maxextents	Gibt die maximale Anzahl von Extents an, die ein Segment besitzen kann.
pctincrease	Gibt den Wachstumsfaktor eines Extents in Prozent an. Ein Wert von 50 für den **pctincrease** Parameter bedeutet, daß das jeweils nächste Extent um 50% gegenüber den Vorgängerextent vergrößert wird.
freelists	Gibt die Anzahl der **freelists** eines Segmentes an. Dieser Parameter ist insbesondere wichtig, wenn viele parallele Insert-Operationen durchgeführt werden müssen. In diesem Fall sollte der freelist Parameter >1 sein.
optimal	Gibt die optimale Größe eines Rollback-Segments an. Nur für Rollback-Segmente definierbar

Bild 3-8 : Speicherungsparameter

ORACLE Architektur

3.2.5 Die Datenbank-Block Struktur

Bei den bisher betrachteten Speicherungsparametern wurden im wesentlichen die 'extents' eines Segmentes in ihrer Anfangsgröße (initial), Wachtumsrate (next, pctincrease) und Anzahl (minextents, maxextents) definiert. Man kann diese Parameter auch als Extent-Parameter bezeichnen, weil sie das Verhalten der 'extents' eines Segmentes beschreiben.

Wie wir wissen, sind die kleinsten Einheiten eines Segmentes jedoch nicht die Extents, sondern die Datenbank-Blöcke, aus denen die 'extents' bestehen. Bei der Definition eines DB-Objektes (Tabelle, Index, ...) ist es möglich über die extent-Definition hinaus auch DB-Blöcke zu konfigurieren. Dies geschieht mit den DB-Block Parametern 'pctfree', 'pctused', 'initrans' und 'maxtrans', die einerseits den Freiplatz innerhalb eines DB-Blockes (pctfree) und andererseits den minimalen Füllgrad (pctused) eines DB-Blockes festlegen. Der schematische Aufbau eines ORACLE-Datenbankblockes ist in Bild 3-9 dargestellt. Dabei können zwei Bereiche unterschieden werden:

- der DB-Block Kopf und
- der DB-Block Datenbereich.

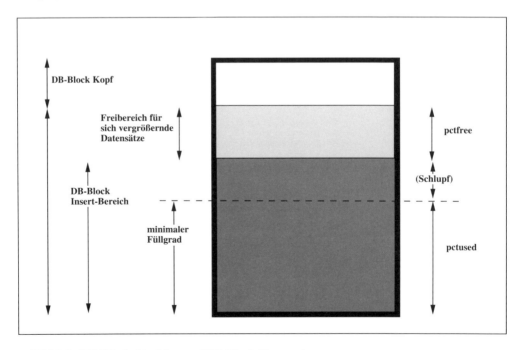

Bild 3-9 : DB-Block Struktur und DB-Block Parameter

ORACLE Architektur

Der DB-Block Kopf enthält Verwaltungsinformationen wie zum Beispiel das Datensatz (Row)-Directory, das für jeden Datensatz des betreffenden DB-Blockes 2Bytes reserviert und das Transaktions-Directory, das Informationen beinhaltet über die aktuellen Transaktionen, die Datensätze des Blockes geändert haben. Ein einzelner Transaktionseintrag belegt dabei 23Bytes, wobei die Anzahl der Transaktions-Entries pro DB-Block durch die DB-Block Parameter 'initrans' und 'maxtrans' definiert werden.

Der DB-Block Datenbereich kann wiederum in zwei Bereiche gegliedert werden, den:

- DB-Block Insert (Einfüge) Bereich und den
- DB-Block Freibereich.

Der DB-Block Freibereich ist insbesondere dann bei der Betrachtung der Block-Struktur wichtig, wenn mit dem Datentyp 'varchar' bzw. 'varchar2', den variablen alpha-numerischen Datentypen, gearbeitet wird. Da bei der Verwaltung dieser Datentypen lediglich die Anzahl der aktuell verwendeten Bytes abgespeichert wird, können nachfolgende 'update'-Operationen den Datensatz vergrößern. (Auch viele NULL-Werte, die erst durch 'update'-Operationen mit Daten gefüllt werden, können einen Datensatz vergrößern). Der Freibereich dient dazu, Speicherplatz für sich vergrößernde Datensätze vorzuhalten. Im Bild 3-10 ist eine solche Situation dargestellt. Eine Tabelle wurde hierbei mit 'varchar2' Datentypen definiert, die in diesem Beispiel eine max. Größe eines Datensatzes von 300Bytes zulassen. Bei einer Einfügeoperation wurden jedoch nur die Zeichen 'A' und 'B' erfaßt, d.h. es wurden nur 2 Bytes (von 300 möglichen) belegt. Nachfolgende 'update' Operationen können den Datensatz bis zur Maximalgröße vergrößern.

Kann eine solche 'update' Operation die gewünschte Änderung aus Platzmangel innerhalb des Blockes nicht vollständig durchführen, wird der betreffende Datensatz in einen neuen DB-Block oder in einen DB-Block mit genügend freiem Speicherplatz übertragen, um in diesem neuen DB-Block die Änderung durchzuführen. Ein solcher Datensatz ist mit seinem ursprünglichen DB-Block verkettet. Der ursprüngliche DB-Block speichert dabei die neue Adresse (die neue ROWID) des Datensatzes unter der alten Datensatzadresse ab. Dadurch muß der Index bei einer Verkettung nicht geändert werden.

Um das Auftreten von solchen verketteten DB-Blöcken zu verhindern, die sich negativ auf die Performance auswirken können, kann der, für 'update' Operationen u.U. notwendige Freibereich, mit dem 'pctfree'-Parameter definiert werden. Dieser Parameter gibt an, wieviel Prozent des DB-Block-Datenbereiches als Freiplatz für sich vergrößernde Datensätze vorgehalten werden soll. Insbesondere bei dynami-

ORACLE Architektur

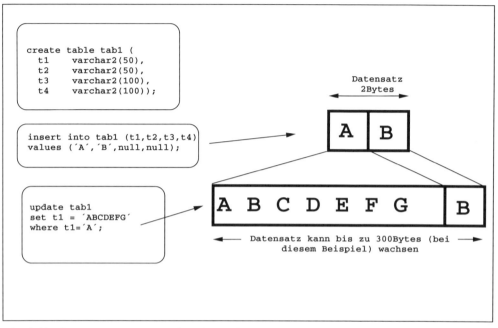

Bild 3-10 : Datensatzwachstum bei variabler Spaltengröße

schen Tabellen, das sind Tabellen, deren Datensätze sich stark vergrößern können, muß der pctfree-Bereich groß gewählt werden. Typische Werte liegen zwischen 40 und 60 (Prozent). Bei statischen Tabellen, das sind Tabellen, die sehr wenigen Änderungsoperationen unterliegen und deren Datensatzgröße schon bei der Einfügeoperation festliegt, kann mit pctfree-Werten im Bereich von 0 bis 30 Prozent gearbeitet werden.

Der zweite wichtige DB-Block-Parameter, der 'pctused'-Parameter, gibt den Mindestfüllgrad eines DB-Blockes an. Durch diesen Parameter kann eine möglichst gleichmäßige Belegung aller DB-Blöcke eines DB-Objektes erreicht werden, da 'insert'-Operationen stets in DB-Blöcken durchgeführt werden, deren Mindest-Füllgrad (pctused) noch nicht erreicht ist. Das sind neue DB-Blöcke und DB-Blöcke deren Füllgrad durch das Löschen von Datensätzen bzw. Ändern von Datensätzen den Mindest-Füllgrad noch nicht bzw. nicht mehr erreichen. DB-Blöcke, deren aktueller Füllgrad kleiner ist als der Mindest-Füllgrad (durch pctused definiert), werden in eine sogenannte FREE-DB-Block-Liste eingetragen und stehen als Kandidaten für die nächste 'insert'-Operation zur Verfügung. Eine Einfügeoperation kann jedoch nur dann in einem solchen DB-Block erfolgen, wenn der Platz innerhalb des DB-Blockes zur Aufnahme des neuen Datensatzes ausreicht. Zu bedenken ist jedoch, daß der Freibereich (pctfree) nicht für die Einfügeoperation benutzt werden kann. Wird durch eine 'insert' Operation die Mindest-Füllgrad Marke wieder überschritten, wird der DB-Block aus der FREE-Liste entfernt und steht für 'insert' Operationen nicht mehr zur Verfügung.

Innerhalb eines Segment-Extents lassen sich drei Arten von DB-Blöcken unterscheiden:

- DB-Blöcke, die über den Mindest-Füllgrad mit Daten gefüllt sind (vollständig gefüllte DB-Blöcke)

- DB-Blöcke, die den Mindest-Füllgrad noch nicht oder nicht mehr erreichen (partiell gefüllte DB-Blöcke)

- DB-Blöcke, die zwar zu einem Segmentextent gehören, die jedoch noch nie benutzt wurden (ungenutzte DB-Blöcke)

In der FREE-Liste für DB-Blöcke werden die partiell gefüllten DB-Blöcke verwaltet. Fällt der aktuelle Füllgrad eines DB-Blockes durch 'delete' oder 'update'-Operationen unter die durch 'pctused' definierte Mindestfüllmarke, wird dieser DB-Block an die erste Stelle der FREE-Liste gesetzt. Auch dabei wird mit dem Transaktions-Konzept gearbeitet. Ein DB-Block in der FREE-Liste, gibt den durch eine 'delete' Operation freiwerdenden Speicherplatz erst nach positiver Beendigung der Transaktion frei. Aus diesem Grund muß die FREE-Liste unter unterschiedlichen Blickwinkeln betrachtet werden. Eine Transaktion hat jeweils zwei Sichten auf die Free-Liste. So wird eine Transaktions-FREE-Liste und eine Segment FREE-Liste verwaltet. Innerhalb der Transaktions-FREE-Liste werden alle DB-Blöcke verwaltet, die innerhalb der jeweiligen Transaktion unter die 'pctused' Marke gefallen sind. Werden innerhalb der gleichen Transaktion 'insert'-Operationen durchgeführt, versucht das ORACLE-System den notwendigen Speicherplatz über die eigene Transaktions-FREE-Liste bereitzustellen (das sind die DB-Blöcke, die durch vorhergehende 'delete' Operationen unter die 'pctused' Marke gefallen sind). Die Transaktions-FREE-Liste kann als SUB-FREE-Liste innerhalb der Segment-FREE-Liste verstanden werden und ist während einer offenen Transaktion nur für die aktuelle Transaktion sichtbar und zugreifbar. Eine Transaktions-FREE-Liste wird jedoch nur dann aufgebaut, wenn innerhalb der betrachteten Transaktion DB-Blöcke unter die 'pctused' Marke fallen und als partiell-gefüllte DB-Blöcke verwaltet werden müssen.

Ist der, für die 'insert' Operation notwendige Speicherplatzbedarf größer als die durch die Transaktions-FREE-Liste bereitgestellten Bereiche, wird die Segment-FREE-Liste nach partiell gefüllten DB-Blöcken durchsucht. Werden bei diesem Vorgang ebenfalls nicht genügend große Speicherbereiche gefunden, werden noch nicht benutzte DB-Blöcke des Segmentextents herangezogen und in die FREE-Liste

ORACLE Architektur

eingetragen. Ist auch dieser Vorgang nicht erfolgreich oder werden dadurch nicht genügend DB-Blöcke bereitgestellt, weil z.B. keine freien DB-Blöcke in dem aktuellen Segmentextent vorhanden sind, wird ein neues Extent (der Größe next+next*pctincrease/100) aus dem aktuellen Tablespace-Speicherbereich bereitgestellt.

Im Bild 3-11 ist eine typische Situation innerhalb einer Transaktion dargestellt. Dabei soll ein Extent der Einfachheit halber aus vier DB-Blöcken bestehen, die vor Beginn der Beispieltransaktion folgenden Status haben:

- B1 partiell gefüllt und eingetragen in der FREE-Liste

- B2 vollständig gefüllter DB-Block

- B3 vollständig gefüllter DB-Block

- B4 noch ungenutzter DB-Block

In der Beispieltransaktion in Bild 3-11 werden Datensätze aus dem DB-Block B3 gelöscht, wobei der aktuelle Füllgrad unter die 'pctused' Marke fällt. Der Block B3 wird daraufhin in die FREE-Liste übertragen und innerhalb der, für diese Transaktion geltenden Transaktions-FREE-Liste, verwaltet. Innerhalb der gleichen Transaktion

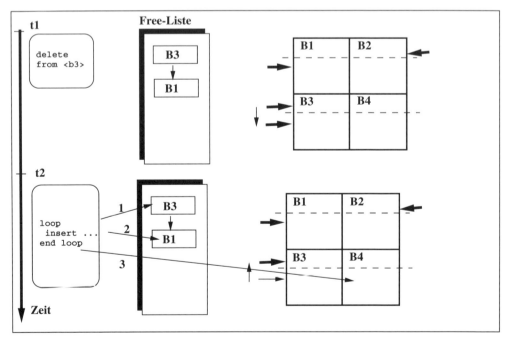

Bild 3-11 : DB-Blöcke und DB-Free-Liste

werden nun eine Reihe von Datensätzen erfaßt, die entsprechenden Speicherplatz benötigen und der in der folgenden dargestellten Reihenfolge beschafft wird:

1. Datensätze werden in die, in der Transaktions-FREE-Liste befindlichen DB-Blöcke eingetragen (B3)

2. Datensätze werden in die in der Segment-Free-Liste befindlichen DB-Blöcke eingetragen (B1)

3. Datensätze werden in freie DB-Blöcke des Extents eingetragen (B4)

4. Datensätze werden in freie DB-Blöcke eines neuen Extents eingetragen

Wie man aus diesem Beispiel sieht, wird insbesondere für die 'insert' Operation die FREE-Liste häufig genutzt. Bei Tabellen, die durch sehr viele parallele 'insert' Operationen (Anzahl der parallelen insert-Operationen ›100) bearbeitet werden, kann es deshalb sinnvoll sein, nicht nur eine FREE-Liste pro Tabelle, sondern mehrere FREE-Listen zu haben, um die Parallelität der Einfügeoperationen nochmals zu erhöhen. Die Anzahl der FREE-Listen kann innerhalb des 'create table' Befehls mit dem 'freelists' Parameter angegeben werden.

Die Aufteilung eines DB-Block Datenbereiches in Freibereich und Einfügebereich kann mit den beiden Parametern 'pctfree' und 'pctused' definiert werden. Die theoretisch bestmögliche Speicherausnutzung wird erreicht, wenn die Summe aus pctfree und pctused genau 100 ergibt. In diesem Fall werden so lange Datensätze in den Einfügebereich (in diesem Fall ist der pctused Bereich auch gleichzeitig der gesamte Einfügebereich) des DB-Blockes eingetragen, bis kein vollständiger Datensatz mehr in diesen Bereich paßt.

Da die Wahrscheinlichkeit, einen DB-Block stets genau bis auf das letzte Byte aufzufüllen, sehr klein ist, haben sehr viele dieser DB-Blöcke einen aktuellen Füllgrad, der kleiner ist, als der durch pctused definierte Mindest-Füllgrad und werden in die FREE-Liste eingetragen, um bei der nächsten 'insert' Operation berücksichtigt zu werden. Dies führt dazu, daß die FREE-Liste sehr viele DB-Blöcke beinhaltet, die alle nur sehr wenig freien Platz besitzen und die alle bei einer 'insert' Operation durchsucht werden müssen. Um dies zu umgehen, sollte stets ein gewisser Bereich als variabler Speicherplatz, als Spielraum oder Schlupf, dem System überlassen werden. Als Faustregel sollte dabei gelten, daß der Spielraum zwischen Mindestfüllgrad (pctused) und Freibereich (pctfree) ausreichend sein sollte, um einen durchschnittlichen Datensatz aufnehmen zu können. Dadurch ist die Verweilzeit eines DB-Blockes in der FREE-Liste minimiert, da eine anstehende 'insert' Operation mit hoher Wahrscheinlichkeit durch den in der FREE-Liste befindlichen DB-Block abgedeckt werden kann. (s.dazu auch Bild 3-9)

ORACLE Architektur

3.2.6 Das Physische Datensatzformat

Ein ORACLE Datensatz, als letzte und kleinste Einheit die aus physischer Sicht einer ORACLE-Datenbank betrachtet werden muß, besteht stets aus zwei Bereichen:

- dem Datensatzkopf und
- dem Datensatzrumpf.

Der Datensatz-Kopf enthält Verwaltungsinformationen wie zum Beispiel

- Anzahl der Spalten innerhalb des Datensatzes
- Verkettungsadressen, falls der Datensatz größer ist als ein DB-Block oder falls der Datensatz wegen zu kleinem DB-Block Freibereich in einen anderen DB-Block übertragen werden mußte
- Cluster-Schlüssel Informationen, falls der Datensatz zu einer geclusterten Tabelle gehört.

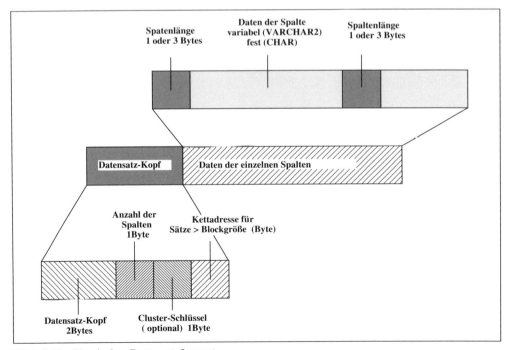

Bild 3-12 : Physisches Datensatzformat

Der Datensatz-Kopf besteht im Minimum aus drei Bytes und kann für geclusterte und verkettete Datensätze fünf Bytes als Maximum erreichen. Im Bild 3-12 ist das Datensatzformat schematisch dargestellt.

Im Datensatzrumpf befinden sich die eigentlichen Daten gemäß der bei der 'create table' Definition angegebenen Spalten. Die physische Spaltenfolge muß jedoch nicht notwendigerweise der logischen Spaltenfolge, wie beim 'create table' Befehl angegeben, entsprechen. Ein Spalte mit LONG oder LONG RAW als Datentyp wird stets an das physische Ende eines Datensatzes plaziert.

Jedem Spaltenwert geht eine Spaltenlängenangabe oder Spaltenkopf voraus, die die exakte Länge der Spalte angibt. Dieser Spaltenkopf beträgt ein Byte für die Datentypen NUMBER, CHAR und DATE und drei Bytes für die Datentypen VARCHAR, VARCHAR2, LONG, RAW und LONG RAW.

Nachdem nun alle Extent-Parameter und DB-Block-Parameter eingeführt sind und auch das physische Datensatzformat bekannt ist, soll nun der Frage nachgegangen werden, wie diese Parameter definiert werden müssen. Im wesentlichen handelt es sich darum, zu klären, wieviele Datensätze einer Tabelle in einem DB-Block abgespeichert werden können und wieviel DB-Blöcke für eine gegebene Tabelle zur Verfügung gestellt werden müssen. Aus einer solche Abschätzung der Anzahl der Datensätze bzw. der Anzahl der DB-Blöcke können dann die Speicherungsparameter abgeleitet werden.

Die Anzahl der Datensätze eines DB-Blockes ergibt sich dabei aus der Division von 'verfügbarem DB-Block Speicherplatz' und 'physischer Datensatzlänge', wie im Bild 3-13 gezeigt.

Der verfügbare Speicherbereich ist dabei die DB-Block-Größe reduziert um den DB-Block Kopf und den Freibereich (pctfree). Dabei besteht der DB-Block Kopf aus festen und variablen Komponenten:

- 57 Bytes feste Verwaltungsinformation
- 23 Bytes pro Transaktions-Entry (initrans=1, maxtrans=n)
- 2 Bytes pro Datensatz als Datensatz-Directory
- 4 Bytes für das Tabellen-Directory bei einer nicht-geclusterten Tabelle
  (pro Tabelle im Cluster werden 4 Bytes im Block Kopf verbraucht)

Daraus ergibt sich eine DB-Block Kopf Größe für eine nicht-geclusterte Tabelle von (84+2*Anzahl der Datensätze). Der Datennutzbereich ergibt sich somit aus der DB-Block Größe reduziert um den DB-Block Kopf. Der für 'insert' Operationen zur Verfügung stehende Bereich ist jedoch um den Freibereich (pctfree) reduziert. Somit

ORACLE Architektur

ergibt sich der verfügbare Speicherplatz für Einfügeoperationen wie im Bild 3-13 unter Punkt 3 angegeben.

Die physische Datensatzlänge setzt sich aus drei Komponenten zusammen:

- Datensatzkopf (3-5Bytes)

- tatsächlich belegte Datenbytes aller Spalten

- Spaltenkopfangaben (1-3Bytes)

Bei der Berechnung der Anzahl der Datensätze pro DB-Block kommt der Abschätzung der durchschnittlichen Spaltenlänge bzw. der durchschnittlich belegten Datenbytes pro Datensatz entscheidende Bedeutung zu. Die physische Datensatzgröße ergibt sich aus Bild 3-13 unter Punkt 4. Unter Punkt 5 wird die Formel für 'initrans=1' d.h. DB-Block Kopfgröße von 84 Bytes dargestellt.

Bei einer gegebenen Anzahl von Datensätzen läßt sich daraus die Anzahl der notwendigen DB-Blöcke errechnen. Es sei dabei nochmals darauf hingewiesen, daß die Genauigkeit der Formel sehr stark abhängig ist von der Genauigkeit der Abschätzung der durchschnittlichen Datensatzlänge.

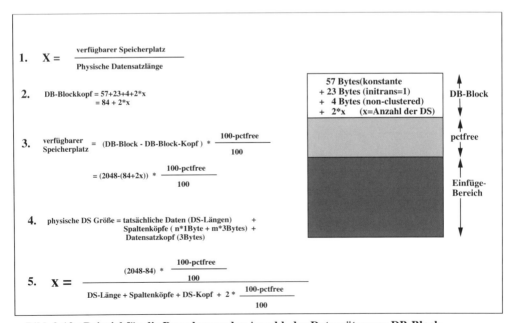

Bild 3-13 : Beispiel für die Berechnung der Anzahl der Datensätze pro DB-Block

ORACLE Architektur

3.2.7 Zusammenfassung

Das Kapitel 3.2 hatte zum Ziel, die physische und logische Datenbankstruktur einer ORACLE Datenbank zu erläutern. Ausgehend von der physischen Betrachungsweise, daß eine ORACLE Datenbank aus den drei Filearten Datenbank-Files (beliebig viele auf beliebigen Platten) REDO-Log Files (mindestens zwei, können auch als multiplex-Files auftreten) und den Kontroll-Files (mindestens zwei) besteht, wurde schrittweise die logische Struktur einer ORACLE-Datenbank eingeführt.

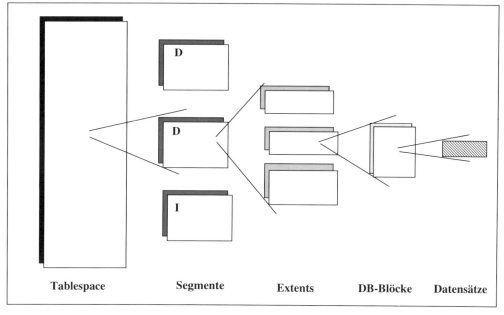

Bild 3-14 : Elemente eines ORACLE-Tablespaces

Insbesondere das ORACLE-Tablespace Konzept zeigt sich hier als eine probate Architektur, um auch große und größte Datenbanken aufbauen und verwalten zu können. Auch bezüglich einer erhöhten Fehlertoleranz des Gesamtsystems gegenüber Plattenausfällen und einer eleganten Möglichkeit Teile einer Datenbank unabhängig von anderen Teilen derselben Datenbank zu sichern oder nach einem Plattenproblem wiederherzustellen (Online Recovery) zeigt sich das Tablespace-Konzept als interessante und wichtige Architektur. Im Bild 3-15 wird der Zusammenhang zwischen Files, Tablespaces, Segmenten, Extents und DB-Blöcken in Form eines E/R Diagramms dargestellt. Es sei an dieser Stelle darauf hingewiesen, daß insbesondere in einem produktiven System, die Verteilung der DB-Files auf unterschiedliche Plattenlaufwerke, die Verteilung der einzelnen DB-Objekte wie

ORACLE Architektur

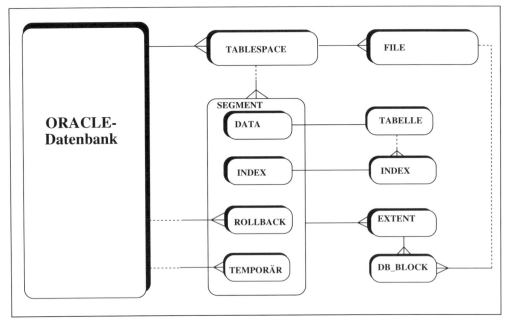

Bild 3-15 : Eine ORACLE-Datenbank in der E/R Notation

Tabellen und dazugehörige Indices auf unterschiedliche Tablespaces und die Speicherungsparameter der einzelnen Objekte durchaus Einfluß auf die Performance des Gesamtsystems haben können.

Im Bild 3-16 sind die wichtigsten ORACLE-Data-Dictionary Views dargestellt, um aus einem System die notwendigen Strukturinformationen zu ermitteln. Hierbei sollen die folgenden Fragen beantwortet werden:

- aus welchen Tablespaces besteht die Datenbank
- aus welchen DB-Files besteht ein Tablespace
- auf welche Tablespaces hat ein Benutzer default-mäßig Zugriff
- wer hat mit welchen Quotas auf einen Tablespace Zugriff
- wie ist eine Tabelle/Index bezüglich der Speicherungsparameter konfiguriert
- wieviele Extents mit jeweils wievielen DB-Blöcken hat ein DB-Objekt belegt

Dictionary-View	Bemerkung
dba_data_files	Zeigt alle DB-Files und deren Status
dba_tablespaces	Zeigt alle Tablespaces und deren Status
dba_freespace	Zeigt den freien Platz innerhalb der Tablespaces
dba_quota	Zeigt die Tablespace-Quotas aller Benutzer
user_extents (all_extents dba_extents)	Zeigt die Extents der Tabellen und Indices eines Benutzers (bzw. aller Tabellen/Indices auf die Benutzer Zugriff hat, bzw. der gesamten Datenbank)
user_table	Zeigt alle Tabellen eines Benutzers

Bild 3-16 : Beispiele für Data-Dictionary Views

3.3 Software-Architektur

3.3.1 Einführung

Der Aufbau und die Implementierung eines Software-Systems bestimmen zu einem nicht unerheblichen Maße, ob ein solches System, die zum Teil konträren Anforderungen erfüllen kann, die sich durch unterschiedliche Rechnerarchitekturen und Anwendungsprofile ergeben. Insbesondere für Datenbanksysteme, die als Basissystem für viele Anwendungen und Benutzer fungieren, ist die Software-Architektur von entscheidender Wichtigkeit und gibt dem Anwender bzw. dem Betreiber mehr oder aber weniger große Konfigurationsspielräume. Es können heute im wesentlichen vier Rechnerarchitekturen unterschieden werden, die von der Datenbank-Software-Architektur unterstützt werden sollten. Dies sind :

- Ein-Prozessor Systeme
  bestehend aus einem Prozessor sehr unterschiedlicher Leistungsfähigkeit. Der Einsatz solcher Systeme erstreckt sich über die gesamte Leistungsbandbreite heute im Einsatz befindlicher Systeme.

- Symmetrische Multiprozessor Systeme (SMP)
  bestehend aus mehreren gleichberechtigten Prozessoren, die Zugriff auf einen gemeinsamen Hauptspeicher besitzen. Diese Systeme werden oftmals auch als Shared-Memory Systeme bezeichnet. Auf Grund des enormen Leistungspotentials und des guten Preis/Leistungsverhältnisses werden zunehmend SMP Systeme aller Leistungsklassen, vom PC bis zum Mainframe, eingesetzt. Durch die gemeinsame Nutzung des Hauptspeichers sind solche Systeme jedoch beschränkt auf max. 32 gemeinsam nutzbare Prozessoren.

- Lose-gekoppelte Systeme (Cluster-Systeme)
  bestehend aus mehreren unabhängigen Rechnersystemen, die gemeinsame Resourcen z.B. Plattenspeicher nutzen. Jedes Rechnersystem innerhalb eines solchen Clusters kann dabei wiederum als Ein-Prozessor-System oder als SMP-System aufgebaut sein. Mit Hilfe solcher Cluster-Systeme lassen sich leistungsfähige Rechnergebilde aufbauen, die zusätzliche Fehlertoleranz gegenüber Rechnerausfällen bieten.

ORACLE Architektur

- Massiv-Parallele-Systeme
  bestehend aus einer extrem hohen Anzahl von Einzelprozessoren, die, im Unterschied zu SMP-Systemen, jeweils ihren eigenen Hauptspeicher besitzen. Innerhalb solcher Systeme können bis zu mehreren tausend Prozessoren zum Einsatz kommen, und eine extrem hohe Rechnerleistung bereitstellen.

Im Bild 3-17 sind diese Rechernarchitekturen und die zugehörigen ORACLE Softwarekomponenten schematisch dargestellt.

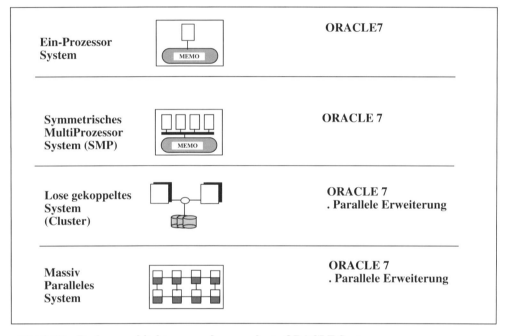

Bild 3-17 : Rechnerarchitekturen und zugeordnete ORACLE Systeme

Die Aufgabe der Software-Architektur eines Datenbanksystems ist es, die software-technische Anpassung an die unterschiedlichen Rechnerarchitekturen zu vollziehen und die gebotene 'ROH-Leistung' der Rechnersysteme in entsprechende Gebrauchsleistung für den Benutzer umzuwandeln. Nur wenn es gelingt, das teilweise riesige Leistungspotential durch eine geeignete Datenbank-Software-Architektur zu kanalisieren und durch DB-Server den Anwendungsprogrammen und somit den Benutzern zur Verfügung zu stellen, werden z.B. lose gekoppelte Systeme oder Massiv-Parallele Systeme den Weg zu kommerziellen Rechenzentren finden.

Im Bild 3-1 des Kapitels 3.2 wurde eine Dreiteilung eines Anwendungssystems vorgenommen. Es wurde unterschieden zwischen:

ORACLE Architektur

- Anwendungsprogrammen
- Datenbanksystem und der
- Datenbank

Ähnlich wie bei der ORACLE-Datenbank, die bei näherer Betrachtung in mehrere Filearten, in Tablespaces, in Segmente und weitere Strukturelemente aufteilbar war, ergibt sich eine Strukturierung des ORACLE-Datenbanksystems.

Ein ORACLE Datenbanksystem läßt sich aufteilen in zwei Basiskomponenten, in die ORACLE-Instanz und in mehrere, dieser Instanz zugehörigen ORACLE-Server Prozesse. Die ORACLE-Instanz wiederum besteht aus einem konfigurierbaren Datenbank-Cache (im ORACLE-Sprachgebrauch auch SGA für System oder Shared Global Area genannt) und einer Reihe von ORACLE-Hintergrundprozessen, die jeweils genau definierte Aufgaben zu erfüllen haben. So hat der DBWR-Prozeß die Aufgabe modifizierte Datenbank-Blöcke aus dem DB-Cache in die Datenbank-Files zurückzuschreiben oder der LGWR-Prozeß ist zuständig für die Beschreibung des REDO-Log-Files (siehe dazu auch Kapitel 3.3.2).

Die ORACLE Serverprozesse (in der Regel sind mehrere gleichzeitig aktiv) übernehmen alle sonstigen datenbankrelevanten Funktionen, wie das Parsen von SQL-Befehlen, das Ausführen von SQL-Befehlen, das Lesen von DB-Blöcken aus den Datenbank-Files in den Datenbank-Cache u.s.w.

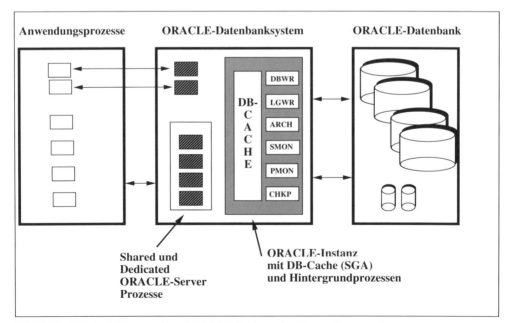

Bild 3-18 : Die drei Ebenen eines ORACLE-basierenden Anwendungssystems

ORACLE Architektur

Die Betrachtung der Datenbank-Software-Architektur darf sich jedoch nicht nur auf die Rechnerarchitekturen beschränken, sondern es müssen ebenso die unterschiedlichen Anwendungsprofile der Anwendungen betrachtet werden. Auf allen Rechnersystemen mit deren charakteristischen Architekturmerkmalen können Anwendungen mit einem der folgenden Anwendungsprofile auftreten:

- viele Prozesse bei hoher Datenbank-Last pro Prozeß, und/oder
- viele ONLINE-Benutzer; bei moderater Datenbanklast pro Benutzer

Diesen beiden Lastprofilen wird in Oracle7 Rechnung getragen durch zwei unterschiedliche Konfigurationsvarianten, die gleichzeitig mit einer ORACLE Datenbank betrieben werden können. Dies ist die:

- Dedicated MultiServer (DS-)Konfiguration für hohe Datenbanklast pro Prozeß
- Dynamische MultiThreaded Server (MTS-) Konfiguration für Online Anwendungen

Wird eine Anwendung mit der Dedicated Server Konfiguration betrieben, ist jeder Anwendungsprozeß dediziert einem ORACLE-Server-Prozeß zugeordnet, der alle Datenbank-Anforderungen der jeweiligen Anwendung bearbeitet.

Bei der Dynamischen MultiThreaded Server Konfiguration besteht hingegen keine explizite Beziehung zwischen dem Anwendungsprozeß und den ORACLE Server-Prozessen, die die DB-Anforderungen (Requests) verarbeiten. Bei der MTS-Konfiguration übergibt der Anwendungsprozeß den DB-Request an einen ORACLE-Dispatcher, der seinerseits den DB-Request im Datenbank-Cache der zugeordneten ORACLE Instanz innerhalb einer sogenannten Request-Queue ablegt. Dieser Request wird dann durch einen beliebigen ORACLE-Server Prozeß bearbeitet, der das Ergebnis, über eine Response-Queue des DB-Caches, an das Anwendungsprogramm zurückgibt.

Beide Konfigurationsarten können gleichzeitig mit der gleichen ORACLE-Instanz betrieben werden. Dabei eignet sich die DS-Konfiguration besonders für Anwendungen, die sehr viele Datenbank-Operationen durchzuführen haben, z.B. Batch-Jobs oder Ladeoperationen. Die Vorteile der MTS-Konfiguration werden insbesondere bei Online-Anwendungen sichtbar, bei denen u.U. sehr viele Benutzer von einigen wenigen ORACLE Server-Prozessen bedient werden können. Die Anzahl der ORACLE Server Prozesse ist bei dieser Variante lastabhängig und wird von ORACLE je nach Datenbank-Last innerhalb von vordefinierten Grenzen erhöht oder erniedrigt.

Die Entscheidung, ob eine Anwendung mit der DS oder MTS Konfiguration betrieben werden soll, wird vom ORACLE-Listener Prozeß zur CONNECT-Zeit getroffen. Der Connect-String entscheidet somit, mit welcher der beiden Varianten

ORACLE Architektur

gearbeitet werden soll, unabhängig in welcher Art und Weise das Programm ursprünglich entwickelt wurde. Auf Lastprofiländerungen kann somit sehr flexibel reagiert werden, ohne daß dies zu aufwendigen Programmänderungen führt. Ein typischer Aufruf eines Anwendungsprogrammes in der MTS-Konfiguration könnte lauten:

```
runform adr scott/<password>§mts
```

Dabei stellt der Begriff '§mts' den entsprechenden connect-string dar, hinter dem sich entsprechende Informationen und Direktiven für den ORACLE-Listener Prozeß verbergen, der diesen Anwendungsprozeß einem ORACLE-Dispatcher zuordnet und der alle DB-Request in der beschriebenen Weise bearbeitet.

Die gleiche Anwendung könnte mit dem folgenden Aufruf in der DS-Konfiguration gestartet werden:

```
runform adr scott/<password>§ds
```

In diesem Fall startet der Listener Prozeß für den Anwendungsprozeß einen dedizierten ORACLE-Serverprozeß, der alle Datenbank-Aktivitäten dieses Anwendungsprozesses exclusiv bearbeitet.

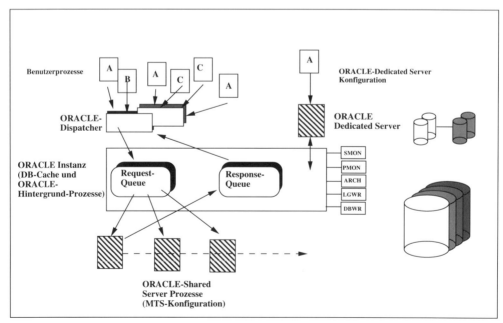

Bild 3-19 : MTS und DS-Konfiguration mit einer ORACLE-Instanz

ORACLE Architektur

Bei der bisherigen Betrachtung wurde stets vorausgesetzt, daß zu einer ORACLE-Instanz stets genau eine ORACLE-Datenbank (bestehend aus beliebigen Files und beliebig vielen DB-Objekten) und beliebig viele ORACLE-Server Prozesse gehören. Es bestand also eine 1:1 Beziehung zwischen ORACLE-Instanz und ORACLE-Datenbank. Bei der Einbeziehung von lose gekoppelten Systemen und von Massiv-Parallelen Systemen muß von dieser Voraussetzung abgewichen werden. In diesen Systemen arbeiten mehr als eine ORACLE-Instanz mit einer ORACLE-Datenbank zusammen. Es ergibt sich eine n:1 Beziehung wie im Bild 3-20 dargestellt. Jeder Cluster-Knoten betreibt eine ORACLE Instanz und jede ORACLE-Instanz ist mit ein und derselben Datenbank verbunden. Die Anwendungen auf den jeweiligen Cluster-Knoten können dabei mit der MTS-Konfiguration oder mit der DS-Konfiguration arbeiten, je nach Anwendungs- und Lastprofil.

Diese Konfiguration bedingt jedoch eine Reihe wichtiger Funktionen, damit die einzelnen DB-Caches untereinander synchronisiert werden können, da hierbei ein DB-Block in den DB-Cache der Instanz 1 (Rechner1) und kurze Zeit später in den DB-Cache der Instanz 2 (Rechner2) gelesen und u.U. modifiziert werden soll. Die effiziente DB-Cache Synchronisation innerhalb dieser Konfiguration wird durch die ORACLE Parallel Server Technologie durchgeführt, die im Detail in Kapitel 3.3.6 vorgestellt wird.

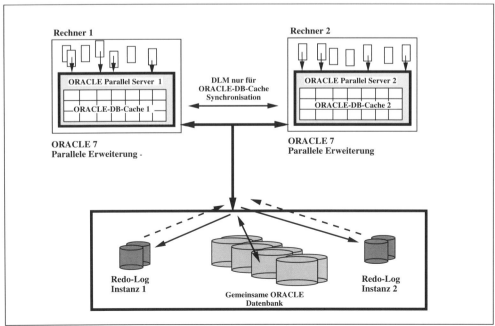

Bild 3-20 : ORACLE7 in einer zwei-Knoten Cluster Konfiguration

ORACLE Architektur

ORACLE-System	Rechnerarchitektur	viele Online Benutzer moderate Datenbanklast	viele Prozesse hohe Datenbanklast
ORACLE7	Einzel-CPU Systeme	MTS	DS
	Symmetrische MultiProzessor Systeme	MTS	DS
ORACLE7 Parallel Server Erweiterung	Lose gekoppelte Systeme	MTS	DS
	Massiv Parallele Systeme	MTS	DS

Bild 3-21 : ORACLE7-Konfigurationsvarianten

3.3.2 Der Software-Aufbau

Der Software-Aufbau von Anwendungssystemen, die mit der ORACLE-Datenbank arbeiten, wird unter zwei Gesichtspunkten betrachtet, der Client-Seite, das Anwendungsprogramm und die notwendigen Schnittstellenprogramme zum ORACLE System, und der ORACLE-Server Seite mit den Partnerschnittstellen und der ORACLE-Server Funktionalität.

Zwischen diesen beiden Seiten, von denen jede sehr unterschiedliche Aufgaben durchzuführen hat, gibt es sogenannte Schnittstellenprogramme, mit Hilfe derer die Client-Seite und die ORACLE-Server Seite kommunizieren. Die clientseitige Schnittstellen werden als UPI-Schnittstellen (User Program Interface) bezeichnet, das serverseitige Gegenstück sind die OPI-Schnittstellen (Oracle Program Interface).

Ein beliebiger SQL-Befehl, der von einem beliebigen Anwendungsprogramm abgesetzt wird (dabei ist es unerheblich, ob der SQL-Befehl von einem Pre-Compiler Programm oder aus einer 4GL Umgebung herrührt) wird durch eine Reihe von UPI-Calls repräsentiert, die von einem beliebigen ORACLE-Server Prozeß verarbeitet werden. Diese UPI-Calls werden entweder zur Compile-Zeit durch den Pre-Compiler erzeugt oder, im Falle von dynamischen SQL-Befehlen zur Laufzeit generiert. Wird

ORACLE Architektur

eine Anwendung mit der MultiThreaded Server Konfiguration betrieben, werden die einzelnen UPI-Calls an den, dieser Anwendung zugewiesen ORACLE-Dispatcher gesandt, der diese Calls (bisher wurde stets von DB-Requests oder DB-Anforderungen gesprochen) in der Request-Queue des DB-Caches plaziert, von wo sie durch einen beliebigen 'shared' ORACLE Serverprozeß bearbeitet werden. Das Anwendungsprogramm kann den nächsten UPI-Call (als weiterer Teil des gesamten SQL-Befehls) dem Dispatcher zur Bearbeitung übergeben, wenn das Ergebnis des ersten Calls über die Response-Queue des Dispatchers dem Anwendungsprogramm vorliegt.

Wie aus Bild 3-22 ersichtlich ist, besteht die Benutzerseite aus den Benutzerprozessen und einer benutzerseitigen Schnittstellenschicht.

Die Art der Schnittstelle ist dann für den Programmierer von Bedeutung, wenn er mit dem OCI-Produkt, dem Oracle Call Interface arbeitet, was als Alternative zu der einfacheren und komfortableren Pre-Compiler Schnittstelle zur Verfügung gestellt wird. Bei dieser Art der Programmierung muß sich der Programmierer wesentlich intensiver mit der internen Abarbeitung eines SQL-Befehls beschäftigen, da hierbei verschiedene OCI-Routinen programmiert und parametrisiert werden müssen. Auch in dieser Variante werden jedoch die OCI-Routinen in UPI-Calls umgesetzt, die die Kommunikation zu den ORACLE Server Prozessen bewerkstelligen.

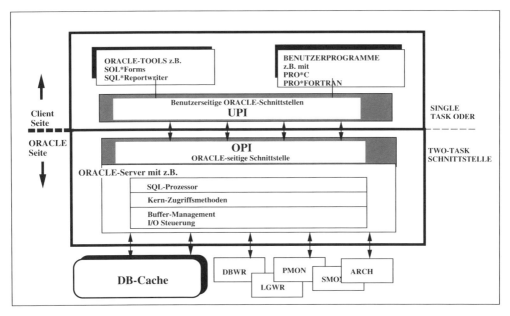

Bild 3-22 : Software-Schichtung innerhalb eines ORACLE Servers

ORACLE Architektur

Die Trennung zwischen Client-Seite und ORACLE-Server Seite ist notwendig, um die Datenbank-Server-Programme vor der Zerstörung (z.B. Überschreiben von Teilen des DB-Server Programme oder Server Datenstrukturen im Hauptspeicher) durch ein Anwenderprogramm abzusichern. Ein weiterer Aspekt ist die Implementierung von Client/Server Konfigurationen, bei denen die Anwendung (Client) auf einer anderen Maschine ablaufen soll als das Datenbanksystem (Server). Solche Konfigurationen lassen sich relativ einfach implementieren, wenn bereits die architektonische Trennung zwischen Client-Code und Server-Code besteht.

Bei der Dedicated Server Konfiguration lassen sich zwei Implementierungen unterscheiden, deren Einsatz jedoch auch abhängig ist vom Einsatz des jeweiligen Betriebssystems. Unterschieden wird zwischen einer Single-Task oder einer Two-Task Implementierung.

Bei der SINGLE-TASK-Implementierung kommen das Benutzerprogramm und das ORACLE-Server Programm innerhalb des gleichen Prozesses zur Ausführung. Um zu gewährleisten, daß das Benutzerprogramm nicht fälschlicherweise Hauptspeicherbereiche des ORACLE-Servers überschreibt, kommen die beiden Programmteile in zwei unterschiedlichen Modi, mit unterschiedlichen Privilegien, zur Ausführung.

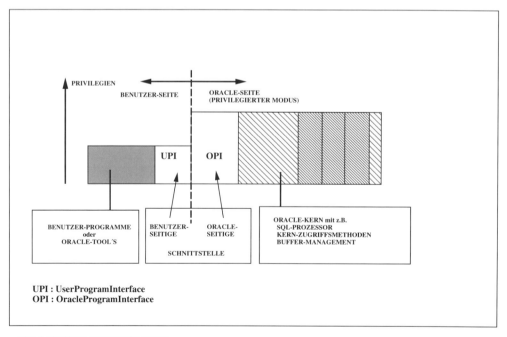

Bild 3-23 : Single-Task Konfiguration

ORACLE Architektur

Die ORACLE-Server Programme werden in einem priviligierten Modus ausgeführt um die Hauptspeicherbereiche vor Zerstörung durch weniger privilegierte Programm-Module zu schützen. Ein typisches Betriebssystem mit dieser Implementierung ist VMS von DEC. (s.a. Bild 3-23)

Da einige Betriebssysteme nicht die Möglichkeit bieten, daß unterschiedliche Teile eines Prozesses in unterschiedlichen Modi zur Ausführung kommen, wird dort eine TWO-TASK-Konfiguration benutzt. Sowohl der Benutzerprozeß als auch der ORACLE-Server Prozeß laufen innerhalb getrennter Prozessumgebungen ab, wobei beide Prozesse mittels Interprozesskommunikation, wie MAIL-BOX, Semaphore oder Shared Memory miteinander kommunizieren, um Meldungen und Daten auszutauschen. Diese Art der Implementierung ist meist bei UNIX-Systemen vorzufinden. (s.a Bild 3-24)

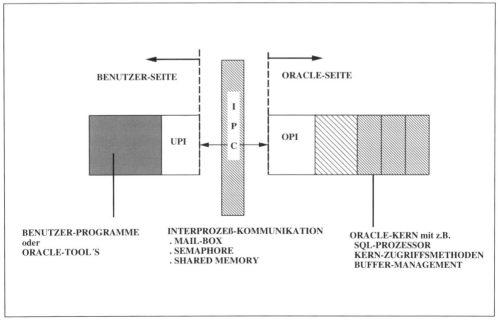

Bild 3-24 : Two-Task Konfiguration

3.3.3 ORACLE-Prozeß-Struktur

Wie wir bereits gesehen haben, besteht eine ORACLE-Datenbank aus:

- dem ORACLE Datenbank-Cache (System Global Area - SGA)
- mehreren Hintergrundprozessen und
- den drei File-Arten
    - ▲ Datenbankfiles
    - ▲ Redo-Log Files
    - ▲ Kontroll-Files

Jeder der ORACLE-Hintergrundprozesse hat genau definierte Aufgaben zu erfüllen und koordiniert diese Aufgaben über den DB-Cache, der auch als Kommunikationsleiste für diese Prozesse dient. Im Bild 3-25 ist das Zusammenspiel aller ORACLE-Komponenten dargestellt.

Welche Aufgaben jeder einzelne Hintergrundprozeß hat, wird im folgenden beschrieben.

Der DATABASE-WRITE-Prozess (DBWR)

Der DBWR-Hintergrundprozess hat die Aufgabe, die bereits im DB-Cache geänderten Datenbank-Blöcke auf die Datenbank-Files zurückzuschreiben (s.a. Bild 3-25 Pfad 1). Das Schreiben der durch eine Transaktion geänderten DB-Blöcke wird nicht unmittelbar bei Transaktionsende durchgeführt, sondern wird, um die Datenbank-Blöcke möglichst lange im DB-Cache zu halten und von beliebigen Prozessen nutzen zu können, erst durch bestimmte Ereignisse ausgelöst.

Dabei werden stets die DB-Blöcke wieder zurückgeschrieben, die von den Benutzerprozessen am wenigsten benutzt wurden. Dies hat zur Folge, daß sich sehr aktive DB-Blöcke u.U. sehr lange im Hauptspeicher aufhalten und von unterschiedlichen Transaktionen unterschiedlicher Benutzerprozesse benutzt werden können, ohne daß ein erneutes Lesen dieser Blöcke aus der Datenbank notwendig ist.

Ein Schreibvorgang durch den DBWR-Prozeß wird immer dann initiiert, wenn alle DB-Blöcke im DB-Cache belegt sind und ein Prozeß weitere, noch nicht im DB-Cache befindliche DB-Blöcke von den Datenbank-Files benötigt.

ORACLE Architektur

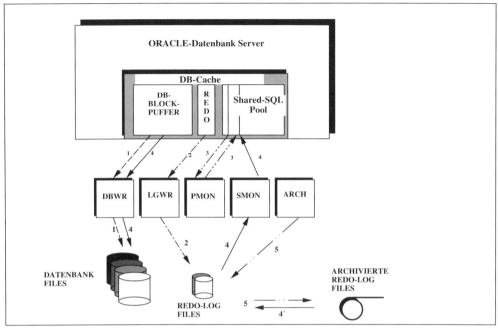

BILD 3-25 : Die ORACLE Prozeß Struktur

Tritt dieser Fall ein, dann schreibt der DBWR-Prozeß eine bestimmte Anzahl von modifizierten DB-Blöcken auf die Datenbank-Files zurück. Die in der SGA freigewordenen DB-Blöcke können dann von dem anfordernden Prozeß benutzt werden.

Weitere Ereignisse, die den DBWR-Prozeß aktivieren, können sein:

- Anzahl der modifizierten DB-Blöcke innerhalb des DB-Caches wird zu groß. Wird ein bestimmter Prozentsatz überschritten, dann wird der DBWR-Prozeß aktiv.

- Wird der DBWR innerhalb einer bestimmten Zeit durch kein externes Ereignis aktiviert, dann wird DBWR von sich aus aktiv. (DBWR-Timeout ca. alle 3 Sekunden)

- Wird ein CHECKPOINT erreicht, dann werden alle modifizierten DB-Blöcke auf die Datenbank-Files zurückgeschrieben.

Nach diesem Schreibvorgang befinden sich die Datenbank-Files in einem definierten Zustand, da alle Änderungen auch in die Datenbank-Files übernommen wurden. Bei jedem Checkpoint werden die File-Header aller Datenbank-Files, das Kontroll-File und die REDO-Log Files ebenfalls beschrieben. Eine eventuell notwendige Recovery-Situation kann den Checkpoint-Zeitpunkt als Aufsetzpunkt des Wiederherstellungsverfahrens nutzen. Ein CHECKPOINT selbst wird stets ausgelöst durch den Wechsel eines REDO-Log-Files (aktives REDO-Log File ist gefüllt, es muß auf das nächste REDO-Log File gewechselt werden) oder kann durch die INIT.ORA-Initialisierungsparameter

```
LOG_CHECKPOINT_INTERVAL,
LOG_CHECKPOINT_TIMEOUT,
```

gesteuert werden, die angeben, nach wieviel geschriebenen REDO-Log Blöcken - gezählt werden die Betriebsystemblock-Einheiten von 512 Bytes - ein CHECKPOINT durchgeführt werden soll bzw. nach wieviel Zeitintervallen ein Checkpoint durchgeführt werden soll.

Bei allen Schreibvorgängen, die der DBWR-Prozeß durchführt, egal durch welche Ereignisse auch ausgelöst, muß eine Synchronisierung mit dem LGWR-Prozeß stattfinden. Vor dem eigentlichen DBWR-Schreibvorgang wird stets der LGWR-Prozeß aktiviert, der den aktuellen REDO-Log Block auf das REDO-Log File schreibt, um alle notwendigen Daten für ein eventuell notwendiges Instance-Recovery zu besitzen.

Der REDO-Log-Writer Prozeß (LGWR)

Eine wichtige Eigenschaft transaktionsorientierter Datenbanksysteme ist, daß zum Transaktionsende, ausgelöst durch den 'commit'-Befehl, alle innerhalb der Transaktion durchgeführten Änderungen in der Datenbank 'permanent' gemacht werden. Durch keine Fehlersituation dürfen Daten einer abgeschlossenen Transaktion verändert werden. Die innerhalb einer Transaktion geänderten DB-Blöcke werden durch das ORACLE-DBMS nicht zum Transaktionsende auf die Datenbank-Files zurückgeschrieben (synchrones 'commit'), sondern werden, vom System gesteuert, 'irgendwann' zurückgeschrieben (asynchrones 'commit'). Es muß deshalb ein Verfahren gefunden werden, um abgeschlossene Transaktionen vor Fehlersituationen, z.B. Systemzusammenbrüchen zu schützen, bei denen alle DB-Cache Inhalte verloren gehen würden.

Um einen Verlust von Daten zu verhindern, werden alle Datenbank-Änderungen, die innerhalb einer Transaktion im DB-Cache durchgeführt werden, zusätzlich innerhalb eines REDO-Log Puffers, der Teil des DB-Caches ist, protokolliert (s.a. Bild 3-26). Der REDO-Log Block enthält sowohl die neuen Datenwerte, als auch die ursprünglichen Datenwerte, die sogenannten UNDO-Informationen, die innerhalb der Rollbacksegmente aufbewahrt werden.

ORACLE Architektur

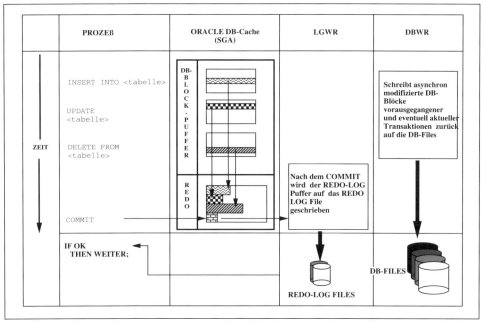

Bild 3-26 : Transaktionsablauf

Eine wesentliche Aufgabe des LGWR-Prozesses ist es, den REDO-Log Puffer auf das REDO-Log File zu schreiben. Dabei wird der LGWR Prozeß aktiviert durch die folgenden Ereignisse:

- Der aktuelle REDO-Log-Puffer ist zu 80% gefüllt.

- Ein Benutzerprozeß signalisiert ein Transaktionsende, wobei es in diesem Fall unerheblich ist, ob der Puffer die max. Füllgrenze erreicht hat oder nicht.

- Der DBWR Prozeß signalisiert einen Schreibvorgang, der durch einen LGWR Schreibvorgang eingeleitet wird (Synchronisation).

Wird der LGWR-Prozeß durch ein Transaktionsende aktiviert, erhält der Benutzerprozeß, der die 'commit' Operation ausgelöst hat, nach Abschluß des Schreibvorgangs eine entsprechende 'commit'-ENDE-Meldung und kann die nachfolgenden Programmschritte ausführen. Mit diesem Verfahren wird gewährleistet, daß:

- alle abgeschlossenen Transaktionen im REDO-Log-File permanent gemacht werden (Sicherheit).

- alle modifizierten DB-Blöcke möglichst lange im DB-Cache, im Hauptspeicher, verbleiben können (Performance).

ORACLE Architektur

- alle Transaktionen zum Transaktionsende ('commit') sehr schnell die 'commit'-ENDE-Bestätigung erhalten, da maximal nur ein REDO-Log-Puffer auf die Platte geschrieben werden muß (Performance).

Zum dritten Punkt ist noch anzumerken, daß in einem stark belasteten System mit einem Schreibvorgang u.U. mehrere Transaktionen abgeschlossen werden können, da während des aktuellen LGWR-Schreibvorgangs eine Reihe von 'commit'-Records in den nächsten REDO-Log Puffer eingetragen werden können (Gruppierung von commits), und somit im Durchschnitt weniger als ein REDO-Log-Puffer pro Transaktionsende geschrieben werden muß.

Wird ein Checkpoint ausgeführt, hat der LGWR-Prozeß zusätzlich folgende Aufgaben:

- alle modifizierten DB-Blöcke des DB-Caches zu markieren und sie so für das Zurückschreiben durch den DBWR-Prozeß vorzubereiten.

- alle File-Header der DB-Files bezüglich des Checkpoints zu aktualisieren.

- den aktuellen REDO-Log Block auf das REDO-Log File zu schreiben.

- dem DBWR-Prozeß den Checkpoint zu signalisieren, der daraufhin alle durch den LGWR-Prozeß markierten DB-Blöcke auf die DB-Files zurückschreibt.

Bei all diesen Aktivitäten kann das ORACLE-System ohne Einschränkungen weiterbetrieben werden. In einem sehr stark belastetet System, d.h. bei einer sehr hohen Transaktionsrate, großem DB-Cache (>20MB) und einer Datenbank mit sehr vielen DB-Files können diese zusätzlichen Aufgaben, die der LGWR-Prozeß beim Checkpoint-Verfahren übernimmt, zu einer Performance-Einbuße während der Checkpoint-Vorbereitung führen. Um dies zu verhindern, ist es möglich, einen zusätzlichen (optionalen) Hintergrundprozeß beim Starten der ORACLE-Instanz zu aktivieren, der diese Aufgabe übernimmt. Der Name dieses optionalen Hintergrundprozesses ist CKPT, der immer dann aktiviert wird, wenn der init.ora Parameter CHECKPOINT_PROCESS=TRUE gesetzt wird. Der CKPT-Prozeß übernimmt dann das Markieren der DB-Blöcke innerhalb des DB-Caches, die Änderungen der File-Header und das Aktivieren des LGWR-Prozesses und des DBWR-Prozesses.

Der Prozeß-Monitor (PMON)

Bei der Vielzahl von Prozessen, die im Normalfall mit der Datenbank arbeiten, kann es auch vorkommen, daß Benutzerprozesse vom System-Manager gestoppt werden müssen, oder daß ein Programm auf Grund eines Programmfehlers ein nicht definiertes Ende erfährt (Programmabsturz). Hat ein solcher Prozeß zum Absturzzeitpunkt innerhalb einer Transaktion Datenbank-Resourcen gesperrt, z.B. Daten-

ORACLE Architektur

satzsperren, dann müssen diese vom ORACLE-System aufgehoben und alle von der offenen Transaktion durchgeführten Änderungen müssen zurückgesetzt werden. Diese Aufgabe übernimmt der PMON-Prozeß, der periodisch aktiviert wird und überprüft, ob abgebrochene Prozesse existieren. Man spricht in diesem Zusammenhang auch vom Prozeß-Recovery.

Der SYSTEM-Monitor (SMON)

Der SYSTEM-Monitor hat die Aufgabe, beim Starten der ORACLE-Instanz zu überprüfen, ob es innerhalb der Datenbank noch offene Transaktionen gibt, oder ob Transaktionen vorhanden sind, die zwar abgeschlossen sind, deren Daten jedoch noch nicht in die Datenbank-Files geschrieben wurden. Ein solcher Fall kann vorkommen, wenn die Datenbank nicht ordnungsgemäß abgeschlossen wurde, d.h. die Aktivitäten der Datenbank wurden beendet, ohne daß ORACLE die Möglichkeit hatte, alle Puffer in die Datenbank-Files zurückzuschreiben.

Die folgenden Gründe kommen in Frage:

- Datenbank-Administrator (DBA) schließt die Datenbank im IMMEDIATE- oder ABORT-Modus z.B. 'shutdown immediate' oder 'abort'
- Zusammenbruch des DBMS oder des Betriebsystems
- Hardware-Fehler (kein Plattenfehler), Stromausfall

Beim erneuten Starten der Datenbank-Instanz, nach einem der genannten Ereignisse, übernimmt der SMON-Prozeß das komplette Recovery der betrachteten ORACLE-Instanz, ohne daß der Datenbankadministrator einzugreifen braucht.

Mit Hilfe der Einträge im REDO-Log-File werden alle Transaktionsschritte nachvollzogen, d.h. für alle abgeschlossenen Transaktionen werden die gültigen Daten in das Datenbank-File geschrieben und etwaige Daten in den Datenbankfiles von nicht abgeschlossenen Transaktionen werden zurückgesetzt. Nach Abschluß des Instance-Recovery Vorganges ist die Datenbank in einem konsistenten Zustand - alle vollständigen Transaktionen sind in den Datenbank-Files permanent gemacht, alle unvollständigen Transaktionen sind zurückgesetzt - und wieder betriebsbereit.

Der ARCHIVIER-Prozeß (ARCH)

Der ARCH-Prozeß ist ein optionaler Hintergrundprozeß, dessen Vorhandensein abhängig ist vom Modus, in dem die ORACLE-Instanz gestartet wurde. Wird die Datenbank im ARCHIVE LOG-Modus gestartet, so besteht die Möglichkeit im Falle eines Datenverlustes, der durch einen Plattenfehler hervorgerufen wurde, die gesamte Datenbank mit Hilfe eines BACKUPs der betreffenden Datenbankfiles

ORACLE Architektur

und der zugehörigen REDO-Log-Files wieder zu rekonstruieren (Medium-RECOVERY).

Zu diesem Zweck müssen jedoch alle REDO-Log-Files, die während des Betriebs erzeugt werden, auf einem separaten Medium (z.B. Band) gesichert, archiviert werden. Dieses Sichern, das Kopieren auf ein spezielles Medium, falls ein REDO-Log-File komplett gefüllt ist, übernimmt der ARCH-Prozeß. Zusätzlich macht der ARCH-Prozeß noch die notwendigen Einträge in die Kontroll-Files, die im Falle eines RECOVERY-Vorgangs benötigt werden.

Die Lock-Prozesse (LCK0, LCK1, ...LCK9)

Der Lock-Prozeß LCK0 wird benötigt, wenn ORACLE im Parallel Server Modus (mehrere ORACLE-Instanzen arbeiten mit der gleichen Datenbank) betrieben wird. Der ORACLE Parallel Server (Oracle7-Parallele Extension) ist dann angebracht, wenn die Rechner-Basis entweder ein lose-gekoppeltes System (Cluster-System) oder ein Massiv-Paralleles Rechner-System ist. Da bei diesen Konfigurationen unabhängige DB-Caches von mehreren ORACLE-Instanzen auf die gleiche Datenbank zugreifen, müssen geeignete DB-Cache Synchronisierungsverfahren gefunden werden, die ein effizientes Arbeiten erlauben. Mit Hilfe der ORACLE-Parallel-Cache Management Sperren (PCM-Sperren) und entsprechender Funktionen des jeweiligen Cluster- bzw. MPP Betriebssystems (z.B. Distributed Lock Manager) wird eine Inter-ORACLE-Instanz Kommunikation aufgebaut. Der LCK0-Hintergrundprozeß bildet dabei den Schnittstellenprozeß zwischen den Parallelen ORACLE Instanzen und dem jeweiligen Betriebssystemservice, dem DLM, der mit den beteiligten Cluster-Knoten kommuniziert (siehe dazu auch Kapitel 3.3.6). Der LCK0-Prozeß ist für das Setzen und Freigeben von PCM-Sperren zuständig. Bei Systemen, mit sehr hoher Transaktions-Last ist es möglich, zusätzliche Lock-Prozesse (bis max. 10 Stück) zu aktivieren. Die zusätzlichen Prozesse erhalten fortlaufende Nummern z.B. LCK1, LCK2, ... wobei alle in einer Parallelen Konfiguration arbeitenden ORACLE-Instanzen jeweils die gleiche Anzahl von Lock-Prozessen haben müssen.

Der Recover-Prozeß für Verteilte Transaktionen (RECO)

Der RECO-Hintergrundprozeß wird benötigt für das automatische Recovery von verteilten Transaktionen. Er wird aktiviert, wenn eine 2Phasen Transaktion durch eine Fehlersituation eines beteiligten Rechnerknotens nicht zu Ende geführt werden kann. Ein typischer Fall könnte der Absturz eines Rechnerknotenes sein, auf dem zum Absturzzeitpunkt eine verteilte Transaktion im Prepare-Status war. Der RECO-Prozeß übernimmt in diesem Beispiel die Verantwortung für das ordnungsgemäße

ORACLE Architektur

Beenden einer solchen Teiltransaktion innerhalb einer verteilten Transaktion. Wurde die verteilte Transaktion positiv beendet, so obliegt es dem RECO-Prozeß, die Teiltransaktion einer abgestürzten ORACLE-Instanz ebenfalls positiv zu beenden, sobald dieser Rechnerknoten und die ORACLE-Instanz wieder funktionstüchtig ist. Bei einem negativen Ausgang der Transaktion muß RECO-gewährleisten, daß die verteilte Teil-Transaktion des abgestürzten Rechnerknotens ebenfalls zurückgesetzt wird (weitere Einzelheiten zum 2Phasen Commit Protokoll (2PC) finden sich im Kapitel 14).

3.3.4 Der ORACLE-Datenbank-Cache

Wie aus Bild 3-25 hervorgeht, spielt der DB-Cache (auch System Global Area oder SGA genannt) eine zentrale Rolle innerhalb einer ORACLE-Instance. Der DB-Cache ist ein Hauptspeicherbereich, der von allen Benutzerprozessen, die mit dieser ORACLE-Instanz arbeiten, benutzt werden kann. Alle Hintergrundprozesse, die für den Betrieb eines ORACLE-Systems notwendig sind, nutzen diesen Hauptspeicherbereich sehr intensiv, einerseits um Datenblöcke oder Indexblöcke zu verändern, andererseits um Informationen untereinander auszutauschen. Der DB-Cache besteht aus unterschiedlichen Bereichen z.B. :

- DB-Block-Puffer
  DB-Blöcke, die das Anwenderprogramm anfordert, werden in den DB-Cache gelesen, dort verarbeitet und dem Benutzerprozeß zur Verfügung gestellt. Ein bereits im DB-Cache befindlicher DB-Block kann nicht nur von dem Prozeß benutzt werden, der ihn ursprünglich angefordert hat, sondern steht allen Prozessen für alle Operationen (entsprechende Privilegien vorausgesetzt) zur Verfügung. Man spricht von einem gut getunten ORACLE-System, wenn auf neun logische READs (d.h. Lesen aus dem DB-Cache) nur ein physischer Lesezugriff (Lesen von der Platte) notwendig ist. Die DB-Blöcke innerhalb des DB-Caches unterliegen dabei einem LRU (least recently used) Algorithmus, d.h. die DB-Blöcke, die am längsten nicht mehr benutzt wurden, werden durch den DBWR-Prozeß auf die DB-Files zurückgeschrieben oder, falls nicht modifiziert, aus dem DB-Cache entfernt.

ORACLE Architektur

- Shared Pool
  Innerhalb dieses Bereiches des DB-Caches werden die geparsten SQL-Befehle, compilierte Funktionen, Prozeduren, Data-Dictionary Informationen und Datenbank-Trigger vorgehalten. Anders als in Version 6 des ORACLE Systems wird in Oracle7 die geparste Repräsentation eines SQL-Befehls und dessen Ausführungsplan innerhalb des DB-Caches verwaltet, um einen einmal geparsten SQL-Befehl durch beliebig viele Prozesse, ohne aufwendiges Neu-Parsen nutzen zu können. Dabei wird unterschieden zwischen einem 'SHARED'-SQL Bereich, der von beliebigen Prozessen genutzt werden kann, (dies ist im wesentlichen der geparste SQL-Befehl und der dazugehörige Ausführungsplan), und zwischen einem privaten SQL-Bereich der sessionorientierte (private) Informationen wie Werte der Bindevariable, Ausführungsstatus eines Befehls u.s.w. beinhaltet. Dieser private SQL-Bereich wird ebenfalls im Shared-Pool verwaltet, wenn das entsprechende Anwendungsprogramm in der Multi-Threaded Server (MTS) Konfiguration zum Ablauf kommt. Die im Shared Pool des DB-Caches verwalteten Objekte unterliegen natürlich ebenfalls einem LRU-Algorithmus. Ein geparster SQL-Befehl, der über längere Zeit von keinem Prozeß genutzt wird, kann, ähnlich wie bei DB-Blöcken, aus dem Shared Pool entfernt werden, um Platz für andere SQL-Befehl zu schaffen.

- Instance-Informationen
  Hier wird u.a. eingetragen, welche Resourcen gesperrt sind, in welcher Reihenfolge eine Warteschlange abgearbeitet wird, welche Transaktionen aktiv sind und welchen Status diese Transaktionen haben. Hierzu kann z.B. auch die Request-Queue und die Response-Queue bei einer MTS-Konfiguration gezählt werden.

Der DB-Cache ist kein Bereich, der in seiner Größe ein für alle mal festgelegt ist, sondern kann den speziellen Anforderungen angepaßt werden. Wie schon mehrfach erwähnt, enthält das INIT.ORA File alle Datenbankparameter, die beim Starten einer Datenbank-Instance und beim Öffnen einer ORACLE-Datenbank zur Anwendung kommen. Die meisten der INIT.ORA Parameter können geändert werden, um so das Datenbank-System an das Anwendungsprofil und die Hardwarevoraussetzungen optimal anzupassen. Das Ändern dieser Parameter kann sich auf die Grösse des DB-Caches auswirken. Insbesondere eine Erhöhung der Anzahl der DB-Block Puffer bewirkt eine Vergrößerung des DB-Caches, was gleichbedeutend ist mit einem erhöhten Hauptspeicherbedarf für den DB-Cache. Die Größe des DB-Caches bewegt sich, je nach Anwendung und Rechnersystem-Ausbau (insbeondere wichtig die Haupspeichergrösse) im Bereich von wenigen Megabytes bei kleinen Maschi-

ORACLE Architektur

nen bis hin zu 50 oder 100 Megabytes bei großen Maschinen und bei Anwendungen mit hohen Transaktionsraten. Die beiden 'init.ora' Parameter, die die Größe des DB-Caches wesentlich bestimmen, sind der 'db_block_buffers' und der 'shared_pool_size' Parameter. Der db_block_buffers-Parameter gibt an, wieviele DB-Blöcke innerhalb des DB-Caches verwaltet werden können (default=60). Der Hauptspeicherbedarf ist jedoch nicht nur abhängig von der Anzahl der Puffer, sondern auch von der Puffergröße, die, angepaßt an das jeweilige Betriebssystem, ein vielfaches eines Betriebssystemblocks betragen kann. Auch ist es möglich, die ORACLE DB-Blockgröße durch den init.ora-Parameter 'db_block_size' zu verändern. Typische Größen eines DB-Blockes sind 2KB für die meisten UNIX, VAX und DG Systeme bzw. 4KB für IBM/MVS und VM Systeme. Je größer die Anzahl der DB-Block Puffer, desto mehr DB-Blöcke können gleichzeitig im Hauptspeicher - im DB-Cache - verwaltet werden, ohne daß auf die Platte (physische I/O) zugegriffen werden muß. Die richtige Einstellung dieser Parameter hat erhebliche Auswirkungen auf die Gesamtperformance des Systems. Mit Hilfe einer DB-Cache Analyse kann für ein bestimmtes Last-Profil die optimale Anzahl von DB-Block Puffern ermittelt werden. (s. dazu auch Kapitel 6)

Der shared_pool_size-Parameter gibt die Größe des DB-Cache Bereiches an, in dem SQL-Befehle, Prozeduren, Funktionen und DB-Trigger abgelegt werden sollen (default: 3.5MB). Wie bei den DB-Block Puffern, so gilt auch hier, je größer der shared_pool Bereich, desto mehr kompilierte SQL-Befehle, Prozeduren usw. können im DB-Cache vorgehalten werden. Der tatsächlich benötigte Bereich ist dabei stark abhängig vom jeweiligen Anwendungs- und Lastprofil und kann analog zum DB-Block Bereich einer Analyse unterzogen werden, um die optimale Größe einzustellen.

3.3.5 Konfigurationsalternativen ORACLE-MTS und ORACLE-DS Konfiguration

Bei der Konfiguration einer ORACLE-Instanz, die sowohl im DS-Modus, als auch im MTS-Modus betrieben werden soll, sind im wesentlichen zwei Systemkomponenten zu beachten und zu konfigurieren. Dies ist zum einen die ORACLE-Instanz selbst, die durch das init.ora Parameterfile konfiguriert wird und der ORACLE-Listener Prozeß, der die Steuerung aller Connect-Anforderungen an die Datenbank bearbeitet und eine ORACLE Session (ein Benutzerprogramm) entweder im MTS-Modus oder im DS Modus aktiviert.

ORACLE Architektur

File-Name	Benötigt von	Beispiel
init.ora	ORACLE Instanz	mts_service = server1 mts_dispatchers = "tcp,2" "decnet,3" mts_max_dispatcher =8 mts_servers =4 mts_max_servers =25 mts_listener_address = (address=(protocol=tcp)(host=hp1)(port=3001)) mts_listener_address = (address=(protocol=decnet)(object=gst)(node=vax1))
listener.ora	ORACLE-Listener	listen = (address=(protocol=tcp)(host=hp1)(port=3001))) listen = (address=(protocol=decnet)(object=gst)(node=vax1)))

tnsname.ora	ORACLE-Listener	**mts**=(description=(address=(protocol=tcp)
		    (host=hp1)
		    (port=3001))
		    (connect_data=(sid=server1)))
		ds= (description=(address=(protocol=decnet)
		    (object=gst)
		    (node=vax1))
		    (connect_data=(sid=server1)
		    (srvr=dedicated)))

Bild 3-27 : Notwendige Parameterfiles für MTS und DS Konfiguration

Eine ORACLE-Instanz kann im MTS-Modus betrieben werden, wenn die 'mts_'-Parameter des init.ora files entsprechend definiert sind. Hier werden Angaben gemacht über die minimale und maximale Anzahl von Shared Server-Prozessen (mts_servers, mts_max_servers) und über die Anzahl der Dispatcher-Prozesse pro Kommunikationsprotokoll (mts_dispatchers). Im Beispiel aus Bild 3-27 werden für TCP/IP zwei und für DecNet drei Dispatcher gestartet, wobei jeder Dispatcher mehrere Benutzerprozesse gleichzeitig versorgen kann. (Die Zuordnung eines Benutzerprozesses zu einem Dispatcher führt der Listener-Prozeß zum Connect-Zeitpunkt so durch, daß alle Dispatcher gleichmäßig ausgelastet sind.)

Der Listener-Prozeß benötigt für seine Aufgabe ein Konfigurationsfile 'listener.ora', in dem beschrieben wird, auf welchen Ports der Listener auf einkommende Connect-Anforderungen "lauschen" soll. Ein zweites File 'tnsnames.ora' beinhaltet Alias-Namen für unterschiedliche Connect-Strings u.U. verschiedener ORACLE-Instanzen.

Im Bild 3-27 sind die wichtigsten Auszüge aus den drei Filearten für eine MTS-Konfiguration dargestellt. Nach der Definition dieser Files kann der Listener-Prozeß unabhängig von den ORACLE-Instanzen gestartet werden und steht dann für die Bedienung beliebiger ORACLE-Instanzen zur Verfügung. Beim Starten der ORACLE-Instanz werden gemäß init.ora File zwei Dispatcher des TCP/IP Protokolls, drei

ORACLE Architektur

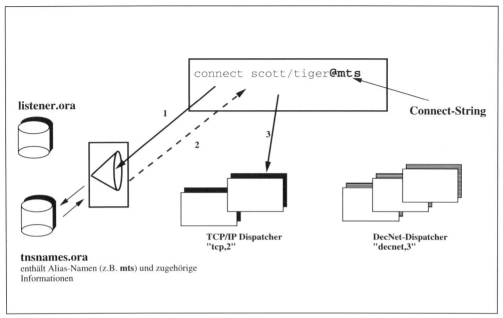

Bild 3-28 : Beispiel eines Verbindungsaufbaues bei einer MTS-Konfiguration

Dispatcher des DecNet Protokolls, vier Shared-Server Prozesse gestartet und die Request- und Response-Queue im Datenbank-Cache eingerichtet.

Im Bild 3-28 kann der Ablauf einer Connect-Anforderung nachvollzogen werden. Eine einkommende Connect-Anforderung (1) eines beliebigen Benutzerprozesses wird durch den Listener-Prozeß aufgefangen und der Connect-String mit Hilfe des tnsnames.ora Files interpretiert. Nach erfolgreicher Analyse des Connect-Strings überprüft der Listener-Prozeß die Auslastung der in Frage kommenden Dispatcher-Prozesse und übergibt (2) dem Benutzerprozeß die Adresse des für ihn zuständigen Dispatcherprozesses, über den nun alle folgenden Datenbank-Anforderungen (3) abgearbeitet werden. Nach der Übergabe der Dispatcher-Adresse an den Benutzerprozeß ist die Aufgabe des Listener-Prozesses für dieses Connect-Anforderung und für diese Session beendet.

Erreicht den Listener-Prozeß eine Connect-Anforderung wie in Bild 3-29 beschrieben, so sind die ersten beiden Aktionen identisch mit der vorherigen Beschreibung. Auch hier wird der Connect-String über das tnsnames.ora File überprüft und alle Informationen vom Listener interpretiert. In diesem Beispiel (siehe dazu auch Bild 3-27) verbirgt sich hinter dem Alias-Namen 'ds' (der im übrigen beliebig gewählt werden kann) die Aufforderung einen Dedicated-Server Prozeß zu starten (srvr=dedicated). Aus diesem Grund startet der Listener Prozeß einen ORACLE-

ORACLE Architektur

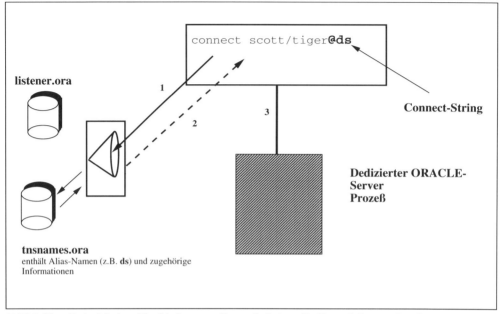

Bild 3-29 : Beispiel eines Verbindungsaufbaues bei einer Dedicated Server-Konfiguration

Server Prozeß und übergibt die Adresse dieses Prozesses an den Benutzerprozeß, der nun alle folgenden DB-Aktionen mit diesem, ihm zugeordneten DB-Server durchführt, unabhängig von den Shared-Server Prozessen und den Dispatcher-Prozessen der MTS Konfiguration.

Mit Hilfe der in Oracle7 angebotenen Konfigurations-Alternativen ist es möglich, jeden Benutzerprozeß unter bestmöglicher Ausnutzung der Resourcen als ORACLE-Datenbankanwendung zu betreiben. Eine Vielzahl von Online-Anwendungen können durch die MTS-Konfiguration von nur wenigen Shared-ORACLE Server Prozessen bedient werden, was die Prozeß-Anzahl innerhalb eines großen Online Systems drastisch senkt. Der dynamische Charakter der ORACLE-Implementierung, bei der zusätzliche Shared-ORACLE Server Prozesse gestartet werden, wenn die Last auf die aktuell vorhandenen Server Prozesse zu groß wird bzw. Server wieder abgebaut werden, wenn die Last sich verringert, kann die Leistungspotentiale eines Rechnersystems optimal ausnutzen. Hervorzuheben ist auch, daß die beschriebenen Konfigurationsvarianten, DedicatedmultiServer und Dynamischer MultiThreaded Server, auf allen, von ORACLE unterstützten Rechnerarchitekturen zur Verfügung stehen.

ORACLE Architektur

ORACLE-System	Rechnerarchitektur	viele Online Benutzer moderate Datenbanklast	viele Prozesse hohe Datenbanklast
ORACLE7	Einzel-CPU Systeme	MTS	DS
	Symmetrische MultiProzessor Systeme	MTS	DS
ORACLE7 Parallel Server Erweiterung	Lose gekoppelte Systeme	MTS	DS
	Massiv Parallele Systeme	MTS	DS

Bild 3-30 : ORACLE7-Konfigurationsvarianten

3.3.6 ORACLE Parallel Server

3.3.6.1 Einführung

Das Oracle7-System wurde optimiert für Ein-Prozessor Maschinen und für die unterschiedlichen Symmetrischen Multi-Prozessor Maschinen (SMP). Für die Unterstützung von lose-gekoppelten Systemen (Cluster-Systeme), die zunehmend auch im UNIX Umfeld anzutreffen sind, und für Massiv-Parallele Systeme, mußten zusätzliche Funktionen eingeführt werden, die es erlauben, diese speziellen Hardware-Architekturen optimal, d.h. ohne Datenbank-Funktionsverlust zu unterstützen. Zu diesem Zweck wurde die ORACLE Parallel Server Technologie entwickelt und steht als Oracle7 mit der Parallel-Server Option speziell für diese Art von Rechner-Architekturen zur Verfügung.

Cluster-Systeme, wie auch Massive-Parallele Systeme, haben ein gemeinsames Architektur-Merkmal, nämlich das Fehlen eines gemeinsamen Hauptspeichers. Jeder Rechnerknoten eines Clusters ist ein komplettes Rechnersystem, bestehend aus einer bzw. mehreren CPUs (SMP) und einem eigenen Hauptspeicher. Um aus diesen einzelnen Rechnersystemen ein leistungsfähiges Cluster-System zu bilden, bei dem mehrere dieser Einzel-Rechner zu einem 'logischen' Rechnersystem zusammengeschaltet werden können, sind entsprechende Hardware- und Betriebssystemkomponenten notwendig. Diese Basiskomponenten reichen jedoch nicht aus, um ein modernes Datenbankmanagementsystem, das mit einem konfigurierbaren Datenbank-Cache ausgestattet ist und diesen möglichst effektiv nutzen möchte, in einer solchen Systemumgebung effizient einzusetzen.

Datenbanksysteme können nur dann in einer solchen Cluster-Umgebung erfolgreich als Datenbankserver eingesetzt werden, wenn es gelingt, die Kommunikation und die Synchronisation der Datenbanksysteme auf den einzelnen Rechnerknoten so effektiv wie möglich zu gestalten.

3.3.6.2 Paralleles Cache Management (PCM)

Eine wesentliche Forderung bei der Entwicklung des ORACLE Parallel Servers war die Erhaltung der OLTP-Fähigkeit des ORACLE-Datenbankssystems auch in einer lose gekoppelten bzw. massiv-parallelen Systemumgebung. Es sollten keine Kompromisse geschlossen werden, die die OLTP-Fähigkeit einschränken könnten, d.h. auch der ORACLE Parallel Server sollte über die folgenden Funktionen verfügen:

- Fast-Commit Verfahren
- Asynchrones Schreiben der DB-Blöcke
- Unbeschränkte Anzahl von Datensatzsperren ohne Eskalationsverfahren
- Lesen ohne Sperren
- Online Backup
- Online Recovery

Eine typische ORACLE Konfiguration in einer lose-gekoppelten System-Umgebung ist in Bild 3-31 dargestellt.

Bei dieser Konfiguration befindet sich auf jeder Cluster Maschine eine ORACLE Instanz mit Datenbank-Cache und den ORACLE Hintergrundprozessen. Beide ORACLE-Instanzen arbeiten mit derselben ORACLE Datenbank, d.h. beide ORACLE Instanzen:

ORACLE Architektur

- ändern Daten der gleichen DB-Objekte (in den gleichen DB-Files)
- lesen Daten der gleichen DB-Objekte (in den gleichen DB-Files)
- schreiben Transaktions-Protokolle zum Commit-Zeitpunkt in die jeweiligen, den Instanzen zugeordneten REDO-Log Files

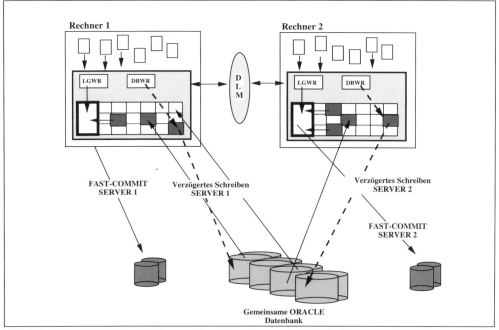

Bild 3-31 : ORACLE Parallel Server Konfiguration und Ablaufschema

Wie man hieraus ersehen kann, ergeben sich bei dieser Konfiguration zusätzliche Problemstellungen bezüglich der Synchronisation der einzelnen Datenbank-Caches und der deshalb notwendigen Kommunikation der ORACLE-Instanzen untereinander. So muß ein ORACLE Parallel Server über Mechanismen verfügen, die es erlauben, festzustellen, ob ein Datenbank-Block, den ein SQL-Befehl anfordert, sich

- noch in den Datenbank-Files oder
- bereits im lokalen DB-Cache oder
- in einem DB-Cache einer anderen Instanz befindet.

Die Art und Weise der Synchronisation der DB-Caches und die Häufigkeit der Kommunikation sind von entscheidender Bedeutung für die Leistungsfähigkeit eines Datenbank-Systems in einer solchen Systemumgebung.

ORACLE Architektur

Um die OLTP-Funktionen auch im ORACLE Parallel Server Modus zu erhalten und gleichzeitig den Aufwand für die DB-Cache Synchronisation zu minimieren, wurde eine Trennung eingeführt zwischen

- Transaktions-Synchronisation und
- Datenbank-Cache-Synchronisation

Die Transaktions-Synchronisation wird dabei mit der gleichen Funktionalität und mit den gleichen effizienten ORACLE Sperrverfahren durchgeführt wie bei Oracle7 (s. dazu auch Kapitel 4).

Jede Transaktion, unabhängig von welcher ORACLE-Instanz diese durchgeführt wird, sperrt nur auf Datensatz-Ebene, wobei es zu keiner Zeit zu einer Sperr-Eskalation kommt. Diese Transaktions-Sperren werden am Ende der Transaktion (commit, rollback, rollback to ‹savepoint›) wieder gelöst. Dabei ist es möglich, daß Datensätze aus ein und demselben Datenbank-Block durch mehrere Transaktionen unterschiedlicher ORACLE-Instanzen gleichzeitig verändert werden können.

Zur Datenbank-Cache Synchronisation, auch Paralleles Cache Management genannt, wird in einer Cluster Konfiguration ein vom Betriebssystem angebotener Service genutzt, der die Kommunikation zwischen den einzelnen Cluster-Knoten bewerkstelligt. Innerhalb einer DEC-VAX Umgebung ist dies der Distributed Lock Manager (DLM), der die Kommunikation zwischen den einzelnen VAX-Cluster Knoten übernimmt. In den unterschiedlichen UNIX-Cluster Konfigurationen von Sequent, Pyramid, HP oder IBM gibt es ähnliche Betriebssystemerweiterungen, die die Inter-Knotenkommunikation übernehmen. Dieser Service wird vom ORACLE Parallel Server nur für die DB-Cache Synchronisation benutzt, nicht jedoch für die Transaktions-Synchronisation.

Mit dem Distributed Lock Service können unterschiedliche Resourcen eines Cluster-System verwaltet werden. Für die DB-Cache Synchronisation innerhalb eines ORACLE Parallel Server Systems werden im wesentlichen DB-Blöcke, Index-Blöcke und Rollbacksegment Blöcke verwaltet.

Das Parallele Cache Management von Oracle7 beruht auf folgenden Voraussetzungen:

- eine DLM-Ressource im ORACLE Parallel Server kann ein Datenbank-Block oder eine bestimmte Anzahl von DB-Blöcken sein. Die Größe einer DLM-Ressource, d.h. die Anzahl von DB-Blöcken pro PCM-Sperre kann durch einen init.ora Parameter für einzelne Datenbank-Files definiert werden.

- eine DLM-Ressource, d.h. ein einzelner DB-Block oder eine Menge von DB-Blöcken kann einen 'shared','exclusiv' oder den 'null' (unbekannt) Status haben. Diese Art von Sperren werden im Gegensatz zu den Transaktions-Sperren PCM-Sperren oder PCM-Status genannt.

- eine PCM-Sperre wird durch den DLM einer ORACLE-Instanz zugeordnet und nicht einer Transaktion, d.h. durch die Beendigung einer Transaktion werden zwar Transaktionssperren aufgehoben, der PCM-Status eines DB-Blockes bleibt jedoch bestehen.

- eine PCM-Sperre eines DB-Blockes bleibt so lange einer ORACLE-Instanz zugeordnet, bis eine andere ORACLE-Instanz eine inkompatible Sperre anfordert. Dabei ist zu beachten, daß es hierbei, im Gegensatz zu den Transaktionssperren, keine 'WARTEZUSTÄNDE' gibt, falls inkompatible PCM-Sperren angefordert werden. Jede inkompatible PCM-Sperranforderung bedingt vom Halter der PCM-Sperre eine Zustandsänderung und eine für die jeweilige Zustandsänderung genau definierte Aktion.

Im Abschnitt 3.3.6.3 werden drei Beispiele solcher Zustandsänderungen im Detail besprochen. Im Bild 3-32 werden die beiden, im ORACLE Parallel Server implementierten Synchronisations-Verfahren nochmals gegenübergestellt.

ORACLE Parallel Server	
ORACLE Transaktions-Sperren	**ORACLE DB-Cache Management** **(Paralleles Cache Management)**
Transaktion hält Sperren	ORACLE-Instanz hält PCM-Sperren
Sperren werden bis zum Transaktionsende gehalten	Sperren werden gehalten, bis von anderen Instanzen eine PCM-Sperre verlangt wird
Sperren auf Datensatzebene	PCM-Sperren auf DB-Block oder einer Menge von DB-Blöcken
Zuständig für die Koordinierung von mehreren Transaktionen (beliebiger Instanzen) auf der gleichen Datenstruktur	Zuständig für die Synchronisation der DB-Caches (Welche Instanz hält welche DB-Blöcke)

Bild 3-32 : Gegenüberstellung von Transaktions-Sperren und PCM-Sperren

ORACLE Architektur

Mit dem Verfahren des Parallelen Cache Managements wird gewährleistet, daß sich in den Datenbank-Caches der einzelnen ORACLE-Instanzen immer gültige Datenbank-Blöcke befinden. Hat eine ORACLE-Instanz einen DB-Block mit einer gültigen PCM-Sperre (Shared, S) oder (Exclusiv, X) im Datenbank-Cache, dann kann diese Instanz ohne weiteren Kommunikationsaufwand davon ausgehen, daß der DB-Block gültige Werte besitzt und von keiner anderen Instanz verändert wurde oder aktuell verändert wird.

Die Vorteile der Trennung zwischen TRANSAKTIONS-Synchronisation und der DATENBANK-CACHE-Synchronisation sind :

- alle Oracle7 Funktionen bleiben auch in losegekoppelten Systemumgebungen uneingeschränkt erhalten, z.B. Fast-Commit, Asynchrones Schreiben, Lesen ohne Sperren u.s.w. .

- Transaktionen in unterschiedlichen ORACLE-Instanzen sperren nur die zur Veränderung anstehenden Datensätze, d.h. parallele Transaktionen in unterschiedlichen ORACLE-Instanzen können unterschiedliche Datensätze des gleichen DB-Blockes ohne Zugriffskonflikte ändern.

- der Kommunikationsaufwand, um die einzelnen DB-Caches zu synchronisieren, ist minimiert.

- da der Distributed Lock Manager (DLM) nur für die DB-Cache-Synchronisation benötigt wird und nicht für die Transaktions-Synchronisation, ist eine Überlastung des DLM nicht zu erwarten.

3.3.6.3 Beispiele

Im folgenden soll der Ablauf und das Zusammenspiel der einzelnen ORACLE Parallel Server Komponenten an einigen Beispieloperationen gezeigt werden. Dabei soll von einer einfachen 'zwei Knoten' Konfiguration ausgegangen werden, auf der folgende Operationen durchgeführt werden sollen:

- Leseoperation

- Änderungsoperationen mit disjunkten DB-Blöcken

- Änderungsoperationen mit gleichem DB-Block

ORACLE Architektur

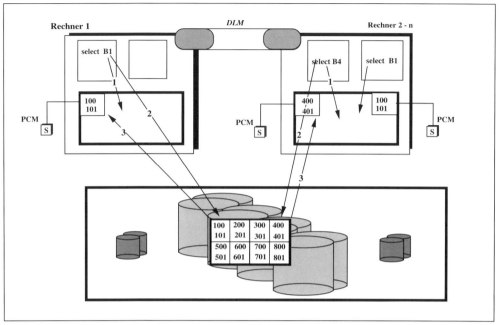

Bild 3-33a : Beispiel 1 : Leseoperationen

Ablaufschritte		Beschreibung
I. Instanz 1	0	ORACLE Instanz 1 setzt Lesebefehl für DB-Block B1 ab.
	1	PCM prüft mit lokalem DB-Cache (SGA), ob dieser DB-Block den, für diese Operation, richtigen Status verfügbar besitzt.
	2	DB-Block ist weder im eigenen DB-Cache noch hat eine andere Instanz diesen Block in Bearbeitung.
	3	Lesen des DB-Blockes in den DB-Cache der ORACLE-Instanz 1 und setzen einer (SHARED) PCM Sperre(S).
II. Instanz 2	0	ORACLE Instanz 2 setzt Lesebefehl für DB-Block B4 ab.
	1-3	Bei gleichen Vorausetzungen, identischer Ablauf wie bei I.
III. Instanz 2	0	ORACLE Instanz 2 setzt Lesebefehl für DB-Block B1 ab.
	1	PCM prüft mit lokaler SGA, ob dieser DB-Block den, für diese Operation, richtigen Status verfügbar besitzt. Es wird erkannt, daß Instanz 1 bereits eine PCM(S) Sperre hat.
	2	Da jedoch Instanz 2 ebenfalls eine PCM(S) Sperre benötigt (kompatible Sperranforderung), kann ohne weitere Kommunikation der DB-Block B1 vom DB-File in die SGA der Instanz 2 gelesen werden.
	3	Lesen des DB-Blockes B1 in die SGA der Instanz 2.
		Anmerkung : Zu diesem Zeitpunkt steht der DB-Block B1 in beiden SGA´s für Lesezugrifffe zur Verfügung und unterliegt dem DBMS-Paging Verfahren der jeweiligen Instanz. Dies gilt für alle Leseoperationen, auch und deshalb besonders zu erwähnen, für die Vielzahl von Leseoperationen auf das Data-Dictionary und den Dictionary-Cache.

Bild 3-33b : Beispiel 1 : Ablaufschema

ORACLE Architektur

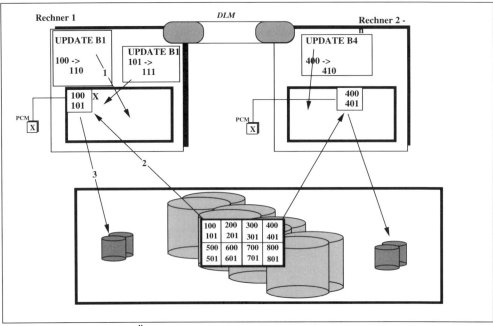

Bild 3-34a : Beispiel 2 : Änderungsoperation (disjunkte Mengen)

Ablaufschritte			Beschreibung
I. Instanz 1		0	ORACLE Instanz 1 setzt Änderungsoperation (UPDATE) für DB-Block 1 (z.B. 1.Datensatz) ab.
		1	PCM prüft mit lokaler SGA, ob dieser DB-Block den, für diese Operation , richtige Status (PCM(X)) besitzt.
		2	DB-Block ist weder in der eigenen SGA noch hat eine andere Instanz diesen Block in Bearbeitung und wird deshalb in die SGA der Instanz 1 gelesen. B1 wird mit einer exclusiven PCM(X) Status versehen.
		3	Bei Beendigung der Änderungstransaktion , wird die Protokollinformation dieser Transaktion, der REDO-Log Block in das REDO-Log File geschrieben und die Transaktion gilt als beendet. Der Block B1 bleibt jedoch weiterhin in der SGA der Instanz 1 und kann von beliebigen Prozessen der Instanz 1 gelesen und geändert werden, ohne daß dabei ein zusätzlicher Kommunikationsaufwand entsteht (ASYNCHRONES SCHREIBEN).
II. Instanz 2	0-3		Das gleiche gilt auch für ORACLE Instanz 2 für das Beispiel mit Block 4.

Anmerkung : Ein DB-Block bleibt so lange in der SGA der jeweiligen Instanz bis dieser durch das DBMS-Paging
Verfahren wieder auf die DBMS-Files geschrieben wird oder
bis eine andere Instanz diesen Block mit einer inkompatiblen PCM-Sperranforderung benötigt.
In diesem Fall wird der betroffene DB-Block sofort und ohne Verzögerung auf das DB-File
zurückgeschrieben. Auch wenn ein DB-Block durch das DBMS-Paging Verfahren zurückgeschrieben wird,
bleibt der PCM-Status erhalten (!!)
(s. auch Beispiel 3)

Bild 3-34b : Beispiel 2 : Ablaufschema

ORACLE Architektur

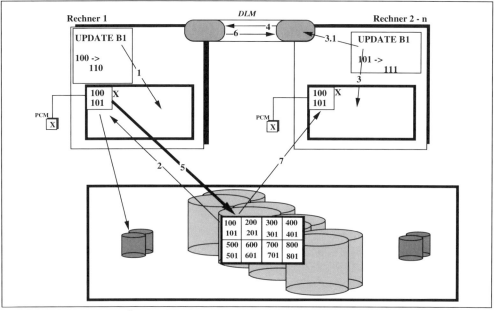

Bild 3-35a : Beispiel 3 Änderungsoperation (gleicher Datenbank-Block)

Ablaufschritte			Beschreibung
I. Instanz 1		0-2	ORACLE-Instanz 1 mit Änderungsoperation für DB-Block B1 (erster Datensatz). Bekanntes Verfahren, wie in Beispiel 2 eingeführt: . lokaler DLM wird konsultiert . DB-Block wird gelesen und mit PCM(X) versehen . Änderung wird durchgeführt (Transaktion jedoch noch nicht beendet).
II. Instanz 2		3	ORACLE Instanz 2 mit einer Änderungsoperation für DB-Block 1 (zweiter Datensatz) Block B1 befindet sich noch in Instanz 1 . Konsultation der lokalen SGA.
		4	DLM der Instanz 2 kommuniziert mit DLM von Instanz 1 und fordert Block B1 an.
		5	DLM von Instanz 1 initiiert das Herausschreiben des Blockes B1 auf die DB-Files und löst die PCM(X) Sperre (DB-Cache Synchronisation). Die Datensatzsperre für den ersten Datensatz wird dabei jedoch nicht gelöst (Transaktions-Synchronisation).
		6	DLM Instanz 1 signalisiert Instanz 2, daß B1 durch Instanz 2 von den DB-Files gelesen werden kann.
		7	Instanz 2 liest B1 in die SGA und vergibt für B1 eine PCM(X) Sperre und kann die gewünschte Änderung durchführen.

Anmerkung : Unterschiedliche Datensätze des gleichen DB-Blockes können gleichzeitig von mehreren Transaktionen unterschiedlicher ORACLE-Instanzen geändert werden. Das Parallele Cache Management übernimmt dabei die Synchronisation der DB-Caches aller beteiligten ORACLE-Instanzen.

Bild 3-35b : Beispiel 3 : Ablaufschema

3.3.6.4 Erweiterte Fehlertoleranz bezüglich Rechnerausfall

Ein weiterer Vorteil einer lose gekoppelten Hardware-Konfiguration ist die erhöhte Fehlertoleranz gegenüber Rechnerausfällen. Diesem wichtigen Architekturmerkmal trägt auch die ORACLE Parallel Server Technologie Rechnung. Fällt ein Cluster-Knoten mit einer aktiven ORACLE-Parallel Server Instanz während des Betriebes aus, so wird die Datenbank von einer der noch verbleibenden ORACLE-Instanzen automatisch, ohne Eingriffe durch den Datenbankadministrator, wiederhergestellt.

Dazu gehört :

- Transaktions-Sperren lösen, die von der nicht mehr existenten ORACLE-Instanz gehalten wurden.

- ROLLFORWARD-Recovery
  über das REDO-Log File werden alle Transaktionen der nicht mehr existenten ORACLE-Instanz, die zum Zeitpunkt des Abbruchs mit 'commit' abgeschlossen waren und deren Daten sich noch nicht in den Datenbank-Files befinden, nachvollzogen.

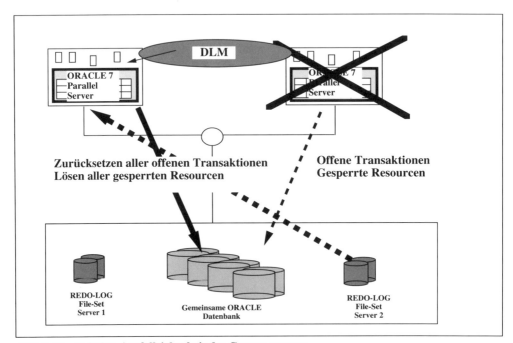

Bild 3-36 : Erhöhte Ausfallsicherheit des Gesamtsystems

- ROLLBACK-Recovery
  alle Transaktionen, die zum Zeitpunkt des Abbruchs noch nicht abgeschlossen waren und deren Änderungen sich bereits in den Datenbank-Files befinden, werden zurückgesetzt.

3.4 DATA-DICTIONARY

3.4.1 Einführung

Bei der Frage nach der Definition einer ORACLE-Datenbank wurde bisher erläutert, aus welchen Filearten eine ORACLE-Datenbank besteht (DB-Files, REDO-Log-Files, Kontroll-Files), und wie die einzelnen Filearten logisch strukturiert sind (Tablespace, Segmente, DB-Blöcke usw.). Eine andere Betrachtungsweise geht weniger von der physischen, als mehr von der inhaltsorientierten Stukturierung aus, wie es in Bild 3-37 dargestellt ist.

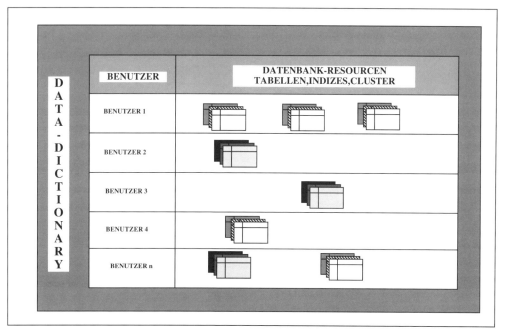

Bild 3-37: Inhaltsorientierte Betrachtung einer ORACLE-Datenbank

ORACLE Architektur

Nach dieser Betrachtungsweise besteht eine ORACLE-Datenbank immer:

- aus einem Data-Dictionary,
  in dem alle Daten gespeichert werden, die für das ordnungsgemäße Funktionieren der Datenbank verantwortlich sind. Das Data-Dictionary ist die Datenbasis für die Verwaltung aller ORACLE Datenbank-Objekte.

- aus beliebig vielen Benutzern mit unterschiedlichen Privilegien.

- aus Datenbankobjekten wie Tabellen, Clustern, Views, Indices, Prozeduren, DB-Trigger u.v.m., die von ORACLE-Benutzern angelegt wurden und von ORACLE-Benutzern bearbeitet werden können.

Das Data-Dictionary, das zur Verwaltung der ORACLE-Datenbank dient, besteht selbst, wie jedes andere Softwaresystem, aus einer bestimmten Datenstruktur, die im ORACLE System als Datenbank-Tabellen implementiert ist und auf die mit SQL zugegriffen werden kann. Das Data-Dictionary kann in zwei Ebenen eingeteilt werden. In die 'interne Ebene', in der die eigentlichen Basis-Tabellen implementiert sind. Auf diese Ebene hat ein gewöhnlicher Benutzer keinen Zugriff. Nur sehr hoch privilegierte ORACLE-Benutzer können direkt diese Datenstrukturen lesend bearbeiten. Ansonsten werden die Basis-Tabellen der internen Ebenen des Data-Dictionaries nur vom Datenbanksystem selbst verändert.

Die zweite Ebene wird auch als 'externe Ebene' des Data-Dictionaries bezeichnet. Hierbei handelt es sich um eine Vielzahl von Sichten (Views) auf die Basis-Tabellen des Data-Dictionaries, die jedem ORACLE-Benutzer in unterschiedlicher Informationstiefe zugänglich sind und die die unterschiedlichsten Informationen bereitstellen.

Die interne und die externe Ebene werden in den folgenden Abschnitten näher erläutert.

3.4.2 Die Data-Dictionary-Tabellen

Bei der Erstellung einer ORACLE-Datenbank (create database) werden stets drei Benutzer im System angelegt. Die Benutzer heißen:

- SYS
  Ist Eigentümer aller Data-Dictionary-Tabellen (Interne Ebene) und aller Data-Dictionary-Views (Externe Ebene).
  Dieser Benutzer ist der höchst-privilegierte Benutzer eines ORACLE-Systems.

Mit diesem Benutzername sollte nur in seltenen Ausnahmefällen direkt gearbeitet werden.

- SYSTEM

  Ist Eigentümer von DB-Tabellen, die für ORACLE Werkzeuge wie z.B. SQL*Forms , SQL*ReportWriter u.a. angelegt werden. Ist Standard-DBA eines jeden ORACLE-Systems und kann benutzt werden für alle anfallenden DBA-Funktionen.

- PUBLIC

  Ist ein 'DUMMY'-Benutzer, der alle in einem ORACLE-System befindlichen Benutzer repräsentiert. (Analog zu 'WORLD' innerhalb von vielen Betriebssystemen). Privilegien, die an den Public-Benutzer gegeben wurden, stehen somit allen ORACLE-Benutzern einer ORACLE-Datenbank zu.

Der SYS-Benutzer ist dadurch ausgezeichnet, daß er alle Data Dictionary Tabellen anlegt. Dies geschieht automatisch bei der Initialisierung der Datenbank mittels (gewöhnlicher) 'create table' Befehle, die innerhalb der SQL-Prozedur 'sql.bsq' definiert sind. Er ist Eigentümer dieser Tabellen und hat, bezüglich dieser Tabellen, alle Rechte. Diese Basis-Tabellen enthalten interne Syteminformationen und dürfen nur vom ORACLE-Server verändert werden. Auch der lesende Zugriff auf diese Tabellen durch andere ORACLE-Benutzer als dem SYS-Benutzer ist nicht erlaubt und sollte unter keinen Umständen zugelassen werden. Dies aus gutem Grund, denn die interne Data-Dictionary-Ebene kann sich von Version zu Version ändern, was unmittelbare Auswirkungen auf entsprechende Lesebefehle hätte. Alle lesenden Zugriffe auf das Data-Dictionary sollten über die zur Verfügung stehenden virtuellen Tabellen (Views) erfolgen, da die Struktur dieser externen Ebene auch bei Versionsänderungen konstant bleibt.

Das Data-Dictionary enthält, wie bereits erläutert, alle relevanten Systeminformationen, wie zum Beispiel:

- Benutzer und deren Privilegien
- Tabellen und deren Spaltenbezeichnungen und Datentypen
- Statistiken über die Tabellen und Indices
- Indexinformationen
- Zugriffsberechtigungen auf Tabellen
- Profilinformation und die Zuordnung zu den Benutzern
- Freiplatzverwaltung

ORACLE Architektur

und vieles mehr. Bei jedem SQL-Befehl müssen eine Vielzahl von Daten überprüft werden, was eine Vielzahl von Zugriffen auf das Data-Dictionary bedingt. Da das Data-Dictionary selbst aus Tabellen besteht, erzeugt das System bei der Abarbeitung eines einzelnen SQL-Befehls interne SQL-Befehle, um zu überprüfen, ob der eingegebene SQL-Befehl gültig ist und zur Ausführung kommen kann. Im Bild 3-38 ist dies exemplarisch für einen einfachen SELECT-Befehl dargestellt.

Zu diesem Bild ist noch anzumerken, daß natürlich nicht jeder interne SQL-Befehl einen Zugriff auf die Platte bewirken muß, da sehr viele Informationen im DB-Cache zwischengespeichert werden. Diese internen Informationen sind auch einem LRU Algorithmus ausgesetzt, d.h. Data Dictionary Daten, die häufig genutzt werden, bleiben länger in DB-Cache als solche, die nur sehr wenig genutzt werden.

3.4.3 Data-Dictionary-Views

Für den ORACLE-Benutzer bietet die externe Data-Dictionary-Ebene die Möglichkeit, sich alle relevanten Informationen anzeigen zu lassen. Diese Ebene wird

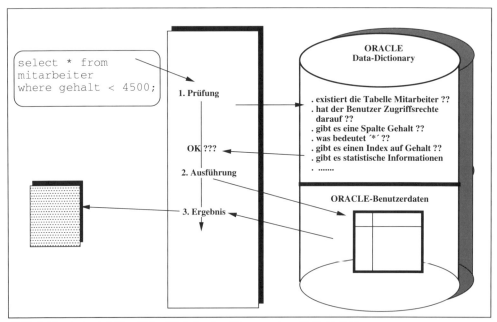

Bild 3-38 : Prinzipieller Ablauf bei der Ausführung eines SQL-Befehls

durch eine Vielzahl von virtuellen Tabellen, von sogenannten SICHTEN oder Views realisiert, die die Daten von der internen Data-Dictionary-Ebene, den realen Dictionary-Tabellen, beziehen und die entsprechenden Werte anwendergerecht und verständlich darstellen. Diese Data Dictionary Views können vom Benutzer mittels SQL abgefragt werden wie gewöhnliche, vom Benutzer selbst definierte Tabellen. Das externe Data-Dictionary ist in drei Gruppen eingeteilt, die eine unterschiedliche Sichtweise erlauben. Bei allen Data-Dictionary-Views wird die jeweilige Gruppenbezeichnung als Präfix des Viewnamens aufgenommen. Die drei Gruppen sind:

- USER
  Stellt alle Datenbank-Objekte dar, deren Eigentümer der jeweilige Benutzer ist. Beispiel: Alle Tabellen, die der Benutzer angelegt hat, zeigt der Befehl:

```
select * from user_tables;
```

- ALL
  Stellt alle Datenbank-Objekte dar, auf die der Benutzer Zugriff hat. Hierbei werden auch Objekte angezeigt, die von anderen Benutzern erzeugt wurden, die jedoch Zugriffsrechte an den entsprechenden Benutzer weitergegeben haben. Beispiel: Alle Tabellen, auf die der Benutzer Zugriff hat, zeigt der Befehl:

```
select * from all_tables;
```

- DBA
  Alle VIEWs mit diesem Präfix sind nur für Benutzer mit entsprechenden DBA-Privilegien zugreifbar. Diese VIEWs stellen eine Gesamtsicht auf die ganze Datenbank dar. Beispiel: Alle Tabellen aller Benutzer im gesamten System zeigt der Befehl:

```
select * from dba_tables;
```

Wie man an den drei Beispielen sieht, unterscheiden sich die einzelnen Views lediglich im PRÄFIX des Namens und im Informationsgehalt, nicht jedoch in der grundsätzlichen Funktion, nämlich, wie in unserem Beispiel gezeigt, der Darstellung von Tabelleninformationen. Dies ist eine grundsätzliche Charakteristik des externen Data-Dictionaries von ORACLE, das in Bild 3-39 für einige Views in Tabellenform dargestellt ist, wobei der eigentliche Viewname durch die Präfix- und die entsprechende Postfix-Bezeichnung dargestellt wird.

ORACLE Architektur

PRÄFIX / POSTFIX	USER_	ALL_	DBA_
TABLES	Stellt alle Tabellen dar, die der Benutzer angelegt hat	Stellt alle Tabellen dar, auf die der Benutzer Zugriff hat	Stellt alle Tabellen des gesamten Systems dar.
TAB_COLUMNS	Stellt alle Spalten aller Tabellen dar, die der Benutzer angelegt hat	Stellt alle Spalten aller Tabellen dar, auf die der Benutzer Zugriff hat.	Stellt alle Spalten, aller Tabellen des gesamten Systems dar.
INDEXES	Stellt alle Indizes dar, die Benutzer erstellt hat	Stellt alle Indizes dar, die über Tabellen erstellt wurden, auf die der Benutzer Zugriff hat	Stellt alle Indizes des gesamten Systems dar.
VIEWS	Stellt alle VIEWs dar, die der Benutzer angelegt hat.	Stellt alle VIEWs dar, auf die der Benutzer Zugriff hat.	Stellt alle VIEWs des gesamten Systems dar.

Bild 3-39 : Nomenklatur bei den ORACLE-Data-Dictionary Views

3.4.4 Die Implementierung des Data-Dictionaries

Es wurde bereits erwähnt, daß sowohl das externe als auch das interne Data-Dictionary während der Initialisierung der Datenbank durch den (besonders privilegierten) Benutzer SYS angelegt wird. Da das Data-Dictionary durch Datenbank-Objekte repräsentiert wird, das interne Data-Dictionary durch Tabellen, das externe Data-Dictionary durch Views, müssen diese Datenbank-Objekte zum Initialisierungszeitpunkt durch entsprechende 'create table'-und 'create view'-Befehle angelegt werden. Die Befehlsequenzen für die Generierung des internen Data-Dictionaries stehen im File 'sql.bsq', die für das externe Data-Dictionary im File 'catalog.sql', die während der Initialisierungsphase der Datenbank ausgeführt werden. Die Data-Dictionary-Views bestehen meist aus komplexen select-Befehlen, die aus der internen Informationsdarstellung eine vom Benutzer interpretierbare Form zur Verfügung stellen. Bild 3-40 zeigt eine View-Definition am Beispiel der bereits bekannten View 'user_tables', bei der Informationen aus fünf Data-Dictionary Tabellen, die in der FROM-Klausel aufgeführt sind, zu einer View zusammengefaßt

ORACLE Architektur

werden. Ohne daß dieser Befehl im einzelnen analysiert und erläutert werden soll, sind drei Punkte dazu zu bemerken:

- Innerhalb der SELECT-Liste werden auch arithmetische Operationen ausgeführt. So wird der Wert für 'initial_extent' und für 'next_extent' berechnet aus: s.iniexts*ts.blocksize bzw. s.extsize *ts.blocksize

- Innerhalb der SELECT-Liste wird die ORACLE-Funktion 'decode' verwendet. Diese Funktion setzt in unserem Beispiel den Eingabewert t.modified, der 0 oder 1 sein kann, um in die Werte Y (falls t.modified = 0) oder N (falls t.modified = 1) oder in ein 'Fragezeichen' (?), falls weder 0 noch 1 als Eingabewert existiert.

- Innerhalb der where-Klausel wird ein OUTER-Join durchgeführt, dies wird gekennzeichnet durch das (+) innerhalb der 'where'-Klausel. Bei einem OUTER-JOIN wird auch dann ein Datensatz als Ergebnis ausgegeben, wenn die Partnertabelle für einen Schlüsselbegriff keinen entsprechenden Eintrag besitzt.

Über die View 'user_tables' hat jeder Benutzer Zugriff auf Daten aus den Data-Dictionary-Tabellen, obwohl ein direkter Zugriff auf diese Tabellen nicht zugelassen ist. Würde ein gewöhnlicher (nicht privilegierter) Benutzer den in der View-Definition angegebenen SELECT-Befehl direkt ausführen, dann würde ihm angezeigt, daß die

```
create view USER_TABLES
    (TABLE_NAME, TABLESPACE_NAME, CLUSTER_NAME,
    PCT_FREE, PCT_USED,
    INI_TRANS, MAX_TRANS,
    INITIAL_EXTENT, NEXT_EXTENT,
    MIN_EXTENTS, MAX_EXTENTS, PCT_INCREASE,
    BACKED_UP, NUM_ROWS, BLOCKS, EMPTY_BLOCKS,
    AVG_SPACE, CHAIN_CNT, AVG_ROW_LEN)
as
select o.name, ts.name, co.name,
       t.pctfree$, t.pctused$,
       t.initrans, t.maxtrans,
       s.iniexts * ts.blocksize, s.extsize * ts.blocksize,
       s.minexts, s.maxexts, s.extpct,
       decode(t.modified, 0, 'Y', 1, 'N', '?'),
       t.rowcnt, t.blkcnt, t.empcnt, t.avgspc, t.chncnt, t.avgrln
from sys.ts$ ts, sys.seg$ s, sys.obj$ co, sys.tab$ t, sys.obj$ o
where o.owner# = uid
   and o.obj# = t.obj#
   and t.clu# = co.obj# (+)
   and t.ts# = ts.ts#
   and t.file# = s.file# (+)
   and t.block# = s.block# (+)
/
```

Bild 3-40 : Beispiel für das externe Data-Dictionary für die View ´user_tables´

ORACLE Architektur

Tabellen, die in der FROM-Klausel angegeben sind, nicht existieren. Dies wurde dadurch erreicht, daß der Benutzer SYS, der Eigentümer der Basis-Tabellen und der virtuellen Tabellen des Data-Dictionaries ist, lediglich die LESE-Berechtigung auf die Data-Dictionary-Views an alle Benutzer (PUBLIC) weitergegeben hat. Alle Benutzer haben Zugriff auf das Datenbank-Objekt 'user-tables', nicht jedoch auf die Datenbank-Objekte, aus denen die View 'user_tables' gebildet wurde. Es ist somit nur ein indirektes Lesen aus den Data-Dictionary-Tabellen über die entsprechenden Views möglich, was einen optimalen Zugriffschutz für die sehr sensiblen BASIS-Tabellen bedeutet.

Bild 3-41 stellt diese Situation nochmals dar.

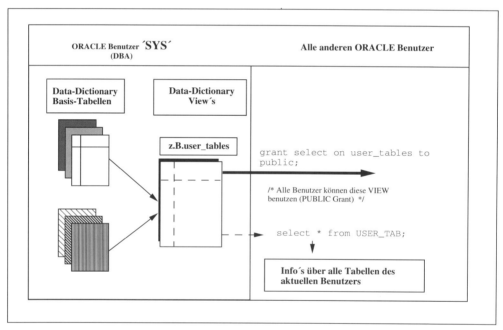

Bild 3-41 : Internes und Externes Data-Dictionary

Ein Schützen von Datenbank-Objekten in dieser Art und Weise ist jedoch nicht auf den speziellen Fall des Data-Dictionaries beschränkt, sondern stellt eine gebräuchliche Methode dar, um beliebige Datenbankobjekte durch das View-Konzept zu schützen.

4. Ablaufintegrität

4.1 Einführung

Wenn mehrere Prozesse um ein und dieselbe Resource streiten, ist es unabdingbar, daß bestimmte Regeln existieren müssen, um eventuell auftretende Konflikte aufzulösen. Dabei geht es in der Datenbanktechnik um Datenbankresourcen wie Tabellen, Datenbank-Blöcke, Datensätze und Indices und die Subjekte, die um diese Resourcen ringen, sind entsprechende Anwenderprogramme. Ohne entsprechende Mechanismen, die bei der Abarbeitung von mehreren gleichzeitigen Prozessen wirken, kann es zu Inkonsistenzen innerhalb der Datenbank kommen, wie das folgende Beispiel zeigen soll.

Werden in zwei Reisebüros für denselben Flug Plätze gebucht, ohne daß das Datenhaltungssystem entsprechende Mechanismen bereitstellt, um diese „parallelen" Änderungsoperationen zu steuern, ergibt sich folgender Ablauf, der im Bild 4-1 dargestellt ist.

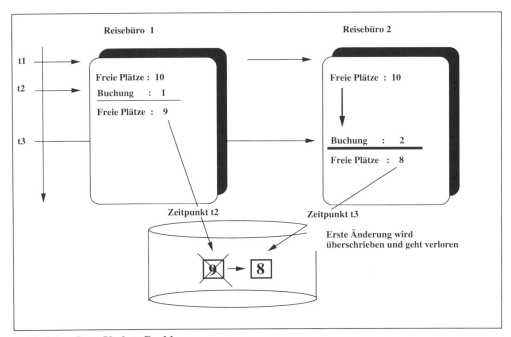

Bild 4-1 : Lost-Update Problem

Ablaufintegrität

Für den betrachteten Flug gibt es noch 10 freie Plätze, die sowohl dem ersten als auch dem zweiten Reisebüro für die Disposition zur Verfügung stehen und bei einer Anfrage auf dem jeweiligen Bildschirm erscheinen.

Durch das erste Reisebüro wird zum Zeitpunkt t1 ein Platz gebucht, was die freien Plätze dieses Fluges von zehn auf neun reduziert. Da davon ausgegangen werden soll, daß das Datenhaltungssystem keine speziellen Vorkehrungen für diese Art von gleichzeitigen Änderungsoperationen vorsieht, geht das zweite Reisebüro weiterhin davon aus, daß noch zehn frei Plätze zur Verfügung stehen und bucht zum Zeitpunkt t3 zwei Platze ein. Aus der Sicht des zweiten Reisebüros wird dadurch die Anzahl der noch freien Plätze von zehn auf acht reduziert. Obwohl in diesem Beispiel insgesamt drei Plätze eingebucht wurden, hält das Datenhaltungssystem noch 8 Plätze für den betrachteten Flug vor. Die Änderung des ersten Reisebüros ist durch die spätere Buchung (t3) überschrieben worden und ist somit verlorengegangen (lost-update).

Um das Problem der inkonsistenten Datenbank zu verhindern, muß ein Datenbanksystem geeignete Sperrmechanismen und Verfahren anbieten, damit die beiden Prozesse nacheinander ablaufen und sich nicht durch irgendwelche Wechselwirkungen beeinflussen. Die Frage nach den geeigneten Sperrmechanismen ist gleichzeitig eine Frage nach der Sperrgranularität.

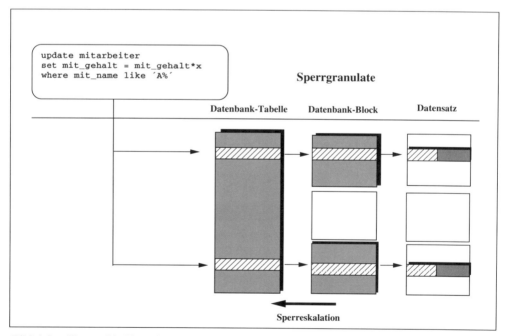

Bild 4-2 : Unterschiedliche Sperrgranulate bei DML-Operationen

Ablaufintegrität

Typische Sperrgranulate sind:

- Tabellen-Sperren

Bearbeitet ein Prozeß einen oder mehrere Datensätze einer Tabelle, so wird die gesamte Tabelle gesperrt. Andere Prozesse, die ebenfalls Datensätze innerhalb dieser Tabelle bearbeiten wollen, müssen bis zum Ende der Transaktion warten.

- DB-Block-Sperren

Bearbeitet ein Prozeß einen oder mehrere Datensätze einer Tabelle, so werden alle DB-Blöcke, in denen sich die modifizierten Datensätze befinden, gesperrt. Andere Pozesse können gleichzeitig alle Datensätze außerhalb der gesperrten DB-Blöcke bearbeiten.

- Datensatz-Sperren

Bearbeitet ein Prozeß einen oder mehrere Datensätze einer Tabelle, so werden nur die Datensätze gesperrt, die von der Änderung beroffen sind. Alle anderen Datensätze können von anderen Prozessen bearbeitet werden.

OPERATION	SPERRMODUS		BEMERKUNGEN
	DATENSATZ	TABELLE	
SELECT	—	—	Ein lesender Zugriff braucht keine Sperren ! Leseoperationen sperren keine DML- (insert, update, delete) Operationen aus.
INSERT	X	RX	Alle DML-Operationen sperren auf SATZEBENE !! Während aller DML-Operationen können weitere Prozesse diese Tabellen auch lesen. (Konsistentes Lesen)
UPDATE	X	RX	
DELETE	X	RX	
DDL/DCL BEFEHLE	—	X	

Bild 4-3 : Die ORACLE Sperr-Modi für unterschiedliche SQL-Operationen

4.2 Sperrmechanismen

Es wurde bereits erläutert, daß es in einer MULTI-USER-Umgebung, bei der mehrere Prozesse die gleichen Resourcen bearbeiten wollen, unabdingbar ist, die in Bearbeitung befindlichen Resourcen vor dem Zugriff durch andere Prozesse zu schützen, um die Konsistenz der Datenbank zu gewährleisten. Bei ORACLE werden bei allen DML-Operationen ('insert', 'update', 'delete') stets nur die von der jeweiligen Operation betroffenen Datensätze exklusiv (X) gesperrt. Während einer solchen Operation befinden sich die entsprechenden Tabellen im Datensatz (ROW)-Exclusiv-Modus (RX).

Da die RX-Sperre von beliebigen Prozessen gleichzeitig gehalten werden kann, können mehrere Prozesse gleichzeitig dieselbe Tabelle mit 'insert', 'update' oder 'delete'-Operationen bearbeiten.

Somit ist größtmögliche Parallelität gegeben, da ein Prozeß nur dann auf das Freiwerden einer Sperre warten muß, wenn er einen Datensatz ändern soll, der von einem anderen Prozeß bereits exklusiv (X) gesperrt ist. Eine wichtige Besonderheit des ORACLE-Sperrverfahrens ist, daß Leseoperationen keine Sperren benötigen. Eine Leseoperation liefert stets einen konsistenten Auszug aus einer Datenbank-

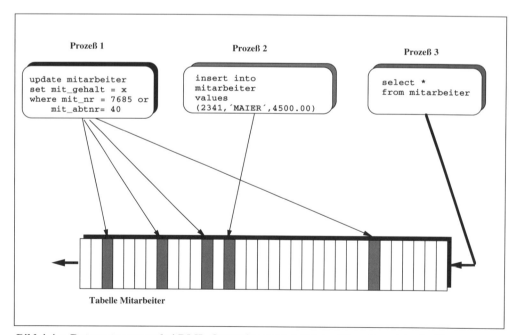

Bild 4-4 : Datensatzsperren bei DML-Operationen und gleichzeitiges ´konsistentes´ Lesen

Ablaufintegrität

tabelle (oder mehreren Datenbanktabellen, falls es sich um eine Lese-Transaktion handelt), ohne daß sich Leseoperationen und Änderungstransaktionen gegenseitig behindern. Diese in der Praxis äußerst wichtige Funktion wird im Abschnitt 4.4 gesondert behandelt.

Die Implementierung der Datensatzsperren für alle DML-Operationen, ohne daß bei einer bestimmten Anzahl von Sperren eine Sperreskalation stattfindet, ist das effektivste, aber auch das am wenigsten gebräuchliche Verfahren, um mehrere konkurrierende Änderungsoperationen zu serialisieren. Das von ORACLE eingesetzte Verfahren wurde in der Version 6 mit der 'transaction processing option' eingeführt und steht in Oracle7 als grundsätzliches Sperrverfahren zur Verfügung. Insbesondere bei Systemen mit hohem Transaktionsaufkommen ist eine effiziente Implementierung eines Datensatzsperrverfahrens notwendig, um die Häufigkeit von Zugriffskonflikten und Deadlocksituationen zu minimieren. Auch im Bereich der referentiellen Integrität ist dieser Aspekt von großer Bedeutung.

Die Implementierung des ORACLE-Sperrverfahrens basiert prinzipiell auf drei Komponenten, dem Transaktionsverzeichnis innerhalb eines jeden DB-Blockes, der System-Change/Commit Number (SCN) und der ORACLE-Transaktions-Tabelle, einer internen Datenstruktur, die als Teil des Rollbacksegment-Headers vorgehalten wird. Jede Transaktion, die gestartet wird, erhält eine eindeutige Transaktionsnummer, die SCN, die innerhalb der Transaktions-Tabelle verwaltet wird. Allen Datensätzen, die durch eine Transaktion geändert werden, wird die SCN dieser Transaktion aufgeprägt (s. dazu auch Bild 4-5).

Ein Datensatz gilt für eine andere Transaktion als gesperrt, wenn die SCN für den betreffenden Datensatz mit einer aktiven, in der Transaktions-Tabelle befindlichen SCN übereinstimmt. Das Freigeben von Datensatzsperren zum Transaktions-Ende geschieht durch das Löschen der aktuellen Transaktions-Nummer (SCN) aus der Transaktions-Tabelle. Durch dieses Verfahren können beliebig viele Datensatz-Sperren durch eine kurze Hauptspeicheroperation wieder freigegeben werden. Diesen prinzipiellen Ablauf stellt das Bild 4-5 nochmals dar. Die Transaktion T1 erhält dabei eine SCN von 3999, die ab dem Startpunkt der Transaktion innerhalb der Transaktions-Tabelle vorgehalten wird. Diese Datenstruktur befindet sich im DB-Cache und ist für alle ORACLE-Server Prozesse zugänglich. Der 'update'-Befehl der Transaktion T1 ändert in diesem Beispiel die Datensätze 2 und 5 (der Einfachheit halber soll nur ein DB-Block betroffen sein). Die SCN der aktuellen Transaktion wird in das Transaktionsverzeichnis der beiden geänderten Datensätze eingetragen. Eine Transaktion, die einen der beiden Datensätze ebenfalls ändern möchte, erkennt diese als gesperrt, da die SCN 3999 sowohl im Transaktionsverzeichnis der beiden Datensätze als auch innerhalb der Transaktions-Tabelle vorhanden ist.

Ablaufintegrität

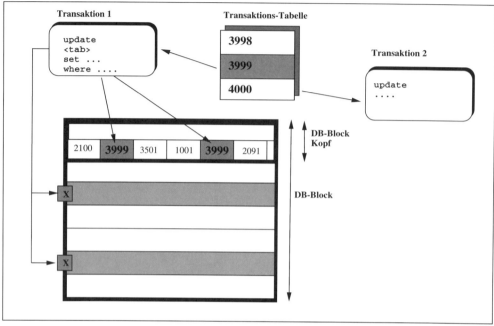

Bild 4-5 : Datensatz-Sperrverfahren ohne Sperreskalation

Wird die Transaktion T1 durch 'commit' oder 'rollback' beendet, wird u.a. die SCN 3999 aus der Transaktions-Tabelle gelöscht. Dadurch werden alle Datensatz-Sperren dieser Transaktion freigegeben. Die Transaktions-Nummern innerhalb der Transaktionsverzeichnisse werden zum Transaktions-Ende nicht verändert und bleiben so lange konstant, bis sie durch eine beliebige Transaktion erneut überschrieben werden.

Die beschriebenen Sperr-Mechanismen werden von ORACLE zu jeder Zeit automatisch bereitgestellt, d.h. bei DML-Operationen werden alle geänderten Datensätze gesperrt, bis die Transaktion beendet wird.

Darüberhinaus besteht jedoch die Möglichkeit, den Sperr-Mechanismus bezogen auf eine oder mehrere Tabellen mit Hilfe des SQL-Befehls

```
lock table <tab> in <mode> (nowait)
```

zu beeinflussen, wobei folgende Modi zur Verfügung stehen:

EXCLUSIVE MODE: (X)

```
lock table <tab> in EXCLUSIVE MODE (nowait)
```

Ablaufintegrität

Die Tabelle ist exklusiv gesperrt. Andere Prozesse können jedoch lesend zugreifen.

SHARE MODE: (S)

```
lock table <tab> in SHARE MODE
```

Die Tabelle ist im READ ONLY-Modus gesperrt. Andere Prozesse können die Tabelle ebenfalls im SHARE-MODE sperren und die Tabelle lesen, jedoch kann kein Prozeß Änderungsoperationen auf dieser Tabelle durchführen.

ROW EXCLUSIVE: (RX)

```
lock table <tab> in ROW EXCLUSIVE MODE
```

Standard-Sperrverfahren innerhalb von Oracle7, das beliebigen Prozessen RX-Locks gestattet. Beliebig viele Prozesse können gleichzeitig DML-Operationen mit dieser Tabelle durchführen.

ROW SHARE (RS):

```
lock table <tab> in ROW SHARE MODE
```

Gestattet weiteren Prozessen RS- und RX Locks zu setzen. Andere Prozesse können die Tabelle lesen, jedoch nicht exclusiv (X) sperren. Zum 'update'-Zeitpunkt werden die RS-Sperren in eine RX-Sperre (exclusive Datensatzsperre) umgewandelt.

SHARE ROW EXCLUSIVE (SRX)

```
lock table <tab> in SHARE ROW EXCLUSIVE MODE
```

Andere Prozesse können die Tabelle lesen und im RS-Mode sperren. Exclusive (X) Sperren oder Share (S) Sperren sind nicht erlaubt.

Bild 4-6 stellt nochmals alle optionalen Sperr-Typen und deren Verträglichkeit zusammen, wobei zu beachten ist, daß der Standard-Sperrmodus für DML-Operationen der RX-Lock ist, der bereits das kleinste Sperr-Granulat, nämlich das Sperren auf Satzebene, gestattet. Es sollte nur in wohlbedachten Ausnahmefällen von dem Standard-Sperrmechanismus abgewichen werden, um zu langes Sperren von Resourcen zu vermeiden.

Ablaufintegrität

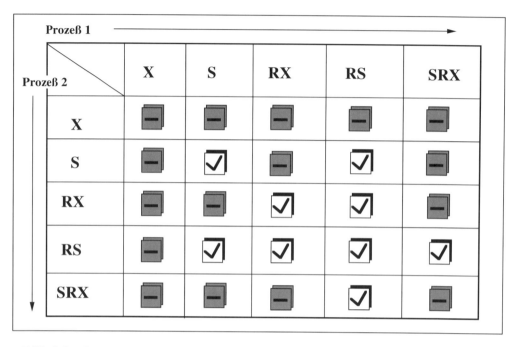

Bild 4-6 : Darstellung der Sperrverträglichkeiten

4.3 Das Transaktions-Konzept

Die im vorhergehenden Abschnitt behandelten Sperrmechanismen sind im Grunde die BASIS-Regeln, um Konflikte zu verhindern, oder, im Falle eines Konflikts, diesen ohne Wechselwirkungen aufzulösen. Die nächst höhere Einheit, die sich dieser Basis-Regeln bedient, ist die Transaktion. Unter dem Begriff der Transaktion im Datenbanksinne versteht man DML-Operationen, die die Datenbank von einem konsistenten Zustand in einen anderen konsistenten Zustand überführen. Eine Transaktion kann jeweils nur vollständig durchgeführt werden, d.h. nach Beendigung einer Transaktion wird in allen Fällen ein konsistenter Datenbankzustand erreicht. Ist ein Übergang zu einem neuen konsistenten Zustand nicht möglich, so muß die Transaktion vollständig zurückgesetzt (rollback) werden, um den alten konsistenten Zustand wiederherzustellen.

Das Beispiel, das in der Literatur am häufigsten für eine Transaktion steht, ist das der Banküberweisung, bei der vom Konto A auf das Konto B ein bestimmter Betrag X gebucht wird.

Ablaufintegrität

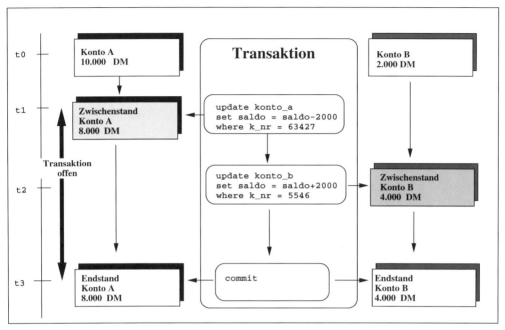

Bild 4-7 : Ablauf einer Transaktion

Die Überweisung erfolgt in zwei Schritten, wie es in Bild 4-7 dargestellt wird.

1.Schritt: (t1)

Konto A wird der Betrag X abgebucht.

Konto A hat danach einen neuen Kontostand.

2.Schritt: (t2)

Konto B wird der Betrag X zugebucht.

Konto B hat danach einen neuen Kontostand.

Erst mit dem erfolgreichen Ausführen des zweiten Schrittes ist die Datenbank (im Sinne der gestellten Aufgabe) wieder in einem konsistenten Zustand und die Transaktion kann beendet werden. Da die beiden Schritte nacheinander ablaufen, wäre es auch möglich, daß das Programm nach der ersten Änderung, aufgrund eines Programmierfehlers, abstürzt. Das würde bedeuten, daß beim Konto A bereits 2.000 abgebucht wären, ohne daß das Konto B diesen Betrag gutgeschrieben bekommen hätte.

Die Datenbank ist zum Zeitpunkt des Programmabsturzes in einem INKONSI-STENTEN ZUSTAND, denn die Transaktion konnte nicht zu Ende geführt werden. In einem solchen Fall setzt, wie bereits im Abschnitt 3.3.3 besprochen, der PMON-

Ablaufintegrität

Hintergrundprozeß diese offene Transaktion auf den ursprünglichen Zustand zurück und gibt alle von dieser Transaktion gesperrten Resourcen frei (Prozeß-Recovery).

Durch den beschriebenen Fehlerfall konnte die gestellte Aufgabe zwar nicht durchgeführt werden, was weder den Bankangestellten noch den Kunden befriedigen kann, es wurde jedoch durch diese Programmpanne auch kein Schaden durch fehlerhaftes Abbuchen verursacht. Erst durch explizite Beendigung einer Transaktion durch den SQL-'commit'-Befehl werden die Änderungen einer Transaktion innerhalb der Datenbank permanent gemacht. Im Kapitel 14 wird dieses 'Ein-Phasen' Commit-Protokoll, das ausreicht, um lokale Transaktionen zu verwalten und zu steuern, erweitert, um auch verteilte Transaktionen abzusichern.

Aus welchen DML-Operationen eine Transaktion besteht, ist abhängig von der jeweiligen Aufgabenstellung. So gibt es Transaktionen, die nur aus einem einzigen Befehl bestehen, der nur einen einzigen Datensatz ändert. Es gibt aber auch Transaktionen, die eine Vielzahl von unterschiedlichen DML-Operationen beinhalten, die eine Vielzahl von Datensätzen in unterschiedlichen Tabellen verändern oder löschen. Die Steuerung und die Zusammenfassung einzelner Befehle zu einer Transaktion geschieht mit den SQL-Befehlen 'commit', 'rollback' und 'rollback to savepoint'.

Der COMMIT-Befehl hat folgende Auswirkungen:

- Eine Transaktion wird erfolgreich beendet.
- Alle von dieser Transaktion durchgeführten Änderungen sind durch das Herausschreiben des Redo-Log Blockes auf das Redo-Log File in der Datenbank permanent gemacht.
- Alle von der Transaktion gesperrten Resourcen werden freigegeben.

Der ROLLBACK-Befehl hat folgende Auswirkungen:

- Eine Transaktion wird erfolglos beendet.
- Alle von dieser Transaktion geänderten Daten werden wieder auf den ursprünglichen Wert zurückgesetzt, wobei die ursprünglichen Werte aus dem Rollback-Segment gewonnen werden.
- Alle von der Transaktion gesperrten Resourcen werden freigegeben.

Im Kapitel 3.3.3 wurde bereits erläutert, wie sich der Ablauf zum 'commit'-Zeitpunkt darstellt. In diesem Zusammenhang ist wichtig, daß die veränderten Daten

Ablaufintegrität

nicht zum 'commit'-Zeitpunkt auf die Datenbank geschrieben werden, sondern daß nur ein kurzer, die Transaktion beschreibender Eintrag auf das Redo-Log-File geschrieben wird. Ist dies geschehen, dann ist die Transaktion vollständig durchgeführt und das, die Transaktion auslösende Programm kann den nächsten anstehenden Befehl ausführen.

Ein 'rollback' muß immer dann vom Programmierer vorgesehen werden, wenn unzulässige Bedingungen innerhalb einer Transaktion auftreten, die es nicht erlauben, einen neuen konsistenten Datenbankzustand zu erreichen. Wird eine Transaktion zurückgesetzt, so kann sie:

- vollständig zurückgesetzt werden durch den 'rollback'-Befehl -oder
- partiell zurückgesetzt werden bis zu einem definierten Haltepunkt (savepoint) mit dem Befehl 'rollback to ‹savepoint›'.

Bei einer Rücksetzung einer Transaktion bis zu einem definierten 'savepoint' werden alle Resourcen, die innerhalb des Rücksprungbereiches bereits gesperrt wurden, wieder freigegeben. Mit diesem Konzept besteht die Möglichkeit, eine Transaktion in kleinere „Portionen", in kleinere 'rollback'-Einheiten, aufzuteilen, was sowohl dem Programmierer zugute kommt, da er hiermit ein sehr flexibles Steuerungswerkzeug zur Verfügung hat, als auch der Performance, da im 'roll-

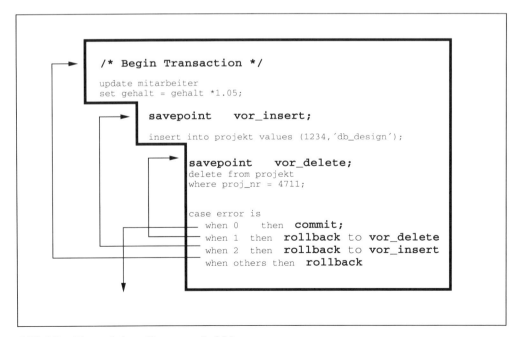

Bild 4-8 : Transaktions-Steuerungsbefehle

Ablaufintegrität

back'-Fall weniger zurückgesetzt und anschließend weniger wiederholt werden muß. In Bild 4-8 ist eine Transaktion mit Savepoints schematisch dargestellt. In Abhängigkeit eines Fehlercodes wird die Transaktion entweder positiv abgeschlossen oder in diskreten Schritten zurückgesetzt.

Zu beachten ist, daß durch den Befehl 'rollback to ‹savepoint›' nur die Datenbank-Aktionen bis zu diesem Punkt zurückgesetzt werden. Ein eventuell notwendiger Programmrücksprung muß vom Programmierer explizit programmiert werden.

4.4 Konsistentes Lesen

Betrachtet man die Anforderungen an ein System, das in der Praxis eingesetzt wird, so zeigt sich, daß eine Datenbanktabelle zur gleichen Zeit mit Lese-Befehlen ('select') und Änderungsbefehlen ('insert', 'update', 'delete') bearbeitet wird. Es wurde bereits erläutert, daß die zur Verfügung stehenden Sperrmechanismen und das Konzept der Transaktionen eine Überschneidung der DML-Operationen durch datensatzorientierte Sperren minimieren.

Betrachtet man jedoch zusätzlich das in der Realität vorhandene Zugriffsmix, das aus gleichzeitigen Lese- und Änderungsvorgängen besteht, dann muß der Lesevorgang ebenfalls in die Überlegungen mit eingeschlossen werden.

Im Bild 4-9 wird dargestellt, wie zwei Prozesse gleichzeitig eine Tabelle bearbeiten, wobei der erste Prozeß die Tabelle vollständig liest ('select'), der zweite Prozeß einige Datensätze verändert ('update'). Der Änderungsprozeß beginnt den Änderungsvorgang, während der Leseprozeß erst einen Teil der Tabelle gelesen hat. Der Leseprozeß muß in diesem Beispiel die gesamte Tabelle lesen, was u.U. eine längere Zeit in Anspruch nimmt. Der Änderungsprozeß hingegen kann über einen Index auf die entsprechenden Datensätze zugreifen und kann dadurch die Änderung in relativ kurzer Zeit durchführen. Das könnte dazu führen, daß der Leseprozeß zum Teil die alten Datenwerte, zum Teil aber bereits die neuen Datenwerte anzeigt, was in keiner Weise einem konsistenten Ergebnis entspricht. Um dieser Problematik zu begegnen, gibt es mehrere Implementierungsvarianten.

Ein konsistentes Ergebnis bei einem lesenden Zugriff kann dadurch erreicht werden, daß auch für lesende Zugriffe entsprechende Sperrmechanismen wirken. Eine gebräuchliche Realisierung ist das Sperren der ganzen Tabelle für Änderungs-

Ablaufintegrität

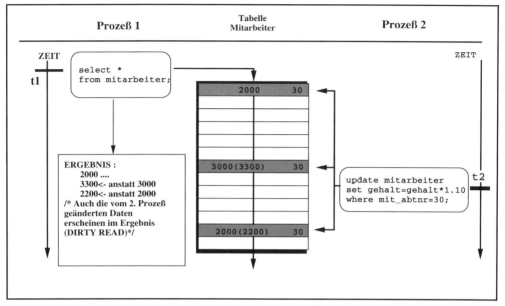

Bild 4-9 : Wechselwirkung zwischen Lese-Operationen und Änderungs-Operationen (DML)

befehle, solange ein Lesebefehl aktiv ist. Kommt ein Lesebefehl bei dieser Variante zur Ausführung, dann ist zu beachten,

a) daß keine Änderungsoperation auf dieser Tabelle aktiv ist, da sonst der Lesebefehl bis auf das Ende dieser Operation warten muß.

b) daß während des Lesevorgangs kein anderer Prozeß auf diese Tabelle ändernd zugreifen kann.

Durch diese einfachen Verriegelungsregeln kann dem Problem der inkonsistenten Leseoperation begegnet werden, allerdings mit dem Nachteil der stark eingeschränkten gleichzeitigen Verarbeitung von Lese- und Änderungsoperationen und der daraus folgenden Performance-Einbuße des Gesamtsystems.

Ein zweites Implementierungsverfahren läßt gleichzeitige Leseoperationen und beliebige Änderungsoperationen zu, wobei der Leseprozeß jeweils den aktuellen (aber nicht notwenigerweise konsistenten) Wert in der Datenbanktabelle liest. Dieses Verfahren, das oft in der Praxis anzutreffen ist, ist die Methode der „DIRTY-READS", wie es in dem Eingangsbeispiel beschrieben wurde. Dieses Verfahren hat zwar den Vorteil der hohen Gleichzeitigkeit, da sich lesende und ändernde Operationen nicht stören. Dieser Vorteil muß jedoch dadurch erkauft werden, daß das Ergebnis einer solchen Lese-Operation mit Fehlern behaftet sein kann.

Ablaufintegrität

Beide Verfahren sind im Grunde genommen unbefriedigend, da den jeweiligen Vorteilen ein eklatanter Nachteil entgegensteht. So bietet das erste Verfahren zwar exakte Lese-Ergebnisse, jedoch bei sehr schlechtem Durchsatz, sobald parallele Änderungsoperationen durchgeführt werden müssen. Mit dem zweiten Verfahren wird dagegen ein guter Durchsatz bei Änderungsoperationen erreicht, allerdings können dabei auch inkonsistente Lese-Ergebnisse angezeigt werden.

Sollen beide Verfahren bewertet werden, so muß eindeutig dem ersten Verfahren der Vorzug gegeben werden, da es unter keinen Umständen akzeptabel sein kann, daß ein Lesebefehl inkonsistente, nichtexakte Ergebnisse oder gar Phantom-Daten liefert.

Auf Grund dieser offensichtlichen Mängel beider Verfahren wurde von ORACLE das Multi-Version Read Consistency Modell eingeführt, das die Vorteile beider Verfahren vereint (exakte Leseergebnisse bei hoher Gleichzeitigkeit von Lese- und Änderungsoperationen).

Das von ORACLE implementierte Read-Consistency-Modell zeigt bei jedem Lesezugriff den konsistenten Zustand einer Tabelle an, wie er zum Zeitpunkt der Ausführung des 'select'-Befehls bestanden hat. Dabei wird davon ausgegangen, daß eine Tabelle zu einer bestimmten Zeit nur einen konsistenten Zustand haben kann, der von einem anderen konsistenten Zustand abgelöst wird (nach einer Änderungsoperation, die mit 'commit' abgeschlossen wurde). Bild 4-10 beschreibt das Beispiel nochmals, diesmal jedoch unter Berücksichtigung des ORACLE Read-Consistency Verfahrens.

Der Prozeß 1 startet einen Lesebefehl zum Zeitpunkt t1. Zu diesem Zeitpunkt betragen die Gehälter der drei Mitarbeiter der Abteilung 30 DM 2.ooo,–, DM 3.ooo,– und DM 2.ooo,–. Dies ist der konsistente Zustand der Tabelle zur Zeit t1. Der Prozeß 2 beginnt kurze Zeit später (t2) mit einem 'update'-Befehl und ändert die Gehälter der Mitarbeiter aus Abteilung 30 um zehn Prozent. Der Leseprozeß, der in unserem Beispiel die gesamte Tabelle zu lesen hat, trifft auf einen Datensatz, der bereits vom Prozeß 2 geändert wurde. Um den konsistenten Zustand (Zustand zum Zeitpunkt t1) für den Lesebefehl zu rekonstruieren, benutzt ORACLE die Rollback-Segmente, in denen der frühere Zustand aller veränderten Daten gespeichert ist. Durch diese Einbeziehung der Rollback-Segmente, auch für Lesevorgänge, besteht keine Notwendigkeit der Implementierung von Sperren bei Lesevorgängen. (Vergleiche auch Bild 4-3). Damit ist es möglich, daß beliebig viele Lesevorgänge und beliebig viele Änderungsoperationen gleichzeitig auf dieselbe Tabelle wirken können, ohne daß sich die einzelnen Prozesse gegenseitig aussperren und ohne daß Leseoperationen

Ablaufintegrität

inkonsistente Ergebnisse liefern. Es wird stets der konsistente Zustand einer Tabelle angezeigt, wie er zum Startzeitpunkt der 'select'-Operation war.

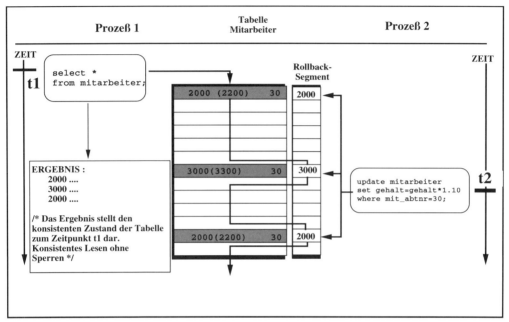

Bild 4-10 : ORACLE Read-Consistency Modell für Leseoperationen ohne Sperren

Bei diesem Beispiel bezog sich die Lesekonsistenz auf einen einzelnen Lese-Befehl. Oftmals ist es jedoch notwendig ein konsistentes Ergebnis zu liefern, das sich auf mehrere unterschiedliche Lese-Operationen (u.U. auf unterschiedliche Tabellen) bezieht. Dies kann mit einer ORACLE Read-Only Transaktion erreicht werden. Eine Read-Only Transaktion wird durch den SQL-Befehl 'set transaction read only' eingeleitet und stellt im Konsistenz-Modell den Zeitpunkt t1 dar. Alle nachfolgenden Lese-Operationen auf beliebige Tabellen einer Datenbank zeigen den Zustand der Tabellen an, wie sie zum Zeitpunkt t1 existent waren. Eine Read-Only Transaktion kann beliebig viele Lesebefehle beinhalten, die sich auf beliebige Tabellen beziehen können. Innerhalb einer READ-ONLY Transaktion sind jedoch keine Änderungsbefehle ('insert', 'update', 'delete') möglich. Beendet wird eine solche Lese-Transaktion durch den 'commit' oder 'rollback' Befehl. Andere Prozesse können, wie oben bereits beschrieben, beliebige Änderungsbefehle ausführen. Dabei wird das Ergebnis der Leseoperationen nicht verfälscht. Mit dieser Methode können komplizierte Reports erzeugt werden, deren Ergebnis auch über mehrere 'select'-Befehle hinweg konsistent sein müssen, ohne daß die betroffenen Tabellen gesperrt werden und ohne daß Änderungsoperationen auf die zu lesenden Tabellen

Ablaufintegrität

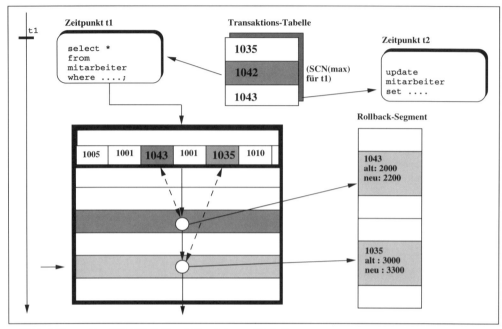

Bild 4-11 : Das ORACLE Read-Consistency Modell

behindert werden. Da in der Praxis stets ein Zugriffsmix aus Leseoperationen und Änderungsoperationen vorhanden ist, gewährleistet diese Methode den höchstmöglichen Durchsatz bei garantierter Konsistenz und Exaktheit der gelesenen Daten.

Bei der Realisierung dieses Read-Consistency Modells spielt die bereits eingeführte Transaktions-Nummer, die SCN, eine entscheidende Rolle. Wird eine Lese-Operation gestartet (Zeitpunkt t1), so wird zuerst die aktuell höchste SCN (sie soll in den weiteren Erklärungen SCNmax genannten werden) festgestellt. Die Transaktion mit der aktuell höchsten Nummer wurde somit vor der betracheteten Lese-Operation gestartet. Alle SCNs mit größerer Nummer wurden zu einem späteren Zeitpunkt als die Lese-Operation gestartet. Die betrachtete Lese-Operation muß, über das übliche Lesen der Daten hinaus, feststellen, ob sich ein Datensatz bezüglich des Konsistenzpunktes (t1) der Leseoperation verändert hat (beliebige Änderungsoperationen sind ja während des Lesevorgangs erlaubt). Dies geschieht durch den Vergleich der SCNs in den Transaktionsverzeichnissen der einzelnen DB-Blöcke. Ein Datensatz hat sich bezüglich des Konsistenzpunktes geändert, wenn die SCN des Datensatzes größer ist als die zum Konsistenzzeitpunkte höchste SCN (SCNmax) . In diesem Fall hat mindestens eine Transaktion, die nach der Lese-Operation ausgeführt wurde (Zeitpunkt t2), den Datensatz geändert, dessen ursprünglicher Wert dann aus dem Rollback-Segment zurückgewonnen werden muß. Darüber hinaus müssen jedoch vom System auch alle, zum Konsistenzzeitpunkt aktiven, d. h. noch nicht beendeten Transaktionen berücksichtigt werden. Datenwerte von Datensätzen, deren SCNs mit einer der SCNs aus der Transaktions-Tabelle zum Konsistenzzeitpunkt übereinstimmen, werden ebenfalls über die Rollback-Segment Einträge zurückgewonnen, um einen konsistenten Datenwert zu erhalten. Dies ist auch dann der Fall, wenn einige dieser Transaktionen während des Lesevorgangs beendet werden. Nicht der aktuelle Datenwert innerhalb eines DB-Blockes ist entscheidend, sondern der konsistente Zustand zum Start-Zeitpunkt der Lese-Operation. Rollback-Segment Einträge müssen so lange vorgehalten werden, bis die Änderungs-Transaktion beendet ist und keine Leseoperation mehr vorhanden ist, die Daten aus dem Rollback-Segment für Konsistenzzwecke benötigt.

4.5 Diskrete Transaktionen

Bei dem bisher eingeführten Transaktionsmodell wird eine Änderungsoperation stets im DB-Cache innerhalb des DB-Blockes durchgeführt und zusätzlich werden die ursprünglichen Werte innerhalb eines Rollback-Segmentes abgelegt. Diese Vorgehensweise erlaubt es, daß beliebig lange, beliebig komplexe, lokale oder gar verteilte Transaktionen (s. dazu Kaptitel 14) durchgeführt werden können. Zusätzlich erlaubt das ORACLE-Read-Consistency Modell den lesenden Zugriff auf Datenstrukturen, die verändernd bearbeitet werden, ohne daß es zu inkosistenten Wechselwirkungen kommt.

Über dieses generelle Transaktionsmodell hinaus bietet Oracle7 für bestimmte Transaktionsprofile einen speziellen Transaktionstypus an, die „diskrete Transaktion". Dieser Transaktionstyp kann insbesondere für lokale Transaktionen, die lediglich einige wenige Datensätze ändern, zu einem beträchtlichen Performance-Zugewinn führen. Der Performance Zuwachs kommt im wesentlichen daher, daß alle Änderungen nicht unmittelbar innerhalb des DB-Blockes durchgeführt werden, sondern die tatsächlichen Änderungsoperationen verzögert werden bis zum 'commit' Zeitpunkt. Aus dieser Vorgehensweise ergibt sich, daß ein Generieren von Rollback-Segment Einträgen nicht notwendig ist, da der ursprüngliche Wert zur Ausführungszeit des Änderungsbefehles nicht verändert wird.

Der Performance-Zugewinn beim Einsatz einer diskreten Transaktion wird jedoch erkauft durch einige einschränkende Bedingungen:

- eine diskrete Transaktion muß eine lokale Transaktion sein (verteilte Transaktionen werden als diskrete Transaktionen nicht unterstützt).

Ablaufintegrität

- ein DB-Block kann nur von einer Transaktion zu einer Zeit geändert werden.

- ein Lesebefehl, der einen oder mehrere Datensätze aus einem DB-Block lesen möchte, den eine diskrete Transaktion aktuell bearbeitet, wird zurückgewiesen. (Da eine diskrete Transaktion keine Rollback-Segement Einträge generiert, kann ein konsistentes Lesen nicht stattfinden.)

Trotz dieser Einschränkungen kann in manchen Fällen der Einsatz von diskreten Transaktionen von großer Bedeutung sein, zumal der Programmierer den Einsatz dieses Transaktionstyps steuern kann.

Um eine diskrete Transaktion programmieren zu können muß:

1. die ORACLE-Instanz durch den 'init.ora' Parameter

'discrete_transactions_enabled=true' generell diese Transaktionsart zulassen und

2. eine Transaktion durch die gespeicherte Prozedur 'begin_discrete_transaction' eingeleitet werden.

Alle Transaktionen, die nicht durch diese Prozedur eingeleitet werden, auch wenn der init.ora Parameter 'discrete_transactions_enabled' eingeschaltet ist, verhalten sich gemäß dem normalen ORACLE-Transaktionsmodell und können parallel zu den diskreten Transaktionen auftreten, wie Bild 4-12 zeigt.

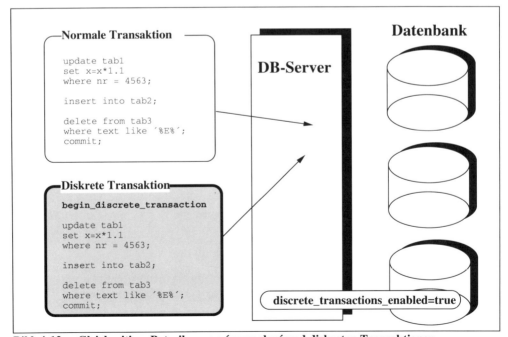

Bild 4-12 : Gleichzeitiges Betreiben von ´normalen´ und diskreten Transaktionen

5. Recovery

5.1 Einführung

Während sich das vorige Kapitel im wesentlichen mit der Synchronisation von konkurrierenden Prozessen und den notwendigen Sperrverfahren beschäftigte, um die Datenbank auf „mikroskopischer" Ebene konsistent zu halten, sollen in diesem Kapitel Verfahren vorgestellt werden, um die Datenbank als Ganzes, auch bei unterschiedlichsten Fehlersituationen in einem konsistenten Zustand zu erhalten.

Der entscheidende Punkt all dieser Verfahren muß sein, daß es keine Fehlersituation geben darf, bei der es zum Verlust von Daten, oder genauer gesagt, zum Verlust von Transaktionen kommen kann. Das Datenbanksystem muß auf unterschiedliche Fehler, die während des Betriebes auftreten können, entsprechend reagieren und u.U. Maßnahmen einleiten, um die Konsistenz der Datenbank zu erhalten oder wiederherzustellen.

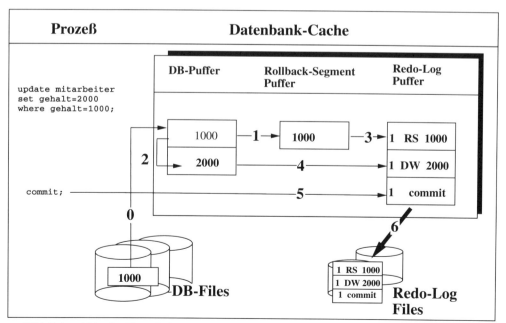

Bild 5-1 : Ablauf während einer Transaktion

Recovery

Die folgenden vier Fehlerarten können unterschieden werden:

    a. Abnormales Ende eines Benutzerprogrammes, das Änderungen in der Datenbank durchgeführt hat, die noch nicht mit 'commit' abgeschlossen wurden.

    b. Abnormales Ende des Datenbanksystems (Absturz des DB-Servers)

    c. Abnormales Ende des Betriebssystems (Absturz des Betriebssystems)

    d. Verlust von Datenbank-Files auf Grund von Plattenfehlern

Bezüglich dieser vier Fehlerarten unterscheidet ORACLE drei unterschiedliche Recovery-Verfahren:

    1. Prozeß-Recovery (bei Absturz des Benutzerprogramms)

    2. Instanz-Recovery (bei Absturz des DB-Servers oder des Betriebssystems)

    3. Medium-Recovery (bei Verlust von Datenbank-Files)

Alle drei Recovery-Arten werden in den folgenden Abschnitten eingehend erläutert.

5.2 Transaktions-Ablauf

Im Kapitel 3.3 wurde bereits auf die Funktionen der einzelnen Hintergrundprozesse und deren Aufgaben bei der Abarbeitung einer Transaktion eingegangen, wobei jedoch der einzelne Hintergrundprozeß im Mittelpunkt der Erklärung stand. Aus diesem Grund soll der Ablauf einer Transaktion nochmals genau untersucht werden, diesmal unter dem Blickwinkel einer u.U. notwendigen Recovery-Funktion.

Wird eine Änderungsoperation (z.B. 'update') von einem Benutzerprogramm initiiert, laufen folgende Schritte innerhalb des Datenbanksystems ab, die auch im Bild 5-1 dargestellt sind.

    0. Lesen des DB-Blockes vom Datenbank-File in den DB-Cache und Sperren des (der) betroffenen Datensatzes (Datensätze). Dieser Schritt ist nur notwendig, wenn sich der entsprechende DB-Block noch nicht im DB-Cache befindet.

    1. Aktueller Wert (1000) wird in einen Rollback-Segment Puffer innerhalb des DB-Caches kopiert.

    2. Die Änderung wird innerhalb des DB-Blockes im DB-Cache durchgeführt, d. h. der Wert 1000 wird durch den neuen Wert 2000 ersetzt.

    3. Die Rollback-Segment-Änderung wird im Redo-Log Puffer mitprotokolliert. (Alle Datenbank-Änderungen werden im Redo-Log protokolliert. Da die Rollback-

Segmente ebenfalls Datenbank-Objekte sind, werden deren Änderungen ebenfalls in das Redo-Log eingetragen.)

4. Der neue Datenwert (2000) wird im Redo-Log mitprotokolliert.
5. Das Benutzerprogramm beendet die Transaktion mit 'commit'. Daraufhin wird ein sogenannter 'commit'-Record in den Redo-Log Puffer eingetragen.
6. Der 'commit'-Befehl löst das Schreiben des Redo-Log Puffers auf das Redo-Log File aus. Diese Aktion wird durch den LGWR-Hintergrundprozeß ausgeführt.
7. Nach erfolgreichem Schreiben auf das Redo-Log File erhält der, das 'commit' auslösende Prozeß, die 'commit'-Ende Meldung und kann die nächsten Programmschritte durchführen.

Nach diesen Schritten ist die Transaktion positiv abgeschlossen und permanent in der Datenbank gemacht, obwohl zu diesem Zeitpunkt die Änderung noch nicht auf das Datenbank-File geschrieben wurde. Der Datenbank-Block mit dem neuen Wert bleibt so lange im DB-Cache und somit im Hauptspeicher als möglich (s. auch Kapitel 6 Datenbank-Tuning). Ein im DB-Cache geänderter DB-Block wird auf die Datenbank zurückgeschrieben wenn:

- Platz für weitere DB-Blöcke innerhalb des DB-Caches benötigt wird. In diesem Fall werden diejenigen DB-Puffer auf die Datenbank zurückgeschrieben, die von den Benutzerprozessen am längsten nicht mehr benutzt wurden.
- ein CHECKPOINT durchgeführt wird, bei dem alle modifizierten DB-Blöcke auf die Datenbank zurückgeschrieben werden.

5.3 Prozeß-Recovery

Für den Fall des Prozeß-Recoveries soll auch das obige Beispiel herangezogen werden, jedoch wird davon ausgegangen, daß noch keine 'commit' Operation durchgeführt wurde. Das Benutzerprogramm ändert das Gehalt von 1000 auf 2000 mit dem entsprechenden 'update'-Befehl (s. Bild 5-2). Kurze Zeit später stürzt das Benutzerprogramm ab. Das Benutzerprogramm kann deshalb die offene Transaktion weder positiv beenden (mit 'commit') noch die Transaktion auf den Anfangszustand zurücksetzen (mit 'rollback').

Innerhalb der Datenbank ergibt sich folgende Situation:

- Der Datensatz ist bereits im DB-Cache geändert (neuer Wert 2000).

Recovery

- Der Datensatz ist exklusiv durch das nicht mehr existente Benutzerprogramm gesperrt.

- Einträge in das ROLLBACK-Segment und in den Redo-Log Puffer sind bereits gemacht.

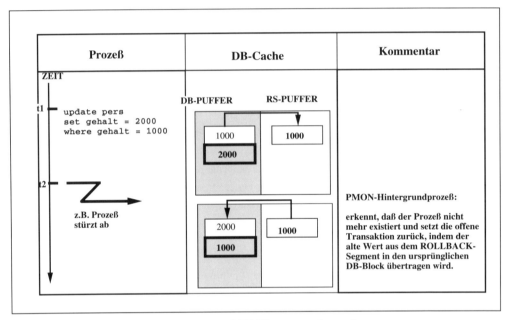

Bild 5-2 : Prozeß-Recovery durch den PMON-Hintergrundprozeß

Um eine solche Situation zu bereinigen, wird vom ORACLE DB-Server periodisch (ca. alle 20 Sekunden) der PMON Hintergrundprozeß aktiviert, der die Aufgabe hat, festzustellen, ob Datenbank-Resourcen von nicht-existenten Prozessen gesperrt werden.

In unserem Beispiel entdeckt der PMON-Prozeß eine Prozeß-Nummer, die zwar im DB-Cache vorhanden ist, der jedoch kein Eintrag auf der Betriebssystem-Seite gegenübersteht.

Daraufhin initiiert der PMON-Hintergrundprozeß ein ROLLBACK der offenen Transaktion. Der ursprüngliche Wert (1000) wird vom ROLLBACK-Segment in den betreffenden Datenbank-Block kopiert und die exklusive Datensatz-Sperre wird wieder aufgehoben. Beim Prozeß-Recovery wird stets die letzte offene Transaktion vollständig zurückgesetzt, ohne daß der Anwender oder der Datenbankadministrator eingreifen müssen.

5.4 Instanz-Recovery

Beim Instanz-Recovery sind im Normalfall weit mehr Prozesse betroffen, als im obigen, einfacheren Fall des Prozeß-Recoveries. Ein Instanz-Recovery muß immer dann durchgeführt werden, wenn entweder das Datenbanksystem oder das Betriebssystem aus irgendeinem Grund abgestürzt ist, während die Datenbank in einem offenen Zustand war.

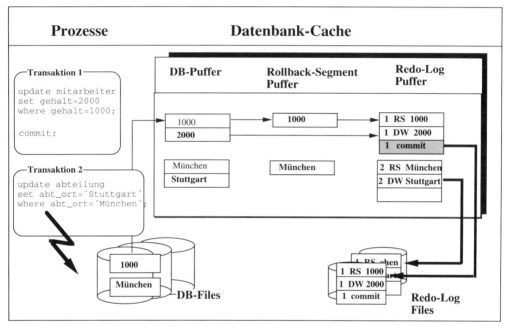

Bild 5-3 : Wechselwirkungen bei Systemausfall

Für die Erläuterung der einzelnen Vorgänge dienen die Bilder 5-3 und 5-4. In Bild 5-3 werden zwei Transaktionen dargestellt, wobei die erste Transaktion zum Zeitpunkt des Systemabsturzes bereits abgeschlossen war, die zweite jedoch noch nicht.

Die Situation stellt sich zum Zeitpunkt des Systemabbruchs für die Transaktionen T1 und T2 folgendermaßen dar:

- DB-Puffer im DB-Cache

T1: Gehalt von 1000 auf 2000 geändert

T2: Ort von München auf Stuttgart geändert

Recovery

- ROLLBACK-Segment Puffer

T1: ursprünglicher Wert 1000 abgelegt

T2: ursprünglicher Wert München abgelegt

- Redo-Log File

T1: Daten der abgeschlossenen Transaktion sind bereits auf das Redo-Log File geschrieben

T2: Daten der zweiten Transaktion wurden ebenfalls bereits auf das Redo-Log File geschrieben, jedoch ohne 'commit'-Record, da diese Transaktion noch nicht mit 'commit' beendet wurde.

- Datenbank-File

T1: beinhaltet als Gehalt noch den 'alten' Wert 1000

T2: beinhaltet als Ort noch den 'alten' Wert München

Wird das Datenbank-File isoliert betrachtet, dann befindet sich zum Zeitpunkt des Systemausfalls das Datenbank-File in einem inkonsistenten Zustand, da sich die abgeschlossene Transaktion nicht im Datenbank-File widerspiegelt. Diese isolierte

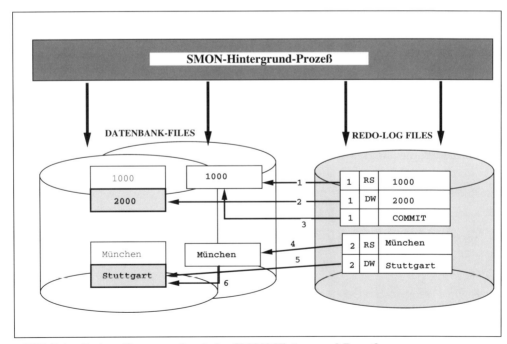

Bild 5-4 : Instanz-Recovery durch den SMON-Hintergrund-Prozeß

Betrachtungsweise ist jedoch nicht zulässig, da das Redo-Log File ebenfalls integraler Bestandteil der Datenbank ist, und somit immer mit in die Betrachtung einbezogen werden muß. Nur zusammen können Datenbankfiles und Redo-Log Files eine konsistente Datenbank ergeben.

Um jedoch auch die Datenbank-Files dem aktuellen Zustand anzupassen, wird beim erneuten Starten der Datenbank-Instanz ein sogenanntes Instanz-Recovery vom SMON-Hintergrundprozeß automatisch durchgeführt. Dabei wird aus den Informationen innerhalb des Redo-Log Files für jede Transaktion ein ROLL-FORWARD und für jede nicht abgeschlossene Transaktion ein ROLLBACK durchgeführt.

Folgende Aktionen werden beim Neustart einer ORACLE-Instanz durchgeführt:

Für Transaktion 1:

1. ROLLBACK-Segment Eintrag wird vom Redo-Log File auf die Datenbank in ein ROLLBACK-Segment geschrieben (1000).
2. Geänderter Datenwert wird vom Redo-Log File auf die Datenbank geschrieben (2000).
3. 'commit'-Record für Transaktion 1 bewirkt das Löschen des ROLLBACK-Segment Eintrages im ROLLBACK-Segement innerhalb der Datenbank.

Nach diesen drei Schritten ist die Transaktion 1 wieder vollständig hergestellt und der neue Wert (2000) befindet sich im DB-File.

Für Transaktion 2:

4. ROLLBACK-Segment Eintrag wird vom Redo-Log File auf die Datenbank in ein ROLLBACK-Segment geschrieben (München).
5. Geänderter Datenwert wird vom Redo-Log File auf die Datenbank geschrieben (Stuttgart).
6. Da für die Transaktion 2 kein 'commit'-Record vorhanden ist, war diese Transaktion zum Zeitpunkt des Systemausfalls keine abgeschlossene Transaktion und muß mit Hilfe der Einträge im ROLLBACK-Segment zurückgesetzt werden.

Nach Abschluß des Instanz-Recovery Vorganges sind auch die Datenbank-Files wieder in einem konsistenten Zustand, d. h. alle zum Zeitpunkt des Absturzes abgeschlossenen Transaktionen sind in der Datenbank permanent gemacht, alle nichtabgeschlossenen Transaktionen sind vollständig zurückgesetzt.

Nach dieser schematischen Einführung in den Ablauf beim Instanz-Recovery stellt sich die Frage nach der Dauer eines solchen Vorgangs, zumal bei einem stark belasteten System, bei dem eine Vielzahl von Transaktionen Änderungen durchführen, die im Fehlerfall alle über die Redo-Log Einträge 'nachgeführt' werden

Recovery

müssen. Auch wurde beim vorigen Beispiel stillschweigend vorausgesetzt, daß das System genau weiß, von welchem Zeitpunkt aus das Recovery begonnen werden soll. Der Recovery-Vorgang muß an einem Punkt beginnen, bei dem die Datenbank-Files in einem definierten Zustand sind. Der „Aufsetzpunkt" hat entscheidende Bedeutung bei allen Recovery-Verfahren, so auch beim Instanz-Recovery.

Im laufenden Betrieb erzeugt ORACLE derartige konsistente „Aufsetzpunkte" (Checkpoints) immer dann,

- wenn ein Redo-Log File vollständig beschrieben ist und auf das nächste Redo-Log File umgeschaltet werden muß. (Redo-Log File Wechsel)

- wenn eine, vom DBA definierbare Anzahl Blöcke auf das Redo-Log File geschrieben wurde. Zu beachten ist dabei, daß es sich bei der Angabe um Betriebssystem-Blöcke handelt (meist 512 Bytes) und nicht um die wesentlich größeren Redo-Log Blöcke (default: 8192 Bytes). Der verantwortliche INIT.ORA Parameter lautet: LOG_CHECKPOINT_INTERVAL und ist defaultmäßig auf 20.000 Betriebssystem-Blöcke eingestellt.

Durch den Parameter LOG_CHECKPOINT_TIMEOUT besteht des weiteren die Möglichkeit, zeitabhängig einen Checkpoit zu initiieren, unabhängig wieviel Schreiboperationen durchgeführt wurden. Dieser Parameter gibt an, nach wieviel Sekunden, vom letzten Checkpoint gerechnet, ein neuer Checkpoint geschrieben werden soll.

Wird ein Checkpoint durchgeführt, dann werden vom DBWR-Prozeß alle, bis zu diesem Zeitpunkt modifizierten DB-Blöcke (Daten-, Index- und Rollbacksegmente) vom DB-Cache in die Datenbank geschrieben und gleichzeitig wird der Checkpoint im Kontroll-File protokolliert. Zusätzlich wird in die File-Header aller DB-Files der Checkpoint durch die Angabe der aktuellen Redo-Log File Nummer protokolliert.

Durch dieses Checkpoint-Verfahren ist die maximale Dauer des Instanz-Recoveries durch die maximale Grösse der Redo-Log Files gegeben und kann durch den Checkpoint-Intervall- oder den Checkpoint-Timeout Parameter entsprechend verkleinert werden.

Checkpoints, die durch einen Redo-Log File Wechsel oder durch einen der beiden Checkpoint-Parameter ausgelöst werden, beziehen sich immer auf die gesamte Datenbank und schließen alle DB-Files mit ein. Während des Betriebes kann es jedoch auch zu 'kleinen' Checkpoints kommen, die nur einen Teil der DB-Files betreffen. Diese Art von Checkpoint tritt auf:

- zu Beginn eines Online-Backups eines Tablespaces
- wenn ein Tablespace Offline geschaltet wird mit der Option 'normal' oder 'temporary'

In beiden Fällen wird zuerst ein Checkpoint für alle DB-Files des entsprechenden Tablespaces durchgeführt, d. h. alle DB-Blöcke, die zu DB-Files dieses Tablespaces gehören, werden auf die DB-Files zurückgeschrieben und erst dann mit der eigentlichen Operation begonnen.

5.5 Medium-Recovery

5.5.1 Allgemeines

Wir haben gesehen, daß das Prozeß-Recovery und das Instanz-Recovery von den beiden Hintergrundprozessen PMON und SMON selbständig, ohne weitere externe Eingriffe durchgeführt wird.

Um eine ORACLE-Datenbank nach einem Plattenfehler, bei dem ein oder mehrere (oder alle) Datenbank-Files verloren gegangen sind, wiederherstellen zu können, sind unterschiedliche Voraussetzungen und Maßnahmen notwendig.

Dazu gehören:

1. Die Datenbank muß im ARCHIVELOG-Modus gestartet und in diesem Modus betrieben werden. Ist eine Datenbank im NOARCHIVELOG-Modus gestartet worden, kann nur ein Prozeß-Recovery und/oder ein Instanz-Recovery durchgeführt werden. Ein Medium-Recovery ist im NOARCHIVELOG-Modus nicht möglich.

2. Es müssen periodische BACKUPs der Datenbank-Files und der Kontroll-Files durchgeführt werden. Diese Backups werden mit den Standard-Backup-Programmen der jeweiligen Betriebssysteme durchgeführt. Dabei können zwei Arten der Backups unterschieden werden:

- OFFLINE-Backup, d. h. die Datenbank ist gestoppt.
- ONLINE-Backup, d. h. die Datenbank ist in Betrieb und beliebige Prozesse arbeiten während des Backup-Vorgangs mit der Datenbank.

Recovery

3. Die Redo-Log Files, die sich während des Datenbank-Betriebs füllen, müssen durch den Archivierungs-Hintergrundprozeß (ARCH) gesichert werden. Der ARCH-Prozeß kann bei den meisten Betriebssystemen diese Sicherung automatisch, ohne Eingriff des DBA, durchführen. Eine manuelles Starten des ARCH-Prozesses, der dann die Sicherung aktiviert, ist jedoch möglich und bei wenigen Systemen auch notwendig. Zu einem Backup gehören stets eine Reihe von archivierten Redo-Log Files.

4. Im Problemfall (Verlust von Datenbank-Files) muß ein Recovery-Vorgang durch den DBA eingeleitet werden. Dazu gehören:

- Einspielen der Backup-Files
- Starten der RECOVERY-Operation innerhalb des SQL*DBA Programms
- Bereitstellen der zum Recovery notwendigen archivierten Redo-Log Files

Welche Schritte zu welchem Zeitpunkt eingeleitet und durchgeführt werden müssen, ist abhängig von den Fehlersituationen und von den entsprechenden Sicherungsverfahren.

In den folgenden Abschnitten wird in die grundlegenden Verfahren der Datenbank-Sicherung und der Datenbank-Wiederherstellung nach Plattenfehlern eingeführt.

5.5.2 Sicherungsverfahren einer ORACLE-Datenbank

Sicherungskopien (Backup) von Dateien sind die Grundlage aller Wiederherstellungsverfahren bei Plattenausfällen und sollten zur gebräuchlichen Praxis auch außerhalb der klassischen Rechenzentren geworden sein.

Mit der Einführung von Datenbanksystemen, auf deren Basis in zunehmender Zahl Anwendungsprogramme betrieben werden, wurden die Anforderungen an die Sicherungsverfahren und die darauf aufbauenden Wiederherstellungsverfahren (Recovery) wesentlich erhöht. So müssen Verfahren gefunden werden, die es erlauben, auch große und übergroße Datenbanken (>50GB) zu sichern, u.U. ohne daß die Datenbank während der Sicherungsläufe abgeschaltet werden muß (Online Backup). Auch muß zu jeder Zeit sichergestellt sein, daß durch keine Fehlersituation eine inkonsistente Datenbank entsteht.

Die Anforderungen an die Wiederherstellbarkeit sind jedoch nicht überall gleich hoch. So benötigt eine Datenbank, auf deren Basis ein komplettes Ersatzteillager verwaltet und rund um die Uhr betrieben wird, andere Sicherungsverfahren als eine Datenbank, die als Entwicklungs- oder Testdatenbank fungiert.

Aus diesem Grund kann eine ORACLE-Datenbank in zwei unterschiedlichen Modi zum Ablauf kommen, im NOARCHIVELOG- und im ARCHIVELOG-Modus.

Dabei sollte eine Datenbank nur dann im NOARCHIVELOG-Modus betrieben werden, wenn eine vollständige Wiederherstellung der Datenbank nach einem Plattenfehler nicht zwingend notwendig ist. In diesem Modus kann nach einem Plattenfehler lediglich auf den letzten Sicherungsstand zurückgesetzt werden (Restore). Ein typischer Datenbankkandidat für den NOARCHIVELOG-Modus ist z. B. eine Entwicklungsdatenbank, die in der Regel nur unkritische Testdaten beinhaltet.

In allen Fällen, bei denen nach einem Plattenfehler alle durchgeführten Aktionen wiederhergestellt werden sollen, muß die Datenbank im ARCHIVELOG-Modus betrieben werden. In diesem Modus werden, im Gegensatz zum NOARCHIVE-LOG-Modus, die gefüllten Redo-Log Files archiviert und dienen im Falle eines Medium-Fehlers, zusammen mit einem Backup der Datenbank oder einem Backup eines Teils der Datenbank, zur Wiederherstellung eines DB-Files, eines DB-Tablespaces oder der gesamten Datenbank.

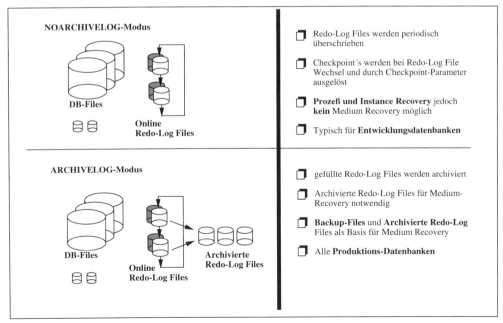

Bild 5-5 : ORACLE Betriebs-Modi

Im Bild 5-5 sind die beiden Betriebsarten nochmals dargestellt. Im Archivelog-Modus sind dabei die folgenden init.ora Parameter von Bedeutung:

- log_archive_start = true/false

    wenn Parameter 'true', dann wird zum Startzeitpunkt der ORACLE-Instanz bereits der ARCH-Hintergrundprozeß gestartet.

- log_archive_dest=‹zieladresse›

    gibt die Zieladresse an, zu der die gefüllten Redo-Log Files vom ARCH-Hintergrundprozeß kopiert werden sollen.

- log_archive_format=‹format›

    dient als Formatierungshilfe für die Namen der archivierten Redo-Log Files

In welcher Art eine ORACLE-Datenbank betrieben wird, hat auch Einfluß auf das verwendete Sicherungskonzept. Da im NOARCHIVELOG-Modus kein Recovery (nur Restore) möglich ist, ist es notwendig, daß ein konsistenter und kompletter Backup der gesamten Datenbank gemacht wird. Dazu gehören:

- alle Datenbankfiles einer Datenbank
- alle Online-Redo-Log Files und
- alle Kontroll-Files

Ein konsistenter und vollständiger Backup aller dieser Komponenten kann dabei nur gemacht werden, wenn die Datenbank ordnungsgemäß mit 'shutdown normal' geschlossen wurde.

Eine Datenbank, die im ARCHIVELOG-Modus betrieben wird, hat über dieses Backup-Verfahren hinaus noch weitere Möglichkeiten der Datensicherung. Dabei wird unterschieden zwischen einem:

- Kompletten Backup

    die gesamte Datenbank wird mit einem Backup-Lauf gesichert

- Partiellen Backup

    während eines Backup-Laufs werden Teile der Datenbank, einzelne DB-Files oder einzelne Tablespaces gesichert.

Beide Backup-Varianten können dabei ausgeführt werden, wenn die Datenbank oder die zu sichernden Teile der Datenbank OFFLINE oder ONLINE geschaltet sind. Daraus ergeben sich die folgenden Sicherungs-Varianten:

- Kompletter Backup-OFFLINE (KB-off)
- Partieller Backup-OFFLINE (PB-off)
- Kompletter Backup-ONLINE (KB-on)

● Partieller Backup-ONLINE (PB-on)

die im Bild 5-6 nochmals zusammengefaßt dargestellt sind.

Beim partiellen-OFFLINE- Backup Verfahren werden die zur Sicherung anstehenden DB-Files oder der entsprechende Tablespace vor der Sicherung 'offline' geschaltet. Eine typische Befehlssequenz könnte folgendermaßen aussehen:

```
alter tablespace TA offline normal;
$backup <files_von_TA> to <backup_dir>
alter tablespace TA online;
```

Wird ein Tablespace im 'normal' Modus offline geschaltet, dann werden offene Transaktionen für diesen Tablespace abgewartet und danach werden alle DB-Blöcke dieser DB-Files aus dem DB-Cache auf diese Files geschrieben (mini-Checkpoint). Nach diesen internen Aktionen ist der Tablespace in einem konsistenten Zustand und wird vom System 'offline' geschaltet.

Bei beiden OFFLINE-Varianten sind, während die Sicherheitskopie erstellt wird, die zu sichernden DB-Files nicht benutzbar.

Überall dort, wo dies nicht anwendbar ist, kann der Sicherungsvorgang im ONLINE-Verfahren durchgeführt werden. Dabei unterscheidet sich die Komplette-

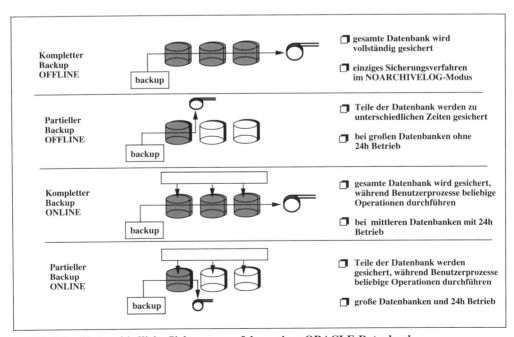

Bild 5-6 : Unterschiedliche Sicherungsverfahren einer ORACLE-Datenbank

Recovery

ONLINE-Backup Variante von der Partiellen-Online Varianten lediglich in der Sicherungsbreite, nicht jedoch in der Funktionalität.

Bei beiden ONLINE-Varianten ist die Datenbank auch während des Backups geöffnet und kann von allen Benutzerprozessen mit beliebigen Datenbankoperationen bearbeitet werden.

Der Beginn und das Ende eines Online-Backups wird durch die beiden SQL-Befehle:

```
alter tablespace <ts_name> begin backup;
```
und
```
alter tablespace <ts_name> end backup;
```

angezeigt.

Wird ein ONLINE-Backup durch den 'alter tablespace begin backup' Befehl begonnen, werden vom ORACLE-System folgende Aktionen durchgeführt:

- Es wird ein mini-Checkpoint für alle Files des zu sichernden Tablespaces geschrieben. Dadurch werden alle modifizierten DB-Blöcke aus dem DB-Cache in die DB-Files kopiert und die DB-Fileheader erhalten die Filenummer des aktuellen Redo-Log Files.

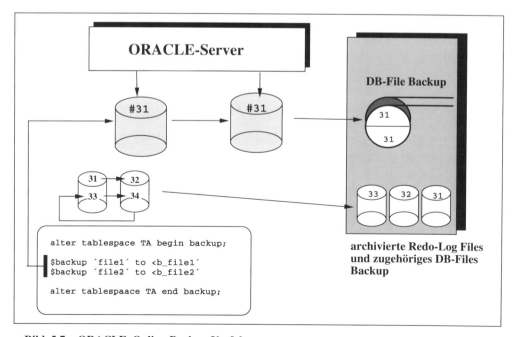

Bild 5-7 : ORACLE Online-Backup Verfahren

Recovery

- Bis zum Ende des ONLINE-Backups werden die DB-Fileheader durch etwaige Checkpoints nicht verändert, obwohl auch diese Files am normalen Checkpoint Verfahren und am DB-Cache Paging teilnehmen. Durch dieses Verfahren wird erreicht, daß alle im ONLINE-Verfahren gesicherten DB-Files die gleiche Redo-Log Filenummer und so, im Falle eines Recovery-Vorgangs, den gleichen Aufsetzpunkt besitzen.

Nach den DB-Files, die durch die unterschiedlichen Sicherungsverfahren gesichert werden können, und den Redo-Log Files, die im ARCHIVELOG-Modus vom ORACLE-System selbst archiviert werden, muß noch der dritte File-Typ einer ORACLE-Datenbank, die Kontrollfiles betrachtet werden. Innerhalb der Kontrollfiles werden im wesentlichen Strukturinformationen einer ORACLE-Datenbank abgelegt und spielen auch bei der Wiederherstellung einer ORACLE-Datenbank eine entscheidende Rolle. Insbesondere nach allen strukturellen Änderungen einer Datenbank wie das Anlegen oder Löschen eines Tablespaces, das Hinzufügen eines neuen Files zu einem bestehenden Tablespace oder das Verlagern eines DB-Files muß ein Backup des Kontrollfiles gemacht werden. Dies kann, wie bei den DB-Files sowohl OFFLINE als auch ONLINE durchgeführt werden. Im OFFLINE-Fall wird das Kontrollfile mit dem entsprechenden Betriebssystem-Kommando kopiert, wenn die Datenbank geschlossen ist. Im ONLINE-Fall dient der SQL-Befehl:

		NOARCHIVELOG	ARCHIVELOG
DB-Files		✓	FB-off PB-off FB-on PB-on
Online Redo Log-Files (ev. multiplexed)		✓	werden vom ORACLE-System archiviert (ARCH-Hintergrundprozeß)
Kontroll-Files		✓	bei allen Struktur-Änderungen kann ONLINE oder OFFLINE ein Backup gemacht werden
Parameterfiles	z.B. init.ora	nützlich	nützlich
Datenbankstruktur	z.B. dba_data_files	nützlich	nützlich

Bild 5-8 : Zu sichernde Komponenten bei den beiden ORACLE Betriebsarten

> **Recovery**

```
alter database backup controlfile to 'filename';
```

Nicht zwingend notwendig, jedoch im Problemfall äußerst nützlich, ist die Sicherung der Parameterfiles (init.ora, tnsnames.ora,...) und eine vollständige Auflistung aller Datenbankfiles aller Tablespaces.

Nach bestimmten Ereignissen ist ein Backup einzelner DB-Files, einzelner Tablespaces, der gesamten Datenbank oder der Kontrollfiles unbedingt notwendig. Diese Ereignisse werden im Bild 5-9 für die beiden ORACLE-Betriebsarten zusammengefaßt.

	NOARCHIVELOG	ARCHIVELOG
1. Datenbank neu angelegt	KB-offline (+)	KB-offline
2. Datenbank strukturell geändert		
Neuer Tablespace angelegt	KB-offline (+)	**PB-off** aller Files des neuen Tablespace **Online Backup** des **Kontroll-Files**
Neue DB-Files eines Tablespace	KB-offline (+)	**PB-off** des neuen DB-Files **Online Backup** des **Kontroll-Files**
Umbenennen oder verlagern bestehender DB-Files	KB-offline (+)	**Online Backup** des **Kontroll-Files**
Löschen eines Tablespace	KB-offline (+)	**Online Backup** des **Kontroll-Files**
3. Normaler Backup	KB-offline (+)	KB-off PB-off KB-on PB-on

Bild 5-9 : Ereignisse, die spezielle Sicherungen verlangen

5.5.3 Wiederherstellunsverfahren einer ORACLE-Datenbank

Wird eine ORACLE-Datenbank im NOARCHIVELOG-Modus betrieben, dann kann nach einem Plattenfehler lediglich eine konsistente Sicherungskopie benutzt werden, um die Datenbank durch ein 'restore' wiederherzustellen. Ein Nachvollziehen aller, bis zum Auftreten des Plattenfehlers durchgeführten Transaktionen, ist in diesem Modus nicht möglich, da keine Redo-Log Files archiviert werden und so die Informationen über vergangene Transaktionen nicht mehr vorliegen. Diese Situation zeigt Bild 5-10. Zum Zeitpunkt t1 wurde ein kompletter OFFLINE-Backup aller File-Typen der ORACLE Datenbank gemacht. Zur Zeit t3 muß diese Sicherungskopie eingespielt werden, die, da vollständig und konsistent, unmittelbar genutzt werden kann, um die Datenbank zu öffnen und um mit ihr zu arbeiten. Jedoch sind die Änderungen, die zwischen t1 und t2 gemacht wurden, nicht wiederherstellbar.

Einer im ARCHIVELOG-Modus betriebene Datenbank stehen über diese 'restore' Funktion hinaus eine Reihe von Recovery-Verfahren zur Verfügung, um eine Datenbank nach einem Plattenfehler wieder vollständig herzustellen. Dabei werden mit Hilfe der archivierten Redo-Log Files und einer Sicherungskopie alle Transaktionen wiederhergestellt.

ORACLE bietet zwei unterschiedliche Recovery-Verfahren an:

- OFFLINE Recovery Verfahren

    bei dem kein Benutzerprogramm während der Recovery-Zeit mit der Datenbank arbeiten kann

- ONLINE Recovery Verfahren

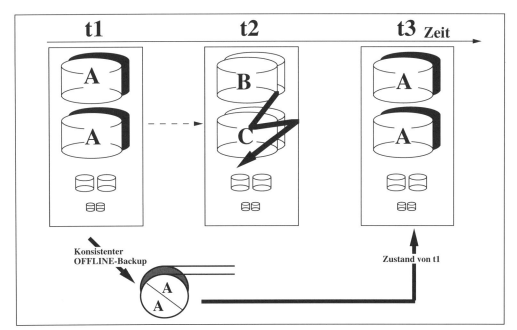

Bild 5-10 : ´Restore´ einer NOARCHIVELOG-Datenbank

Recovery

bei dem alle Tablespaces, die nicht wiederhergestellt werden müssen, ohne Einschränkungen nutzbar sind.

Insbesondere die ONLINE-Recovery Variante ist äußerst wichtig bei großen und „übergroßen" Datenbanken, die aus einer Vielzahl von DB-Files, verteilt auf viele Plattenlaufwerke bestehen. Hier ist es oftmals nicht akzeptabel, daß durch den Ausfall eines Plattenlaufwerkes die gesamte Datenbank abgeschaltet und wiederhergestellt werden muß.

Des weiteren stehen dem DBA für die Wiederherstellung einer ORACLE-Datenbank die Möglichkeit zur Verfügung, die gesamte Datenbank wiederherzustellen (recover database), einen diskreten Tablespace wiederherzustellen (recover tablespace) oder ein einzelnes DB-File wiederherzustellen (recover datafile). Diese drei Varianten sind im Bild 5-11 aufgeführt und werden in der Folge erläutert.

Wird eine gesamte Datenbank wiederhergestellt mit 'recover database', besteht zusätzlich die Möglichkeit der Wiederherstellung bis zu einem bestimmten Zeitpunkt oder bis zu einer bestimmten SCN (SystemCommitNumber). Letzteres ist notwendig, falls eine globale verteilte Datenbank wiederhergestellt werden muß.

Welche Recovery-Variante eingesetzt wird, ist auch abhängig vom aktuellen Fehlerfall. So kann ein ONLINE-Recovery mit 'recover tablespace' oder ein 'recover datafile' nicht für den System-Tablespace durchgeführt werden. Ist der System-

	Recover-Modus	Beispiel
recover database until cancel change <scn> time	OFFLINE ❏ Datenbank ist gemountet, aber nicht geöffnet ❏ kein Benutzer kann mit der Datenbank arbeiten	`recover database` `recover database until time '19-apr-92:12:00:00`
recover tablespace	ONLINE oder offline ❏ Datenbank kann geöffnet sein ❏ Tablespace, der recovert wird, ist OFFLINE ❏ Benutzer können auf online Tablespaces alle Operationen durchführen	`recover tablespace TA`
recover datafile	ONLINE oder offline ❏ Datenbank kann geöffnet sein ❏ DB-File, das recovert wird, ist OFFLINE ❏ mehrere parallele Prozesse können DB-File Recovery parallel durchführen	`recover datafile <file>`

Bild 5-11 : Recovery-Varianten

Recovery

Tablespace durch einen Plattenfehler betroffen, muß stets mit 'recover database' ein komplettes OFFLINE Recovery durchgeführt werden.

Im Bild 5-12 wird beispielhaft eine Abfolge bei einem Recovery-Vorgang dargestellt. Zum Zeitpunkt t1 stellt der DBA fest, daß die Platte 2, auf der Tablespace TA abgelegt wurde, fehlerhaft ist und stoppt die ORACLE-Instanz. Zum Zeitpunkt des Plattenfehlers haben alle drei Files des Tablespace im Fileheader die aktuelle Redo-Lognummer '34' eingetragen. Der DBA kopiert daraufhin die Sicherungskopie der fehlerhaften Platte auf ein neues Plattenlaufwerk. Die Redo-Lognummer dieser Sicherungskopie beträgt in diesem Beispiel '31', die aktuelle Redo-Lognummer zum Zeitpunkt des Backups.

Können die Sicherungskopien der betroffenen DB-Files nicht in die Originaldirektories zurückgeschrieben werden, muß diese Strukturänderung im Kontroll-File vor dem Recovery-Vorgang mit dem Befehl

```
alter database rename file '<alte_namen>' to '<neue_namen>';
```

bekannt gemacht werden.

Damit sind alle Recovery-Vorbereitungen beendet und die eigentliche Recovery-Aktion kann beginnen. Durch den 'recover database' Befehl werden alle DB-Files, deren Redo-Log Nummer im DB-Fileheader kleiner sind als die Redo-Lognummer

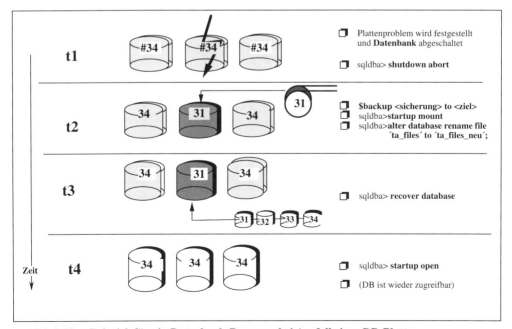

Bild 5-12 : Beispiel für ein Datenbank-Recovery bei Ausfall einer DB-Platte

Recovery

innerhalb des aktuellen Kontroll-Files in die Recovery-Operation mit einbezogen. In unserem Beispiel sind dies nur die DB-Files des Tablespace TA. Die Redo-Log Filenummer '31' (in den Fileheadern der Sicherungskopien) gibt an, ab welchem Redo-Log File der Recover-Vorgang begonnen werden muß. In unserem Fall ist dies die Redo-Lognummer '31', ab der alle archivierten Redo-Log Files durchlaufen werden, und alle Änderungsoperationen, die die wiederherzustellenden Files betreffen, nachführen.

Nachdem alle archivierten Redo-Log Files bearbeitet sind, ist der Recover-Vorgang beendet und die Datenbank kann wieder geöffnet werden. Beim Öffnungs-Vorgang wird noch das aktuelle Online-Redo-Logfile für den letzten Recovery-Schritt der Datenbank herangezogen.

Nach dem Öffnen der Datenbank ist ein Zustand erreicht, wie er vor dem Plattenfehler bestanden hat. Alle bis zu diesem Zeitpunkt im Tablespace TA durchgeführten und abgeschlossenen Transaktionen sind vollständig wiederhergestellt.

Im Bild 5-13 wird für den gleichen Fehlerfall nicht ein Datenbank-Recovery, sondern ein Tablespace Recovery durchgeführt. In diesem Fall kann der von dem Fehlerfall nicht betroffene Teil der Datenbank (System-Tablespace und Tablespace TB) weiter ohne Einschränkungen bearbeitet werden, während Tablespace TA wiederhergestellt wird.

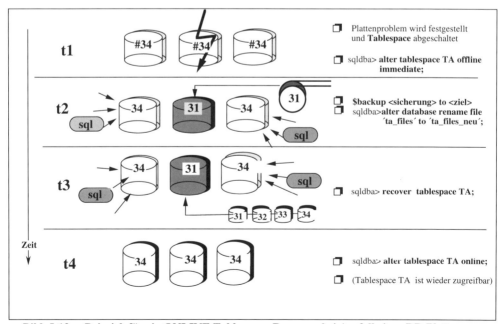

Bild 5-13 : Beispiel für ein ONLINE Tablespace-Recovery bei Ausfall einer DB-Platte

6. Datenbank-Tuning

6.1 Einführung

Neben der Funktionalität, die ein Datenbankmanagementsystem zur Verfügung stellen muß, spielt die Performance, mit der der DB-Server einzelne DB-Operationen ausführt, eine entscheidende Rolle. Noch vor wenigen Jahren war es undenkbar, daß relationale Datenbanksysteme in die Domäne der hierarchischen und codasyl-orientierten Datenbanksysteme einbrechen könnten, die nahezu vollständig den OLTP-Markt beherrschten. Mit der Einführung von ORACLE Version 6 waren jedoch auch relationale DB-Server in der Lage, performance-kritische Anwendungen mit guter Performance zu betreiben.

Mit Oracle7 steht nun ein relationales Datenbanksystem zur Verfügung, das als das schnellstes heute verfügbare relationale Datenbanksystem gilt.

Dies wurde erreicht durch eine Vielzahl von Funktionen, unter anderem durch:

- Optimierung der DB-Server für unterschiedliche Rechnerarchitekturen. Dazu gehören auch lose gekoppelte Cluster-Systeme wie auch Massiv-Parallele Rechnerarchitekturen

- unterschiedliche Konfigurationsalternativen zur optimalen Anpassung der Anwendungssysteme

- Datensatzsperren ohne Eskalationsverfahren zur Minimierung der Sperrkonflikte und der Deadlock-Häufigkeit

- Lesen ohne Sperren für (konsistente) Leseoperationen bei gleichzeitigen beliebigen Änderungsoperationen

- Fast-Commit Verfahren zur Minimierung der physischen Schreib- und Leseoperationen

- SQL-Optimierer für die Ermittlung der Optimalen Zugriffspfade zu den Daten

- Diskrete Transaktionen zur Optimierung von Systemen mit extrem hohen Transaktionsraten

- Verteilung der Datenstrukturen auf beliebige Plattenlaufwerke innerhalb eines Rechnersystems

Datenbank-Tuning

- Physische Optimierung von DB-Objektstrukturen
- konfigurierbarer DB-Cache u.v.a. mehr

Obwohl diese Funktionen auf allen Rechnersystemen und auf allen Rechnerarchitekturen vorhanden sind, ist es, um die optimale Performance eines DB-Servers zu erreichen, notwendig, daß der DB-Server an das jeweilige Anwendungsprofil angepaßt wird.

Durch einen Abstimmungsvorgang (Tuning) soll erreicht werden, daß ein DB-Server auf einer bestimmten Rechnerplattform mit einem bestimmten Anwendungs-, Last- und Datenstrukturprofil die optimale Leistung hervorbringt. Dieses Abstimmen des Gesamtsystems wird häufig auch unter dem Begriff 'Datenbank-Tuning' zusammengefaßt, wobei nicht nur die Datenbank bzw. der DB-Server im Mittelpunkt des Interesses stehen, sondern alle Komponenten einer datenbankbasierenden Lösung betrachtet werden müssen.

6.2 Tuning-Ebenen

Die wichtigste Aufgabe beim 'tunen' einer Datenbank-Umgebung ist das Erkennen der eigentlichen Schwachstellen und das gleichzeitige Beurteilen, welchen Performance-Zugewinn die Behebung der Schwachstelle bringt. So kann das Hinzufügen eines Indices die Antwortzeit für eine bestimmte SQL-Operation u.U. um ein Vielfaches verbessern (Faktor 10 oder 100 oder gar 1000), da der SQL-Optimierer dadurch völlig andere Zugriffspfade ermitteln kann. Dagegen kann sich durch die Erhöhung der Anzahl der DB-Block Puffer innerhalb des DB-Caches eine Verbesserung der Performance um lediglich ein Prozent ergeben. Im ersten Fall wurde die richtige Schwachstelle adressiert und durch einen zusätzlichen Index eliminiert. Im zweiten Fall ist zu fragen, ob der DB-Server den bisher zur Verfügung stehenden DB-Cache überhaupt ausnutzen konnte, oder, ob eine Überdimensionierung des DB-Caches bereits vor der Erhöhung der DB-Block Puffer vorlag.

Ein gut abgestimmtes (getuntes) System liegt immer dann vor, wenn eine bestimmte Anwendung, mit einem bestimmten Lastprofil mit möglichst wenig Rechnerressourcen eine optimale Performance liefert.

Dies kann nur erreicht werden, wenn alle Komponenten auf das vorhandene Anwendungs- und Lastprofil abgestimmt sind.

Datenbank-Tuning

Datenstruktur	☐ - logischer Struktur der DB-Objekte ☐ - Index-Struktur ☐ - Cluster (Index / Hash) ☐ - Sequenzen
SQL-Operationen	☐ - SQL-Optimierung (statistische / regelbasierende Methode) ☐ - Ermittlung der Statistiken für DB-Objekte
Anwendung	☐ - Konfigurations-Art (MTS, DS, Client/Server) ☐ - Integritätsbedingungen im DB-Server / Anwendung - deklarative / prozedurale Methode ☐ - gespeicherte PL/SQL Programme ☐ - diskrete Transaktionen

DB-Server	☐ - DB-Cache Optimierung
	   DB-Block Puffer Pool
	   Shared-Pool für SQL-Objekte / Data-Dictionary
	☐ - Checkpointing

Datenbank	☐ - Objektverteilung auf verschiedene Platten ☐ - Rollback-Segmente (Anzahl, Verteilung, Anzahl Transaktionen pro Rollback-Segment) ☐ - Redo-Log File (Größe, Platte)

Bild 6-1 : Tuning-Ebenen einer ORACLE7 Datenbank

Dazu gehören:

- das richtig dimensionierte Rechnersystem
- die Datenbankstruktur
- die SQL-Befehle
- die Anwendung und deren Konfiguration
- der DB-Server mit allen DB-Server Komponenten wie Hintergrundprozesse und DB-Cache
- die Datenbank

Datenstruktur-Ebene

Bereits bei der Datenmodellierung und vor allem bei der nachfolgenden Implementierung der Datenstruktur werden die Grundlagen gelegt für die Performance des Gesamtsystems. Insbesondere die logische Struktur der DB-Tabellen und die

Datenbank-Tuning

dazugehörigen Index-Strukturen sind von entscheidender Bedeutung für alle SQL-Operationen, die mit diesen Tabellen durchgeführt werden. Während für primary-key Constraints automatisch ein unique-Index erstellt wird, sollte für alle foreign-key Constraints ein non-unique Index angelegt werden, damit bei der Referenzierung eines primary-key Wertes nur dessen Index-Entry gesperrt wird und so das kleinst mögliche Sperrgranulat ausgenützt werden kann. (s. dazu auch Kapitel 9)

Der primary-key Index und die foreign-key Indices einer Tabelle stellen die Grundindizierung einer Tabelle dar. Darüberhinaus können weitere Indices über beliebige Spalten bzw. Spaltenkombinationen angelegt werden. Wichtiges Auswahlkriterium für Indexkandidaten ist die zu erwartende Selektivität eines Indices und der tatsächliche Bedarf, über indexbildende Spalten zugreifen zu müssen.

SQL-Befehls Ebene

Ob die vorhandenen Indices bei einer SQL-Operation tatsächlich genutzt werden, entscheidet im wesentlichen der SQL-Optimierer. Diese Komponente des DB-Servers hat die Aufgabe, für einen gegebenen SQL-Befehl, den möglichst besten (d. h. kostengünstigsten, schnellsten) Zugriffsweg zu ermitteln. Der in Oracle7 implementierte SQL-Optimierer unterscheidet die folgenden Methoden:

- Regel-Methode
- Statistische Methode
- Statistische Methode + Hinweise

Wird ein SQL-Befehl durch den SQL-Optimierer verarbeitet, sind für die Zugriffspfad-Ermittlung insbesondere die DB-Objekte, die verarbeitet werden sollen, und die 'where'-Bedingung des SQL-Befehls von Interesse.

Bei der Regel-Methode bestimmt der SQL-Optimierer die Zugriffspfad-Auswahl gemäß der Art der Bedingung innerhalb der 'where' Klausel und der Zuordnung zu dem vordefinierten Regelwerk.

Während die Regel-Methode auf einem Regelwerk basiert und statistische Informationen über die zu bearbeitenden DB-Objekte nicht berücksichtigt, werden bei der statistischen Methode auch statistische Informationen für die Zugriffspfadauswahl miteinbezogen. Diese Statistik für Tabellen, Indizes und Cluster werden mit Hilfe des 'analyze' Befehls gewonnen und müssen periodisch gepflegt werden. Typische Befehle könnten sein:

Datenbank-Tuning

```
analyze table ta compute statistics;
analyze table ta estimate statistics;
analyze index ta_pk estimate statistics;
```

Der erste Befehl liefert dabei exakte (compute) Statistiken bezüglich der Tabelle 'ta'. Die ermittelten Statistikwerte werden innerhalb des Data-Dictionaries abgelegt und sind über die Data-Dictionary View 'user_tables' jederzeit zugreifbar. Für eine Tabelle werden folgende statistischen Werte ermittelt:

- Anzahl der Datensätze
- Anzahl der DB-Blöcke der Tabelle
- Anzahl der unbenutzten DB-Blöcke der Tabelle
- durchschnittlicher freier Platz innerhalb der DB-Blöcke
- durchschnittliche Datensatzlänge
- Anzahl der verketteten Datensätze

Die Data-Dictionary-View 'user_tab_columns' enthält darüberhinaus für alle Spalten der Tabelle die folgenden Statistiken:

- Anzahl der eindeutigen Werte pro Spalte

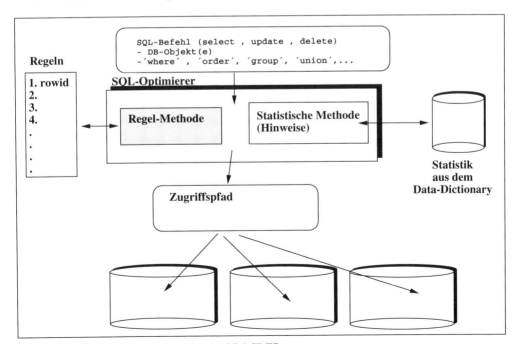

Bild 6-2 : SQL-Optimierer-Methoden in ORACLE7

Datenbank-Tuning

- größter und kleinster Wert einer Spalte

Für einen Index werden Statistiken erfaßt, die folgende Informationen bereitstellen:

- Höhe des Index-Baumes
- Anzahl von Index-Blöcken auf der tiefsten Ebene eines Indexes (Blatt-Ebene)
- Anzahl der eindeutigen Werte innerhalb des Indexes
- größter und kleinster Wert eines Indexes
- durchschnittliche Anzahl von Index-Blöcken pro Indexwert
- durchschnittliche Anzahl von DB-Blöcken pro Indexwert

Diese Werte werden durch den 'analyze index' Befehl in das Data-Dictionary eingetragen und können über die View 'user_index' angezeigt werden.

Wird der 'analyze' Befehl mit der 'compute' Klausel ausgeführt, so werden stets exakte Ergebnisse ermittelt, was, vor allem bei sehr großen Tabellen, zeitaufwendiger ist als die durch die 'estimate'- Klausel ermittelten Werte, die zum Teil exakt sind, z. B. bei der Anzahl der DB-Blöcke, der Anzahl der unbenutzten DB-Blöcke einer Tabelle und bei den Maximal-/ Minimalwerten eines Indexes, zum Teil jedoch als geschätzte Werte in die Statistik eingehen.

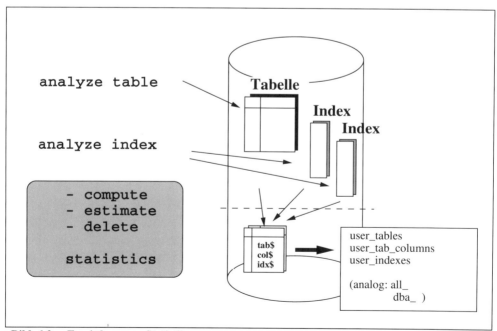

Bild 6-3 : Ermittlung von Statistiken

Datenbank-Tuning

Da die 'estimate' Werte jedoch mit hinreichender Genauigkeit in wesentlich kürzerer Zeit als die 'compute' Werte ermittelt werden, sollte in einem Produktionssystem, bis auf wenige Ausnahmen, mit der 'estimate' Klausel gearbeitet werden.

Da die statistischen Informationen pro Tabelle, Index oder Cluster vom DB-Server nicht on-line gepflegt werden, müssen, wenn der statistische Optimierer mit optimalen Statistiken arbeiten soll, periodisch diese Werte ermittelt werden. Dies kann mit dem 'analyze' Befehl geschehen. Auch kann die Paket-Prozedur 'analyze_schema' des Paketes 'dbms_utility' (s. auch Bild 8-16) genutzt werden, die Statistiken für alle Objekte eines Schemas erzeugt. Ein Aufruf dieser Prozedur könnte lauten:

```
dbms_utility.analyze_schema('<schema_name>','<analyse_methode>');
dbms_utility.analyze_schema('gstuerner','estimate');
```

Die statistische Methode der SQL-Optimierung nutzt die durch den 'analyze' Befehl erzeugten Statistiken für Tabellen, Index und Cluster um für einen gegebenen SQL-Befehl den bestmöglichen Zugriffsweg zu ermitteln.

Innerhalb der Oracle7-Datenbank wird die statistische Methode als die 'default' Methode genutzt. Sind für Tabellen zur Ausführungszeit eines 'select', 'update' oder 'delete' Befehls keine Statistiken vorhanden, führt der SQL-Optimierer verschiedene Schätzungen durch und ermittelt aus dieser statistischen Basis den entsprechenden Zugriffspfad.

Das Aktivieren einer anderen Optimierer-Methode kann:

- auf Instanz-Ebene geschehen durch den init.ora Parameter 'optimizer_mode', der entweder mit 'choose' für die statistische Methode (default) oder mit 'rule' für die regelbasierede Methode besetzt sein kann.

- auf Session-Ebene geschehen durch den 'alter session set optimizer_mode=rule/choose'.

- auf Befehls-Ebene geschehen durch die Angabe eines Hinweises innerhalb eines SQL-Befehls, z. B.

```
select /*+rule*/ * from tab where nr>4711;
```

Die Angabe von Hinweisen innerhalb eines SQL-Befehls dient dabei jedoch nicht nur dazu, die Optimierer-Methode umzudefinieren, sondern kann dazu verwendet werden, dem Optimierer unterschiedliche Hinweise zu geben, um so ein Optimierungsergebnis u.U. beeinflußen zu können. Dies ist eine extrem wichtige Funktion (auch wenn sie den relationalen Puristen zuwider sein sollte), um innerhalb von großen Produktionssystemen Tuningsmöglichkeiten zu besitzen und nicht auf Gedeih und Verderb dem Ergebnis des SQL-Optimierers ausgeliefert zu sein.

Datenbank-Tuning

Über die Umschaltung von statistischer Methode zu regelbasierender Methode (und umgekehrt) hinaus, stehen noch die folgenden Hinweise zur Verfügung:

- all_rows
- first_rows
- rule
- full(‹tabelle›)
- rowid(‹tabelle›)
- cluster(‹tabelle›)
- hash(‹tabelle›)
- index(‹tabelle› ‹index› ‹index› ...)
- index_asc(‹tabelle› ‹index› ‹index› ...)
- index_desc(‹tabelle› ‹index› ‹index› ...)
- and_equal(‹tabelle› ‹index› ‹index› ...)
- ordered

    für einen Join wird eine bestimmte Join-Reihenfolge (gemäß der 'from' Klausel genutzt.

- use_nl(‹tabelle› ‹tabelle› ...)

    definiert die Reihenfolge eines Nested-Loop Joins.

- use_merge (‹tabelle› ‹tabelle› ...)

    definiert einen Sort-Merge Join

Diese Hinweise können genutzt werden bei 'select', 'update' und 'delete' Operationen und müssen stets als erste Klausel nach dem Operator-Schlüsselwort als Kommentar aufgeführt werden.

Datenbank-Tuning

Typische Beispiele könnten sein:

```
update /*+rule*/ ta
set ta_text='abc'
where nr=35463;
```

oder

```
select /*+use_nl(ta tb)*/ ta.*, tb.*
from ta, tb
where ta_nr = tb.nr;
```

Bei einer Tuning-Aktion auf der SQL-Befehls Ebene ist es notwendig, SQL-Befehle zu erkennen, die unverhältnismäßig viel Zeit und Resourcen benötigen. Dazu gibt es die Möglichkeit, daß eine ORACLE-Session bezüglich der verwendeten SQL-Befehle analysiert wird. Dies kann mit Hilfe des Dienstprogrammes 'tkprof' geschehen. Zu diesem Zweck wird eine ORACLE-Session durch den Befehl 'alter session set sql_trace=true' in die Lage versetzt, Informationen über alle, innerhalb der Session ausgeführten SQL-Befehle zu sammeln und in einem Trace-File abzulegen.

Dazu gehören:

- der Zugriffsplan jedes SQL-Befehls
- CPU-Zeit für das Ausführen des Befehls
- CPU-Zeit für das Parsen des Befehls
- Anzahl der physischen und logischen I/O's
- Anzahl der Ausführungen des Befehls
- Anzahl der Parse-Vorgänge u.a.

Mit Hilfe des Dienstprogrammes 'tkprof' wird das so erzeugte Trace-File formatiert, um die Informationen in geeigneter Form u.U. in unterschiedlicher Sortierfolge darzustellen. Die daraus ermittelten Zugriffspläne können dann analysiert werden, um SQL-Befehle, die innerhalb der Anwendung sehr häufig ausgeführt werden, zu optimieren.

Anwendungs-Ebene

Unabhängig von den einzelnen SQL-Befehlen, die im vorigen Abschnitt Gegenstand der Optimierung waren, kann auch auf der Ebene der Anwendungen optimiert werden. Dazu gehört zum einen die Frage nach der Konfigurationsart, d. h. wie eine

Datenbank-Tuning

bestimmte Anwendung betrieben wird. So sollte eine typische Online-Anwendung im Multithreaded Server Modus betrieben werden, da diese Konfigurationsart geeignet ist, sehr viele derartige Anwendungen durch einige wenige DB-Server Prozesse zu bedienen (s. dazu auch Kapitel 3.3). Eine Anwendung, die eine große Datenbanklast produziert, sollte dagegen im Dedicated Server Modus betrieben werden. In welchem Modus eine Anwendung betrieben wird, entscheidet der Anwender beim ORACLE-Anmeldevorgang durch die jeweilige 'connect' Klausel.

Positiv auf die Performance kann sich die Nutzung von deklarativen und prozeduralen Integritätsbedingungen auswirken, die zentral und hochoptimiert vom DB-Server ausgeführt werden, anstatt innerhalb der Anwendungsprogramme.

In ähnlicher Weise wirken sich auch gespeicherte PL/SQL-Programme aus, die zentral im DB-Server in kompilierter Form vorliegen und, einmal aktiviert, innerhalb des shared_pool Bereiches des DB-Caches allen Benutzern zur Verfügung stehen. Deklarative und prozedurale Integritätsbedingungen und PL/SQL Programme wirken sich insbesondere bei Client/Server Konfigurationen positiv aus, da sich durch die Nutzung dieser DB-serverresidenten 'Dienste' der Netzverkehr drastisch reduziert.

DB-Server Ebene

Auf der DB-Server Seite ist vor allem die Größe und die Konfiguration des DB-Caches von Interesse und sollte bei der Abstimmung des DB-Servers berücksichtigt werden. Insbesondere die Anzahl der DB-Block Puffer innerhalb des DB-Caches und die Größe des shared_pool Bereiches haben bei der Betrachtung der Performance eines Oracle7 Systems große Bedeutung.

Die Größe der DB-Block Puffer innerhalb des DB-Caches sollte so groß sein, daß auf eine physische Leseoperation ca. 10-20 logische Leseoperationen kommen, was einer DB-Block-Puffer Trefferrate von 90-95% entspricht.

Die Ermittlung der DB-Block Puffer-Trefferrate kann mit Hilfe der 'v$sysstat' Data-Dictionary View durchgeführt werden, indem für 'consistent gets', 'db block gets' und für 'physical reads' die aktuellen Werte ermittelt werden. Eine typische Anfrage könnte lauten:

```
select name,value
from v$sysstat
where name in ('consistent gets',
'db block gets', 'physical reads' )
```

Dabei stellen die 'consistent gets' aund 'db block gets' die logischen Lesezugriffe dar, d. h. Lesezugriffe auf DB-Blöcke, die bereits im DB-Cache vorhanden sind.

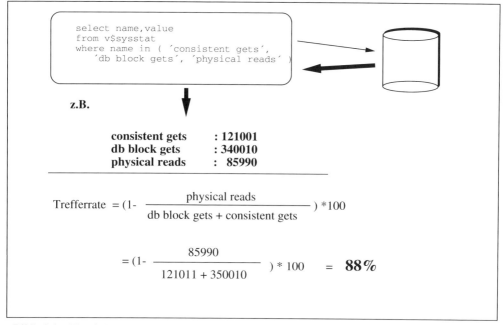

Bild 6-4 : Ermittlung der DB-Block Trefferrate aus v$sysstat-View

Die Werte für die logischen und physischen Lesezugriffe können auch mit Hilfe des ORACLE Monitors mit 'monitor systemstatistics' ermittelt werden.

Doch nicht nur die Trefferrate ist von entscheidender Bedeutung, sondern auch die Frage nach der optimalen Anzahl der DB-Block Puffer innerhalb des DB-Caches sollte untersucht werden, da sich sowohl eine Unterdimensionierung wie auch eine Überdimensionierung negativ auf das Performanceverhalten des Gesamtsystems auswirken kann.

Um die optimale Anzahl der DB-Block Puffer für ein gegebenes Anwendungsprofil einstellen zu können, ist eine DB-Block Pufferanalyse notwendig, bei der über einen bestimmten Zeitraum (2Std-8Std) das typische Anwendungsprofil gegen die Datenbank betrieben wird. Innerhalb dieser Zeit werden DB-Block Zugriffsstatistiken mitgeführt, die danach ausgewertet werden können. Bei der DB-Block Pufferanalyse wird untersucht:

- Auslastung der aktuell vorhandenen DB-Block Puffer innerhalb des DB-Caches
- zu erwartende Trefferrate, wenn eine bestimmte Anzahl DB-Block Puffer vorhanden wäre (was-wäre-wenn Analyse)

Datenbank-Tuning

Die Aktivierung der ersten Analyse wird durch Setzen des init.ora Parameters 'db_block_lru_statistics=true' erreicht, die zweite Analyse durch den init.ora Parameter 'db_block_lru_extented_statistics=n', wobei 'n' die Anzahl der zusätzlichen DB-Block Puffer darstellt, für die eine Analyse durchgeführt werden soll.

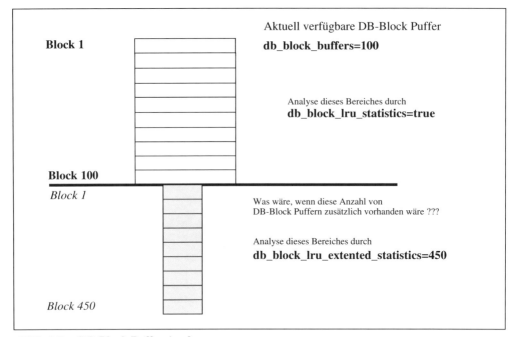

Bild 6-5 : DB-Block Puffer Analyse

Wird eine ORACLE-Instanz mit diesen beiden Parametern betrieben, werden entsprechende Statistiken in die beiden internen Data-Dictionary Tabellen 'x$kcbchb' und 'x$kcnrbh' eingetragen, die nachfolgend, wie im Bild 6-6 dargestellt, ausgewertet werden können.

Die in den beiden Tabellen abgelegten Informationen geben an, wie häufig auf einen einzelnen DB-Block-Puffer zugegriffen wurde, bzw. wie oft auf einen DB-Block Puffer zugegriffen würde, wenn er tatsächlich vorhanden wäre.

Aus Bild 6-6 ist zu entnehmen, daß bei der aktuellen DB-Block Puffer Anzahl insbesondere die ersten dreißig DB-Block Puffer sehr häufig frequentiert werden.

Um zu entscheiden, ob zusätzliche DB-Block Puffer angelegt werden sollen, dient die zweite Auswertung. Hieraus kann abgeleitet werden, daß eine Erhöhung der Pufferanzahl um 50 DB-Blöcke nur sehr wenig zusätzliche DB-Block-Treffer liefern würden. Da der höchste Zuwachs an Treffern im Bereich von 100-150 liegt, sollte der DB-Block Puffer um 150 DB-Blöcke erhöht werden. Eine Erhöhung über diesen Wert

Datenbank-Tuning

hinaus vergrößert zwar den DB-Cache, wirkt sich jedoch kaum merkbar auf die Performance aus, da durch das aktuelle Anwendungsprofil diese zusätzlichen DB-Block Puffer nicht genutzt werden können.

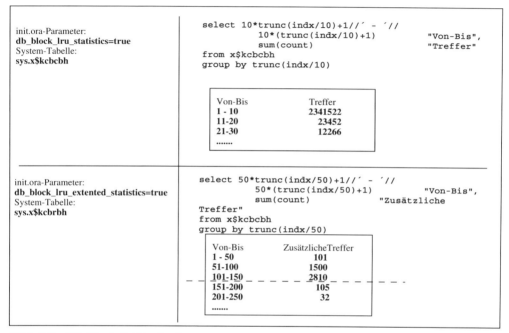

Bild 6-6 : DB-Block Puffer Analyse

Der zweite wichtige Bereich innerhalb des DB-Caches ist der 'shared_pool' Bereich, der im wesentlichen zwei Informationsarten beinhaltet. Dies sind:

- Shared SQL-Befehle, gespeicherte PL/SQL Programme und DB-Trigger

- Data-Dictionary Informationen wie Tabellenname, Spaltennamen, Indexnamen, Constraints, u.s.w.

Diese beiden Informationsarten teilen sich den shared_pool, der durch den init.ora Parameter 'shared_pool_size' in der Größe festgelegt wird.

Die Auslastung dieser beiden Bereiche innerhalb des shared_pools kann durch die beiden Data-Dictionary Views :

- v$librarycache
  (SQL-Befehle, PL/SQL-Programme und DB-Trigger)

- v$rowcache
  (Data-Dictionary-Informationen)

Datenbank-Tuning

ermittelt werden. Auch mit Hilfe des ORACLE*Monitors lassen sich diese Informationen darstellen z. B. 'monitor cache'.

Die v$librarycache-Ausgabe liefert eine Statistik für die im Library-Cache verwalteten Objekte, wie sie beispielhaft im Bild 6-7 dargestellt ist. Dabei bedeutet der 'gets' Parameter die Anzahl der Anforderungen eines Objektes und der 'pins' Parameter enthält die Anzahl der Ausführungen eines Objektes. Gleichzeitig wird die Trefferrate für 'gets' und 'pins' als 'getratio' und 'pinratio' ausgegeben, die in unserem Beispiel bei 96% liegt.

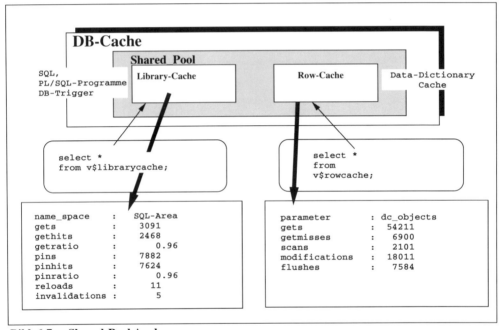

Bild 6-7 : Shared-Pool Analyse

Aus der 'v$rowcache'-View kann ermittelt werden, wie häufig auf das Data-Dictionary zugegriffen werden muß, um Informationen zu beschaffen, die für die Abarbeitung eines SQL-Befehls notwendig sind. In einem eingeschwungenen System sollte die Dictionary-Trefferrate, wie bei den DB-Blöcken bei ca. 90% liegen.

Eine Statistik der Trefferrate über den gesamten Data-Dictionary Cache liefert der folgende Befehl:

```
select (1-sum(getmisses)/sum(gets))*100
from v$rowcache;
```

oder gruppiert nach den einzelnen Data-Dictionary Objekten:

```
select parameter,(1-sum(getmisses)/
decode(sum(gets),0,1,sum(gets)))*100
from v$rowcache
group by parameter;
```

Datenbank

Auf der Datenbank-Ebene geht es im wesentlichen darum, die unterschiedlichen Filetypen einer ORACLE-Datenbank und die Zuordung der DB-Objekte zu den DB-Files optimal zu gestalten.

Die folgenden Punkte sollten dabei beachtet werden:

- Redo-Log Files sollten stets auf den schnellsten Platten, wenn möglich getrennt von den DB-Files, konfiguriert werden.

- System-Tablespace nur für das Data-Dictionary nutzen.

- Temporäre Segmente sollten in einem eigenen Tablespace abgelegt werden.

- Rollback-Segmente sollten einen eigenen, von den Benutzerdaten getrennten Tablespace, erhalten.

- Rollback Segmente sollten stets mit Speicherungsparametern versehen werden.

- Daten-Segmente und Index-Segmente des gleichen DB-Objektes u.U. in verschiedene Tablespaces auf unterschiedlichen Platten ablegen.

Zusammenfassung

Die Abstimmung der Datenbank-Umgebung ist, vor allem für große Produktionssysteme, eine äußerst wichtige Aufgabe. Bei einem Abstimmungsvorgang sollte immer zuerst eine Schwachstellenanalyse durchgeführt werden, um festzustellen, wo, an welchen Stellen innerhalb welcher Tunings-Ebenen eine (aus Performancegesichtpunkten) Schwachstelle existiert. Daraus läßt sich oft mit relativ kleinem Aufwand und relativ kleinen Modifikationen ein großer Performancegewinn erzielen.

Datenbank-Tuning

7. SQL-Einführung Teil 2 (PL/SQL)

7.1 Einführung

Wie wir bereits im Kapitel 2 erfahren haben, wird ausschließlich die Sprache SQL benutzt, um auf eine ORACLE Datenbank zuzugreifen, um daraus Daten zu lesen oder Daten zu verändern. Ein SQL-Befehl wird vom ORACLE-Server geparst, optimiert und ausgeführt und liefert an das Programm, das den Aufruf initiiert hat, entweder eine Meldung oder, bei einer Leseoperation, die entsprechenden Datensätze zurück. Je nach Ergebnis der SQL-Operation kann dann innerhalb des Wirtsprogrammes (3GL-Programm oder 4GL-Programm) reagiert und mit Hilfe der zur Verfügung stehenden Kontrollkonstrukte die weiteren Aktionen innerhalb des Programmes veranlaßt werden. SQL, als nichtprozedurale Sprache, hat selbst keine Kontrollkonstrukte, wie sie in klassischen Programmiersprachen üblich sind.

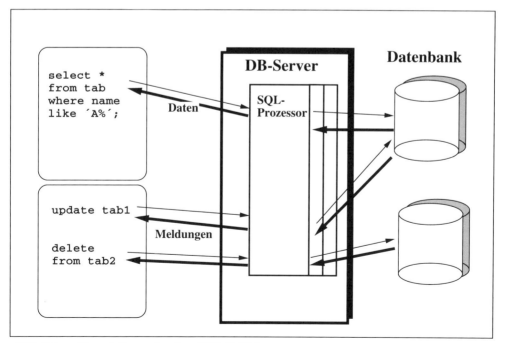

Bild 7-1 : Verarbeitung einzelner SQL-Befehle

SQL-Einführung Teil 2 (PL/SQL)

Mit der Einführung der Version 6 des ORACLE-Datenbanksystems wurde die Sprache PL/SQL als prozedurale Erweiterung von SQL eingeführt. Für diese Einführung gab es zwei wesentliche Gründe:

1. Komplexe datenbankorientierte Operationen sollten vollständig innerhalb des Datenbank-Servers durchgeführt werden können, ohne daß nach jeder atomaren SQL-Operation (select, insert, update, . .) die Kontrolle an das Anwendungsprogramm zurückgegeben werden muß.

2. PL/SQL sollte innerhalb aller ORACLE-Programme, sowohl innerhalb des ORACLE-Servers als auch innerhalb der ORACLE Softwareentwicklungsumgebung als prozedurale Programmiersprache zur Verfügung stehen.

Der Punkt 1 betraf insbesondere den Performance Aspekt, da durch einen PL/SQL-Aufruf stets ein PL/SQL Block mit u. U. mehreren SQL-Befehlen und Kontrollkonstrukten an den ORACLE-Server gesandt wird, um dort vollständig abgearbeitet zu werden. Diese blockweise Übertragung und Abarbeitung verringert den aufwendigen Context-Wechsel von Anwendungsprozeß und Datenbankprozeß enorm, was insbesondere in Client/Server Umgebungen zu Laufzeitverbesserungen führte.

Der zweite Punkt betraf die Produktivitätserhöhung bei der Software-Entwicklung. Es sollte eine Sprache definiert werden, die es zuläßt, komplexeste Abläufe zu

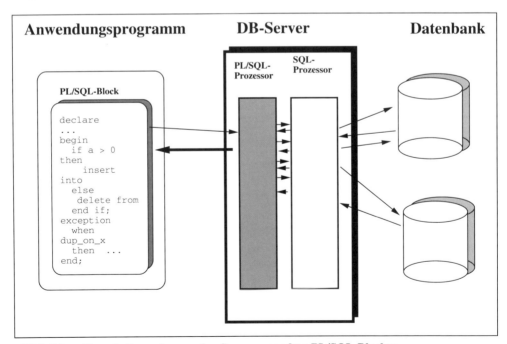

Bild 7-2 : Verarbeitung eines an den Server gesandten PL/SQL-Blockes

SQL-Einführung Teil 2 (PL/SQL)

programmieren und die identisch ist in allen ORACLE-Umgebungen, sowohl innerhalb des ORACLE-Servers als auch innerhalb der ORACLE-Entwicklungsumgebungen.

Prozedurale Funktionen werden mit Hilfe von PL/SQL innerhalb der nichtprozeduralen Software-Entwicklungswerkzeuge wie SQL*Forms, SQL*ReportWriter oder ORACLE*Graphics (ORACLE 4GL Produktfamilie) implementiert und durch sogenannte Anwendungstrigger ereignisgesteuert ausgeführt. Die Verarbeitung eines PL/SQL Programmes wird durch einen PL/SQL-Prozessor durchgeführt, der sowohl innerhalb der 4GL-Entwicklungswerkzeuge implementierbar ist, als auch Bestandteil des ORACLE-Servers sein kann.

Im Bild 7-3 ist diese Situation nochmals dargestellt. Der PL/SQL-Prozessor eines ORACLE 4GL-Programmes führt dabei ein PL/SQL-Programm auf der Benutzerseite, der Client-Seite aus und sendet die in dem PL/SQL-Programm befindlichen SQL-Befehle an den ORACLE-Server. Auf der ORACLE-Server Seite werden vom dortigen PL/SQL-Prozessor datenbankorientierte PL/SQL-Programme ausgeführt, die entweder als PL/SQL-Blöcke direkt an den Server gesandt werden (s. dazu Bild 7-2) oder die in der Datenbank als gespeicherte Prozeduren oder Funktionen in kompilierter Form bereits abgelegt sind. Im Falle von gespeicherten PL/SQL-Programmen wird lediglich ein Prozedur- bzw. Funktionsaufruf vom Anwendungsprogramm an den

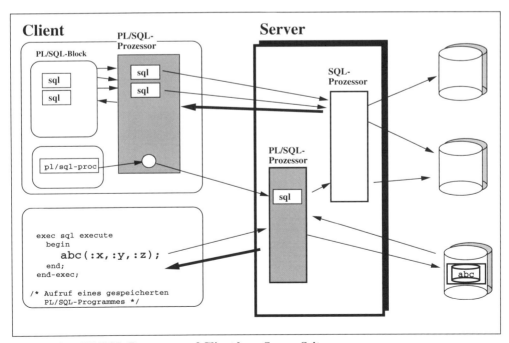

Bild 7-3 : PL/SQL-Prozessor auf Client bzw. Server Seite

SQL-Einführung Teil 2 (PL/SQL)

ORACLE-Server geschickt, der das kompiliert vorliegende PL/SQL-Programm aus der Datenbank liest und ausführt.

Auch eine Kombination der beiden beschriebenen Fälle ist denkbar, wie aus Bild 7-3 ebenfalls hervorgeht. So kann ein benutzerseitiges PL/SQL-Programm einen Aufruf an eine gespeicherte Prozedur beinhalten. Der Prozeduraufruf wird durch den lokalen PL/SQL-Prozessor an den ORACLE-Server gesandt, der seinerseits diesen Aufruf durch den serverseitigen PL/SQL-Prozessor bearbeitet und das Ergebnis an den rufenden PL/SQL-Prozessor zurückliefert.

Es lassen sich folgende Programmarten unterscheiden, die mit PL/SQL entwickelt werden können :

- 4GL-Prozeduren und Funktionen, die innerhalb von Anwendungstriggern zur Ausführung kommen. Beispiele hierfür sind in allen ORACLE 4GL Werkzeugen zu finden, bei denen alle prozeduralen Funktionalitäten mit Hilfe von PL/SQL implementiert werden.

- Anonyme PL/SQL-Blöcke, die innerhalb einer 3GL-Umgebung als komplette PL/SQL-Blöcke vorhanden sind und die als Gesamtblock zum ORACLE-Server geschickt und verarbeitet werden. Diese in Version 6 gebräuchliche Methode wird jedoch durch die, in Oracle7 eingeführten gespeicherten PL/SQL-Programme, an Bedeutung verlieren.

- Gespeicherte PL/SQL-Programme, dazu gehören gespeicherte Prozeduren, Funktionen und die daraus definierbaren Pakete. Ein gespeichertes PL/SQL-Programm wird mit Hilfe der SQL-Befehle 'create procedure', 'create function' oder 'create package' in der Datenbank als DB-Objekt erzeugt und liegt in kompilierter Form in der Datenbank vor. Durch einen Prozedur- bzw. Funktionsaufruf wird ein solches Programm innerhalb des lokalen DB-Servers oder eines remote DB-Servers (remote procedure call) ausgeführt. (Nähere Details zu Prozeduren, Funktionen und Paketen sind im Kapitel 8 zu finden)

- ORACLE-Datenbank-Trigger, die innerhalb der ORACLE-Datenbank für Datenbank-Tabellen definiert werden können. Jeder Datenbank-Trigger ist genau einer Datenbank-Tabelle zugeordnet und kann durch die SQL-Operationen 'insert', 'update' und 'delete' aktiviert werden. Innerhalb eines DB-Triggers können komplexe Operationen durchgeführt werden bis hin zu Änderungsoperationen in beliebigen 'entfernten' Datenbanken, die dann durch das 2Phasen-Commit Protokoll automatisch, ohne zusätzlichen Eingriff des Programmierers oder des Datenbankadministrators, abgesichert werden (s. dazu auch Kapitel 9).

SQL-Einführung Teil 2 (PL/SQL)

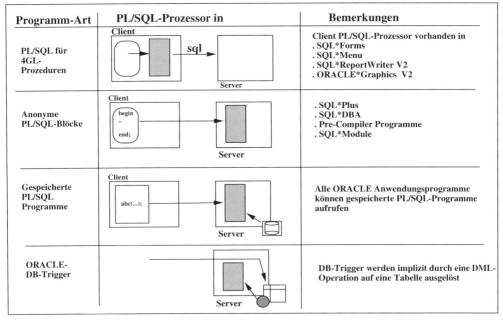

Bild 7-4 : Unterschiedliche PL/SQL-Programm-Arten und der PL/SQL-Prozessor

Im Bild 7-4 sind diese vier Programmarten nochmals zusammengestellt. Innerhalb der nächsten Abschnitte werden die grundlegenden Eigenschaften der Sprache PL/SQL eingeführt. Die spezifischen Abläufe bei der Erstellung und Verwaltung von gespeicherten Programmen und DB-Triggern werden in den Kapiteln 8 und 9 erläutert.

7.2 Die PL/SQL Sprachkonstrukte

Die Sprache PL/SQL wurde in starker Anlehnung an die Programmiersprache ADA definiert und entwickelt. Insbesondere bei dem Block-Konzept, bei der Datentypdefinition, den Kontrollkonstrukten und der Behandlung von Fehler- bzw. Ausnahmesituationen kann eine starke Ähnlichkeit mit ADA nicht geleugnet werden. Mit der Einführung von Prozeduren und Funktionen wurde auch das interessante ADA-Paket Konzept und die damit verbundene Möglichkeit der Überladung (Overloading) von Funktionen und Prozeduren berücksichtigt, das ein modernes und sehr effizientes Programmierhilfsmittel bereitstellt.

SQL-Einführung Teil 2 (PL/SQL)

PL/SQL ist, wie bereits erwähnt, eine blockorientierte Sprache. Jeder PL/SQL-Block besteht im wesentlichen aus folgenden drei Teilen:

- dem Deklarations-Teil

hier werden Datentypdeklarationen der verwendeten Variablen und Konstanten durchgeführt, explizite Cursor definiert, um mengenorientierte 'select' Operationen durchzuführen und benutzerdefinierte Fehler bzw. Ausnahmen anzugegeben.

- dem Ausführungsteil

dieser Teil beinhaltet das eigentliche algorithmische Programm. Hier finden sich Kontrollkonstrukte wie Schleifen, if-then-else Konstrukte, Zuweisungen und SQL-Befehle, die Tabellen und sonstige DB-Objekte modifizieren oder lesen und DB-Transaktionen steuern.

- dem Fehler- oder Ausnahmebehandlungsteil

in diesen Teil eines PL/SQL-Blockes wird stets bei einer Fehler bzw. Ausnahmesituation verzweigt, um die aufgetretene Fehlersituation definiert bearbeiten zu können. Hier finden sich sogenannte 'exception handler', das sind PL/SQL-Programmteile, die für unterschiedliche Fehlersituationen entsprechende Programm-

```
declare
    abt_nr_var        abteilung.abt_nr%type := 30;
    anz_rec           number(5);
begin
    select count(*) into anz_rec
    from mitarbeiter
    where mit_abtnr = abt_nr_var;

    if anz_rec > 0 then
       update mitarbeiter
       set mit_abtnr = null
       where mit_abtnr = abt_nr_var;
    end if;

    delete from abteilung
    where abt_nr = abt_nr_var;
    commit;
exception
    when no_data_found then
        insert into mit_log1 values(sysdate,abt_nr_var);
    when others       then
        err_no   := sqlcode;
        err_text := sqlerrm;
        insert into mit_log2
    values(sysdate,err_no,err_text);
end;
```

Bild 7-5 : **Beispiel eines einfachen PL/SQL Programmes**

SQL-Einführung Teil 2 (PL/SQL)

aktionen durchführen. Nach einer definierten Fehlerbehandlung wird der PL/SQL-Block definiert verlassen.

Im Bild 7-5 wird ein typischer PL/SQL-Block mit den drei PL/SQL Blockbereichen gezeigt. Diese Blockstruktur zeigt sich in allen PL/SQL-Programmarten, in 4GL-Prozeduren, anonymen PL/SQL-Blöcken, gespeicherten PL/SQL-Programmen und in ORACLE DB-Triggern. Bis auf wenige Schlüsselwörter, die den Deklarations-Teil einleiten, haben die PL/SQL-Blöcke die gleiche Struktur, wie das Bild 7-6 zeigt.

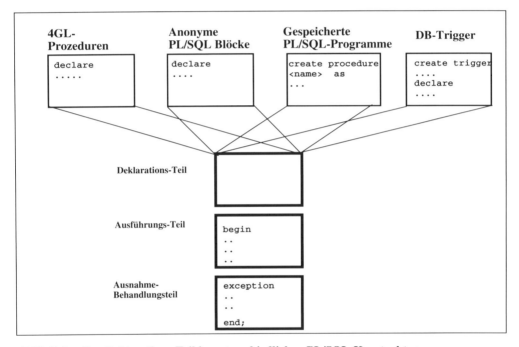

Bild 7-6 : Der Deklarations-Teil in unterschiedlichen PL/SQL-Konstrukten

7.2.1 Der Deklarations-Teil

PL/SQL ist eine typenstrenge Programmiersprache, bei der alle verwendeten Variablen und Konstanten vor deren Benutzung definiert und typisiert werden müssen. Alle Deklarationen werden im Deklarations-Teil eines PL/SQL-Blockes durchgeführt. Doch nicht nur die verwendeten Variablen und Konstanten werden hier mit Namen, Datentyp und eventuell mit einer bestimmten Vorbelegung angegeben, sondern auch:

- explizite SQL-Cursor, die für mengenorientierte 'select'-Operationen benötigt werden

- benutzerdefinierte Ausnahmesituationen können mit definierten Namen versehen werden und

- ORACLE-spezifische Fehlernummern können durch die 'Ausnahme-Initialisierung' (exception_init) einen bestimmten Namen erhalten.

Im Bild 7-7 ist ein Deklarations-Teil mit einigen möglichen Varianten angegeben.

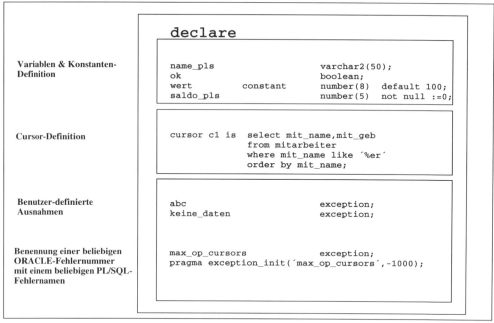

Bild 7-7 : Beispiele eines PL/SQL Deklarations-Teils

Als Variablen und Konstanten können beliebige Namen gewählt werden, die eine maximale Länge von 30 Zeichen nicht überschreiten dürfen. Eine Variable (der Hinweis auf Konstanten soll in der Folge entfallen, da hierfür genau das gleiche gilt) wird definiert durch einen Variablennamen und einen PL/SQL-Datentyp. Zusätzlich kann ein 'not null' Constraint und/oder eine Wertzuweisung (Initialisierung) vorhanden sein. Gültige Variablen-Definitionen können sein:

```
abc        number(8)       not null :=0
text       varchar2(80)    :='PL/SQL is great'
datum      date            -- ohne Initialisierung
```

Als Datentypen stehen insgesamt zwölf skalare Datentypen und zwei zusammengesetzte Datentypen zur Verfügung, die im Bild 7-8 aufgeführt sind. Dabei ist zu

SQL-Einführung Teil 2 (PL/SQL)

Datentyp	Sub-Typ	Beispiel	Gültigkeitbereich
char	-	text_1 char(50);	1 .. 32767 bytes
varchar	-	text_2 varchar(80);	%
varchar2	-	text_3 varchar2(120);	%
long	-	t_long long;	1 .. 64535 bytes
number		number(10,2);	1e-129 .. 9.99e125
	decimal	decimal;	
	float	float;	
	integer	integer;	
	real	real;	
	smallint	smallint;	
binary_integer		binary_integer;	$-2^{-31} .. 2^{31}-1$
	natural	natural;	$0 .. 2^{31}-1$
	positiv	positiv;	$1 .. 2^{31}-1$
boolean	-	boolean;	true , false
date	-	date;	4712 v.Chr -4712 n.Chr
raw	-	raw;	1 .. 32767 bytes
rowid	-	rowid;	18 bytes
mlslabel	-	mlslabel;	4 bytes
raw mlslabel	-	raw mlslabel;	255 bytes

Bild 7-8 : PL/SQL Datentypen

beachten, daß die beiden skalaren Datentypen 'number' und 'binary_integer' jeweils fünf bzw. zwei Subtypen enthalten, die sich teilweise in ihren Wertebereichen unterscheiden und so bestimmte „constraint" Effekte haben können. Im Bild 7-8 sind alle Datentypen in ihrer Bedeutung und mit ihrem Gültigkeitsbereich aufgeführt.

Die beiden Datentypen 'mlslabel' und 'rawmlslabel' können nur im Zusammenhang mit Trusted Oracle7 benutzt werden.

Bisher wurde nur mit der expliziten Typdefinition gearbeitet, d. h. einem Variablen-Namen wurde explizit einer der in Bild 7-8 aufgeführten Datentypen zugewiesen. PL/SQL stellt jedoch auch sogenannte implizite Typzuweisungen zur Verfügung, bei der einer Variablen oder Konstanten die Datentypen zur Laufzeit zugewiesen werden, die eine Tabelle oder View-Spalte besitzt, bzw. es kann auf eine bereits deklarierte Variable referenziert werden. Diese Einzeltyp-Deklaration wird durch das Schlüsselwort '%type' definiert, das der Tabellen/Spaltennamenkombination nachgestellt ist.

Eine typische Deklaration könnte folgendermaßen aussehen:

```
name_var1           mitarbeiter.mit_name%type
```

SQL-Einführung Teil 2 (PL/SQL)

Der Variablen 'name_var1' wird zur Laufzeit der gleiche Datentyp zugewiesen, wie der Spalte 'mit_name' innerhalb der Tabelle 'mitarbeiter'. Bei der Deklaration:

```
name_var2              name_var1%type
```

übernimmt die Variable 'name_var2' den Datentyp der Variablen 'name_var1', die innerhalb des Deklarations-Teils bereits deklariert wurde. (Dabei ist zu beachten, daß nur Rückwärts-Referenzen und keine Vorwärts-Referenzen erlaubt sind.)

Bei dieser Einzeltyp-Deklaration besteht der Bezug stets auf eine Tabellenspalte oder auf eine bereits deklarierte Variable.

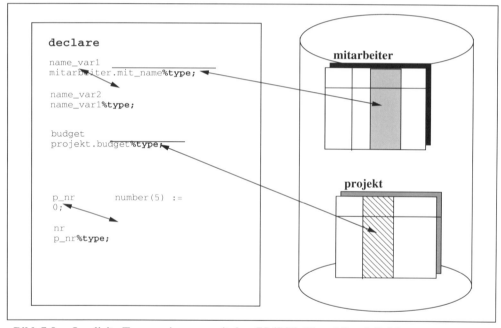

Bild 7-9 : Implizite Typzuweisungen mit der PL/SQL-Einzel-Typdefinition

Bei der Datensatztyp-Deklaration wird zur Laufzeit eine Struktur erzeugt, deren Elemente und Elementdatentypen genau den Spaltennamen der referenzierten Tabelle bzw. View entsprechen. Eine Datensatztyp-Deklaration wird durch das Schlüsselwort '%rowtype' gekennzeichnet, dem ein Tabellen/View-Name vorangestellt ist. Eine typische Deklaration könnte folgendermaßen aussehen:

```
ds_mit                 mitarbeiter%rowtype
```

Durch diese Deklaration wird zur Laufzeit eine Struktur mit Namen 'ds_mit' aufgebaut, mit gleichen Namen und Datentypen wie die referenzierte Tabelle 'mitarbeiter'. Die einzelnen Komponenten diese Struktur werden angesprochen

SQL-Einführung Teil 2 (PL/SQL)

durch den Strukturnamen (ds_mit) und den Element-Namen (mit_name, mit_gehalt, . . .) z. B.

```
ds_mit.mit_name
ds_mit.mit_gehalt   := ds_mit.mit_gehalt*1.05
```

So wie bei der Einzeltyp-Deklaration auf bereits deklarierte Variablen referenziert werden kann, um deren Datentypen zu übernehmen, ist es beim Datensatztyp möglich, auf Cursor-Deklarationen zu referenzieren und einer Struktur die Elementnamen und Datentypen zuzuweisen, die in der Cursor-Deklaration definiert sind. Das Bild 7-10 zeigt die beiden Verfahren; Datensatztyp aus Tabelle/View und aus der Cursor-Definition.

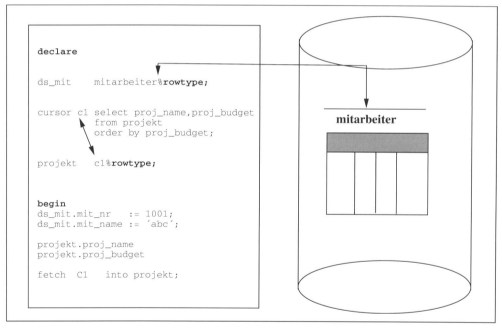

Bild 7-10 : Implizite Typzuweisungen mit der PL/SQL-Datensatz-Typdefinition

Zusätzlich zu den skalaren Datentypen stellt PL/SQL auch zwei zusammengesetzte (composed) Datentypen zur Verfügung. Dies sind PL/SQL-Tables (Tabellen), eindimensionale Arrays und PL/SQL-Records, ein freistrukturierbarer Datentyp, der beliebige Feldelemente mit unterschiedlichen Datentypen beinhalten kann. Beide Datentypen werden in zwei Stufen innerhalb des Deklarations-Teils definiert. Im ersten Teil wird die Typ-Definition der PL/SQL-Tabelle bzw. des PL/SQL-Records durchgeführt. Im Falle einer PL/SQL-Tabelle erhält der neu zu definierende Datentyp einen bestimmten Namen (dies ist der Name des Datentyps, nicht der Name der PL/

SQL-Einführung Teil 2 (PL/SQL)

SQL-Tabelle). Die Adressierung einzelner Feldelemente innerhalb des Arrays wird durch einen Datentyp 'binary_integer' realisiert. Im folgenden Beispiel wird ein Datentyp 'text_tab_typ' definiert:

```
type text_tab_typ is table of varchar2(80)
index by binary_integer
```

Der Datentyp 'text_tab_typ' kann nun einer Variablen zugewiesen werden, die dann als PL/SQL-Tabelle oder als Array benutzt werden kann. Eine typische Deklaration, die den oben definierten Datentyp benutzt, könnte folgendermaßen aussehen:

```
text                    text_tab_typ;
abc                     text_tab_typ;
```

Dabei kann der Datentyp 'text_tab_type' natürlich auch mehrmals für unterschiedliche PL/SQL-Tabellen genutzt werden. Einer solchen Tabelle können innerhalb des Ausführungsteils bzw. innerhalb des 'exception'-Teils Werte zugewiesen werden, indem auf die einzelnen Elemente einer Tabelle über den Tabellen-Index, wie aus klassischen Programmiersprachen bekannt, zugegriffen werden kann.
Ein Beispiel könnte sein:

```
text(1)                 := 'PL/SQL ist die integrierte';
text(2)                 := 'Datenbanksprache von ORACLE';
```

Ein PL/SQL-Record, der zweite zusammengesetzte Datentyp, kann aus beliebigen Elementen unterschiedlicher Datentypen bestehen. Auch hier werden im ersten Teil der Definition der Datentyp-Name und die dazugehörigen Elemente definiert, z. B.

```
type mit_rec_type is record
(mit_name               varchar2(30),
 mit_geb                date,
 mit_abtnr              number(8));
```

Der hier definierte Datentyp 'mit_rec_type' besteht aus drei Elementen. Dieser Datentyp kann nun einer PL/SQL-Variablen zugewiesen werden, die sich dann gemäß der Typdefinition verhält. Die folgende Deklaration:

```
mit_rec                 mit_rec_typ;
```

definiert die Variable 'mit_rec' gemäß der Record-Definition des 'mit_rec_typ'-Records und erhält somit die drei folgenden Komponenten:

```
mit_rec.mit_name
mit_rec.mit_geb
mit_rec.mit_abtnr
```

und die in der Typ-Deklaration definierten Datentypen.

SQL-Einführung Teil 2 (PL/SQL)

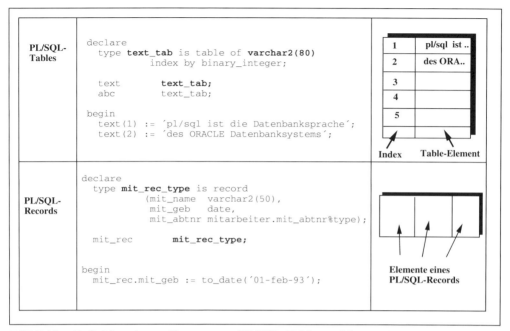

Bild 7-11 : Definition eigener Datentypen (PL/SQL-Tables und Records)

Auch hier gilt, was bereits für die PL/SQL Tabellen eingeführt wurde, daß ein definierter Record-Datentyp für unterschiedliche Variablen benutzt werden kann, die dann alle die gleiche Struktur besitzen.

Innerhalb der Record-Typ Definition können jedoch nicht nur skalare Datentypen benutzt werden, um die Einzelelemente eines PL/SQL-Records zu definieren, sondern es ist auch möglich, mit Record-Datentypen zu arbeiten, was zu interessanten geschachtelten Strukturen führen kann. Im Bild 7-11 sind die beiden zusammengesetzten Datentypen nochmals dargestellt. Weitere Operationen, die mit dem zusammengesetzten Datentyp möglich sind, werden innerhalb des Abschnitts 7.2.2 angegeben.

Cursor-Definition

Jeder SQL-Befehl, der ausgeführt wird, benötigt einen sogenannten Cursor-Bereich, der notwendige Datenstrukturen beinhaltet, die zum Ablauf eines SQL-Befehls notwendig sind. Dabei kann zwischen impliziten und expliziten Cursorn unterschieden werden. Ein impliziter Cursor wird stets bei der Ausführung eines SQL-Befehls vom ORACLE-Server erzeugt. Ein expliziter Cursor muß hingegen vom Programmierer explizit für alle 'select'-Befehle definiert werden, die als Ergebnis der Leseoperation eine Menge von Daten (mehr als ein einzelner Datensatz) liefern.

SQL-Einführung Teil 2 (PL/SQL)

Dieses Verfahren, das innerhalb der Programmiersprachenumgebung für mengenorientierte Leseoperationen gebräuchlich ist, wird auch innerhalb von PL/SQL-Blöcken angewandt. Ein Cursor wird im Deklarationsteil eines PL/SQL-Blockes definiert, indem er benannt wird (beliebige Namen bis max. 30 Zeichen), ihm Eingabeparameter zugewiesen werden (optional) und ihm ein beliebiger (beliebig komplexer) 'select'-Befehl zugeordnet wird. Ein Beispiel hierfür könnte lauten :

```
cursor  C1 (name_var    varchar(30)) is
select mit_name, mit_geb, mit_abtnr
from mitarbeiter
where mit_name like name_var
order by mit_name;
```

Dabei stellt 'C1' den Namen des Cursors dar, 'name_var' den Cursor-Parameter und der 'select'-Befehl definiert die eigentliche Leseoperation. Bei dem beschriebenen Befehl handelt es sich jedoch lediglich um die Definition des Cursors. Die weiteren Cursor-Operationen wie Öffnen (open c1), Übertragen der Datensätze aus der Datenbank in die PL/SQL-Variablen (fetch c1) oder das Schließen des Cursors (close c1) werden im Ausführungsteil des PL/SQL-Blockes durchgeführt. Werden bei der Cursor-Deklaration Parameter definiert (name_var), so müssen diese vor der Aktivierung des Cursors (open c1) initialisiert werden.

Da die mengenorientierte Verarbeitung eine essentielle Vorgehensweise innerhalb von relationalen Datenbanksystemen darstellt, ist auch die Verwendung von Cursorn ein äußerst wichtiger Bestandteil einer jeden Interaktion mit dem DB-Server. Dieser Tatsache trägt PL/SQL Rechnung, indem es keine Beschränkungen gibt für die Anzahl der aktiven Cursor pro PL/SQL-Programm bzw. pro Session.

Ausnahme-Definition

Die dritte Deklarations-Art innerhalb eines PL/SQL-Deklarations-Teils sind die PL/SQL-Ausnahme-Definitionen. Ausnahme- oder Fehlersituationen werden von PL/SQL stets durch den Ausnahme-Teil des jeweiligen PL/SQL-Blocks bearbeitet. Dabei können drei Ausnahme- bzw. Fehlersituationen unterschieden werden:

- vom System vordefinierte Ausnahmen
  das sind einige, mit PL/SQL-Ausnahmenamen versehene ORACLE-Fehlermeldungen wie z. B. 'duplicate_value_on_index', 'zero_divide', . . . Tritt eine dieser Fehlersituationen auf, verzweigt das PL/SQL-Programm in den Ausnahme-Teil.

- vom Programmierer definierte Ausnahmen
  das sind vom Programmierer definierte Namen für beliebige Fehlersituationen, die er während des Ablaufs des Programms explizit aktivieren kann.

- sonstige ORACLE-Fehlersituationen, die einen ORACLE-Fehlercode liefern.

Die vom System vordefinierten Ausnahmesituationen werden im Abschnitt 7.2.3 eingehend erläutert und spielen im Deklarations-Teil keine Rolle. Über die vordefinierten Ausnahmen hinaus, deren Aktivierung automatisch durch das ORACLE-System vollzogen wird, kann der Programmierer eigene Ausnahmen definieren und diese im Ausführungsteil aktivieren. Die Deklaration einer Ausnahme wird im Deklarationsteil durchgeführt, indem ein beliebiger Ausnahme-Name (max. 30 Zeichen) vergeben wird, und dem das Schlüsselwort 'exception' folgt. Beispiele könnten sein :

```
pl_stop              exception;
zuviel               exception;
zuwenig              exception;
```

Durch diese drei Befehle werden für einen PL/SQL-Block drei benutzerdefinierte Ausnahmen definiert, die der Programmierer mit dem 'raise'-Befehl im Ausführungs-Teil aktivieren kann. In dem folgenden Beispiel wird die Ausnahme 'zuwenig' aktiviert, wenn die Variable 'anzahl' kleiner als 50 ist.

```
if anzahl < 50 then
raise zuwenig; -- Verzweigung zur Ausnahmen 'zuwenig'
end if;
```

Bei dieser Art von Ausnahmen ist eine explizite Aktivierung notwendig. Nur durch die Ausführung des 'raise'-Befehls wird der Programmablauf unterbrochen und es wird zum Ausnahme-Teil verzweigt, in dem diese Ausnahme behandelt werden kann. (s. auch Abschnitt 7.2.3)

Eine weitere interessante Möglichkeit für die Definition von benutzerdefinierten Ausnahmen steht mit der Ausnahmen-Initialisierung (exception_init) zur Verfügung. Dabei können beliebigen ORACLE-Fehlernummern freidefinierte Ausnahme-Namen zugeordnet werden, die sich dann wie System-Ausnahmen verhalten.

Eine Ausnahmeinitialisierung wird in zwei Schritten durchgeführt:

1. Definition eines Ausnahme-Namens

2. Zuordnung des Namens zu einer ORACLE-Fehler-Nummer

SQL-Einführung Teil 2 (PL/SQL)

Die Befehlsfolge innerhalb eines Deklarations-Teiles könnte folgendermaßen aussehen:

```
max_open_cursors        exception;
pragma exception_init ( max_open_cursors, -1000);
```

Hier wird der ORACLE-Fehlernummer -1000 der Ausnahme-Name 'max_open_cursors' zugeordnet. Tritt bei der Ausführung des PL/SQL-Programms der Fehler -1000 auf, dann wird automatisch die Ausnahme 'max_open_cursors' aktiviert, die Programmkontrolle wird an den Exception-Teil des PL/SQL-Blockes abgegeben und dort, falls ein entsprechender 'exception handler' vorhanden ist, definiert bearbeitet.

An dieser Stelle soll nochmals auf das Bild 7-7 verwiesen werden, das einige Beispiele für Deklarationen enthält.

7.2.2 Der Ausführungs-Teil

Der Ausführungsteil eines PL/SQL-Programmes beinhaltet im wesentlichen die eigentliche Ablauflogik eines PL/SQL-Blockes. Hier werden in Abhängigkeit von verschiedenen Variablen, von Ergebnissen aus SQL-Befehlen und gemäß bestimmter Ausnahmefälle unterschiedliche Aktionen durchgeführt, Werte berechnet oder Daten innerhalb der ORACLE-Datenbank gelesen oder geändert.

Als Befehle stehen hierzu alle notwendigen Ablaufkontrollkonstrukte einer mächtigen Programmiersprache zur Verfügung. Darüber hinaus ist die uneingeschränkte Nutzung und enge Integration von SQL im Bereich von DML-Operationen, Transaktionssteuerung und Leseoperationen ein absolutes Muß. Des weiteren stehen mächtige Möglichkeiten in Form von Prozeduren, Funktionen und Paketen zur Verfügung. Im Bild 7-12 ist ein PL/SQL-Ausführungsteil dargestellt, der einige Beispiele für die PL/SQL-Sprachelemente aufzeigt.

Die wichtigsten PL/SQL-Kontrollstrukturen werden in der Folge näher erläutert. Man kann fünf wichtige Strukturelemente unterscheiden:

- Zuweisungen, arithmetische Ausdrücke

- Bedingte Verarbeitung (if-then-else-Konstrukte)

- Schleifen-Konstrukte
    . unbedingte Schleife (loop . . . end loop)
    . for-Schleife (for . . . end loop)
    . while-Schleife (while ‹bedingung› . . . end loop)
    . cursor-Schleife (for ‹implizite cursor› . . . end loop)

SQL-Einführung Teil 2 (PL/SQL)

```
begin
if anzahl < 0 then
   insert into tab values (...);
else
   delete from tab2 where nr = 4711;
end if;
```
if-then-else Konstrukt
In jedem if-Zweig können
beliebige PL/SQL-Befehle oder
SQL-Befehle vorkommen

```
test :=   test * 1.1;
var  :=   substr(text,1,20);
cosi :=   cos(...);
```
Zuweisung, arithmetische
Ausdrücke, SQL-Funktionen

```
for i in 1..ende
loop
.....
end loop;
```
for-Schleife

```
while anzahl < 30
loop
.....
end loop;
```
while-Schleife

```
gehalt_erhoehung (mit_nr,neu_gehalt);
ok := frage(mit_nr);
```
Aufruf einer gespeicherten
PL/SQL-Prozedur oder
PL/SQL-Funktion

Bild 7-12 : Beispiele für den PL/SQL-Ausführungsteil

- Cursor-Verarbeitung

- Ausnahme Aktivierung

Diese Strukturelemente erlauben es, sehr kompakte und äußerst leistungsfähige PL/SQL-Programme zu entwickeln und damit alle notwendigen Interaktionen mit dem DB-Server oder einer 4GL-Programmierumgebung zu programmieren.

Eine Zuweisung wird mit Hilfe des Zuweisungssymbols ':=' durchgeführt. Dabei kann einer Variablen, einem PL/SQL-Tabellen-Element oder einem Record-Element ein Wert zugewiesen werden, der durch den Ausdruck auf der rechten Seite gegeben ist. Soweit notwendig übernimmt das ORACLE-System notwendige Datentyp-Konvertierungen. Ein Zuweisungsausdruck kann dabei sein:

- eine Konstante (var := 10),

- eine Variable (var1 := var2),

- ein arithmetischer Ausdruck (var3 := var1*faktor),

- eine SQL-Funktion (var4 := decode(var5, 10, 100)),

- eine gespeicherte Funktion (var5 := meine_funk(var1)) oder

- ein Bedingung (var6 := (gehalt>3500)

SQL-Einführung Teil 2 (PL/SQL)

Eine andere Möglichkeit einer Variablen einen Wert zuzuweisen ist durch den 'select'-Befehl mit Hilfe der 'into'-Klausel gegeben oder durch Anwendung des 'fetch'-Befehls bei der Cursor-Verarbeitung.

Bedingte Verarbeitung

Mit Hilfe des 'if-then-else' bzw. des 'if-then-elsif' Konstrukts lassen sich bedingte Programmsequenzen erstellen. Eine Bedingung, die dem Schlüsselwort 'if'- folgt, wird dabei evaluiert und je nach Ergebnis ('true', 'false') wird der 'then'- Zweig oder der 'else' Zweig abgearbeitet. Wird das 'if. . . elsif' -Konstrukt benutzt , folgt dem 'elsif' Schlüsselwort eine erneute Bedingung, die für diesen Zweig abermals evaluiert wird. Bei dieser Art der Bedingung ist interessant, daß auch Bedingungen wie:

```
if name is null then
. .
else;
```

möglich sind, d. h. Operationen, die in klassischen Programmiersprachen nicht vorhanden sind, innerhalb relationaler Datenbanksysteme jedoch eine wichtige Bedeutung haben. Da dieses Programmkonstrukt aus klassischen Programmiersprachen hinlänglich bekannt ist, soll darauf nicht weiter eingegangen werden.

Schleifen-Konstrukte

In PL/SQL können vier Schleifen-Arten unterschieden werden:

1. Unbedingt Schleife

Diese Schleifenart kennt keine Schleifenbedingung, die die Anzahl der Schleifendurchläufe begrenzt. Eine unbedingte Schleife muß mit dem 'exit when'-Befehl beendet werden, der an jeder Stelle innerhalb der Schleife vorkommen kann. Eine unbedingte Schleife beginnt mit dem Schlüsselwort 'loop' gefolgt von beliebigen Befehlen und endet mit dem Schlüsselwort 'end loop':

```
loop            oder      loop
. . . .                    . . . .
. . . .                   exit when <bedingung>
. . . .                    . . . .
end loop;                 end loop;
```

SQL-Einführung Teil 2 (PL/SQL)

```
if name is null or mit_nr = 1000
then
    fetch c1 into rec;
    a := rec.name;
    b := rec.gehalt;
else
    close c1;
    raise no_more;
end if;
```
if-then-else Konstrukt

```
if   datum < '26-may-93' then
    insert into tab values (...);
elsif  name like '%er'  then
    a:= vor_name;
elsif  name like 'A%'   then
    a:= name;
else
    abc ( datum, name, vor_name, status);
end if;
```
if-then-elsif- Konstrukt

Bild 7-13 : Beispiele für das IF-Konstrukt

Im ersten Fall handelt es sich um eine Endlos-Schleife. Im zweiten Fall wird bei jedem Durchlauf die Bedingung des 'exit when' Konstrukts geprüft. Ist die Bedingung 'true', dann wird die Schleife beendet und der Programmablauf wird mit dem ersten ausführbaren Befehl nach dem 'end loop' Schlüsselwort weitergeführt.

2. FOR-Schleife

Mit Hilfe der 'for'-Schleife lassen sich stets eine bestimmte Anzahl von Schleifendurchläufen programmieren. Die 'for'-Schleife hat die Form:

```
for i in <start>. . <ende> loop;
```

Dabei stellt 'i' (in diesem Beispiel) die Laufvariable oder den Index dar, der pro Schleifendurchlauf um 1 erhöht wird. Nach dem 'in'-Schlüsselwort folgen zwei Angaben, die den ersten Wert und den letzten Wert der Laufvariablen bestimmen. Das Zeichen '..', der liegende Doppelpunkt, hat die Bedeutung 'von/bis'. Start- und Endpunkte können natürlich auch durch einen arithmetischen Ausdruck errechnet werden. Auch das folgende Konstrukt ist eine gültige 'for'-Schleife:

```
for i in 8*faktor. . floor(10*faktor/0. 3) loop
```

SQL-Einführung Teil 2 (PL/SQL)

Wird nach dem 'in'-Schlüsselwort das 'reverse'-Schlüsselwort angegeben, beginnt die Laufvariable mit dem größten Wert und es erfolgt eine Dekrementierung je Schleifendurchlauf bis der kleinste Wert erreicht ist.

```
for i in reverse 1. . 10 loop
```

Diese Schleife beginnt mit dem Wert 10 für die Laufvariable und endet mit dem Wert 1.

3. WHILE-Schleife

Bei der 'while'-Schleife wird eine Schleifenbedingung vor jedem Durchlauf der Schleife geprüft und die Schleife sooft durchlaufen, bis die Bedingung den Wert 'false' liefert. Eine 'while'- Schleife hat die Form:

```
while <bedingung> loop
. . . . .
end loop;
```

4. FOR-Cursor Schleife

Eine besondere Art eines Schleifenkonstrukts stellt die PL/SQL-Cursor-Schleife dar, in der implizit SQL-Cursor-Operationen durchgeführt werden und so eine sehr kompakte Programmierung möglich ist. Auf die genaue Beschreibung dieser Art von Schleife soll jedoch erst später eingegangen werden, nachdem die grundsätzliche Vorgehensweise bei der Verarbeitung von Mengendaten innerhalb von SQL-Leseoperationen eingeführt ist.

SQL-Cursor-Operationen

Im Kapitel 7.2.1 wurde bereits die explizite Definition eines SQL-Cursors gezeigt, die immer dann notwendig ist, wenn ein 'select'-Befehl mehr als einen Datensatz als Ergebnismenge einer Leseoperation liefert. Ein solcher SQL-Cursor kann als Adapter zwischen der mengenorientierten Verarbeitungsweise des ORACLE-Servers und der datensatzorientierten Verarbeitungsweise von Programmiersprachen betrachtet werden. Dabei können vier Cursor-Operationen unterschieden werden:

- Deklarationen eines Cursors
  Hier wird der Name des Cursors, die Eingabeparameter und der eigentliche 'select'-Befehl definiert.

- Öffnen eines Cursors
  Hier wird ein Cursor 'aktiviert', ohne daß dabei jedoch Daten vom ORACLE-

SQL-Einführung Teil 2 (PL/SQL)

Server in den Programmbereich transferiert werden. In dieser Phase wird geprüft, ob ein identischer SQL-Befehl bereits im DB-Cache in geparster Form vorliegt, oder ob er neu geparst und ein Zugriffspfad ermittelt werden muß.

- Übertragen von Datensätzen aus der Datenbank in den Programmbereich
  Hier werden mit dem SQL-'fetch'-Befehl Datensätze, die der Bedingung des 'select'-Befehls genügen, in Programmvariable übertragen. Diese Operation wird gewöhnlich in einer Schleife so lange durchgeführt, bis alle Datensätze gelesen wurden.

- Schließen eines Cursors
  Hier wird die Leseoperation definiert beendet und alle Resourcen werden freigegeben.

Das Beispiel im Bild 7-14 zeigt über die vier Cursor-Operationen hinaus auch die Definition einer Variablenstruktur (c1_rec), die auf der Basis der Cursor-Definition erstellt wird. Mit Hilfe der '%rowtype'-Defintion wird eine Struktur definiert, die der 'select'-Liste des Cursors C1 entspricht. Diese Struktur kann innerhalb des 'fetch'-Befehls benutzt werden. Die einzelnen Variablenelemente entsprechen dann den einzelnen Spalten der zugrundeliegenden Datenbank-Tabelle.

Über die Cursor-Operationen hinaus stellt PL/SQL auch Cursor-Variable zur Verfügung, mit deren Hilfe der Status der jeweiligen Cursor geprüft werden kann. Cursor-Variablen sind:

- %found

  liefert den Wert 'wahr' ('true'), wenn die zuletzt durchgeführte 'fetch'-Operation einen Datensatz gefunden hat

- %notfound

  liefert den Wert 'wahr'('true'), wenn die zuletzt durchgeführte 'fetch'-Operation keinen Datensatz gefunden hat

- %rowcount

  liefert die Anzahl der bereits gefundenen Datensätze

- %isopen

  liefert 'wahr', wenn der Cursor geöffnet ist

Die Nutzung dieser Cursor-Variablen geschieht durch das Anhängen der Variablen an den jeweiligen Cursor-Namen, z. B.

```
c1%found
c1%isopen
```

und kann in allen Zuweisungen oder PL/SQL-Programmkonstrukten vorkommen.

SQL-Einführung Teil 2 (PL/SQL)

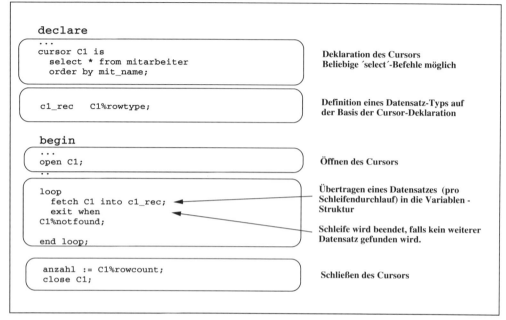

Bild 7-14 : SQL-Cursor-Verarbeitung innerhalb eines PL/SQL-Programmes

Im Bild 7-14 wurde die Cursor-Variable '%notfound' benutzt, um die unbedingte Schleife zu beenden, indem innerhalb des 'exit'-Befehls geprüft wurde, ob die letzte 'fetch'-Operation einen Datensatz geliefert hat oder nicht. Die beschriebenen Cursor-Variablen können jedoch nicht nur bei expliziten (deklarierten 'select') Cursorn benutzt werden, sondern auch bei allen impliziten Cursorn, bei denen dann ein vorangestellter Cursor-Name entfällt. Soll z. B. geprüft werden, wieviele Datensätze durch einen 'update'-Befehl geändert wurden, kann dies nach der Ausführung des Befehls durch '%rowcount' festgestellt werden, was zu der folgenden Befehlssequenz führen kann:

```
update mitarbeiter
set mit_gehalt = mit_gehalt * 1.05
where mit_abtnr = 40;              -- liefert die Anzahl der durch den
anzahl := %rowcount                -- update-Befehl geänderten Datensätze
```

Die exemplarische Ablauffolge bei der Bearbeitung von mengenorientierten Ergebnissen mit Hilfe von Cursorn, wie sie im Bild 7-14 dargestellt wurde und zu der eine Reihe von Aktionen gehören, läßt sich mit Hilfe einer 'for-cursor'-Schleife wesentlich kompakter programmieren.

SQL-Einführung Teil 2 (PL/SQL)

```
declare

   cursor  cur_for  is                    Deklaration des Cursors
      select * from mitarbeiter
      order by mit_name;


begin                                     Erster Durchlauf der for-Cursor-Schleife
                                            . Definition der Datenstruktur ´c1_rec´
                                              (implizit aus Cursor-Definition)
   for c1_rec   in    cur_for              . Öffnen des Cursors ´cur_for´
   loop                                    . ersten Datensatz lesen und in ´c1_rec´
   ....                                      einspeichern
   ....
   ....                                   Zweiter bis n-ter Durchlauf
   anzahl := cur_for%rowcount;              . Datensätze werden in ´c1_rec´
   ....                                       gespeichert und können beliebig
   ....                                       weiterverarbeitet werden.
   ....
   end loop;                              letzter Datensatz
                                            . kein Datensatz mehr gefunden
                                            . Schleife wird beendet
                                            . Cursor ´cur_for´ wird implizit
                                              geschlossen
```

Bild 7-15 : Beispiel einer for-Cursor Schleife

Eine 'for-cursor'-Schleife ist ein besonderes Programmkonstrukt, das der Verarbeitung von Mengendaten durch Cursor-Operationen Rechnung trägt. Innerhalb einer 'for-cursor'-Schleife werden dabei die folgenden Operationen implizit durchgeführt:

- Erstellung einer Record-Datensatzstruktur gemäß der Defintion des Cursors
- Öffnen des Cursors
- Übertragen der Datensätze aus dem Datenbankbereich in die Record-Struktur
- Schließen des Cursors und Beenden der Schleife, wenn alle Datensätze des Cursors gelesen sind

Der generelle Aufbau einer 'for-cursor'-Schleife sieht wie folgt aus:

```
for <record_struktur> in <cursor_name> loop
 . . .
end loop;
```

Dabei ist ‹record_struktur› ein beliebiger Name, der als record-Datentyp gemäß der Cursor-Definition aufgebaut wird. In diese Struktur werden pro Schleifendurchlauf die Daten, die der Cursor durch eine implizite Leseoperation liefert, eingespeichert. Die 'for'-Schleife wird so lange durchlaufen, bis keine Datensätze mehr gefunden werden, die der 'where'-Bedingung des Cursors entsprechen. Im Bild 7-15 ist eine 'for-Cursor'-Schleife dargestellt, die die gleiche Funktionalität aufweist, wie das im Bild 7-14 gezeigte Beispiel.

7.2.3 Der Fehlerbehandlungsteil

PL/SQL kennt drei Arten von Ausnahmen bzw. Fehlern, die während der Ausführung eines PL/SQL-Programmes auftreten können :

- vom System vordefinierte Ausnahmen
- vom Programmierer definierte Ausnahmen, die innerhalb des PL/SQL-Programmes explizit aktiviert (raise) werden müssen
- sonstige Fehlersituationen, die einen ORACLE-Fehlercode liefern, die auch mit einem Ausnahme-Namen belegt werden können (exception_init) und die sich dann wie Systemausnahmen verhalten.

Tritt während der Ausführung eines PL/SQL-Programmes eine System-Ausnahme auf oder wird eine vom Programmierer definierte Ausnahme mit dem 'raise'-Befehl aktiviert, so wird stets zu dem Ausnahme- bzw. Fehlerbehandlungsteil des Programmes verzweigt. Dieser Teil eines PL/SQL-Programmes wird durch das Schlüsselwort 'exception' eingeleitet und enthält sogenannte 'exception handler', die eine oder mehrere Fehlersituationen bearbeiten. Ein typischer PL/SQL Ausnahme- bzw. Fehlerbehandlungsteil ist im Bild 7-16 dargestellt. Jeder 'exception handler' wird innerhalb des 'exception'-Teils eingeleitet durch das Schlüsselwort 'when' gefolgt durch den Fehlernamen:

```
when     <ausnahme_name>     then
         <PL/SQL-Befehlsfolge>
```

Wird bei der Ausführung des PL/SQL-Programms eine Ausnahme aktiviert bzw. tritt eine Ausnahme- bzw. Fehlersituation ein, verzweigt die Programmkontrolle in den Ausnahmebehandlungsteil und es wird der 'exception-handler' mit dem gleichen Namen gesucht und die, diesem exception-handler zugeordnete PL/SQL-Befehlsfolge als Bearbeitung der Fehlersituation ausgeführt. Dabei spielt es keine Rolle, ob eine Ausnahme implizit, durch das Auftreten einer vordefinierten Fehlersituation ausgelöst, oder ob innerhalb des Programms eine Ausnahmesituation mit dem 'raise'-Befehl aktiviert wurde.

SQL-Einführung Teil 2 (PL/SQL)

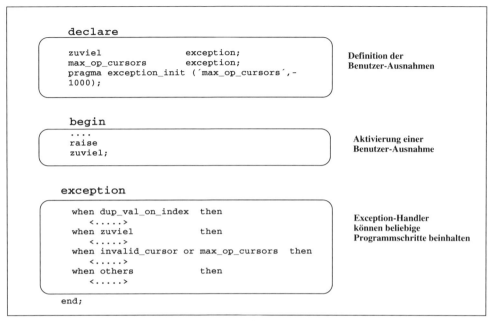

Bild 7-16 : PL/SQL-Exception Teil mit exception-handler

Für alle Fehlersituationen, die innerhalb eines Programmes keine besondere programmtechnische Behandlung verlangen, kann der 'others'- Exception-Handler benutzt werden, der immer dann ausgeführt wird, wenn zu einem Fehlernamen kein entsprechender 'exception-handler' programmiert wurde.

Im Bild 7-16 sind vier 'exception-handler' definiert, die folgende Fehlerarten behandeln :

- dup_val_on_index und invalid_cursor als Systemausnahmen,

- zuviel, als vom Programmierer definierte Ausnahme und

- max_ op_cursors, als eine durch Ausnahmeinitialisierung definierter Fehlername. Alle nicht explizit definierten Fehlerarten werden durch den 'others'-Teil behandelt.

Im Bild 7-17 sind alle vom System vordefinierten Ausnahmen mit den zugehörigen ORACLE-Fehlernummern aufgeführt.

Innerhalb des Ausnahmenbehandlungsteils können die beiden Funktionen 'sqlcode' und 'sqlerrm' genutzt werden um den ORACLE-Fehlercode und den, diesem Fehler zugeordneten Fehlertext, zu ermitteln. Dies ist insbesondere für den 'others' Exception Handler interessant, da hier alle nicht explizit benannten

179

Ausnahme / Fehlername	ORACLE-Fehlernummer
cursor_already_open	ora-06511
dup_val_on_index	ora-00001
invalid_cursor	ora-01001
invalid_number	ora-01722
login_denied	ora-01017
no_data_found	ora-01403
not_logged_on	ora-01012
program_error	ora-06501
storage_error	ora-06500
timeout_on_resource	ora-00051
too_many_rows	ora-01422
transaction_backed_out	ora-00061
value_error	ora-06502
zero_divide	ora-01476

Bild 7-17 : Zusammenstellung der PL/SQL-Systemdefinierten Ausnahmen

Fehler behandelt werden. Ein typischer 'others' Exception Handler könnte folgendermaßen programmiert werden:

```
when others then
err_no:=sqlcode;
err_text:=sqlerrm;
insert into fehler(f_nr, f_text) values (err_no, err_text);
```

Nach der Behandlung einer beliebigen Ausnahmesituation innerhalb des Ausnahme-Teils wird der aktuelle PL/SQL-Block beendet und die Programmkontrolle wird an das übergeordnete Programm-Modul abgegeben.

8. Gespeicherte PL/SQL Programme

8.1 Einführung

Die Sprache PL/SQL stellt die Basis für die Entwicklung prozeduraler Funktionen dar. Sie steht, wie bereits im Kapitel 7 beschrieben, sowohl innerhalb aller Produkte der ORACLE-Entwicklungsumgebung, als auch für Funktionen innerhalb des Oracle7 Servers zur Verfügung.

In Version 6 des ORACLE Datenbanksystems bestand mit den nicht-benannten anonymen PL/SQL-Blöcken bereits eine Möglichkeit, prozedurale Komponenten „datenbanknah" zu implementieren, was insbesondere in Client/Server Umgebungen Performance-Vorteile brachte. Ein Beispiel eines anonymen PL/SQL-Blockes zeigt das Bild 7-2.

Mit Oracle7 wird das Konzept der datenbankresidenten PL/SQL-Programme durch die Einführung von neuen Datenbank-Objekten wesentlich erweitert. Über die in Version 6 definierbaren anonymen PL/SQL-Blöcke hinaus ist es in Oracle7 möglich, Funktionen, Prozeduren und aus diesen Grundbausteinen zusammengesetzte Pakete zu entwickeln, die innerhalb der ORACLE-Datenbank in kompilierter Form abgespeichert sind und die durch jedes ORACLE-Anwendungsprogramm ausgeführt werden können. (siehe dazu auch Bild 7-4 mit der Zusammenstellung aller möglichen PL/SQL-Programmarten).

Ein typischer Ablauf beim Aufruf einer gespeicherten Funktion oder einer gespeicherten Prozedur aus einem beliebigen Anwendungsprogramm zeigt Bild 8-1.

Der Aufruf der Prozedur wird an den ORACLE-Server gesandt und dort verarbeitet. Dabei wird zunächst geprüft, ob sich die auszuführende Prozedur bereits im 'shared-pool' des DB-Caches befindet. Ist dies der Fall, kann die PL/SQL-Prozedur (bzw. Funktion) unmittelbar, unter Verwendung der aktuellen Parameter des PL/SQL Programmes, benutzt und ausgeführt werden. Befindet sich die Prozedur noch nicht bzw. nicht mehr im DB-Cache, wird die kompilierte Form des PL/SQL-Programmes aus der ORACLE-Datenbank in den DB-Cache geladen, ausgeführt und die entsprechenden Ergebnisse werden über Parameter der Prozedur an das Client-Programm zurückgegeben.

Gespeicherte PL/SQL Programme

Bei der Definition dieser datenbankresidenten PL/SQL-Programmkonstrukte wurden die neuesten Konzepte der modularen Software-Entwicklung berücksichtigt. So werden drei Arten von PL/SQL-Konstrukten unterschieden:

- Funktionen
- Prozeduren und
- Pakete

PL/SQL-Pakete können dabei aus Funktionen und Prozeduren bestehen, die deshalb auch Paket-Prozeduren und Paket-Funktionen genannt werden, im Gegensatz zu standalone Prozeduren und Funktionen. Diese drei Konstrukte, im Zusammenspiel mit den PL/SQL-Sprachkonstrukten, stellen die Basis für überaus mächtige PL/SQL-Programme dar, die rekursive Programmierung unterstützen, 'überladen' definierbar sind und die auch in entfernten (remote) ORACLE-Servern aufgerufen werden können (Remote Procedure Call).

Insbesondere in Client/Server Umgebungen können gespeicherte PL/SQL-Programme, die in der Datenbank als kompilierte Module vorliegen, für einen zusätzlichen Performance-Schub sorgen, da durch einen Aufruf u.U. eine Vielzahl von Datenbank-Operationen ausgelöst werden, die vollständig im ORACLE-Server abge-

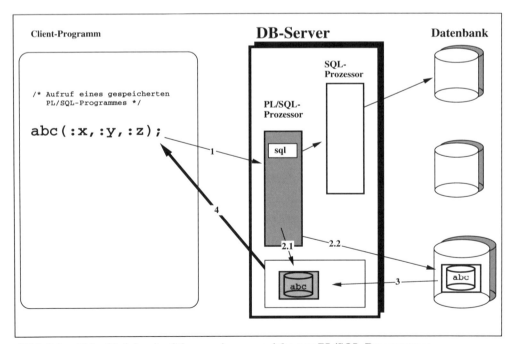

Bild 8-1 : Ablauf bei der Ausführung eines gespeicherten PL/SQL-Programmes

arbeitet werden können, ohne daß das Netzwerk belastet wird und ohne daß aufwendige Context-Wechsel notwendig sind. Da diese Module andererseits im 'shared-pool' des DB-Caches vorgehalten werden, ist eine äußerst effiziente Abarbeitung möglich.

Ein zweiter Aspekt bei der Verwendung von gespeicherten PL/SQL Programmen ist die Kapselung von DB-Operationen, zugehörigen Datenstrukturen und Zugriffsprivilegien. Erhält ein Benutzer das Recht ein PL/SQL Programm (Prozedur, Funktion, Paket) auszuführen, dann wird dieses Modul stets unter dem Sicherheits-Context des Erstellers ausgeführt. Der Benutzer eines PL/SQL-Programmes kann somit mit Hilfe dieser Prozeduren definierte Operationen auf Datenstrukturen ausführen, zu denen er ansonsten keinen direkten Zugriff besitzt.

8.2 PL/SQL Modul Konstrukte

8.2.1 Einführung

Wie bereits erwähnt, werden für die gespeicherten PL/SQL-Programme drei Modularten unterschieden. Funktionen und Prozeduren können dabei als Einzelobjekte definiert ('create function', 'create procedure') oder sie können innerhalb eines PL/SQL-Paketes definiert ('create package', 'create package body') werden. Im ersten Fall handelt es sich dabei um sogenannte 'standalone' oder Einzel-Prozeduren/Funktionen, im zweiten Fall spricht man von Paket-Prozeduren/Funktionen. Funktional gibt es zwischen den standalone- und Paket-Modulen keine Unterschiede. Mit Hilfe von Paketen lassen sich jedoch, aus der Sicht der Software-Entwicklung, interessante Strukturen und Datenbank-Funktionalitäten auf der Basis eines modernen Modulkonzeptes verwirklichen.

PL/SQL-Funktionen können, wie aus klassischen Programmiersprachen bekannt, mehrere Parameter besitzen, haben stets einen Rückgabewert und können in Zuweisungen oder Verleichsoperationen zur Ausführung kommen. Ein typischer Funktionsaufruf könnte sein:

```
a:= function_1(10,'abc',<variable>);
```

Gespeicherte PL/SQL Programme

Die Funktion 'function_1' hat dabei drei Eingabeparameter und das Ergebnis wird der PL/SQL-Variablen 'a' zugewiesen.

Eine PL/SQL-Prozedur kann mehrere Eingabeparameter und mehrere Ausgabeparameter besitzen, wie im Bild 8-2 schematisch dargestellt ist. Ein typischer Aufruf könnte folgendermaßen aussehen:

```
procedure_1(ein_var, aus_var);
```

wobei 'ein_var' den Eingabeparameter und 'aus_var' den Rückgabeparameter darstellt.

Mit Hilfe von PL/SQL-Paketen können mehrere Funktionen und Prozeduren unter einem Paketnamen zusammengefaßt werden. Dabei stellt das Paket lediglich eine Strukturierungseinheit dar, die Ausführungseinheit eines Paketes bilden weiterhin die im Paket definierten Prozeduren und Funktionen. Der typische Aufruf einer Paket-Prozedur lautet formal:

```
<paket_name>.<prozedur_name>(par1,par2,par3,...);
```

Analoges gilt für den Aufruf einer Paket-Funktion. Auch da wird der Paket-Name dem Funktions-Namen vorangestellt.

Ein PL/SQL-Paket besteht jeweils aus zwei Teilen (s. dazu auch Bild 8-2). Aus der Paket-Schnittstellendefinition, in der alle Funktionen, Prozeduren, Variablen, Cursor

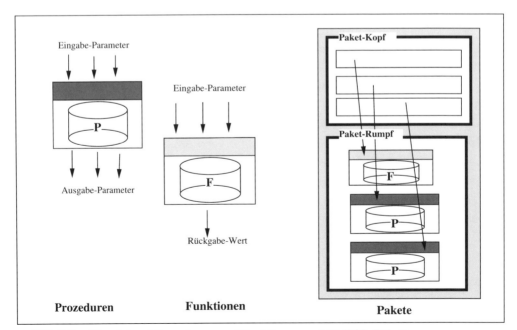

Bild 8-2 : ´Standalone´ Prozeduren und Funktionen und PL/SQL-Pakete

Gespeicherte PL/SQL Programme

und Ausnahmen definiert werden, die von allen Benutzern, die das Ausführungsrecht des Paketes besitzen, explizit ausführbar sind. Im Paket-Rumpf, dem zweiten Definitionsteil eines Paketes, sind alle PL/SQL-Programme eines Paketes ausprogrammiert. Funktionen und Prozeduren, die nur im Paket-Rumpf, nicht aber in der Paket-Spezifikation definiert wurden, können nur implizit, als Aufruf einer anderen Prozedur oder Funktion ausgeführt werden. Die explizite Ausführung solcher 'unsichtbaren' Programme ist nicht möglich. Mit Hilfe der PL/SQL-Pakete läßt sich eine interessante Modul-Strukturierung erreichen und darüberhinaus auch das Ausführungsmanagement vereinfachen. Erhält ein Benutzer das Ausführungsrecht eines Paketes, so kann er alle Funktionen/Prozeduren explizit ausführen, die im Paket-Kopf definiert sind.

8.2.2 PL/SQL Prozeduren und Funktionen

Zur Definition von standalone Prozeduren und Funktionen dienen die beiden SQL-Befehle 'create procedure' und 'create function', die auch im Bild 8-3 angegeben sind. Durch die Angabe der 'replace'-Option wird eine bereits vorhandene Funktion/Prozedur durch eine neue Version ersetzt, ohne daß eventuell vorhandene Ausführungsberechtigungen verloren gehen. Während PL/SQL Funktionen nur Eingabeparameter besitzen und einen Rückgabewert besitzen müssen, können bei PL/SQL-Prozeduren Eingabe (in), Ausgabe (out) und Ein/Ausgabe (in/out)-Parameter vorhanden sein.

Bei der Ausführung des 'create/replace'-Befehls wird die PL/SQL-Einheit kompiliert. Dabei werden alle PL/SQL-Konstrukte und alle SQL-Befehle syntaktisch und semantisch überprüft und eventuelle Fehlersituationen im ORACLE-Data-Dictionary abgelegt. Die aufgetretenen Fehler können über die Data-Dictionary Views 'user_errors', 'all_errors' oder 'dba_errors' ermittelt werden. Innerhalb von SQL*Plus oder SQL*DBA können diese Views auch durch den 'show errors'-Befehl abgefragt werden.

Den Ablauf bei der Erstellung eines PL/SQL-Programmes zeigt Bild 8-4.

Das Ausführen des 'create function/procedure'-Befehls führt zu folgenden Aktionen:

- der PL/SQL-Compiler übersetzt das PL/SQL-Programm und prüft auf syntaktische und semantische Korrektheit. Fehler werden im Data-Dictionary innerhalb der 'error$'-Tabelle protokolliert.

Gespeicherte PL/SQL Programme

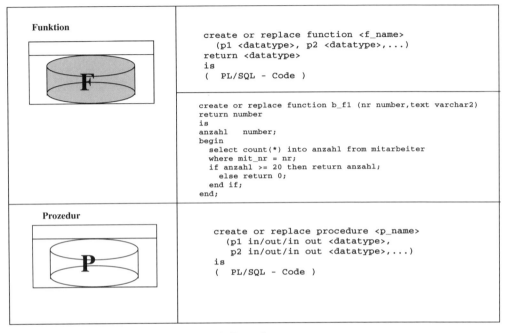

Bild 8-3 : ´Standalone´-Funktion und -Prozedur

- alle SQL-Befehle, die innerhalb eines PL/SQL-Programmes vorhanden sind, werden ebenfalls syntaktisch geprüft und zusätzlich wird ein PRE-parse-Vorgang durchgeführt, bei dem die Zugriffsberechtigung auf das DB-Objekt, der Objekt-Name (z. B. Tabellen- oder View-Name) und die Spaltennamen geprüft werden. Alle festgestellten Fehler werden ebenfalls in die 'error$'-Tabelle eingetragen.

- alle Referenzen auf weitere PL/SQL-Programme (PL/SQL-Programm ruft andere PL/SQL-Programme) werden auf Zugriffsberechtigung geprüft.

- der Source-Code des PL/SQL-Programms wird in das Data-Dictionary ('source$'-Tabelle) eingetragen. Dies geschieht auch dann, wenn das PL/SQL-Programm nicht fehlerfrei kompiliert werden konnte.

- die übersetzte (kompilierte) Repräsentation des PL/SQL-Programmes wird in das Data-Dictionary eingetragen. Dies geschieht auch dann, wenn das PL/SQL-Programm nicht fehlerfrei kompiliert werden konnte.

- der Benutzer erhält eine Rückmeldung über den Verlauf der Definitions-Operation z. B. 'Procedure created' oder im Fehlerfall 'Warning, Procedure created with compilation errors'.

Gespeicherte PL/SQL Programme

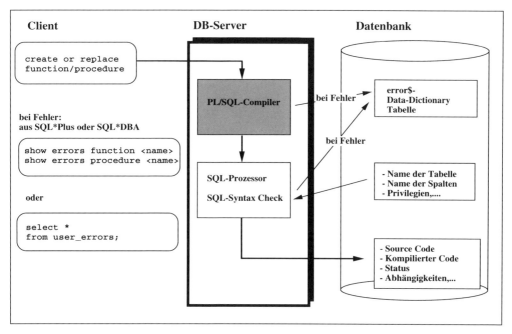

Bild 8-4 : Ablauf bei der Erstellung einer Funktion oder Prozedur

Wurden bei der Übersetzung eines PL/SQL-Programmes Fehler festgestellt, dann erhält das Modul den Status 'invalid'. Im Fehlerfall kann auf das Data Dictionary mit folgenden Befehlen zugegriffen werden, um die Fehlerursache zu ermitteln:

```
show errors function <func_name>
show errors procedure <proc_name>
```

(diese Befehle stehen nur in SQL*Plus und SQL*DBA zur Verfügung)

```
select * from user_errors where name = <proc_name>;
select * from all_errors where name = <proc_name>;
```

Eine weitere Möglichkeit könnte man sich als SQL*Forms-Anwendung vorstellen, die auf der Basis der Data Dictionary Views 'all_errors' oder 'user_errors' die aktuellen Kompilierungs-Fehler innerhalb einer Maskenanwendung, die in einer zweiten ORACLE-Session läuft, darstellen.

Innerhalb des Data-Dictionaries wird sowohl der Source-Code eines PL/SQL-Programmes, als auch die kompilierte Repräsentation abgespeichert. Somit ist es möglich, das aktuelle Source-Programm jederzeit aus dem Data-Dictionary als Text-File wiederzugewinnen. Eine Modifikation eines PL/SQL-Programmes bedarf jeweils einer neuen 'create/replace'-Operation. Sinnvollerweise sollte vor jeder Modifikation

Gespeicherte PL/SQL Programme

stets das aktuelle PL/SQL-Programm aus dem Data Dictionary erzeugt werden. Dies ist mit einem Zugriff auf die Data Dictionary Views 'user_source' bzw. 'all_source' möglich. (s. dazu Bild 8-17)

8.2.3 PL/SQL-Pakete

Ein PL/SQL-Paket wird in zwei Schritten erstellt. Im ersten Schritt wird der Paket-Kopf oder die Paket-Spezifikation mit Hilfe des 'create package' Befehls angelegt. Innerhalb der Paket-Spezifikation werden all 'sichtbaren' Objekte des Paketes angegeben. Dazu gehören die Schnittstellendefinitionen für Prozeduren und Funktionen, die Definition von 'globalen' Konstanten und Variablen, 'globalen' Ausnahmedefinitionen und 'globale' Cursor-Definitionen. Alle Prozeduren und Funktionen, die innerhalb der Paket-Spezifikation definiert sind, können von allen Benutzern, die das Ausführungsrecht für das Paket besitzen, explizit ausgeführt werden.

Variablen und Konstanten, die in der Paket-Spezifikation definiert werden, haben die Eigenschaft, daß sie, einmal initialisiert, während der gesamten Benutzer-

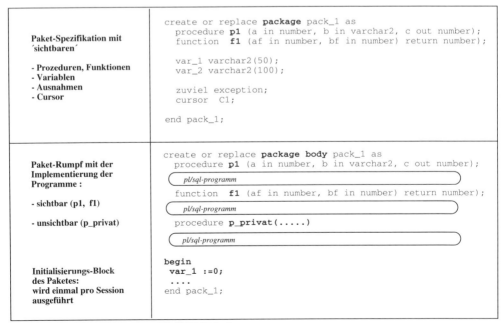

Bild 8-5 : Erstellung eines PL/SQL Paketes

Gespeicherte PL/SQL Programme

Session existent bleiben und so als globale Variablen und Konstanten dienen, die von beliebigen Prozeduren, Funktionen und DB-Triggern der aktuellen Session benutzt werden können.

Im zweiten Schritt wird der Paket-Rumpf mit dem 'create package body' Befehl definiert, der die eigentliche Implementierung der Paket-Prozeduren/Funktionen darstellt. Hier befinden sich die ausprogrammierten PL/SQL-Programme. PL/SQL-Objekte, die nur innerhalb des Paket-Rumpfes definiert wurden, und nicht in der Paket-Spezifikation als Schnittstelle bereits angegeben sind, bezeichnet man auch als 'private'- Objekte eines Paketes und können nicht explizit aufgerufen werden. Bei diesen privaten Objekten kann es sich um Prozeduren, Funktionen, Variablen und Konstanten, Ausnahmen und Cursor handeln, die nur innerhalb anderer Objekte (public oder private) aufgerufen und ausgeführt werden können. Im Beispiel aus dem Bild 8-5 kann die Prozedur 'p_privat' nur innerhalb der beiden Programme 'p1' und 'f1' aufgerufen werden.

Bei der Erstellung der Paket-Spezifikation und des Paket-Rumpfes ist der Ablauf analog zu dem bei der Erstellung von standalone PL/SQL-Programmen, wie er im Bild 8-4 dargestellt wurde.

Auch hier wird bei der Erstellung der Paket-Spezifikation und des Paket-Rumpfes auf syntaktische und semantische Korrektheit geprüft und der Source-Code und die kompilierte Repräsentation des Programmes im ORACLE Data Dictionary abgelegt. Bei der Paket-Rumpf Erstellung werden zusätzlich alle SQL-Befehle der einzelnen Prozeduren/Funktionen geprüft, ohne daß jedoch ein vollständiges parsen der Befehle notwendig ist. Auch werden dabei die Schnittstellen-Definitionen der Paket-Spezifikation mit den entsprechenden Schnittstellen des Paket-Rumpfes überprüft (gleiche Anzahl von Parametern, gleiche Datentypen). Fehler, die bei der Kompilation sowohl der Spezifikation als auch des Rumpfes auftreten, werden wie bei den standalone Prozeduren/Funktionen im Data-Dictionary abgelegt und können über die 'user_errors' bzw. 'all_errors' oder 'dba_errors' Views abgefragt werden.

Eine interessante Eigenschaft von Paket-Prozeduren/Funktionen ist die Möglichkeit der Überladung von Prozedurnamen. Dabei werden innerhalb der Schnittstellendefinition mehrere Prozeduren mit gleichem Namen definiert, die sich jedoch in der Parameterliste, in der Anzahl der Parameter bzw. bezüglich der Parameterdatentypen unterscheiden. Zu diesen unterschiedlichen Schnittstellendefinitionen, die jedoch alle den gleichen Namen besitzen, werden dann die unterschiedlichen Programme im Paket-Rumpf ausprogrammiert. Typische Kandidaten für eine Namens-Überladung sind Prozeduren und Funktionen, die unter einem Namen unterschiedliche Parameter verarbeiten sollen. So kann eine Konvertierungsfunktion, wie

Gespeicherte PL/SQL Programme

die innerhalb ORACLE bekannte 'to_char'-Funktion, eine Umwandlung eines numerischen-Datentyps und eines Datums-Datentyps in einen Charakter-Datentyp durchführen.

Wird eine überladene Prozedur aufgerufen, dann wird, auf Grund der Parameteranzahl und der Datentypen, zur Laufzeit entschieden, welche 'Instanz' des Programmes tatsächlich zur Ausführung kommt. Im Bild 8-6 ist dies am Beispiel einer Funktion dargestellt, die insgesamt durch vier Varianten repräsentiert werden soll.

Im Bild 8-6 werden vier Schnittstellen in der Paket-Spezifikation definiert und alle vier Programme, die diese Schnittstellen repräsentieren, werden im Paket-Rumpf ausprogrammiert. Ein Aufruf dieser Funktion könnte folgendermaßen aussehen:

```
x:=a(<num_var>);              - erste Funktionsausprägung
x:=a(<datums_var>);           - dritte Funktionsausprägung
x:=a(<num_var>,<char_var>);   - vierte Funktionsausprägung
```

Bei jedem der obigen Aufrufe wird stets die für diese Parameterkonstellation gültige Variante (die Instanz) dieser Funktion aktiviert und ausgeführt.

Innerhalb des Paket-Rumpfes gibt es einen ausgezeichneten PL/SQL-Block, der pro ORACLE-Session eines Benutzers genau einmal, beim erstmaligen Ausführen einer beliebigen Prozedur/Funktion des Paketes, durchlaufen wird. Innerhalb dieses

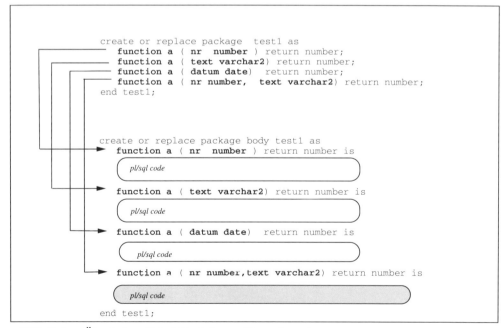

Bild 8-6 : Überladene Paket-Funktionen (Prozeduren)

Gespeicherte PL/SQL Programme

Bereiches, der wie jeder PL/SQL-Block mit 'begin' eingeleitet wird, können z. B. globale Variablen initialisiert werden. (s. dazu auch Bild 8-5)

8.2.4 Die Ausführung von PL/SQL-Programmen

Bei der Ausführung von standalone Prozeduren/Funktionen und Paket-Prozeduren/Funktionen gibt es lediglich kleine Unterschiede. Der vollständige Name einer standalone Prozedur enthält, über den Namen der Prozedur selbst, auch den Namen des Erstellers als Präfix.

Ein typischer Aufruf lautet formal:

```
<ersteller_name>.<proz_name>(.....);
```

oder als konkretes Beispiel

```
gst.b_p1(var1,var2,var3);
```

dabei stellt 'gst' den Benutzername des Erstellers der Prozedur dar, der, wie bei jedem ORACLE-Objekt, Teil des Objektnames ist.

Der vollständige Aufruf einer Paket-Prozedur erhält über den Benutzerpräfix auch den Paket-Namen als Präfix. Daraus ergibt sich folgende formale Beschreibung:

```
<ersteller_name>.<paket_name>.<proz_name>(.....);
```

oder als konkreten Aufruf

```
gst.pack1.p1(var1,var2,var3);
```

Der Vollständigkeit halber sei an dieser Stelle schon vermerkt, daß es auch möglich ist, eine Prozedur/Funktion in einer entfernten ORACLE-Datenbank auszuführen. Ein solcher Remote-Aufruf einer Prozedur wird mit Hilfe der ORACLE-Datenbank-Links (s. dazu auch Kapitel 14) durchgeführt. Mit vollständiger Schreibweise ergibt sich ein solcher Remote-Aufruf als

```
gst.pack1.proc_2§stgt (.....);
```

bei dem 'stgt' den Datenbank-Linknamen darstellt. Bei diesem Aufruf wird eine Prozedur in einer ORACLE-Instanz ausgeführt, die durch den Datenbank-Link angegeben wird.

Sowohl für standalone Prozeduren/Funktionen und Paket Prozeduren/Funktionen ist es möglich, private und public Synonyme zu erzeugen, um die etwas längliche

Gespeicherte PL/SQL Programme

'Punkt'-Schreibweise zu vereinfachen oder um Datenbank-Linknamen zu verbergen. Im Bild 8-7 sind für drei Beispiele entsprechende Synonyme erzeugt worden.

Aufruf des PL/SQL-Programms mit komplettem Namen	SQL-Synonym	Aufruf des PL/SQL-Programms
`gst.b_p1(a, b, c)`	`create synonym b_p1 for gst.b_p1;`	`b_p1 ( a , b , c);`
`gst.pack_1.p1( ...)`	`create synonym p1 for gst.pack_1.p1;`	`p1 (.....);`
`gst.pack_1.f1.§stgt(..)`	`create synonym f1 for gst.pack_1.f1.§stgt;`	`f1(....);`

Bild 8-7 : Synonyme für PL/SQL-Programme

Variablen und Konstanten, die innerhalb der Paket-Spezifikation definiert wurden, bleiben, nach der Initialisierung, bis zum jeweiligen Benutzersession-Ende erhalten und können von beliebigen PL/SQL-Programmen der gleichen Session genutzt werden. Auch dabei wird die Punktnotation angewandt, d. h. der Name des Paketes wird als Präfix vor den Variablen-Namen geschrieben, z.B:

```
a:=pack1.var_1;
pack1.var_2 := 'abcd';
if pack2.status = true then
```

Wie bereits erwähnt, können PL/SQL-Programme aus allen Anwendungssystemen und ORACLE-Programmen aufgerufen und aktiviert werden. Dabei werden für die Übergabe der Parameter zwei Methoden bereitgestellt, die Positionsmethode und die Namensmethode. Bei der Positionsmethode werden die aktuellen Parameter in der Reihenfolge übergeben, wie sie bei der Definition der Prozedur/Funktion angegeben wurden.

Bei der Namensmethode wird bei der Parameterübergabe der Name des formalen Parameters mitangegeben, wie im Bild 8-8 dargestellt.

Gespeicherte PL/SQL Programme

|  | ```
create or replace p1 ( a  in  number,
                       b  in  varchar2,
                       c  in  date,
                       d  out number);
``` |
| **Positions-Methode** | `p1 ( var_a, var_b, var_c , var_d);` |
| **Namens-Methode** | ```
p1 ( b => var_b,
     c => var_c,
     d => var_d,
     a => var_a);
``` |
| **Gemischte Methode** | ```
p1 ( var_a,
     var_b,
     d => var_d,
     c => var_c);
``` |

Bild 8-8 : Aufrufvarianten

Wird ein PL/SQL-Programm aktiviert, werden, unabhängig mit welcher Methode die Parameter übergeben werden, folgende Aktionen vom ORACLE-Server durchgeführt:

- Prüfung, ob Benutzer die Prozedur/Funktion ausführen darf. Ein Benutzer kann dann eine PL/SQL-Programm ausführen, wenn er Eigentümer dieses PL/SQL-Programmes ist oder, wenn er das Ausführungsrecht für das PL/SQL-Programm bekommen hat. (grant execute)

- Prüfung, ob PL/SQL-Programm bereits im 'shared-pool' des DB-Caches vorhanden ist. Ist dies der Fall, kann das Programm unmittelbar ausgeführt werden. Ansonsten muß es aus dem Data Dictionary in den DB-Cache geladen werden.

- Prüfung, ob der Status des Programmes 'invalid' oder 'valid' ist. Ein PL/SQL-Programm wird immer dann in den 'invalid' Status gesetzt, wenn sich Datenbank-Objekte strukturell verändert haben, von denen das Programm abhängig ist. Hat ein PL/SQL-Programm den 'invalid'-Status, dann wird dieses Programm zur Laufzeit neu kompiliert und, falls keine Übersetzungsfehler aufgetreten sind, die neue Version dieses Programmes ausgeführt. (s. dazu auch Kapitel 8.4).
```

Gespeicherte PL/SQL Programme

- Prüfung, ob es sich um ein standalone oder Paket-Programm handelt. Im zweiten Fall werden alle diesem Paket zugeordneten Prozeduren und Funktionen in den 'shared_pool' des DB-Caches geladen (falls noch nicht vorhanden) und der Initialisierungsblock des Paket-Rumpfes wird ausgeführt.

8.3 Entwicklung und Test gespeicherter PL/SQL Programme

Mit PL/SQL als Programmiersprache und dem Funktionen-, Prozeduren- und Paket-Konzept stehen dem Programmierer sehr mächtige Mittel für die Entwicklung von gespeicherten PL/SQL-Programmen zur Verfügung. Dies bedeutet jedoch nicht, daß alle nur denkbaren prozeduralen Module in PL/SQL entwickelt werden sollten. Gespeicherte PL/SQL Programme sind vor allem dann sinnvoll, wenn datenbankintensive Operationen durch einen einzigen Aufruf initiiert werden sollen.

Bei der Entwicklung eines PL/SQL-Programmes sollte zuerst analysiert werden, ob sich bei dem zu lösenden Problem eine standalone Prozedur/Funktion anbietet, oder ob mit Hilfe eines PL/SQL-Paketes gearbeitet werden soll. Pakete bieten sich immer dann an, wenn zur Lösung des Problems mehrere Funktionen und Prozeduren notwendig sind, die in einem Context genutzt werden. Andere Gründe für die Verwendung von Paketen sind die bereits erwähnten Möglichkeiten der Schnittstellendefinition (public), der Überladung von Prozedur/Funktions-Namen, der globalen Variablen, die über eine ganze Session existent sind, und im Bereich des Datenschutzes und in der Ausführungsoptimierung zu finden.

Die generelle Vorgehensweise bei der Entwicklung eines PL/SQL-Programmes unterscheidet sich dabei nicht von der Vorgehensweise bei der Entwicklung jedes anderen datenbankintensiven Programmes. Mit Hilfe des Programm-Editors wird das Programm geschrieben und unter SQL*Plus oder SQL*DBA ausgeführt. Wird ein bereits vorhandenes PL/SQL Programm modifiziert, so muß es zuerst gelöscht werden ('drop procedure/function/package') oder es muß mit der 'replace'-Option des 'create'-Befehls neu erzeugt werden.

Wie auch innerhalb der klassischen Programmierung müssen die PL/SQL-Programme vor der Freigabe getestet werden. Für diesen Zweck ist es nützlich und oftmals auch notwendig, daß während der Ausführung eines Programmes Kontrollinformationen ausgegeben werden können, um den korrekten Ablauf der Programme zu verifizieren. Zu diesem Zweck wird ein PL/SQL-Paket mit einer Reihe

Gespeicherte PL/SQL Programme

von Prozeduren bereitgestellt, die für diesen Zweck benutzt werden können. Ein PL/SQL-Programm-Debugger stand bei Drucklegung dieses Buches noch nicht zur Verfügung. An einer kompletten PL/SQL-Programm Entwicklungsumgebung mit symbolischem Debugger wird jedoch z.Zt. gearbeitet und sie wird in naher Zukunft bereitstehen.

Das PL/SQL-Paket, das die 'Debug'-Prozeduren bereitstellt, heißt 'dbms_output' und enthält folgende Prozeduren:

```
enable
put(var)
put_line(var)
new_line
get_line(var,status)
get_lines(var,numlines,status)
disable
```

Mit Hilfe dieser acht Prozeduren, die innerhalb des Paketes 'dbms_output' definiert sind, ist es möglich, Debug-Informationen über eine sogenannte Datenbank-Pipe anzuzeigen (Datenbank-Pipes sind ebenfalls mit Hilfe von PL/SQL und PL/SQL-Paketen definiert).

Dabei besteht die Möglichkeit, daß ein PL/SQL-Programm, das getestet werden und diverse Informationen und Stati ausgeben soll, mit Hilfe der 'put', 'put_line' und

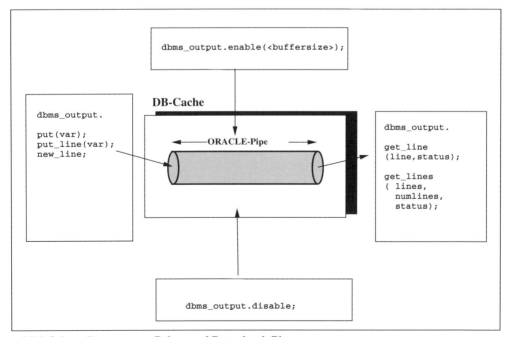

Bild 8-9 : dbms_output-Paket und Datenbank Pipes.

Gespeicherte PL/SQL Programme

'new_line' Prozeduren die gewünschten Informationen in eine Datenbank-Pipe einträgt. Mit 'get_line' oder 'get_lines' können diese Informationen aus der ORACLE-Pipe gelesen und auf dem Bildschirm dargestellt oder in irgendeiner anderen Weise weiterverarbeitet werden.

Im Bild 8-9 ist der schematische Ablauf und die generelle Funktionsweise der 'dbms_output'-Prozeduren angegeben. Mit Hilfe der 'enable' Prozedur wird eine ORACLE-Pipe für die aktuelle Session erzeugt. Falls keine Angabe für die Größe (in Bytes) der Pipe gemacht wird, werden 2000Bytes bereitgestellt. Ist eine Pipe 'enabled', können mit den Schreiboperationen 'put' bzw. 'put_line' beliebige Information in die Pipe geschrieben werden. Die 'put' Prozedur stellt dabei die definierte Variable bzw. den definierten Wert innerhalb der gleichen Zeile in den Pipe-Puffer. Mit der 'new_line' Prozedur wird eine neue Zeile generiert. Die 'put_line' Prozedur erzeugt, im Gegensatz dazu, nach jedem Aufruf eine neue Zeile.

Mit der Leseoperation 'get_line' wird jeweils eine Zeile aus dem Pipe-Puffer gelesen bzw. mit 'get_lines' eine bestimmte Anzahl von Zeilen, die dann in beliebiger Weise weiterverarbeitet bzw. am Bildschirm dargestellt werden können. Ist eine Datenbank-Pipe nicht explizit enabled oder mit der 'disable'-Prozedur ausgeschaltet, werden die Schreib- bzw. Leseoperationen ignoriert.

Im Bild 8-10 ist ein typisches Programm dargestellt, das mit Hilfe der 'dbms_output'-Prozeduren getestet werden soll. Die Ausgabe der durch 'put', 'putline' und 'newline' erzeugten Debug-Informationen am Bildschirm kann durch das Aktivieren von entsprechenden Optionen innerhalb von SQL*Plus oder SQL*DBA erreicht werden. Durch das Ausführen des Befehls:

```
set serveroutput on
```

und das Ausführen der Prozedur 'proc_to_debug' aus Bild 8-10 mit

```
execute proc_to_debug;
```

innerhalb von SQL*Plus oder SQL*DBA werden alle Ausgaben aller durchlaufenen Prozeduren/Funktionen, die Debug-Informationen generieren, am Bildschirm angezeigt.

Die beschriebene Möglichkeit, ein PL/SQL-Programm zu testen, kann sowohl für gespeicherte PL/SQL-Programme als auch für Datenbank-Trigger angewandt werden. (s. dazu auch Kapitel 9)

Eine einmal getestete und freigegebene Prozedur, Funktion oder ein Paket kann allen Benutzern, die dieses Programm benötigen, zur Ausführung mit dem 'grant'-Befehl zur Verfügung gestellt werden. Mit dem Befehl

Gespeicherte PL/SQL Programme

```
grant execute on <proc> to <benutzer>;
grant execute on <proc> to <role>;
```

erhält ein definierter Benutzer oder alle Benutzer, die eine bestimmte ORACLE-Rolle aktiviert haben, die Möglichkeit, die angegebene Prozedur/Funktion auszuführen.

Handelt es sich bei '<proc>' um ein Paket, erhält der Benutzer das Ausführungsrecht für alle Paket-Prozeduren/Funktionen, die innerhalb der Paket-Spezifikation als Schnittstelle definiert sind.

```
create or replace procedure proc_to_debug (nr number)
is
anzahl number;
zuviel exception;
nr_var number;
begin
nr_var := nr;
dbms_output.put_line('Beginn Procedure : b_p1');
for i in 1..10 loop
 select count(*) into anzahl from emp where sal > nr_var;
 dbms_output.put('Anzahl:   ');
 dbms_output.put(anzahl);
 dbms_output.new_line;
 nr_var := nr_var+1000;
 if anzahl < 5 then
  raise zuviel;
 end if;
end loop;
exception
 when zuviel   then null;
 when others    then
  raise_application_error (-20100,'Others Fehler');
end;
/
```

Bild 8-10 : Beispiel einer gespeicherten Prozedur mit Debug-Aufrufen

Mit dem Ausführungsrecht erhält der Benutzer gleichzeitig alle Objekt-Privilegien, die der Entwickler dieser Prozedur für die Nutzung der Programme benötigt hat. Diese Privilegien stehen dem Ausführenden eines PL/SQL-Programmes jedoch nur implizit, d.h bei der tatsächlichen Ausführung zur Verfügung. Das jeweilige gespeicherte PL/SQL-Programm (und wie wir später sehen werden auch die DB-Trigger) werden stets im Sicherheits- bzw. Privilegs-Context des Entwicklers ausgeführt. Damit ist es möglich, daß u.U. hochprivilegierte Operationen von weniger hochprivilegierten Benutzern 'kanalisiert' über Prozeduren/Funktionen durchgeführt werden können, was die Arbeit des Sicherheitsbeauftragten (in der Regel ist dies der DBA) erheblich vereinfachen kann.

Im Bild 8-11 ist diese Situation nochmals dargestellt. Der Benutzer erhält mit dem Ausführungsrecht für die Ausführungszeit der Prozedur auch die Objekt-Privilegien

Gespeicherte PL/SQL Programme

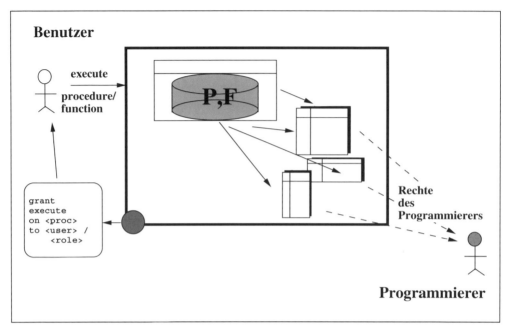

Bild 8-11 : Sicherheits-Kontext bei der Ausführung eines PL/SQL Programms

des Entwicklers der Prozedur. Nach Beendigung der Prozedur/Funktion erlöschen auch die entsprechenden Objekt-Privilegien.

8.4 Abhängigkeitskontrolle

Zwischen einzelnen Datenbank-Objekten können u.U. vielfältige Abhängigkeiten bestehen. Dabei soll im weiteren unterschieden werden zwischen einer engen Abhängigkeit und einer losen Abhängigkeit. Eine enge Abhängigkeit findet man z. B. bei Tabellen und zugehörigen Indices, wobei die Beziehung von Tabellen und Views der losen Abhängigkeit zuzurechnen ist. In beiden Abhängigkeitsarten wirken sich strukturelle Änderungen eines DB-Objektes unmittelbar auf die abhängigen Objekte aus. Wird eine Tabelle gelöscht, auch das ist eine Art der strukturellen Änderung, werden alle zu dieser Tabelle gehörenden Indices ebenfalls gelöscht. Von dieser Tabelle abhängige Views bleiben jedoch weiterhin bestehen. Diese erhalten lediglich den Status 'invalid', der so lange existiert, bis eine neue Tabelle mit 'kompatibler' Struktur erzeugt wird.

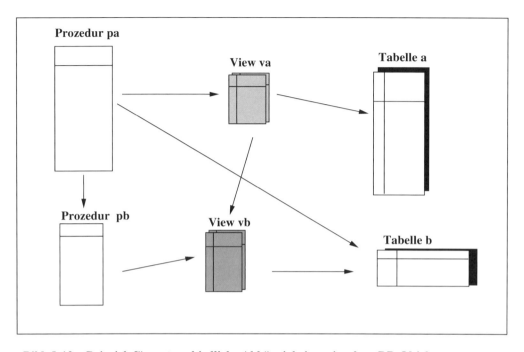

Bild 8-12 : Beispiel für unterschiedliche Abhängigkeiten einzelner DB-Objekte

Insbesondere die Abhängigkeitskontrolle bei losen Abhängigkeiten, bei denen unterschiedliche DB-Objekte u.U. über mehrere Hierarchiestufen hinweg voneinender abhängig sein können, wird vollständig vom ORACLE-System verwaltet. Im Bild 8-12 sind unterschiedliche Abhängigkeiten dargestellt.

Eine View kann abhängig sein von einer oder mehreren Tabellen oder auch von weiteren Views. Eine Prozedur/Funktion kann abhängig sein von Tabellen, von Views oder auch von anderen Prozeduren/Funktionen. Eine Prozedur/Funktion ist von allen DB-Objekten abhängig, die innerhalb eines Programmes referenziert werden. So stellt eine Leseoperation oder eine Änderungsoperation auf ein DB-Objekt eine Abhängigkeit dar, zwischen dem Programm, in dem diese Operationen vorkommen, und den entsprechenden DB-Objekten.

Alle Abhängigkeiten werden vom ORACLE-Server automatisch verwaltet. Wird eine DB-Tabelle mit dem 'alter table' Befehl strukturell verändert, werden alle von dieser Tabelle abhängigen Views und Prozeduren/Funktionen in den Status 'invalid' gesetzt. Auch indirekt abhängige DB-Objekte erhalten den Status 'invalid'. Als Beispiel soll der in Bild 8-13 dargestellt Abhängigkeitsgraph dienen.

Gespeicherte PL/SQL Programme

Dieser einfache Graph zeigt eine Tabelle 'tab', von der direkt eine View 'vie' abhängig ist. Es bestehen weiterhin zwei Prozeduren, von denen die eine direkte Leseoperationen auf die Tabelle durchführt und somit eine direkte Abhängigkeit zur Tabelle 'tab' besteht. Diese Prozedur wurde 't_proc' genannt. Die Prozedur 'v_proc' hingegen arbeitet mit der View 'vie' und ist somit direkt abhängig von 'vie' und indirekt abhängig von der Tabelle 'tab'. Wird die Tabelle 'tab' mit dem 'alter table' Befehl verändert, so werden alle direkt abhängigen Objekte ('vie' und 't_proc') und alle indirekt abhängigen Objekte ('v_proc') in den 'invalid' Status gesetzt. Der aktuelle Status der DB-Objekte kann aus der Data Dictionary View 'user_objects' ermittelt werden.

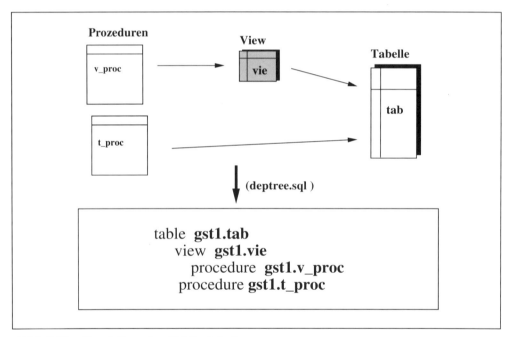

Bild 8-13 : **Darstellung der Abhängigkeiten**

Eine kompakte Darstellung aller Datenbank-Objekte eines Benutzer liefert der SQL-Befehl aus Bild 8-14.

Werden DB-Objekte, die als 'invalid' gekennzeichnet sind, durch Benutzerprozesse aktiviert, wird das entsprechende DB-Objekt neu kompiliert und, falls keine Kompilierungsfehler aufgetreten sind, das PL/SQL-Programm oder die Operation auf eine View unmittelbar ausgeführt.

DB-Objekte im 'invalid' Status können jedoch auch manuell re-kompiliert werden mit den Befehlen:

Gespeicherte PL/SQL Programme

```
alter procedure            <proc_name> compile
alter function             <func_name> compile
alter package              <pack_name> compile
alter package body         <pack_name> compile
alter view                 <view_name> compile
```

```
rem **************************
rem
rem Funktions-Name     : cat_ges.sql
rem
rem Zweck              : Ausgabe aller Objecte eines Benutzers
rem
rem Voraussetzung      : cat_all-View durch cat_all.sql erstellt
rem
rem Autor              : Guenther Stuerner   Juni 92
rem
rem **************************
column object_name format a30
column "Ind/Trig-Name-Status"  format   a35

spool cat_ges.txt

select
 rpad(substr(object_name,1,18),20,'.')||object_type    object_name,
 rpad(substr(tr_ind_name,1,25),30,'.')||decode(status,'<v>',null,status)
  "Ind/Trig-Name"
from cat_all
order by   decode(object_type,'TABLE',1,'INDEX',2,'TRIGGER',3,
                              'VIEW',4,'SEQUENCE',5,'PACKAGE',6,
                              'FUNCTION',7,'PROCEDURE',8),object_name
/
spool off

prompt
prompt     Ergebisse sind in 'cat_ges.txt'
prompt
prompt
```

Bild 8-14 : Ausgabe aller Objekte eines Benutzers

Obwohl die komplette Abhängigkeitskontrolle vom ORACLE-Server übernommen wird, kann es sehr interessant sein zu wissen, welche Objekte von einem gegebenen Objekt abhängig sind. Zur Generierung und Darstellung von Abhängigkeitsinformationen werden eine Prozedur und zwei Views bereitgestellt, die für einzelne Benutzer durch ein SQL-Script eingerichtet werden können. Das Script lautet 'deptree.sql' und richtet alle notwendigen Strukturen und die Prozedur ein.

Die Generierung der Abhängigkeitsinformationen wird durch die Prozedur 'deptree_fill' vorgenommen. Die Darstellung der Abhängigkeiten wird über die Views 'deptree' und 'ideptree' durchgeführt. Im Bild 8-15 sind die notwendigen Schritte für die Generierung und die Darstellung von Abhängigkeitsinformationen dargestellt.

Gespeicherte PL/SQL Programme

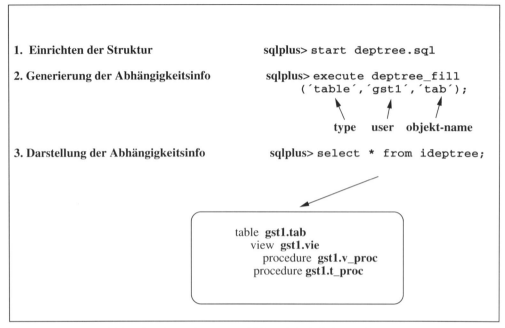

Bild 8-15 : Beispiel für das Generieren von Abhängigkeitsinformationen

8.5 Von ORACLE bereitgestellte gespeicherte PL/SQL Programme

Gespeicherte PL/SQL Funktionen, Prozeduren und insbesondere Pakete sind sehr mächtige Hilfsmittel für die datenbanknahe Programmierung. Sie bieten dem Programmierer die Möglichkeit Einzelfunktionen innerhalb der Datenbank zu definieren und sie aus beliebigen Umgebungen sehr effizient auszuführen. Interessanterweise werden diese Konzepte auch sehr stark von den ORACLE Datenbankentwicklern genutzt um neue ORACLE-Funktionalitäten sehr schnell bereitzustellen. Zwei dieser von ORACLE bereitgestellten PL/SQL-Programme wurden bereits eingeführt. Dies war zum einen das PL/SQL-Paket 'dbms_output', das auch für Debugging-Zwecke eingesetzt werden kann und die Prozedur 'deptree_fill', die Abhängigkeitsinformationen einzelner DB-Objekte in einer Tabelle konzentriert, um sie danach formatiert auszugeben.

Darüberhinaus werden jedoch eine ganze Reihe zusätzlicher Prozeduren und Pakete bereitgestellt, die in Bild 8-16 aufgeführt sind.

So bietet das Paket 'dbms_mail' die Möglichkeit, eine Mail an einen beliebigen ORACLE*Mail Adressaten zu senden. Dabei kann der Sendeaufruf (dbms_mail.send

Gespeicherte PL/SQL Programme

(....)) sowohl von einem 3GL Programm, einem 4GL Programm, einem gespeicherten PL/SQL-Programm oder einem DB-Trigger abgesetzt werden. Ein denkbarer Einsatz könnte an einen DB-Trigger gekoppelt sein, der immer dann eine Mail über die 'dbms_mail.send' Prozedur verschickt, wenn irgendwelche Limits in der Datenbank unter- oder überschritten sind.

Innerhalb des Paketes 'dbms_transaction' sind für die SQL-Befehle der Transaktionssteuerung wie 'commit', 'rollback',.. entsprechende Prozeduren bereitgestellt. Analoges gilt für das 'dbms_session'-Paket, in dem sessionorientierte SQL-Befehle wie 'set role', 'alter session' u.a. mit Hilfe von Prozeduren bereitgestellt werden.

Mit Hilfe des 'dbms_pipe'-Paketes ist es möglich, daß sich ORACLE-Programme der gleichen ORACLE-Instanz über Datenbank-Pipes Nachrichten und Daten austauschen können. Diese Methode nutzt auch das 'dbms_output' Paket wie im Bild 8-9 bereits dargestellt. Eine Nachricht wird dabei durch die 'dbms_pipe.send_message'-Prozedur in eine Pipe eingestellt und eine beliebige andere ORACLE-Session kann diese Nachricht aus der Pipe mit 'dbms_pipe.receive_message' entnehmen.

Das 'dbms_alert'-Paket bietet die Möglichkeit, Informationen über Zustandsänderungen innerhalb der Datenbank an ein Programm zu senden, das an dieser Zustandsänderung interessiert ist. Eine typische Anwendung eines solchen Daten-

Paket-Name	Prozedur/Funktions-Namen	Paket-Name	Prozedur/Funktions-Namen	Paket-Name	Prozedur/Funktions-Namen
dbms_mail	send	dbms_transaction	read_only read_write advise_rollback adivse_nothing advise_commit use_rollback_seg commit_comment commit_force commit savepoint rollback rollback_savepoint rollback_force begin_discrete_transaction purge_mixed	dbms_alert	set_defaults register remove waitany waitone signal removeall
dbms_pipe	pack_message (ov) unpack_message (ov) next_item_type(f) send_message(f) receive_message(f) reset_buffer purge unique_session_name(f)				
dbms_session	set_role set_sql_trace set_nls close_database_link set_label set_mls_label_format reset_package unique_session_id is_role_enabled				
		dbms_lock	request convert sleep allocate_unique release	dbms_snap	purge_log refresh refresh_all drop_snapshot set_up wrap_up get_log_age testing
dbms_ddl	alter_compile analyze_object				
		dbms_output	enable put put_line new_line get_line get_lines disable		
dbms_utility	compile_all compile_schema analyze_schema format_error_stack format_call_stack is_parallel_server get_time				

Bild 8-16 : Von ORACLE bereitgestellte PL/SQL-Pakete

Gespeicherte PL/SQL Programme

bank-Alerts könnte ein Graphik-Programm sein, das Daten aus der Datenbank graphisch darstellt. Die Graphik am Bildschirm soll jedoch jederzeit den Zustand der Daten innerhalb der Datenbank repräsentieren und, bei jeder Zustandsänderung der Daten innerhalb der Datenbank, die Graphik aktualisieren. In diesem Fall signalisiert ein DB-Trigger eine Zustandsänderung ('dbms_alert.signal') und alle Programme, die sich um diesen Alert bemühen, die sich für diesen Alert angemeldet haben ('dbms_alert.register'), erhalten die entsprechende Benachrichtigung. Ein ORACLE-DB-Alert ist gebunden an eine Transaktion, d. h. ein Signal wird erst bei positivem Ende einer Transaktion verschickt.

8.6 Beispiel Scripts

Da alle PL/SQL Objekte innerhalb der Datenbank verwaltet werden, sowohl Source-Code als auch die kompilierte Repräsentation, können die notwendigen Informationen aus dem Data-Dictionary ermittelt werden können. Beispiele für solche Scripts sind im Bild 8-17 (1,2,3) angegeben.

Dabei stellt das Script 'prog_ges' alle Prozeduren, Funktionen und Pakete mit Status (invalid, valid) und Source-Code dar, die ein Benutzer angelegt hat. Das Script

```
rem ************************
rem
rem     Funktions-Name  : prog_ges.sql
rem     Zweck           : Ausgabe aller Prozeduren, Funktionen
rem                       Pakete eines Benutzers mit
rem                       Status und Programm-Text
rem
rem
rem     Autor           : Guenther Stuerner              juni92
rem
rem ************************

column name format a18
column t    format 99
column text format a60
break on name

set pagesize 999
spool proc.txt
select  name||
 decode(type,   'PACKAGE','(PS)','PACKAGE BODY','(PB)',
                'PROCEDURE','(P)','FUNCTION','(F)') ||
 decode(status,'VALID','[v]','[iv]')
 name,
 text
from user_source us , user_objects uo
where us.name = uo.object_name and type = object_type
order by name,decode(type,'PACKAGE',1,'PACKAGE BODY',2,'PROCEDURE',3,4),type,line
/
spool off
```

Bild 8-17-1 : Ausgabe alle Funktionen, Prozeduren und Pakete eines Benutzers

Gespeicherte PL/SQL Programme

```
rem ************************
rem
rem    Funktions-Name  : prog_sin.sql
rem    Zweck           : Gibt ein bestimmtes PL/SQL-Programm aus
rem
rem
rem    Autor           : Guenther Stuerner           juni92
rem
rem ************************
column name   format a18
column t      format 99
column text   format a60
break on name
set heading on
set pagesize 999
spool proc.txt

select   name||
  decode(type,     'PACKAGE','(PS)','PACKAGE BODY','(PB)',
                   'PROCEDURE','(P)','FUNCTION','(F)') ||
  decode(status,'VALID','[v]','[iv]')
  name,
  text
from user_source us , user_objects uo
where us.name = uo.object_name and type = object_type
and   us.name like upper('&programm_name')
order by name,decode(type,'PACKAGE',1,'PACKAGE BODY',2,'PROCEDURE',3,4),type,line
/
spool off
```

Bild 8-17-2 : Ausgabe eines gespeicherten PL/SQL Programmes

```
rem ************************
rem
rem    Funktions-Name  : prog_SPO(ol).sql
rem
rem    Zweck           : Ausgabe eines reinen Text-Files
rem                      eines PL/SQL-Programmes
rem
rem    Autor           : Guenther Stuerner           juni92
rem
rem ************************
set verify off
set heading off
column text format a80

accept name prompt Programm_name:

set pagesize 999
spool prog_spo.txt

select   text
from user_source us
where name like  upper('&name')
order by name,decode(type,'PACKAGE',1,'PACKAGE BODY',2,'PROCEDURE',3,4),
   type,line
/
spool off
prompt
prompt
prompt
prompt  Programm-Source in File : PROG_SPO.TXT
prompt
```

Bild 8-17-3 : Erzeugung eines Source-Files

'prog_sin' erlaubt die gleiche Darstellung jedoch für ein bestimmtes Programm. Das Script 'prog_spo' dient dazu, für ein bestimmtes Programm den Source-Code aus dem Data Dictionary zu generieren.

Gespeicherte PL/SQL Programme

9. Semantische Datenintegrität

9.1 Einführung

Die Beibehaltung der Datenintegrität stellt eine der zentralen Rollen eines jeden Datenbankmanagementsystems dar. Dabei darf es durch keinerlei Umstände zu Inkonsistenzen der Daten kommen. Unabhängig vom Ablauf konkurrierender Transaktionen (Ablaufintegrität), von Eingaben durch den Benutzer (semantische Integrität) oder bezüglich verschiedenster Fehlersituationen muß das Datenbanksystem die Konsistenz der Daten innerhalb der Datenbank wahren.

Während die Ablaufintegrität (Kapitel 4) und die Recovery-Mechanismen (Kapitel 5) bereits eingehend diskutiert wurden, soll dieses Kapitel dazu dienen, Verfahren vorzustellen, die es erlauben, innerhalb der Datenbank semantische Integritätbedingungen und Integritätsaktionen zu definieren.

Die Forderung, daß der DB-Server über genügend Informationen bezüglich der abgespeicherten Daten verfügen sollte, um 'zentrale' Integritätbedingungen verwalten und deren Einhaltung überwachen zu können, ist so alt wie das relationale Datenbankmodell selbst.

In der Tat war es so, daß der ORACLE DB-Server zwar über ausgefeilte Techniken im Bereich von Transaktionssteuerung, Sperrverfahren und konkurrierenden Lese/Schreibe-Operationen verfügte, die in hervorragender Weise das Problem der Ablaufintegrität lösten. Auch der Bereich der Wiederherstellung einer Datenbank nach einer beliebigen Fehlersituation ist durch Online-Backup und Online-Recovery-Verfahren gelöst. Dies schließt auch den Bereich verteilter Datenbanken, die im Kapitel 14 behandelt werden, mit ein.

Im Bereich der semantischen Integritätsregeln gab es jedoch bisher nur sehr rudimentäre Ansätze, was dazu führte, daß Konsistenzregeln und daraus abgeleitete Aktionen primär innerhalb der Anwendungsprogramme definiert wurden, anstatt innerhalb der Datenbank. Damit wurde den einzelnen Programmierern die Verantwortung für die Konsistenz der Daten aufgebürdet, die vielfältige Konsistenzprüfungen innerhalb der Anwendungsprogramme durchführen mußten, um dem vorgegebenen Datenmodell zu genügen.

Damit ergab sich jedoch für den Datenverantwortlichen (DBA) die Schwierigkeit, daß jedes Programm, das mit einer gegebenen Datenstruktur arbeiten sollte, geprüft

Semantische Datenintegrität

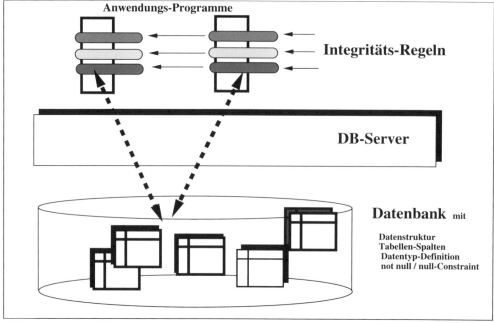

Bild 9-1 : Integritäts-Regeln primär in den Anwendungsprogrammen

werden mußte, ob die notwendigen Integritätregeln innerhalb der Programme existent waren. Des weiteren mußte verhindert werden, daß Änderungsoperationen ausgeführt werden konnten, ohne daß die notwendigen Konsistenzprüfungen durchlaufen wurden.

Mit Oracle7 wird diese Problematik durch zwei sich ergänzende Methoden gelöst.

Die deklarative Methode dient zur Definition von referentiellen Integritätsregeln, Intergritätsaktionen und Entity-Integritätsregeln (s. dazu auch Abschnitt 9.2).

Damit ist bereits bei der Datenstrukturdefinition (create table) die Möglichkeit gegeben, Abhängigkeitsbeziehungen zwischen unterschiedlichen Tabellen anzugeben oder Wertebereiche innerhalb der Tabelle festzulegen.

Die prozedurale Methode dient dazu, über die Definition der strukturellen Beziehungen hinaus, nahezu beliebige Regeln, denen die Datenstruktur und die Daten unterworfen sein sollen, in Form von Datenbank-Triggern zu implementieren. Datenbank-Trigger sind Programme, die in PL/SQL entwickelt und die durch eine Änderungsoperation (insert, update, delete) aktiviert und ausgeführt werden. Durch die Kombination der beiden Verfahren können alle zentralen Integritätsregeln innerhalb der Datenbank definiert und gepflegt werden.

Semantische Datenintegrität

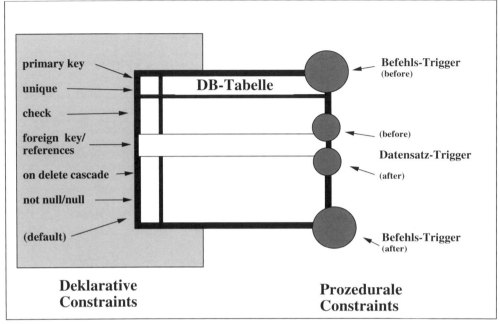

Bild 9-2 : DB-Tabelle eingebettet in deklarative und prozedurale Constraints

Bild 9-3 soll diese Situation verdeutlichen. Zusätzlich zu der Datenstruktur werden innerhalb der Datenbank die zentralen Integritätsregeln abgelegt und deren Einhaltung durch den DB-Server gewährleistet. Eine Datenstruktur ist somit nicht nur durch die Spaltennamen, Datentypen und durch Speicherungsparameter charakterisiert, sondern ist eingebettet in einen funktionalen Kontext, der beliebige Regeln und daraus abgeleitete Aktionen beschreibt.

Dies hat natürlich unmittelbare Auswirkungen auf die, mit dieser Datenstruktur arbeitenden Programme, die nunmehr vom Ballast der Konsistenzprüfungen weitestgehend befreit sind. Anderseits muß der Datenstrukturanalyse und der Datenmodellierung noch größere Aufmerksamkeit geschenkt werden, da zu der klassischen Definition der Datenstruktur, auch alle zentralen Integritätsprüfungen und Integritätsaktionen gehören.

Semantische Datenintegrität

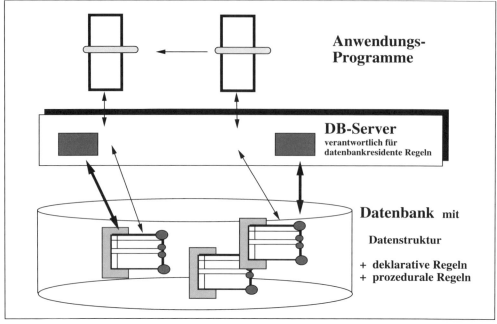

Bild 9-3 : Integritäts-Regeln innerhalb der Datenbank

9.2 Deklarative Integritätsmethode

9.2.1 Einführung

Bei der in Oracle7 zur Verfügung stehenden deklarativen Methode zur Implementierung von Constraints (Regeln) handelt es sich um eine ANSI/ISO/DIN-konforme Möglichkeit der Definition von Integritätsregeln und von Integritätsaktionen. Deklarative Integritätsregeln werden als Teil der Tabellendefinition angegeben und sind, wenn sie nicht explizit ausgeschaltet (disabled) sind, für alle Änderungsoperationen, egal von welchem Anwendungsprogramm sie herrühren, aktiv.

Man kann drei Arten von deklarativen Integritätsregeln unterscheiden:

- Referentielle Integritätsregeln

  mit Hilfe derer Abhängigkeiten zwischen unterschiedlichen DB-Tabellen definiert werden können

- Referentielle Integritäts-Aktionen

Semantische Datenintegrität

mit Hilfe derer die Aktionen beschrieben werden können, die dann ausgeführt werden sollen, wenn innerhalb einer übergeordneten Tabelle ein Datensatz gelöscht wird.

- Entity- oder Objekt- Integritätsregeln

  mit Hilfe derer Primärschlüssel, Wertebereiche und NULL-Wertverhalten definiert werden können.

Deklarative Integritätsdefinitionen gehören zur Definition einer DB-Tabelle und werden zum Erstellungszeitpunkt der Tabelle innerhalb des 'create table' Befehls oder durch den 'alter table' Befehl angegeben.

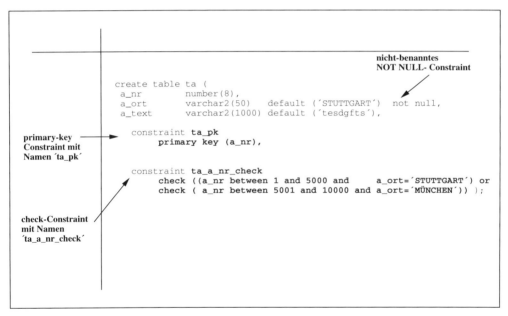

Bild 9-4 : Beispiel einer Tabellen-Definition mit deklarativen Constraints

Obwohl nicht zwingend notwendig, sollte jede deklarative Integritätsdefinition (jedes Constraint) einen Namen erhalten. Dies ist deshalb von großem Vorteil, da bei jedem Verstoß gegen eine vordefinierte Regel, der Constraint-Name innerhalb der Fehlermeldung ausgegeben wird. Bei entsprechender Namensgebung kann die Ausgabe des Constraint-Namens die Fehlersuche wesentlich vereinfachen. Ein anderer Aspekt ist die Verwaltung der Constraints. So gibt es nicht nur die Möglichkeit ein Constraint anzulegen, sondern es gibt die Möglichkeit ein Constraint wieder zu löschen

```
alter table <tab_name> drop constraint <cons_name>
```

oder ein Constraint zu deaktivieren bzw. zu aktivieren

Semantische Datenintegrität

```
alter table <tab_name> disable constraint <cons_name>
alter table <tab_name> enable <cons_name>
```

Zu diesem Zweck muß das zu bearbeitende Constraint benannt werden, was durch einen selbstgewählten Namen oftmals einfacher ist als durch einen vom System definierten Namen. Eine typische Definition einer Tabelle mit Constraints zeigt das Bild 9-4.

Hier wird eine Tabelle 'ta' mit insgesamt drei Spalten und drei Constraints angelegt. Das erste Constraint ist ein 'not null' Constraint, das in diesem Beispiel keinen expliziten Namen erhalten hat und 'in-line' definiert wurde. Werden Constraint-Definitionen ohne explizite Namen durchgeführt, so vergibt der DB-Server jeweils eigene System-Namen für diese Constraints. System-Namen haben stets die Form:

```
sys_c<fortlaufende_Nummer> z. B.
sys_c00412
```

Eine 'in-line' Definition eines Constraints bedeutet, daß die Constraint-Definition innerhalb der Spaltendefinition angegeben wird. Beispiele für 'in-line' Definitionen sind:

```
a_nr      number(8)         not null,
```

oder

```
a_nr      number(8)         constraint a_nr_nn    not null,
```

oder

```
a_nr      number(8)         constraint ta_pk      primary key,
```

Im Bild 9-4 sind des weiteren zwei benannte 'out-of-line' Constraint-Definitionen angegeben. Die erste definiert die Spalte 'a_nr' als Primär-Schlüssel dieser Tabelle. Als Constraint-Name wurde in diesem Fall 'ta_pk' gewählt. Eine Primary-Key (PK) Definition kann pro Tabelle nur einmal vorhanden sein und bewirkt:

- daß bezüglich der Primary-Key Spalten (ein Primary-Key kann auch aus mehreren Spalten zusammengesetzt sein) keine doppelten Werte vorhanden sein können

- daß zum Zeitpunkt der Ausführung des 'create table' Befehle ein unique-Index für die Primary-Key Spalten erzeugt wird

- daß alle Spalten, die als Primary-Key definiert sind, keine 'null'-Werte annehmen dürfen, d. h. diese Spalten haben implizit ein 'not null' Constraint

Bei der zweiten Constraint-Definition (ta_a_nr_check) handelt es sich um ein 'check' Constraint, bei dem Wertebereiche für die Spalte 'a_nr' definiert werden, die in Abhängigkeit der Spalte 'a_ort' unterschiedliche Werte annehmen kann. So kann die Spalte 'a_nr' nur die Werte 1-5000 annehmen, wenn die Spalte 'a_ort' den Wert 'STUTTGART' besitzt.

Bei jeder Änderungsoperation (insert, update) der Spalten 'a_nr' bzw. 'a_ort' wird diese Integritätsregel überprüft. Das Einfügen eines Datensatzes, der gegen diese Regel verstößt, führt zu einer entsprechenden Fehlermeldung. Der Befehl:

```
insert into ta (a_nr,a_ort) values (1, 'MÜNCHEN' );
```

führt zu der Fehlermeldung
```
ORA-02290: check constraint (GST.TA_A_NR_CHECK) violated
```

Die letzten beiden Constraint-Definitionen (aus Bild 9-4) wurden als 'out-of-line' Definitionen angegeben, d. h. sie wurden nach der eigentlichen Spaltendefinition aufgeführt. Obwohl die Schreibweise der Constraints auf ihre Funktionsweise keinerlei Einfluß hat, ist der 'out-of-line' Definition der Vorzug zu geben, da dies zu übersichtlicheren und leichter lesbaren Befehlen führt.

Die folgenden deklarativen Constraint-Arten sind in Oracle7 definierbar:

- primary key
- unique
- check
- default
- not null
- foreign key references
  und als Integritäts-Aktion für foreign keys
- on delete cascade

Alle Constraint-Arten sind im Bild 9-5 nochmals angegeben.

9.2.2 Referentielle Integritätsdefinitionen

Einzelne DB-Tabellen stehen in der Regel in Beziehung zu anderen DB-Tabellen und bilden so ein Beziehungsgeflecht von gegenseitigen Abhängigkeiten. Mit den referentiellen Integritätsregeln wird dieser Tatsache bereits bei der Definition der Datenstruktur Rechnung getragen. Eine Beziehungsdefinition besteht dabei stets aus zwei Komponenten, dem:

- primary key oder einem unique-Constraint und dem
- foreign key (Fremdschlüssel) des abhängigen Objektes.

Semantische Datenintegrität

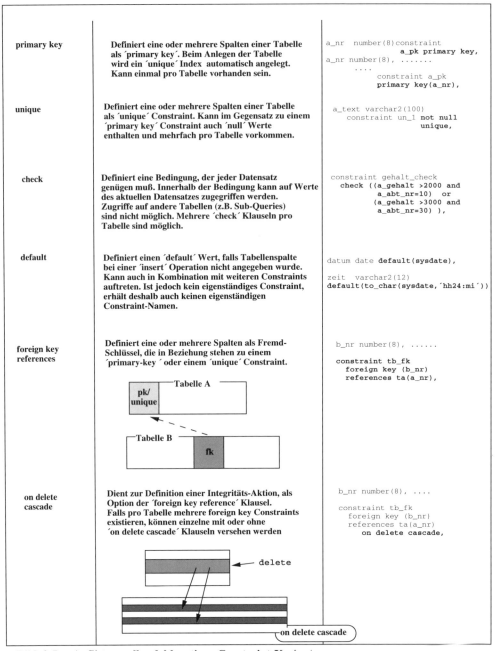

Bild 9-5 : Auflistung aller deklarativen Constraint-Varianten

Semantische Datenintegrität

Wird ein Fremdschlüssel (foreign key) definiert, so referenziert er stets zu einem Primär-Schlüssel oder einem 'unique' Constraint derselben oder einer beliebigen anderen Tabelle. Um jedoch eine 'foreign key' Beziehung zu einer anderen Tabelle aufbauen zu können, muß die referenzierte Tabelle (Master-Tabelle) entweder im gleichen Schema aufgebaut sein wie die 'foreign key' Tabelle oder aber, der Ersteller der 'foreign key' Tabelle muß das 'reference' Privileg zu der Master-Tabelle besitzen. Eine typische primary key/ foreign key Beziehung ist im Bild 9-6 dargestellt.

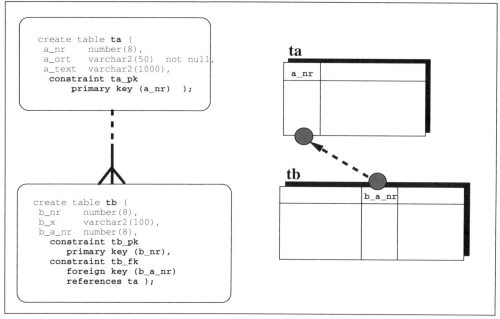

Bild 9-6 : Typische primary-key / foreign-key Beziehung

Dabei stellt die Tabelle 'ta' die Master-Tabelle dar, die durch eine 'foreign key' Beziehung der Tabelle 'tb' bei allen Änderungsoperationen referenziert wird.

Wird ein Datensatz in die von 'ta' abhängige Tabelle 'tb' eingetragen oder werden die Fremdschlüsselspalten der Tabelle 'tb' verändert (update), prüft der DB-Server stets, ob dem neuen Fremdschlüsselwert ein entsprechender Wert in der Tabelle 'ta' gegenübersteht. Ist dies nicht der Fall, wird die 'insert' oder 'update' Operation zurückgewiesen. Eine solche Situation zeigt das Bild 9-7.

Eine referentielle Integritätsbeziehung wirkt jedoch nicht nur auf die foreign-key Tabelle, sondern wirkt sich auch auf die referenzierte Tabelle (Master-Tabelle) aus. So können in einer DB-Tabelle, die durch eine foreign-key Beziehung referenziert wird, nur dann die Tabellen-Spalten des Primär-Schlüssels bzw. der unique-Constraints

Semantische Datenintegrität

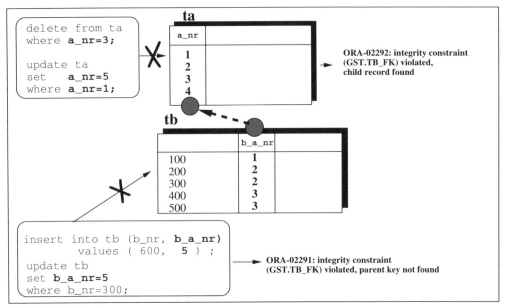

Bild 9-7 : Operationen auf Tabellen mit foreign-key Beziehungen

geändert werden, wenn zu diesen Schlüsselwerten keine abhängigen Datensätze in den entsprechenden 'foreign key' Tabellen existieren. Diese Funktion wird auch als 'update restrict' bezeichnet. Auch ist es nicht möglich, einen Datensatz aus einer Master-Tabelle zu löschen, wenn noch abhängige Datensätze in 'foreign-key' Tabellen vorhanden sind (delete restrict).

Eine Lösch-Operation in einer referenzierten Tabelle (Master-Tabelle) ist nur dann möglich, wenn:

- kein abhängiger Datensatz in einer 'foreign-key' Tabelle existiert oder

- wenn die 'foreign-key' Beziehung mit der 'on delete cascade' Option definiert wurde.

Die 'on delete cascade' Option innerhalb der 'foreign key' Definition bewirkt, daß eine Löschoperation eines Master-Datensatzes gleichzeitig alle abhängigen Datensätze in der 'foreign key' Tabelle löscht. Eine solche Situation ist im Bild 9-8 dargestellt.

Hier ist die 'foreign key' Definition durch die 'on delete cascade' Option ergänzt. Wird in der Master-Tabelle 'ta' ein Datensatz gelöscht, zu dem noch abhängige Datensätze innerhalb der Tabelle 'tb' existieren, so werden zuerst die abhängigen Datensätze gelöscht und danach der Master-Datensatz.

Semantische Datenintegrität

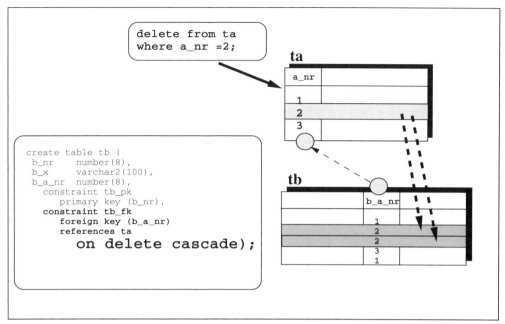

Bild 9-8 : Foreign Key Beziehung mit ´on delete cascade´ Option

Bei mehrstufigen Abhängigkeiten muß auf allen Ebenen die 'on delete cascade' Option vorhanden sein, oder es dürfen keine abhängigen Datensätze existieren.

Ein interessanter Anwendungsfall ist die Abbildung von hierarchischen Strukturen, wie sie bei Stücklisten häufig zu finden sind. Eine solche Struktur wurde bereits im Bild 2-6 (Kapitel 2) in Form eines Organigramms dargestellt. Innerhalb einer solchen Struktur gibt es die Abhängigkeit zwischen einem Fremdschlüssel und einem Primärschlüssel der gleichen Tabelle. Auch dies kann durch eine referentielle Integritätsbeziehung dargestellt werden, wie das Bild 9-9 zeigt.

In diesem Beispiel referenziert die Spalte 'b_master' stets auf einen Datensatz der gleichen Tabelle, dessen Primär-Schlüssel (b_nr) dem Wert der Spalte 'b_master' entspricht.

Bei jeder 'insert' Operation in die Tabelle 'tb' werden nunmehr beide 'foreign key' Beziehungen überprüft. Eine solche 'insert' Operation ist nur gültig, wenn:

- für den Wert 'b_a_nr' ein entsprechender Wert in der Tabelle 'ta' existiert und
- für jeden Wert 'b_master' ein entsprechender Wert in der Tabelle 'tb' in der Spalte 'b_nr' existiert.

Wird gegen eine dieser Regeln verstoßen, dann wird die 'insert' Operation zurückgewiesen.

Semantische Datenintegrität

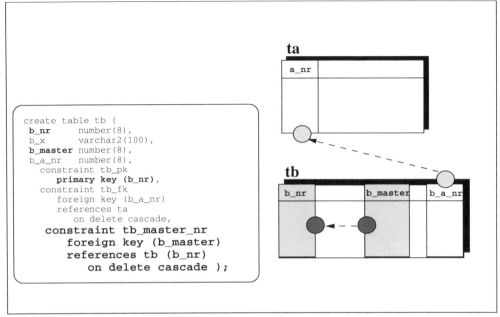

Bild 9-9 : Foreign Key Beziehung innerhalb einer Tabelle

Die beschriebene Überprüfung für einen 'foreign key' Wert kann jedoch nicht nur durch eine einfache Leseoperation realisiert werden, bei der lediglich das Vorhandensein eines Wertes geprüft wird. Eine solche Implementierung würde sehr schnell zu Inkonsistenzen zwischen abhängigen Tabellen führen können, wie in Bild 9-10 gezeigt wird.

Hier sind drei Zeitpunkte gezeigt, an denen unterschiedliche Operationen stattfinden.

Zum Zeitpunkt 1 wird in die Tabelle 'tb' ein Datensatz eingefügt (Transaktion1). Dabei wird geprüft, ob zu dem 'foreign key' Wert ein entsprechender 'primary key' oder ein 'unique'-Constraint mit gültigem Wert existiert. In unserem Beispiel wird die Prüfung durch einen einfachen Lesebefehl durchgeführt und das Vorhandensein des Wertes '4' als Primärschlüssel bestätigt. Durch diese Bestätigung ist die 'insert' Operation verifiziert, da eine gültige foreign key/primary key Beziehung vorhanden ist.

Zum Zeitpunkt 2 (Transaktion2) wird aus der Tabelle 'ta' der Datensatz gelöscht, mit dem eben die Prüfung durchgeführt wurde. Bei dieser Löschoperation prüft der DB-Server, ob es für den zu löschenden PK-Wert des Datensatzes noch abhängige Datensätze in der Tabelle 'tb' gibt. Da die Einfügeoperation in 'tb' noch nicht durch

Semantische Datenintegrität

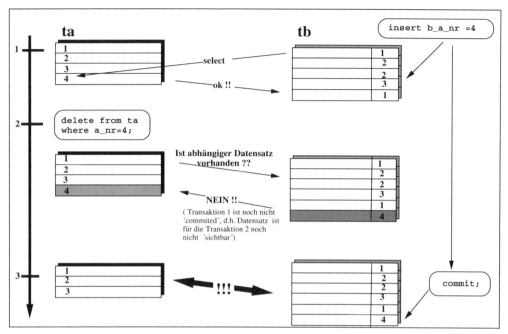

Bild 9-10 : Inkonsistenzen durch einfaches Lesen der Mastertabelle

'commit' abgeschlossen wurde, ist der neue Datensatz für die Transaktion2 nicht sichtbar, was zu einer (vermeintlich) gültigen Lösch-Operation in 'ta' führt.

Zum Zeitpunkt 3 wird nun die Einfügeoperation mit 'commit' abgeschlossen, d. h. es wird ein Datensatz in 'tb' eingetragen, zu dem es keinen gültigen Master-Datensatz mehr gibt, da dieser zum Zeitpunkt 2 bereits gelöscht wurde.

Dieses Beispiel soll zeigen, daß es zwingend notwendig ist, daß alle referentiellen Integritätsprüfungen in das Transaktionskonzept eingebettet werden müssen, um Inkonsistenzen innerhalb der Datenbank zu vermeiden.

In Oracle7 ist dieses Problem durch 'shared-index-entry' Sperren sehr elegant und äußerst effizient gelöst, wie im Bild 9-11 gezeigt wird.

Wird eine Änderung in Tabelle 'tb' durchgeführt, die eine Referenz zu Tabelle 'ta' benötigt, dann wird das Vorhandensein des gültigen 'primary key' Wertes in 'ta' geprüft und, falls dieser vorhanden ist, wird eine 'shared'-Sperre für diesen Wert innerhalb des primary-key Indexes gesetzt. Eine solche Index-Entry-Sperre stellt ein noch kleineres Sperrgranulat als die Datensatzsperre dar, da der entsprechende Datensatz innerhalb der Master-Tabelle (hier 'ta') durch update-Operationen weiterhin bearbeitet werden kann (bis auf die primary key bzw. unique-Constraint Werte).

Semantische Datenintegrität

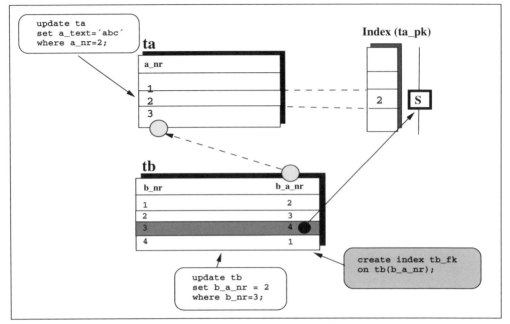

Bild 9-11 : Sperrverhalten bei referentiellen Integritätsprüfungen

Diese shared-Index-Entry Sperre verhindert jedoch eine Lösch-Operation der Datensätze, die aktuell von Transaktionen referenziert werden. Voraussetzung für die Nutzung von shared-Index-Entry-Sperren innerhalb der Master-Tabellen ist ein Index über die 'foreign key' Spalten der abhängigen Tabellen.

9.2.3 Entity-Integritätsdefinitionen

Über die referentiellen Integritätsdefinitionen hinaus gibt es noch die Entity-Integritätsdefinitionen. Mit dieser Art der Integritätsbedingungen werden Regeln aufgestellt, die die DB-Tabellen selbst betreffen. Dazu gehören:

- primary-key Constraints
- unique-Constraints
- not null-Constraints
- check-Constraints

Semantische Datenintegrität

Die primary-key und die unique-Constraints wurden bereits im Abschnitt 9.2.2 eingeführt und dienen bei den referentiellen Integritätsprüfungen als Referenzwerte für die Prüfung von foreign-key Werten in abhängigen Tabellen.

Ein primary-key und ein unique-Constraint besteht dabei aus einer oder mehreren Tabellen-Spalten in der Form:

```
constraint x_pk primary key (<sp1>,<sp2>,...)
constraint y_un unique (<sp1>,<sp2>,....)
```

Dabei kann ein primary-key Constraint jedoch nur einmal pro Tabelle vorkommen, ein unique-Constraint aber mehrfach.

Diese beiden Constraint-Arten sind von ihrer Handhabung sehr ähnlich. So gilt für beide Arten:

- zur Aktivierungszeit der Constraints (enable) wird vom System ein unique-Index angelegt. Wurde das Constraint explizit benannt, dann wird der Constraint-Name auch als Index-Name benutzt.

- sowohl ein primary-key- als auch ein unique-Constraint kann durch ein foreign-key Constraint referenziert werden.

- wird ein PK-Constraint oder ein unique-Constraint deaktiviert (disable), wird der zugehörige unique-Index gelöscht.

- bei den Constraint Definitionen können als Option die Speicherungsparameter angegeben werden, die der automatisch zu bildende Index nutzt. (s. dazu auch Bild 9-12)

Im Gegensatz zu einem PK-Constraint ist es bei unique-Constraints möglich, daß Spalten, die innerhalb des unique-Constraints definiert sind, auch 'null' Werte enthalten können. Soll dies verhindert werden, müssen die unique-Constraint-Spalten zusätzlich mit einem 'not null' Constraint definiert werden. Dies zeigt das folgende Beispiel:

```
a_nr        number(8)           not null,
a_text      varchar2(20)        not null,
constraint x_un                 unique(a_nr, a_text)
```

Das check-Constraint dient dazu, Wertebereiche für eine Spalte zu definieren. Dabei ist der Zugriff auf alle Spalten des aktuellen Datensatzes möglich. So kann erzwungen werden, daß bestimmte Werte nur in Kombination mit anderen Werten angenommen werden können. Das folgende Beispiel erzwingt, daß die Werte für die Spalten 'a_nr' nur im Bereich von 1 und 5000 liegen dürfen, wenn die Ortsangabe, gegeben durch die Spalte 'a_ort', auf 'STUTTGART' lautet.

```
constraint ta_a_nr_check
  check (a_nr between 1 and 5000 and upper(a_ort)='STUTTGART' )
```

Semantische Datenintegrität

```
                drop table ta cascade constraints;
                drop table tb;

                create table ta (
                a_nr      number(8),
                a_ort     varchar2(50)    default('STUTTGART') NOT NULL,
                a_text    varchar2(300)   default('texttext...'),
                 constraint ta_pk
                     primary key(a_nr),
                 constraint ta_a_nr_check
                     check (( a_nr between 1 and 5000 and a_ort='STUTTGART') or
                            ( a_nr between 5001 and 10000 and a_ort = 'MUENCHEN')))
                pctfree 20
                initrans 10
                pctused 60
                    tablespace TA
                storage(initial   10k
                        next  10k
                        minextents 2
                        maxextents 99
                        freelists 2)
                /
                create table tb (
                b_nr         number(8),
                b_name       varchar2(50)    not null,
                b_master_nr number(8),
                b_budget     number(10,2)    default 10000  not null,
                b_a_nr       number(8)       not null,
                 constraint tb_pk   primary key (b_nr) using index
                                        pctfree  20
                                        initrans  5
                                           tablespace TA
                                        storage ( initial    20M
                                                  next       10M
                                                  pctincrease 20 ),
                 constraint tb_fk
                     foreign key (b_a_nr)
                     references ta(a_nr),
                 constraint tb_master_nr
                     foreign key (b_master_nr)
                     references tb(b_nr)
                     on delete cascade)
                /
```

Bild 9-12 : Beispieltabellen mit Constraints

Das Bild 9-12 zeigt die beiden Tabellen 'ta' und 'tb', die in den bisherigen Beispielen mehrfach vorgekommen sind, als vollständige Definition. Dabei können drei Bereiche unterschieden werden:

- Spalten-Definitionen
  mit Spaltennamen, Datentypen und eventuell mit einer default-Definition

- Constraint-Definitionen
  als 'out-of-line' Definitionen, da diese Form wesentlich leichter lesebar ist

- Speicherungs-Definitionen
  beschreibt die physische Ausprägung der Tabelle

Bei der Tabelle 'tb' wurden bei der primary-key Definition auch Speicherungs-Parameter für den unique-Index angegeben, der automatisch zur Aktivierungszeit des Constraints aufgebaut wird. So kann auch für diese Art der Index-Erzeugung der optimale Speicherungsort (z.B ein bestimmter Tablespace) und die optimale physische Ausprägung des Indexes definiert werden.

9.2.4 Verwaltung von deklarativen Constraints

Über das Anlegen von Constraints zum Definitionszeitpunkt einer Tabelle hinaus, bietet Oracle7 alle notwendigen Operationen um Constraints in einem professionellen Umfeld einsetzen zu können. Dabei können die folgenden Constraint-Operationen unterschieden werden:

- Anlegen von Constraints mit der Tabellen-Definition
- Hinzufügen von Constraints zu einer bestehenden Tabelle
- Löschen von bestehenden Constraints
- Deaktivieren (disable) von bestehenden Constraints
- Aktivieren (enable) von bestehenden Constraints

Wird ein Constraint zu einer bestehenden Tabelle mit 'alter table ‹tab› add constraint ‹cons›' hinzugefügt, dann wird bei der Ausführung des 'alter table' Befehls die gesamte Tabelle bezüglich dieses neuen Constraints überprüft. Werden

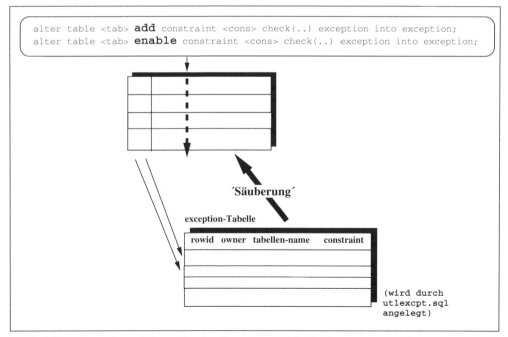

Bild 9-13 : Ausnahmen können in eine ´exception´ Tabelle eingetragen werden

Semantische Datenintegrität

Was wird gemacht ?	Befehls-Beispiel

Constraint wird mit Tabellen-Definition
- angelegt und aktiviert bzw. deaktiviert
	```create table ta (..```
	``` constraint c1 primary key (a_nr),```
	``` constraint c2 unique(a_text)```
	``` disable);```

Constraint wird zu einer bestehenden Tabelle
- hinzugefügt und sofort aktiviert
- hinzugefügt, aktiviert und Ausnahmen protokolliert
 	
- hinzugefügt und deaktiviert
	```alter table ta```
	``` add constraint c3 check(a_nr>1000)```
	``` add constraint c3 .. exceptions into```
	``` exceptions```
	``` add constraint c3 .. disable```

Constraint wird gelöscht
- mit Kaskade
- ohne Kaskade
	```alter table ta```
	``` drop constraint c1 cascade```
	``` drop constraint c1```

Constraint wird deaktiviert
- mit Kaskade
- ohne Kaskade
	```alter table ta```
	``` disable constraint c1 cascade```
	``` disable constraint c1```

Bestehende (deaktivierte) Constraints
- aktivieren
- aktivieren und Ausnahmen protokollieren
	```alter table ta```
	``` enable constraint c3```
	``` enable constraint c3 exceptions into```
	``` <excep-```
	``` tabelle>```

Bild 9-14 : Beispiele für Constraint-Operationen

dabei Verstöße bezüglich des neudefinierten Constraints gefunden, wird eine Fehlermeldung ausgegeben. Das betreffende Constraint bleibt jedoch weiterhin ausgeschaltet. Es ist jedoch möglich, daß alle, bezüglich eines neuen Constraints, fehlerhaften Datensätze in einer sogenannten 'exceptions' Tabelle ausgegeben werden, die dann herangezogen werden kann, um die Daten in der Original-Tabelle zu 'säubern'.

Alle möglichen Varianten bezüglich der Verwaltung von Constraints sind im Bild 9-14 aufgezeigt.

Dabei ist insbesondere bei den Operationen 'drop constraint' und 'disable constraint' für primary-key und unique-Constraints zu beachten, daß diese ja nicht nur für die betrachtete Tabelle von Bedeutung sind, sondern daß davon auch foreign-key Beziehungen abhängig sein können. So kann ein primary key bzw. ein unique-Constraint nicht deaktiviert oder gelöscht werden, wenn sich darauf mindestens ein foreign-key Constraint bezieht. In einem solchen Fall muß mit der Option 'cascade' gearbeitet werden, um ein primary-key oder ein unique-Constraint zu löschen oder zu deaktivieren. Die 'cascade' Option hat dabei den Effekt, daß zuerst die foreign key Constraints in allen referenzierenden Tabellen deaktiviert werden. Erst danach wird das primary-key- bzw. unique-Constraint vom System gelöscht oder deaktiviert.

Semantische Datenintegrität

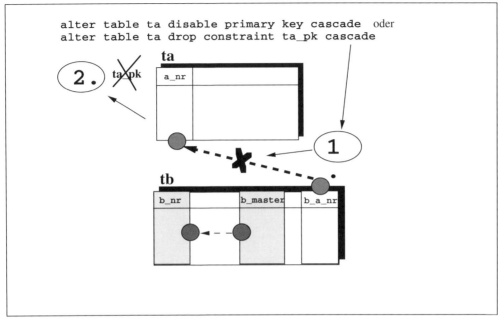

Bild 9-15 : Deaktivieren oder Löschen von primary key Constraints

In ähnlicher Weise verhält es sich, wenn eine Tabelle mit dem 'drop table' Befehl gelöscht werden soll, zu der noch foreign-key Beziehungen bestehen. Auch hier kann eine solche Tabelle nur gelöscht werden, wenn durch die Option 'cascade constraints' zuvor alle foreign-key Referenzen deaktiviert werden. Der Befehl 'drop table ta cascade constraints' bewirkt, ähnlich wie im obigen Beispiel, daß zuerst alle zu der tabelle 'ta' bestehenden foreign-key Beziehungen deaktiviert werden, um dann die Tabelle 'ta' selbst zu löschen.

9.3 Prozedurale Integritätsmethode

9.3.1 Einführung

Die deklarative Integritätsmethode, wie wir sie im vorigen Abschnitt kennengelernt haben, leistet hervorragende Dienste, wenn es darum geht, referentielle und Entity-Integritätsbedingungen sehr einfach (deklarativ) zu implementieren und zu

Semantische Datenintegrität

verwalten. Oftmals ist es jedoch notwendig, über diese deklarative Regeldefinitionen hinaus zusätzliche Logik innerhalb der Datenstrukturen zu implementieren. Solche beliebigen (auch beliebig komplexe) Regeln und Aktionen können mit Hilfe der prozeduralen Definitionsmethode in Form von Datenbank-Triggern implementiert und verwaltet werden. Ein DB-Trigger ist dabei ein in PL/SQL geschriebenes Programm, das unmittelbar einer DB-Tabelle zugeordnet ist und durch bestimmte Ereignisse ausgelöst und ausgeführt werden kann.

Dies zeigt das Bild 9-16. Einer DB-Tabelle wurde ein DB-Trigger durch den 'create trigger' Befehl zugeordnet, der beliebige PL/SQL Befehle, SQL-DML-Operationen (select, insert, update, delete) auf beliebige lokale und remote DB-Objekte und gespeicherte PL/SQL Programme beinhalten kann. Das einer Tabelle zugeordnete Trigger-Programm wird, je nach Definition, durch eine 'insert' oder 'update' oder durch eine 'delete' Operation ausgelöst und ausgeführt.

Ein typisches Beispiel könnte innerhalb einer Lager-Datenbank gegeben sein. Bei jeder Abbuchung von Teilen aus dem Lager soll der DB-Server prüfen, ob der Mindestlagerbestand für das eben ausgebuchte Teil unterschritten ist. Ist dies der Fall, soll bei dem jeweiligen Lieferanten ein entsprechendes Kontingent bestellt werden. Dies könnte dadurch geschehen, daß eine solche Bestellung in eine Bestell-Tabelle geschrieben wird, die dann später für die tatsächliche Bestellung genutzt

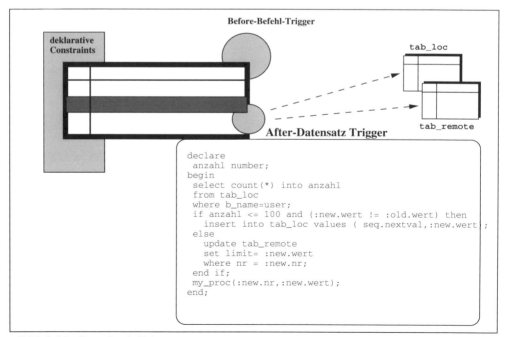

Bild 9-16 : Datenbank-Trigger

Semantische Datenintegrität

werden kann. Auch wäre es denkbar, daß eine Bestellung direkt über ORACLE*Mail initiiert wird.

Bei beiden Methoden wird das Überprüfen des Mindestlagerbestandes und der eventuell notwendige Bestellvorgang nicht durch ein Anwendungsprogramm, sondern vollständig durch den DB-Server, mit Hilfe der DB-Trigger, durchgeführt. Im Bild 9-17 ist dies schematisch dargestellt.

Durch das Ausführen des 'update' Befehls wird der DB-Trigger in Bild 9-17 ausgelöst. Dieser DB-Trigger prüft, ob der Lagerbestand nach der Änderung kleiner ist als der, für die aktuelle Teile-Nummer definierte Mindestlagerbestand. Im ersten Beispiel wird bei Unterschreitung des minimalen Lagerbestandes ein Bestelldatensatz in eine Bestelltabelle geschrieben, d. h. es wird eine DML-Operation durchgeführt. Dabei ist es nicht zwingend notwendig, daß sich das zu ändernde DB-Objekt innerhalb der gleichen Datenbank befindet, wie die, den Trigger auslösende Tabelle.

Im zweiten Beispiel wird über die bereitgestellte Paket-Prozedur 'dbms_mail.send' eine ORACLE*Mail Nachricht z. B. direkt an den Lieferanten geschickt.

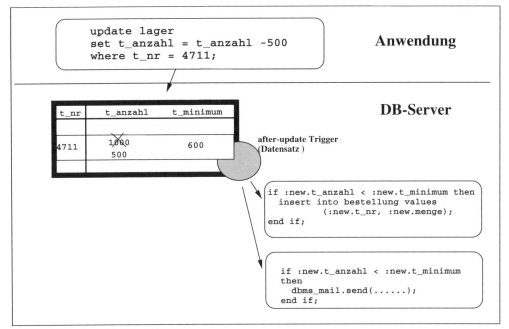

Bild 9-17 : Beispiel eines DB-Triggers

Semantische Datenintegrität

9.3.2 Die ORACLE-DB-Trigger Konstrukte

Ein definierter DB-Trigger gehört unmittelbar zu einer DB-Tabelle und stellt, mit den Spaltendefinitionen, Datentypen und deklarativen Constraints ein gekapseltes komplexes Objekt dar.

Pro Tabelle können insgesamt zwölf Triggerarten definiert werden, die sich durch die Auslöseereignisse (insert, update, delete), die Auslösezeitpunkte (before, after) und den Trigger-Typ (Befehls-, Datensatz-Typ) unterscheiden können. Die unterschiedlichen Varianten sind im Bild 9-18 zusammengefaßt.

Der Auslösezeitpunkt gibt an, ob der DB-Trigger vor dem (before) Triggerereignis ausgeführt werden soll oder danach (after). Im Beispiel aus Bild 9-17 wurde mit einem 'after-update' Trigger gearbeitet. Des weiteren wird unterschieden, ob ein Trigger pro Befehl einmal ausgelöst werden soll (Befehls-Typ), unabhängig davon, wieviel Datensätze durch das Ereignis geändert werden oder, ob ein Trigger pro geändertem Datensatz (Datensatz-Typ) ausgelöst werden soll. Die Auslösehäufigkeit bei einem Datensatz-Trigger ist abhängig von der Anzahl der geänderten Datensätze. Werden durch eine 'update' Operation zehn Datensätze geändert, wird demzufolge ein before oder after-update Datensatz-Trigger insgesamt zehn mal ausgelöst und ausgeführt.

Ereignis	Zeitpunkt		Trigger-Typ	
	before	after	Befehl	Datensatz
insert	✓	✓	✓	✓
update	✓	✓	✓	✓
delete	✓	✓	✓	✓

Bild 9-18 : Die Trigger-Varianten

Semantische Datenintegrität

Je Trigger-Ereignis lassen sich vier DB-Trigger unterscheiden:

- before – Befehls-Trigger
- before – Datensatz-Trigger
- after – Befehls-Trigger
- after – Datensatz-Trigger

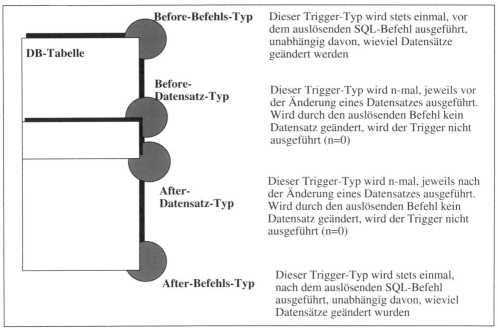

Bild 9-19 : Die Trigger-Typen

Da bei den Datensatz-Triggern der Trigger im Kontext des zu ändernden (before) oder des bereits geänderten (after) Datensatzes ausgeführt wird, hat das Trigger-Programm Zugriff auf zwei Instanzen des Datensatzes. Die Adressierung der ursprünglichen Werte und der neuen, geänderten Werte innerhalb eines Datensatzes geschieht durch den Präfix ':old' bzw. ':new', der einem Spaltennamen vorangestellt wird. Dies wurde bereits im Bild 9-17 ausgenutzt. Hier wurde der neue Lagerbestand durch ':new.t_anzahl' ermittelt. Innerhalb eines before-Datensatz-Triggers kann mit Hilfe dieser Methode einer Tabellenspalte ein Wert zugewiesen werden. Für die einzelnen DML-Operationen gibt es unterschiedliche old/new-Werte. So hat bei einer 'insert' Operation eine Referenz auf eine 'old' Spalte stets den Wert 'null', da der Datensatz bisher noch nicht existierte.

Semantische Datenintegrität

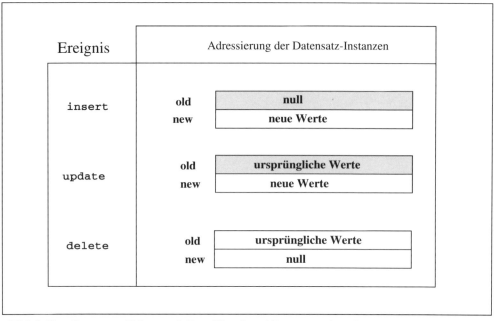

Bild 9-20 : Datensatz-Trigger mit Zugriff auf zwei Instanzen eines Datensatzes

Das Anlegen eines DB-Triggers wird durch den 'create trigger' Befehl durchgeführt. Innerhalb dieses Befehls werden definiert:

- der Trigger-Name
- der Trigger-Zeitpunkt (before, after)
- das Trigger-Ereignis oder die Trigger-Ereignisse
- der Trigger-Typ (Befehls- oder Datensatz-Typ)
- die Trigger-Restriktion und
- der Trigger-Rumpf, in dem sich das eigentliche Trigger-Programm befindet.

Im Bild 9-21 ist diese grundsätzliche Struktur mit den einzelnen Sprachelementen dargestellt. Dabei können unter einem Trigger-Namen mehrere Ereignisse gleichzeitig abgehandelt werden. Dies wird durch die 'or' Klausel beschrieben.

Wird ein 'update' Trigger ohne explizite Angabe von Tabellen-Spalten definiert, wird bei allen 'update' Operationen beliebiger Tabellen-Spalten der Trigger ausgeführt. Soll ein Trigger nur bei der Änderung von bestimmten Spalten ausgelöst werden, kann dies durch die Aufzählung der Spalten innerhalb der 'update'-Klausel erreicht werden. Änderungen von Tabellen-Spalten, die in der Spaltenaufzählung der Trigger-Definition nicht enthalten sind, lösen den Trigger nicht aus.

Semantische Datenintegrität

Durch die Angabe der 'for each row' Klausel wird ein Datensatz-Trigger definiert.

Innerhalb der Trigger-Restriktion kann eine zusätzliche Bedingung formuliert werden, die jeweils vor der Ausführung des Trigger-Rumpfes evaluiert wird. Ist das Ergebnis der Bedingung 'true', dann wird der Trigger-Rumpf ausgeführt, ansonsten wird die Trigger-Ausführung an dieser Stelle positiv beendet, ohne daß der eigentliche Trigger-Code ausgeführt wird.

`create or replace trigger <trig_name>`	**Trigger-Name**
`before / after`	**Trigger-Zeitpunkt**

`insert or`
`update  of <spalte1>,<spalte2>,...or`
`delete`
`on <tab_name>`
	Trigger-Ereignis

`(for each row)`	**Trigger-Typ**
`when   <bedingung>`	**Trigger-Restriktion**
`PL/SQL-Programm-Code`	**Trigger-Rumpf** **mit** **Trigger-Logik**

Bild 9-21 : Aufbau eines ORACLE-Datenbank-Triggers

Innerhalb des Trigger-Rumpfes befindet sich das eigentliche Trigger-Programm, das wie jedes PL/SQL Programm aufgebaut ist und alle aus Kapitel 7 bekannten Sprachelemente nutzen kann. Zusätzlich zu den bereits bekannten PL/SQL Konstrukten gibt es bei der Trigger-Programmierung spezielle 'if' Konstrukte, um eine einfache Strukturierung des Trigger-Programmes zu erreichen, falls unter einem Trigger-Namen mehrere Ereignisse zusammengefaßt werden. So kann durch die Konstrukte:

```
if inserting then
if updating then
if updating ('<spalte1>') then
if deleting then
```

Semantische Datenintegrität

in Abhängigkeit des aktuellen Ereignisses direkt in einen dafür bestimmten Programmbereich verzweigt werden.

Die typische Struktur einer Trigger-Definition ist im Bild 9-22 dargestellt.

`create or replace trigger lager_best` `after`	**Trigger-Name** **Trigger-Zeitpunkt**

`insert or`
`update  of s1,s5`
`on lager`
`for each row`
	Trigger-Ereignisse
	
	Trigger-Typ

`declare`
`  anzahl number;`
`begin`
`  if inserting then`
`    <pl/sql>`
`  if updating ('S1')   then`
`    <pl/sql>`
`  if updating ('S5')   then`
`    <pl/sql>`
`  exception`
`   when no_data_found then ......`
`end;`
	Trigger-Rumpf
	mit
	Trigger-Logik

Bild 9-22 : Schematischer Aufbau eines DB-Triggers

Ein DB-Trigger wird immer im Kontext einer Transaktion ausgeführt und ist damit Bestandteil der aktuellen Transaktion bzw. Bestandteil des auslösenden DML-Befehls. Dies gilt auch dann, wenn eine DML-Operation eines DB-Triggers einen weiteren Trigger einer beliebigen Tabelle auslöst und so eine Kaskade von Triggern zu einem auslösenden DML-Befehl gehört. Eine DML-Operation wird nur dann als positiv abgeschlossen betrachtet, wenn alle direkten und indirekten DB-Trigger positiv beendet werden können. (Zusätzlich müssen jedoch auch alle deklarativen Constraints eingehalten werden). Wird einer der beteiligten Trigger negativ beendet, werden alle Änderungsaktionen, die durch alle beteiligten DB-Trigger durchgeführt wurden, sowie die Änderungsaktionen des auslösenden DML-Befehls zurückgesetzt. Dies gilt auch dann ohne Einschränkungen, wenn sich eine Änderung eines Triggers auf eine remote Datenbank-Tabelle bezogen hat. In diesem Fall handelt es sich um eine (implizite) verteilte Transaktion, die durch das ORACLE-2Phasen Commit Protokoll abgesichert wird.

Ein Trigger wird immer dann negativ beendet, wenn während des Ablaufs eines Triggers Constraint-Verletzungen oder sonstige ORACLE-Fehler aufgetreten sind.

Semantische Datenintegrität

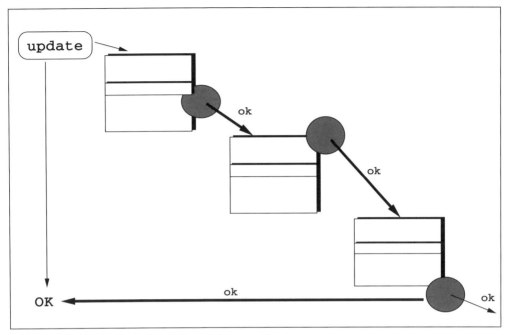

Bild 9-23 : Trigger können weitere Trigger auslösen

Zusätzlich kann programmtechnisch ein negatives Ende einer Trigger-Ausführung erreicht werden durch den Aufruf der Prozedur 'raise_application_error'.

Diese Prozedur besitzt zwei Parameter:

- eine benutzerdefinierte Fehlernummer
  hier werden Fehlernummern von 20000 bis 21000 als Parameter übergeben, die sich dann wie gewöhnliche ORACLE Fehlernummern verhalten.

- benutzerdefinierter Fehler-Text
  beliebiger, den Fehler beschreibender Text, der sich wie ein Text einer gewöhnlichen ORACLE-Fehlermeldung verhält.

Ein typisches Beispiel, um einen Trigger mit dieser Prozedur negativ zu beenden, wäre:

```
raise_application_error(-20011,'Falsche Eingabe');
```

oder

```
raise_application_error(:var_nr,:var_fehler_text);
```

Diese benutzerdefinierten Fehlernummern müssen nicht eindeutig sein. Es ist jedoch sinnvoll, mit definierten Fehlernummern und Fehlertexten innerhalb eines

Semantische Datenintegrität

Anwendungssystems, bzw. einer ORACLE-Instanz zu arbeiten. Auch steht der Verwaltung dieser Fehlernummern und der Fehlertexte (vielleicht auch in unterschiedlichen Sprachen) nichts im Weg. So könnte vor dem Aufruf der Fehlerprozedur sehr wohl ein Zugriff auf eine eigene Fehlertabelle vorgesehen werden, die die entsprechende Fehlernummer und den Fehlertext ermittelt und die dann, mit Hilfe der 'raise_application_error' Prozedur, weiterverarbeitet wird.

9.3.3 Das Anlegen eines DB-Triggers

Das Anlegen von DB-Triggern mit dem 'create trigger' Befehl ist vom Ablauf her sehr ähnlich wie das Anlegen von Prozeduren, Funktionen und Paketen. Auch hier wird das Trigger-Programm durch den PL/SQL- und den SQL-Prozessor geprüft und eventuell anfallende Fehler werden in der 'error$' Tabelle protokolliert und können in SQL*Plus oder SQL*DBA mit dem Befehl 'show errors trigger ‹trig_name›' ausgegeben werden. (s. dazu auch Bild 8-4)

Im Gegensatz zu einem gespeicherten PL/SQL-Programm wird jedoch ein DB-Trigger nicht als kompiliertes Modul in der Datenbank abgelegt. Erst zur Laufzeit wird ein Trigger, ähnlich wie bei SQL-Befehlen, kompiliert und innerhalb des 'shared-pool' des DB-Caches allen Nutzern zur Verfügung gestellt.

Da bei der Entwicklung und beim Test von DB-Triggern viele Ähnlichkeiten zu den im Kapitel 8 besprochenen gespeicherten Prozeduren bestehen, sei an dieser Stelle auf das Kapitel 8.3 verwiesen.

Ein weiteres Analogon zu gespeicherten PL/SQL Programmen ist bei den Ausführungsprivilegien zu finden. Erhält ein Benutzer das Änderungsrecht für eine Tabelle, zu der DB-Trigger vorhanden sind, werden alle DB-Trigger in dem Sicherheits-Kontext des Tabellen-Eigentümers ausgeführt.

Diese Situation soll das Bild 9-24 verdeutlichen. Hier bekommt ein Benutzer das Recht, in eine Tabelle neue Datensätze einzufügen. Durch diese Operation werden in unserem Beispiel verschiedene DB-Trigger ausgelöst, die z. B. Lese- oder Änderungsoperationen in weiteren DB-Tabellen durchführen, für die der betrachtete Benutzer keinerlei direkte Zugriffsrechte besitzt. Da die DB-Trigger unter dem Sicherheits-Kontext des Tabellen-Erstellers ablaufen, ist ein impliziter Zugriff (via DB-Trigger) auf diese Objekte möglich.

Semantische Datenintegrität

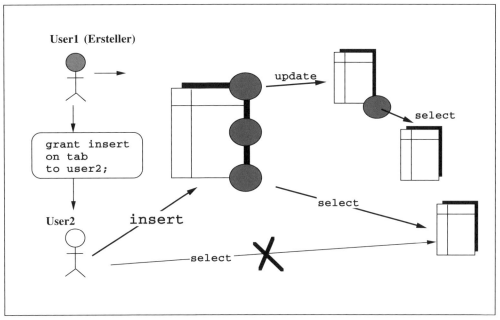

Bild 9-24 : Zugriffs- und Ausführungsprivilegien

9.3.4 Das Verwalten von DB-Triggern

Wie auch bei den deklarativen Integritätsbedingungen bietet Oracle7 für DB-Trigger alle notwendigen Operationen, um diese in einem professionellen Umfeld sinnvoll einsetzen zu können. Folgende Operationen können durchgeführt werden:

- Anlegen eines DB-Triggers mit 'create trigger'
- Modifizieren eines bestehenden Triggers mit 'create or replace'
- Deaktivieren eines einzelnen Triggers mit 'alter trigger ‹trig› disable'
- Deaktivieren aller Trigger einer Tabelle 'alter table ‹tab› disable all triggers'
- Aktivieren eines einzelnen Triggers 'alter trigger ‹trig› enable'
- Aktivieren aller Trigger einer Tabelle 'alter table ‹tab› enable all triggers'
- Löschen eines Triggers 'drop trigger ‹trig›'.

Im Gegensatz zu den deklarativen Constraints, bei deren Aktivierung die jeweiligen Tabellen vollständig auf Constraint-Konformität geprüft werden, bewirkt ein Aktivieren eines Triggers (enable) keine vollständige Prüfung der Tabellenwerte.

Semantische Datenintegrität

9.4 Beispiel-Scripts

Informationen über alle Datenbank-Objekte sind im Data-Dictionary abgelegt und können dort jederzeit abgerufen werden. Für die deklarativen und die prozeduralen Integritätsbedingungen und Integritätsaktionen stehen zu diesem Zweck die folgenden Data-Dictionary Views zur Verfügung:

- user_constraints

- user_cons_columns

- user_trigger

- user_trigger_cols

```
rem **********************************
rem
rem     Funktions-Name   : cat_comp(act).sql
rem     Zweck            : Kompakte Zusammenstellung von
rem                        Indices, Constraints und Triggern einer Tabelle
rem     Voraussetzung    : cat_all-View muß angelegt sein durch cat_all.sql
rem     Aufruf           : start cat_comp
rem     Autor            : g.stuerner                  dec 92
rem
rem **********************************
clear screen
prompt
prompt Bitte Tabellen-Name eingeben
Prompt Wildcards wie % oder _  sind erlaubt.
prompt
accept tn char prompt 'Tabellen-Name: '
break on table_name
column type noprint
column table_name                   format a18
column "Idx/Cons/Trig_Name"         format a30
column "Idx/Cons-Ref/Trig-Typ"      format a30
set veri off
set linesize 100
set pagesize 60
select  rpad(substr(uc1.table_name,1,15),17,'.')    table_name,
  rpad(substr(uc1.constraint_name,1,18),20,'.')||'('||uc1.constraint_type||')'||
  decode(uc1.status,'ENABLED',null,'[-]') ||decode(uc1.delete_rule,'NO ACTION','<nc>',
  null,null,'->cas')                              "Idx/Cons/Trig_Name",
  decode(uc1.r_constraint_name,null,null,uc1.r_constraint_name||' ('||
  uc2.table_name||')')                            "Idx/Cons-Ref/Trig-Typ",
  2                                               type
from user_constraints uc2, user_constraints uc1
where   uc1.r_constraint_name  = uc2.constraint_name(+)
and     uc1.table_name like upper('&&tn')
union
select  rpad(substr(object_name,1,15),17,'.')         object_name,
        tr_ind_name||decode(status,'<v>',null,status) "Trigger/Index",
        triggering_event                              "Trigger/Index-Art",
        decode(art,'I',1,'T',3,4)
from cat_all
where object_type = 'TABLE'
and     object_name like upper('&&tn')
ORDER BY 1,4
/
undef tn
```

Bild 9-25 : Kompakte Darstellung aller Objekte eines Benutzers

Semantische Datenintegrität

Zusätzlich zu diesen benutzerorientierten ('user_') Views gibt es, wie bei allen Data-Dictionary Views, auch die entsprechenden 'all_' und 'dba_' Views. Während für den Programmierer bei ORACLE Version 6 nur die Tabellenstruktur und eventuell die Index Struktur von Interesse war, ist es bei Oracle7 unbedingt notwendig, die vollständigen Informationen über eine ORACLE-Tabelle bereitzustellen. Dazu gehören über die Tabellenstruktur hinaus:

- Indices und die Art der Indices
- Constraints der Tabelle mit deren Status (enabled, disabled)
- foreign-key Constraints, bei denen die referenzierte Tabelle, deren Constraintname und die eventuell vorhandene 'on delete cascade' Option von Interesse ist
- Trigger-Name, -Zeitpunkt, -Ereignis, -Typ
- Trigger-Status (enabled, disabled, fehlerhaft)

Diese Basis-Informationen sind unbedingt notwendig, um mit einer 'komplexen' Tabellenstruktur, die deklarative Constraints und DB-Trigger beinhaltet, Anwendunsprogramme zu implementieren.

Eine sehr kompakte Darstellung dieser Informationen liefert das SQL-Script 'cat_comp.sql', das im Bild 9-25 gezeigt wird. Eine typische Ausgabe zeigt das Bild 9-26 für die beiden Tabellen 'ta' und 'tb'.

```
TABLE_NAME         Idx/Cons/Trig_Name           Idx/Cons-Ref/Trig-Typ
-----------------  ---------------------------  -----------------------------
TA...............  TA_PK..............(Idx)     UNIQUE
                   C3.................(C)[-]
                   SYS_C00622.........(C)
                   TA_A_NR_CHECK......(C)
                   TA_PK..............(P)

TB...............  TB_FK..............(Idx)     NONUNIQUE
                   TB_PK..............(Idx)     UNIQUE
                   SYS_C00625.........(C)
                   SYS_C00626.........(C)
                   SYS_C00627.........(C)
                   TB_FK..............(R)[-]<nc> TA_PK (TA)
                   TB_MASTER_NR.......(R)->cas  TB_PK (TB)
                   TB_PK..............(P)
                   TB_TR1.............(Tr)[-]   ->B_R_INSERT/UPDATE/DELETE
                   TB_TR2.............(Tr)(+)   ->A_R_INSERT/UPDATE

16 rows selected.
```

Bild 9-26 : Beispielausgabe aus der SQL-Prozedur ´cat_comp.sql´

Semantische Datenintegrität

Für die Tabelle 'tb' sind zwei Indices vorhanden, die durch das Kürzel (Idx) als Index charakterisiert sind. Des weiteren sind eine Reihe von 'check' Constraints (c), 'foreign key' Constraints (R) und 'primary key' Constraints (p) definiert.

Das foreign key Constraint 'TB_FK' ist jedoch deaktiviert (disabled), was durch das Minuszeichen in der eckigen Klammer angezeigt wird. Auch wurde für dieses Constraint keine 'on delete cascade' Option definiert (‹nc›). Bei foreign key Constraints wird das referenzierte Constraint und die referenzierteTabelle angegeben.

Bei den DB-Triggern wird deren Status ((-)= disabled, (+)= enabled) oder (err)=fehlerhaft) angezeigt und der Trigger-Zeitpunkt (B_, A_), der Trigger-Type (R_=Datensatztyp) und die Trigger-Ereignisse (insert, update, delete) dargestellt.

Voraussetzung für das Betreiben des 'cat_comp.sql' Scripts ist das Vorhandensein der View 'cat_all', deren Aufbau im Bild 9-27 dargestellt ist.

```
rem ***************************
rem     Funktions-Name  : cat_all.sql
rem
rem     Zweck           : Anlegen der View 'cat_all'
rem                       Stellt fuer eine Tabelle alle
rem                       Indices und alle Trigger zusammen
rem     weitere Funkt   : cat_tab.sql und  cat_comp.sql
rem     Autor           : Guenther Stuerner          Juni 92
rem ***************************
create or replace view cat_all as
select   uo.object_name,
         uo.object_type,
         rpad(substr(trigger_name,1,18),20,'.')||
         decode(trigger_name,null,null,'(Tr)')                    TR_IND_NAME,
         decode(ut.trigger_type,
             'BEFORE STATEMENT','->B_','BEFORE EACH ROW','->B_R_',
             'AFTER STATEMENT','->A_','AFTER EACH ROW','->A_R_') ||
             replace (triggering_event,' OR ','/')                TRIGGERING_EVENT,
         decode(ut.status,'ENABLED','(+)','DISABLED','[-]','ERROR','(err)',
             decode(uo.status,  'VALID','<v>',  'INVALID','<iv>',null))  STATUS,
         'T'                                                      ART
from user_objects uo, user_triggers ut
where ut.table_name(+)= uo.object_name
union
select   uo.object_name,
         uo.object_type,
         rpad(substr(index_name,1,18),20,'.')||
             decode(index_name,null,null,'(Idx)') ,
         uniqueness,
         null,
         'I'
from user_objects uo, user_indexes ui
where uo.object_name = ui.table_name
/
```

Bild 9-27 : Anlegen der View ´cat_all´

10. Datenschutz

10.1 Einführung

Innerhalb einer Datenbank werden in der Regel eine Vielzahl von Daten in unterschiedlichen DB-Tabellen abgespeichert und verschiedenen Benutzern, die auf diese Daten mit Hilfe unterschiedlicher Benutzerprogramme zugreifen, zur Verfügung gestellt. Auf Grund der zunehmenden Komplexität der Datenstrukturen, der extrem zunehmenden Datenmenge und der ebenfalls stark ansteigenden Zahl von Benutzern, die mit Datenbank-Objekten arbeiten, kommt dem Zugriffsschutz und dem Privilegsmanagement innerhalb eines DB-Servers eine herausragende Bedeutung zu.

Innerhalb von Oracle7 sind zwei Arten von Privilegien definierbar. Dies sind zum einen die Objektprivilegien, die die zulässigen Operationen eines Benutzers auf unterschiedliche DB-Objekte definieren. Dabei werden als DB-Objekte unterschieden:

- Tabellen
- Views
- PL/SQL-Programme
- Sequenzen und
- Schnappschüsse

Die zweite Kategorie von Privilegien sind Systemprivilegien. Diese definieren die Operationen, die mit der Datenbank bzw. innerhalb des DB-Servers durchgeführt werden können. Beispiele für Systemprivilegien können sein:

- das Erstellen einer Tabelle ('create table'- Privileg)
- das Ändern eines Tablespaces ('alter tablespace'- Privileg)
- das Anlegen eines Rollback-Segmentes ('create rollback segment'- Privileg)

Die Summe aller Privilegien, die ein Benutzer zugeordnet bekommen hat, beschreibt dessen Zugriffs- oder Aktionsmöglichkeiten innerhalb der Datenbank.

Datenschutz

So kann der Benutzer1 aus Bild 10-1 zwar auf Tabelle 'tab1' lesend und ändernd zugreifen, da er die notwendigen Privilegien besitzt, er kann jedoch nicht die Prozedur 'proc1' ausführen, da ihm das Ausführungsrecht (execute-Privileg) für diese Prozedur fehlt.

Wird ein Benutzer innerhalb des Oracle7-DB-Servers mit dem 'create user' Befehl angelegt, hat er grundsätzlich keinerlei Privilegien und kann keine Operationen innerhalb der Datenbank durchführen. Ein solcher neu angelegte Benutzer wird erst aktionsfähig, nachdem ihm der DBA das 'create session' Privileg zugeordnet hat, was den Benutzer in die Lage versetzt, eine ORACLE-Session zu aktivieren. Das 'create session' Privileg stellt dabei das Grundprivileg dar, ohne das kein ORACLE-Logon durchführbar ist.

Durch Zuordnung von Privilegien, von Ausführungs- und Aktionsrechten, wird ein ORACLE-Benutzer aktionsfähig und kann die, durch Privilegien zugeordneten Operationen innerhalb der Datenbank ausführen.

Bei allen Operationen, die von einem Benutzer ausgeführt werden, prüft der DB-Server mit Hilfe des Data-Dictionaries, das sämtliche Informationen über alle Privilegien aller Benutzer beinhaltet, ob die aktuelle Operation mit dem Privilegsprofil des Benutzers übereinstimmt. Ist dies nicht der Fall, dann wird die eigentliche Operation mit einer Fehlermeldung abgebrochen.

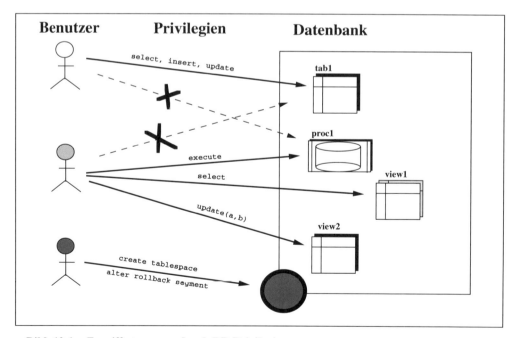

Bild 10-1 : Zugriffssteuerung durch DB-Privilegien

10.2 Die Datenbank-Privilegien

Datenbank-Privilegien definieren die Zugriffs-, Ausführungs- und Aktionsrechte auf DB-Objekte und auf eine Datenbank.

Oracle7 unterscheidet dabei zwei unterschiedliche Kategorien von Privilegien:

- Objektprivilegien und

- Systemprivilegien

Mit Hilfe des 'grant' Befehls können Objektprivilegien für Tabellen, Views, Schnappschüsse, Prozeduren und Sequenzen an Benutzer und wie wir später noch sehen werden, an Rollen vergeben werden.

Nicht alle Privilegien sind jedoch bei allen DB-Objekten sinnvoll wie im Bild 10-3 gezeigt wird.

So kann ein Datenschnappschuß (s. dazu auch Kapitel 14) nur lesend bearbeitet werden oder eine Prozedur kann nur über das 'execute' Privileg zugänglich gemacht werden.

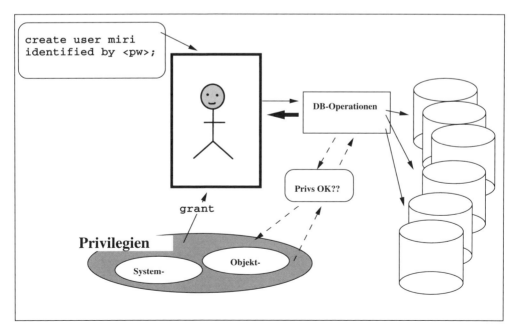

Bild 10-2 : Zuordnung von Benutzern, Privilegien und DB-Operationen

Datenschutz

Privileg	DB-Objekte				
	Tabelle	View	Schnappschuß	Prozedur	Sequenz
select insert(sp1,.) update(sp1,.) delete execute	☑ ☑ ☑ ☑	☑ ☑ ☑ ☑	☑	☑	☑
reference	☑				
index alter	☑ ☑				☑

Bild 10-3 : Objekt-Privilegien und zugehörige DB-Objekte

Wie bereits erwähnt, hat der Eigentümer, dies ist meist der Ersteller eines DB-Objektes, die Möglichkeit, (er hat das Recht) einzelne Rechte, die das betrachtete DB-Objekt betreffen, an andere Benutzer weiterzugeben. Dies geschieht mit dem 'grant' Befehl. Mit dem folgenden Befehl gibt der Eigentümer einer Tabelle Rechte an einen zweiten Benutzer weiter:

```
grant     select,
          insert(a,b,c),
          update(a,d,e)
on        <tab>
to        <benutzer>;
```

Damit hat der Benutzer, der diese Rechte erhält, die Möglichkeit, die Tabelle zu lesen, neue Datensätze einzufügen (er kann jedoch nur Werte für die Spalten a, b, c angeben) und die Spalten a, d und e zu ändern. Alle anderen Operationen, die für Tabellen grundsätzlich möglich sind (Bild 10-3), können von diesem Benutzer nicht durchgeführt werden, da ihm dazu die Ausführungsrechte fehlen.

Während Objektprivilegien die Rechte eines Benutzers bezüglich der möglichen Operationen mit DB-Objekten beschreiben, beziehen sich Systemprivilegien auf alle Operationen innerhalb der Datenbank. Jede mögliche Operation, die innerhalb der Datenbank durchgeführt werden kann, stellt ein Systemprivileg dar. So kann ein Benutzer nur dann eine Tabelle anlegen, wenn er das 'create table' Privileg besitzt,

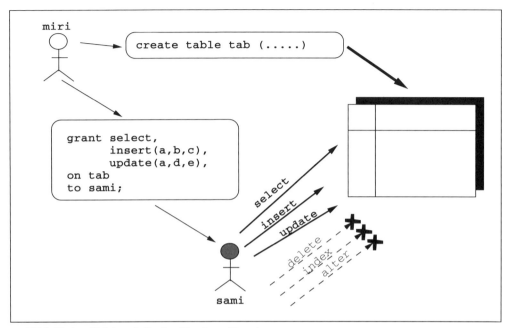

Bild 10-4 : Objektprivilegien für einen Benutzer

oder er kann nur dann ein gespeichertes PL/SQL-Programm innerhalb der Datenbank definieren, wenn er das 'create procedure' Privileg zugeordnet bekommen hat. Insgesamt gibt es ca. 80 solcher Systemprivilegien, die eine sehr differenzierte Definition der Aktionsmöglichkeiten innerhalb der Oracle7-Datebank zulassen. Im Bild 10-5 sind die möglichen Systemprivilegien zusammengefaßt.

Zu beachten sind dabei besonders die Privilegien mit dem 'any'-Schlüsselwort, da diese Privilegien Aktionsrechte über den eigenen Schemabereich hinaus beinhalten und nur hochprivilegierten Benutzern (DBA) zugeordnet werden sollten. So bedeutet das 'create any table' Privileg, daß derjenige, der über dieses Privileg verfügt, nicht nur Tabellen in seinem eigenen Schema anlegen kann, sondern daß er Tabellen in einem beliebigen Schema innerhalb der Datenbank definieren kann.

Systemprivilegien werden wie die Objektprivilegien mit dem 'grant' Befehl einem Benutzer zugeordnet. So wird einem Benutzer durch den Befehl:

```
grant    create session,
         create table
to <benutzer>;
```

das Recht zugebilligt, sich in der Datenbank anzumelden und Tabellen und zugehörige Indices zu definieren.

Datenschutz

analyze any audit any audit system	create public database link drop public database link	create synonym create any synonym drop any synonym	force transaction force any transaction
create cluster create any cluster alter any cluster drop any cluster	create role alter any role grant any role	alter system create table create any table alter any table	create trigger create any trigger alter any trigger drop any trigger create user
alter database create database link create any index alter any index drop any index	create rollback segment alter rollback segment drop rollback segment create session alter session restricted session	backup any table drop any table lock any table comment any table select any table insert any table	become user alter user drop user create view create any view drop any view
grant any privilege	create sequence create any sequence	update any table delete any table	
create procedure create any procedure alter any procedure execute any procedure	alter any sequence drop any sequence select any sequence	create tablespace alter tablespace manage tablespace	
create profile alter profile drop profile alter resource cost	create snapshot create any snapshot alter any snapshot drop any snapshot	drop tablespace unlimited tablespaace	

Bild 10-5 : ORACLE7-Systemprivilegien

Die beiden besprochenen Privilegsvarianten sind nochmals im Bild 10-6 dargestellt.

Wird bei der Definition der Objektprivilegien der 'with grant option' Parameter verwendet, erhält der Benutzer dadurch die Möglichkeit, seine erhaltenen Privilegien seinerseits an andere Benutzer weiterzugeben.

Eine analoge Möglichkeit besteht bei den Systemprivilegien mit dem 'with admin option' Parameter. Erhält ein Benutzer ein oder mehrere Systemprivilegien mit der 'with admin option', dann hat dieser Benutzer die Möglichkeit, diese so erhaltenen Systemprivilegien an andere Benutzer weiterzugeben. Da es sich bei Systemprivilegien meist um sehr mächtige Operationen handelt, sollte die 'with admin option' nur an Benutzer gegeben werden, die DBA Funktionen wahrnehmen.

Datenschutz

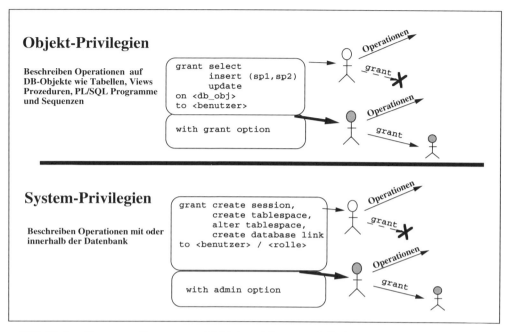

Bild 10-6 : Zusammenfassung von Objekt- und Systemprivilegien

10.3 Das Oracle7 Rollenkonzept

Privilegien können, wie wir im vorigen Abschnitt gesehen haben, in Objektprivilegien und in Systemprivilegien eingeteilt werden. Diese Einzelprivilegien können jedem Benutzer einzeln durch die 'grant' Befehle für Objektprivilegien und für Systemprivilegien zugeordnet werden, was jedoch, bei einer großen Anzahl von Benutzern und wegen der feinen Granulierung der Systemprivilegien, zu einem erheblichen Verwaltungsaufwand werden kann.

Diese Problematik wird durch die Einführung des Rollen- (role) oder Aufgabenkonzeptes gelöst, das die Möglichkeit bietet, beliebige Objektprivilegien und Systemprivilegien in einer Rollen- oder Aufgabendefinition zu konzentrieren. Eine Rolle ist dabei ein DB-Objekt, das durch den Befehl 'create role ‹rollen_name›' von den Benutzern erstellt werden kann, die das 'create role' Privileg besitzen (dies sind gewöhnlich DBAs). Einer Rolle werden mit den bekannten 'grant' Befehlen, die für diese Rolle definierten Privilegien zugeordnet. Dies wird im Bild 10-7 gezeigt. Eine solche, mit beliebigen Privilegien ausgestattete Rolle kann einem Benutzer oder einer weiteren Rolle zugeordnet werden.

Einem Benutzer können beliebige (und beliebig viele) Rollen zugeordnet werden, die dann die verfügbaren Rollen und die verfügbaren Privilegien darstellen.

Datenschutz

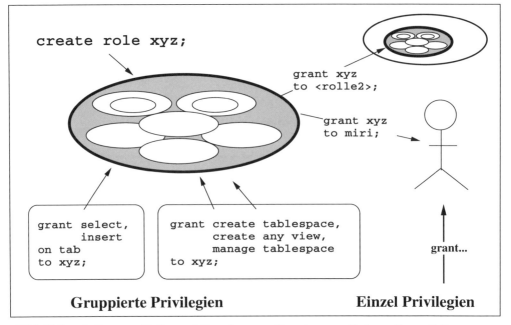

Bild 10-7 : Aufbau von Rollen und Zuordnung zu Benutzern und/oder weiteren Rollen

Die einem Benutzer zugeordneten Rollen können in folgende Kategorien eingeteilt werden:

- verfügbare Rollen
  das sind alle Rollen, die ein Benutzer mit dem 'grant' Befehl zugeordnet bekommen hat. Die verfügbaren Rollen stellen somit den Rollen- bzw. Privilegs-Pool dar, den der Benutzer ausschöpfen kann.

- default Rollen
  das sind die Rollen, die stets nach dem ORACLE-Logon aktiv sind. Default-Rollen werden durch den 'alter user' Befehl für einen Benutzer definiert. Default Rollen können jedoch nur Rollen sein, die dem Benutzer bereits durch den 'grant' Befehl zugeordnet wurden.

- aktive Rollen
  das sind Rollen, die aktuell für diesen Benutzer aktiviert sind. Ein Benutzer kann sich zur Laufzeit mit dem 'set role' Befehl alle Rollen seines Rollenpools (der verfügbaren Rollen) aktivieren oder deaktivieren. Beispiele dafür:

```
set role abc,xyz;
set role all except abc;
```

Datenschutz

Voraussetzung, daß ein Benutzer seine eigenen Rollen aktivieren oder deaktivieren kann, ist das 'set role' Privileg.

- deaktivierte Rollen
  das sind Rollen (aus dem Rollenpool des Benutzers), die aktuell deaktiviert sind.

Das Bild 10-8 stellt diese vier Rollenstati nochmals zusammen.

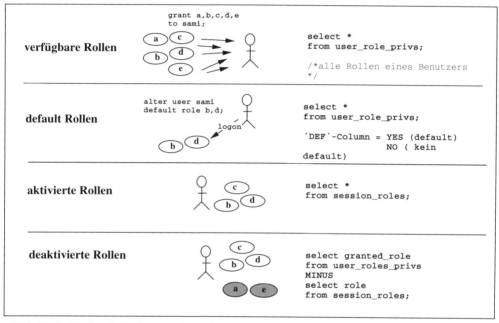

Bild 10-8 : Rollenstati für einen Benutzer

Über die Informationen bezüglich der Rollen und des aktuellen Status der Rollen hinaus, ist es oftmals notwendig zu wissen, welche Einzelprivilegien (Objekt- und Systemprivilegien) ein Benutzer insgesamt besitzt (Privilegspool) und welche Privilegien aktuell, durch die aktivierten Rollen, ihm zur Verfügung stehen. Da jedoch ein Benutzer Privilegien nicht nur über Rollen beziehen kann, sondern auch eine direkte Zuordnung von Systemprivilegien und Objektprivilegien möglich ist, müssen bei der Gesamtbetrachtung der verfügbaren Privilegien (aktive oder Pool) stets die gruppierten Privilegien und die Einzelprivilegien eines Benutzers betrachtet werden. Die möglichen SQL-Befehle zeigt das Bild 10-9.

Aus den Views 'role_sys_privs' bzw. 'role_tab_privs' werden die System- bzw. Objektprivilegien ermittelt, die den Rollen zugeordnet sind. Zusätzlich werden jedoch alle, einem Benutzer zugeordneten Einzelprivilegien mit Hilfe der Views

Datenschutz

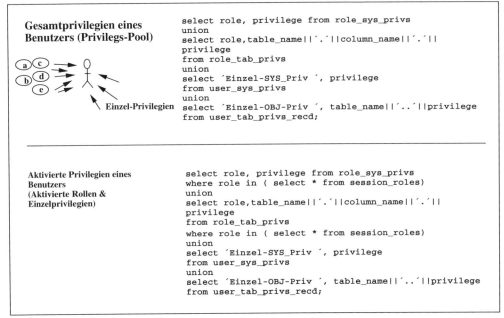

Bild 10-9 : Übersicht über die verfügbaren und aktiven Privilegien eines Benutzers

'user_sys_privs' (Systemprivilegien) und 'user_tab_privs_recd' (Objektprivilegien) angezeigt.

Um die Privilegien anzuzeigen, die durch aktivierte Rollen aktuell zur Verfügung stehen, dient der zweite Befehl.

Die im Zusammenhang mit Rollen verfügbaren Operationen sind im Bild 10-10 zusammengefaßt.

Durch die Gruppierung von Privilegien mit Hilfe des Oracle7 Rollenkonzeptes läßt sich das gesamte Privilegsmanagement enorm vereinfachen und sollte insbesondere bei Installationen, die mit einer großen Anzahl von Benutzern und einer großen Anzahl von DB-Objekten betrieben werden, immer eingesetzt werden.

Datenschutz

Anlegen von Rollen	`create role <rollen_name>;`
Füllen einer Rolle mit Privilegien	`grant <sys_priv>, <obj_priv> to <rolle>;`
Zuordnen von Rollen zu Benutzern/Rollen	`grant <rolle1> to <benutzer> / <rolle2>`
Wegnehmen von Rollen von einem Benutzer/Rolle	`revoke <priv>/<rolle> from <benutzer>/<rolle>`

Aktivieren/Deaktivieren von Rollen	`set role <rolle1>,...`
	`set role all;`
	`set role all except <role1>,..`
	`set role <rolle> identified by <pw>;`

Rollen als default Rolle definieren	`alter user <benutzer> default role <rolle>,...`
Rolle löschen	`drop role <rolle>;`

Bild 10-10 : Operationen mit Rollen

Datenschutz

11. Trusted Oracle7 - Eine kurze Einführung

Bei Trusted Oracle7 handelt es sich um ein eigenständiges DB-Server-Produkt, das speziell für Umgebungen entwickelt wurde, die extrem hohe Ansprüche an Datenschutzfunktionen stellen. Trusted Oracle7 basiert dabei vollständig auf der Oracle7 Technologie und beinhaltet alle dort implementierten Funktionen.

Die Entwicklungsgeschichte von Trusted Oracle7 geht zurück auf das Jahr 1988, als ORACLE einen dreijährigen Kooperationsvertrag mit dem NCSC (National Computer Security Center) abschloß. Ziel dieser Zusammenarbeit war es, mehrere sogenannte 'SECURE' oder 'TRUSTED' DB-Serverprototypen zu entwickeln, an denen unterschiedliche Sicherheitskonzepte auf ihren praktischen Einsatz, Nutzen und deren Handhabung geprüft werden sollten. Aus dieser Zusammenarbeit entwickelte sich das in Oracle7 und in Trusted Oracle7 implementierte Rollenkonzept für gruppierte Privilegien, die Feingranulierung für Systemprivilegien und das Architekturkonzept für das, zum damaligen Zeitpunkt in der Planung befindliche Hochsicherheitsprodukt, das nun unter dem Namen Trusted Oracle7 zur Verfügung steht.

Obwohl in den meisten Fällen die Datenschutzmechanismen eines Oracle7-Servers ausreichen um einen guten bis sehr guten Datenschutz zu gewährleisten (oftmals werden die vorhandenen Möglichkeiten gar nicht ausgeschöpft), gibt es zunehmend Einsatzfälle, die einen erhöhten Datenschutz benötigen.

Dabei muß jedoch nicht nur das Datenbanksystem betrachtet werden, sondern die gesamte EDV-technische Umgebung muß in die Betrachtung einbezogen werden. Das bedeutet, daß nicht nur das Datenbanksystem über Hochsicherheitsfunktionen verfügen muß, sondern daß alle Komponenten, inklusive Betriebssystem, adequate Datenschutzfunktionen einbringen müssen. Im Fall der Betriebssysteme gehen die Hersteller ebenfalls den Weg, den ORACLE mit Trusted Oracle7 eingeschlagen hat. Auch hier werden Spezialbetriebssysteme angeboten, die die Hochsicherheitsfunktionen bereitstellen. Typische Vertreter dieser Art von Betriebssystemen sind:

- SEVMS   von DEC
- HP/UX BLS   von HP
- RISC-ULTRIX MLS+   von DEC
- SUNOS CMW   von Sun

Trusted Oracle7

Für das Betreiben von Trusted Oracle7 ist es notwendig, daß ein Hochsicherheitsbetriebssystem vorhanden ist, auf dessen Basis Trusted Oracle7 installiert werden kann.

Das Scenario in Bild 11-1 zeigt, daß alle Komponenten der EDV-Umgebung betrachtet werden müssen, und es keineswegs genügt, lediglich Teilkomponenten im Hochsicherheitsmodus zu betreiben und andere nicht.

Welche Sicherheitsfunktionen von welchen Komponenten eingebracht werden müssen, um bestimmte Sicherheits-Stufen zu erreichen, wurde für Betriebssysteme, Datenbanksysteme und Netzwerke in unterschiedlichen Definitionswerken, wovon das 'ORANGE Book' das bekannteste ist, beschrieben.

Als Sicherheits-Ebene stehen dabei gemäß TCSEC (Trusted Computer Systems Evaluation Criteria) sieben Ebenen zu Verfügung. Diese Sicherheitsstufen sind im Bild 11-2 aufgeführt und den analogen Sicherheitsstufen der europäischen Sicherheitsgremien gegenübergestellt.

Wie auch bei den Betriebssystemen, müssen sich die Datenbanksysteme einer Konformitätsprüfung unterziehen, die von amtlicher Stelle durchgeführt wird, wenn sie z. B. als C2 oder B1 konform gelten möchten. Der Evaluierungsprozeß für Oracle7 (als C2-Produkt) und Trusted Oracle7 (als B1-Produkt) war im Februar 1993 noch nicht vollständig abgeschlossen.

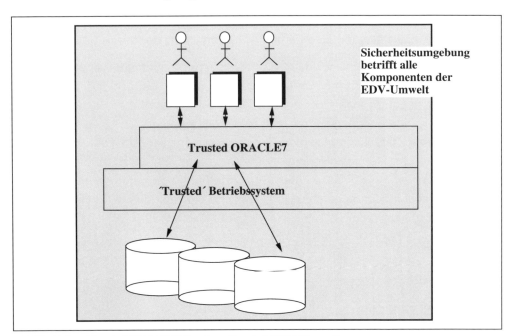

Bild 11-1 : Trusted ORACLE7 in einer Trusted EDV-Umwelt

Trusted Oracle7

In Oracle7 wurden mit Hilfe der Privilegien (Einzelprivilegien und Rollen) und der 'grant' Befehle Zugriffsberechtigungen an andere Benutzer weitergegeben. Dabei hat der Ersteller eines DB-Objektes die Möglichkeit, unterschiedliche Zugriffsrechte an beliebige Benutzer des DB-Servers weiterzugeben. Dieses Verfahren wird auch als DAC-Verfahren (Discretionary Access Control) bezeichnet, was soviel bedeutet wie 'wahlfreie Zugriffsrechtvergabe'. Dabei beschreibt der Begiff 'wahlfrei' die Möglichkeit eines Objekt-Erstellers, Zugriffsrechte an beliebige Benutzer mit dem 'grant' Befehl weiterzugeben.

Die in Bild 11-3 dargestellte Möglichkeit besteht uneingeschränkt auch in Trusted Oracle7, stellt jedoch nur eine Komponente der gesamten Zugriffssteuerung auf ein DB-Objekt dar.

Das zweite, für B1-Produkte notwendige Zugriffssteuerungsverfahren, wird auch als MAC-Verfahren (Mandatory Access Control= zwingendes/ obligatorisches Zugriffsteuerungsverfahren) bezeichnet, da es für alle DB-Objekte und für alle Operationen mit DB-Objekten immer (zwingend) vorhanden ist.

Diese zweite Ebene wird im wesentlichen durch sogenannte 'LABELS' implementiert, über die gesteuert wird, welche DB-Objekte bzw. Teile eines DB-Objektes dem Benutzerprozeß zugänglich sind.

Innerhalb einer Trusted EDV-Umgebung wird jeder einzelne Benutzer und bei der Ausführung eines Programmes dessen Benutzerprozeß einer oder mehreren Sicher-

	NCSC (USA) TCSEC-Level	Europäische Definition ITSEC-Level
niedrigste Stufe	D	E0
	C1	F-C1,E1
ORACLE7 →	C2	F-C2,E2
Trusted Oracle7 →	B1	F-B1,E3
	B2	F-B2,E4
	B3	F-B3,E5
höchste Stufe	A1	F-B3,E6

Bild 11-2 : Sicherheitsstufen für Datenbanksysteme

Trusted Oracle7

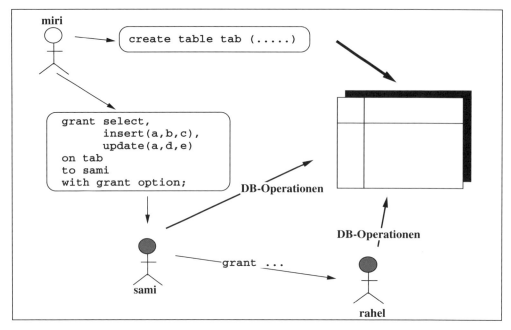

Bild 11-3 : Beispiel für discretionary access control (DAC) in ORACLE7/Trusted ORACLE7

heitsebenen zugewiesen. Diese Sicherheitsebenen werden dabei meist gebildet durch Klassifikationen, die die hierarchischen Sicherheitsebenen darstellen. Im Bild 11-4 werden beispielhaft vier Sicherheitsebenen eingeführt, denen vier Klassifikationen (streng geheim, geheim, vertraulich und offen) zugeordnet sind. Zu jeder Klassifikation (zu jeder Sicherheitsstufe) können zusätzlich beliebige Kategorien definiert werden, um unterschiedliche Sachverhalte, die sich auf der gleichen Sicherheitsstufe befinden, beschreiben zu können (z. B. zwei Projekte, die beide als vertraulich eingestuft sind).

Aus den im Bild 11-4 definierten Sicherheitsstufen können zusammen mit den Kategorien insgesamt zehn unterschiedliche 'Labels' aufgebaut werden, da die Klassifikation 'streng geheim' mit den beiden Kategorien 'A' und 'B', ebenso wie die Klassifikation 'vertraulich', jeweils vier Labelvarianten ergeben. Diese vier Label-Varianten für die Klassifikation 'streng geheim' sind:

- streng geheim:
- streng geheim: A
- streng geheim: B
- streng geheim: A,B

Analoges gilt für die Klassifikation 'vertraulich'.

Trusted Oracle7

Jeder Benutzer eines Trusted-Betriebssystems arbeitet innerhalb eines bestimmten Sicherheitslevels oder innerhalb eines Sicherheitsbereiches, der mehrere Level umfaßt. Ein Benutzer kann Operationen durchführen, die diesem Sicherheitslevel bzw. diesem Sicherheitsbereich zugeordnet sind.

Innerhalb Trusted Oracle7 spielen die Sicherheitsebenen eine alles entscheidende Rolle. Jeder Trusted Oracle7 Benutzer, der sich in der Datenbank anmeldet (das 'create session' Privileg ist dazu notwendig), betreibt diese ORACLE Session mit dem Sicherheits-Label, den er auf Betriebssystem-Ebene besitzt. Jedes DB-Objekt, das erzeugt wird (create table, create procedure,..) wird in dem Sicherheitslabel erzeugt, den der aktuelle Benutzer (Ersteller des Objektes) besitzt. Zusätzlich wird bei DB-Tabellen eine Pseudo-Spalte 'rowlabel' eingeführt, die bei jeder 'insert' Operation automatisch mit dem Sicherheitslabel des aktuellen Benutzers gefüllt wird. Voraussetzung für das Erstellen von DB-Objekten und das Einfügen von Datensätzen sind natürlich die entsprechenden Oracle7 Systemprivilegien z. B. 'create table' Privileg.

Ein Erzeuger eines DB-Objektes muß den generellen Zugriff auf ein solches Objekt für weitere Benutzer mit Hilfe der bekannten Objekt-Privilegien und dem 'grant' Befehl (z. B. grant select, insert, update on t_mls to jb;) öffnen. Führt der Benutzer 'jb' eine 'select' Operation auf Tabelle 't_mls' aus, dann hat er jedoch

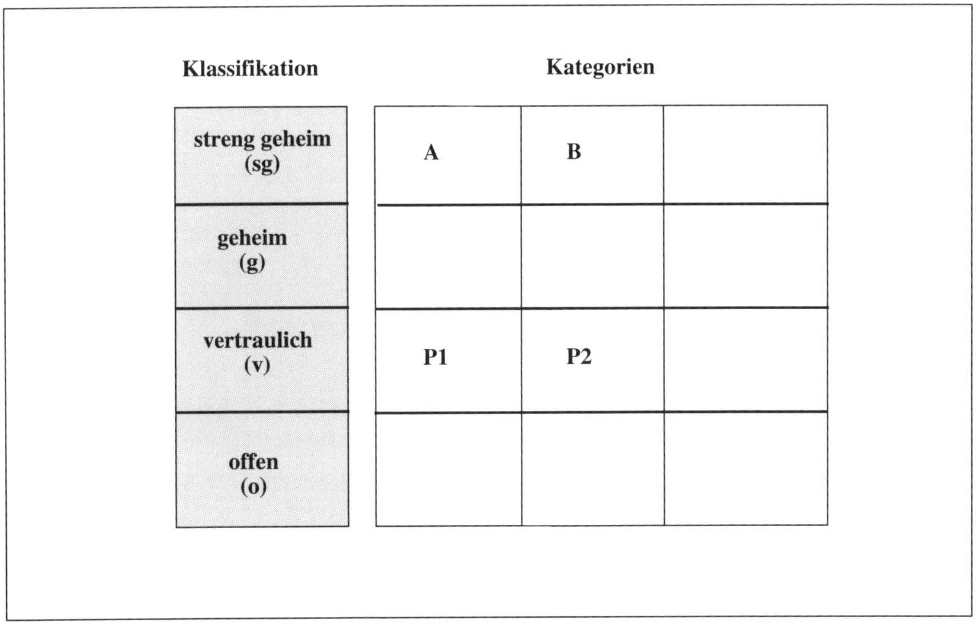

Klassifikation	Kategorien		
streng geheim (sg)	A	B	
geheim (g)			
vertraulich (v)	P1	P2	
offen (o)			

Bild 11-4 : Zusammensetzung eines Sicherheits-LABELs

lediglich Zugriff auf Datensätze, deren Sicherheitslabels vom aktuellen Sicherheitslabel des Benutzers 'jb' dominiert werden. Dies wird im Bild 11-5 gezeigt.

Bei jeder Operation wird der Sicherheits-Level des Benutzers mit dem Sicherheits-Label des DB-Objektes bzw. mit dem Sicherheitslabel des Datensatzes, der bearbeitet werden soll, verglichen und geprüft, ob der Sicherheitslabel des Benutzers den Sicherheitslabel des Objektes dominiert.

Obwohl der Benutzer 'jb' das 'select' Privileg für die Tabelle 't_mts' besitzt, sind für ihn lediglich die Datensätze sichtbar, die durch seinen aktuellen Sicherheitslabel dominiert werden. Dies sind in diesem Beispiel die Datensätze 3, 4 und 6 mit den Sicherheitslabeln 'vertraulich' und 'offen'. Die 'streng geheimen' und 'geheimen' Datensätze sind für den Benutzer 'jb' nicht sichtbar.

Während bei Leseoperationen alle Datensätze angezeigt werden, die vom aktuellen Sicherheitslabel des Ausführenden dominiert werden, können Änderungsoperationen (insert, update, delete) nur mit Datensätzen durchgeführt werden, deren Labels exakt mit dem Sicherheitslabel des Ausführenden übereinstimmen.

So kann der Datensatz 4 von 'jb' gelesen werden, eine Änderung wäre jedoch durch diesen Benutzer nicht möglich und auch nicht zulässig.

Dieses kleine Beispiel zeigt bereits, daß der Sicherheitslabel der Benutzer (der Subjekte), die Sicherheitslabel der DB-Objekte, die Sicherheitslabel der einzelnen

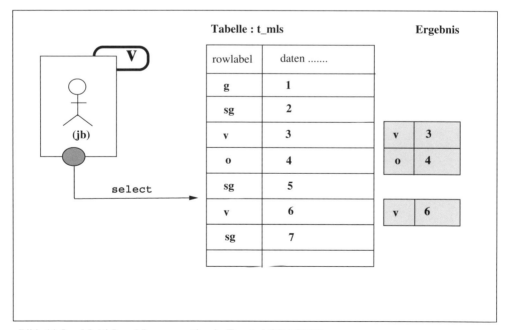

Bild 11-5 : Multi-Level Leseoperation in Trusted ORACLE7

Datensätze und die Frage der Dominanz von Labels die entscheidenden Rollen spielen innerhalb einer Trusted Oracle7 Datenbank.

Doch nicht nur die relativ einfachen Lese- und Änderungsoperationen auf DB-Tabellen werden von Trusted Oracle7 berücksichtigt, sondern alle Facetten eines professionellen Datenbankbetriebes im Hochsicherheitsbereich.

Dazu gehören unter vielen anderen Dingen die ordungsgemäße Behandlung von:

- Primary key und unique Constraints
- Referentielle Integritätsbedingungen
- Multi Level -Import/Export
- Multi Level Backup/Recovery
- Label-Management u.v.a. mehr

Trusted Oracle7

12. Datenbank-Verwaltung

12.1 Einführung

Wenn von SQL als normierter Datenbanksprache die Rede ist, dann meist als Sprache, die dem Programmierer oder dem Endbenutzer dazu dient, Datenstrukturen anzulegen, Daten aus der Datenbank zu ermitteln, Daten in der Datenbank zu modifizieren oder Daten-Zugriffsstrukturen zu definieren. Ein nicht unwesentlicher Teil von SQL beschäftigt sich jedoch auch mit der Datenbankverwaltung. Das sind Befehle, um eine Datenbank zu initialisieren, um logische Strukturen zu definieren (Tablespaces, Rollback-Segmente,...), um Zugriffsprivilegien auf Datenbank-Objekte festzulegen und um Datenbankbenutzern Zugriff auf eine bestimmbare Menge Datenbankplatz zu gewähren oder sonstige Resourcen einzuschränken.

Befehle für diese Art von Operationen sind im ANSI/ISO/DIN-SQL-Standard nicht enthalten, da sich hier die spezifischen Architekturen der einzelnen Datenbanksysteme widerspiegeln.

Zusätzlich zu diesen „nicht normierten" oder nicht normierbaren SQL-Befehlen, die ORACLE für die Verwaltung einer ORACLE-Datenbank anbietet, gibt es noch eine Reihe weiterer Befehle, die der DBA zur Verwaltung einer Datenbank benutzen kann. In den folgenden Abschnitten werden diese erläutert.

12.2 Aufgabe des Datenbankadministrators

Der Datenbankadministrator spielt bei der Verwaltung einer Datenbank eine zentrale Rolle, wobei die Wichtigkeit und die Notwendigkeit eines DBAs auch eine Funktion der Datenbank-Größe ist. Maßgrößen für eine Datenbank können dabei sein:

- Größe der Datenbank in Bytes/MegaBytes/GigaBytes

- Anzahl der Benutzer, die mit einer Datenbank arbeiten

- Anzahl der Transaktionen, die mit einer Datenbank durchgeführt werden

- Wichtigkeit oder Sensibilität der Daten für das Unternehmen

Datenbank-Verwaltung

Je wichtiger die Daten und die Anwendungen für ein Unternehmen sind, desto wichtiger ist die Bereitstellung der DBA-Funktion, um bei Problemsituationen jederzeit schnell und profund eingreifen zu können.

Es sollte bei jeder Installation eine Person als Verantwortlicher für die Datenbankaktivitäten benannt werden, die dann die notwendigen DBA-Funktionen wahrnimmt. Dies muß nicht notwendigerweise stets eine Person vor ORT sein, da die meisten Operationen auch durch einen 'entfernten' DBA durchgeführt werden können.

Wie bereits betont, werden die Aufgaben eines DBAs bei kleinen Datenbanken nur sehr wenig Zeit in Anspruch nehmen, da eine Vielzahl von Dingen automatisierbar sind. Bei größeren Installationen ist die Aufgabe eines Datenbankadministrators eine verantwortungsvolle Tätigkeit, von der nicht zuletzt abhängt, ob der ORACLE-DB Server seine optimale Leistung den Anwendungsprogrammen und damit den Anwendern zur Verfügung stellen kann.

Zu den Aufgaben eines DBA gehören u. a. :

- Initialisieren der Datenbank

- Starten und Stoppen der Datenbank

- Strukturieren der Datenbank
  . Tablespace-Definition
  . Filezuordung zu Tablespaces
  . Verteilung von DB-Files/Redo-Log Files auf unterschiedliche Platten
  . Rollback-Segment Definitionen (Größe, Anzahl, Ort,...)

- Entwickeln und Implementieren von Backup/Recovery-Strategien für die Datenbank

- Entwickeln und Implementieren von Sicherheitskonzepten

- Überwachen der Datenbankaktivitäten

- Tuning der Datenbank

und vieles mehr.

Viele dieser Aktionen lassen sich in SQL-Prozeduren zusammenfassen, die dann zur gegebenen Zeit zum Ablauf kommen (z. B. Starten oder Stoppen der Datenbank, wenn das Rechnersystem gestartet oder gestoppt wird).

Die Schnittstelle eines DBA zur ORACLE Datenbank stellt im wesentlichen das Dienstprogramm SQL*DBA dar, über das alle notwendigen Operationen zur Verwaltung eines oder mehrerer ORACLE DB-Server durchgeführt werden können.

Datenbank-Verwaltung

12.3 Starten und Stoppen einer ORACLE-Datenbank

Wie bereits mehrfach hervorgehoben, besteht eine ORACLE-Datenbank aus

- dem DB-Cache,
- mehreren ORACLE-Hintergrundprozessen und den
- den drei Filetypen
  . Datenbankfiles
  . Redo-Log-Files
  . Kontroll-Files

In analoger Weise werden drei Datenbank-Zustände unterschieden:

- ORACLE-Instanz gestartet
- ORACLE-Datenbank gemountet
- ORACLE-Datenbank geöffnet

Ist eine ORACLE-Instanz gestartet, dann ist der DB-Cache im Hauptspeicher angelegt und die ORACLE-Hintergrundprozesse sind aktiv. Es besteht jedoch für den Benutzer noch keine Möglichkeit, mit der Datenbank in gewohnter Weise zu arbeiten. Nur der DBA kann mit Hilfe des SQL*DBA Programmes diese Instanz mit entsprechenden SQL- und SQL*DBA-Befehlen bearbeiten.

Ist eine Datenbank gemountet, dann ist das Kontroll-File geöffnet und kann vom DBA bearbeitet werden. Dabei sind u. a. folgende Operationen möglich:

- Änderung der Datenbankfilenamen (werden ein oder mehrere DB-Files in ein anderes Directory oder auf eine andere Platte verlagert, muß dies im Kontroll-File durch den 'alter database rename 'file_alt' to 'file_neu''-Befehl angezeigt werden)

- Änderung der REDO-Log-Filenamen

- Änderung der Anzahl der REDO-Log-Files

- Änderung des Betriebs-Modus eines Datenbank

    z. B. Umschaltung einer Datenbank vom NOARCHIVELOG-Modus in den ARCHIVELOG-Modus

- Wiederherstellen einer Datenbank (recover database)

Datenbank-Verwaltung

Ist eine ORACLE-Datenbank im 'mount'-Zustand, arbeitet die ORACLE-Instanz nur mit den Kontroll-Files. Die DB-Files mit allen Benutzerdaten und dem Data-Dictionary sind in diesem Zustand nicht geöffnet und sind nicht zugreifbar.

Dies ist der Grund weshalb DB-Operationen mit einer 'gemounteten' Datenbank nur durch privilegierte Personen durchgeführt werden können.

Mit der SQL*DBA-Anweisung

```
connect internal
```

meldet sich der DBA als privilegierter Benutzer an, wobei diesem Benutzer auch entsprechende Betriebssystemrechte zugebilligt werden müssen, damit der 'connect'-Befehl in dieser Form ausgeführt werden kann. In diesem Fall muß das Betriebssystem die Eingangskontrolle für einen solchen Benutzer durchführen.

Erst durch das Öffnen (open) der Datenbank werden der Instanz die zugehörigen Datenbankfiles und REDO-Log-Files zugeordnet und ein normales Arbeiten mit den eigentlichen Resourcen, den Tabellen, ist durch alle Benutzer möglich.

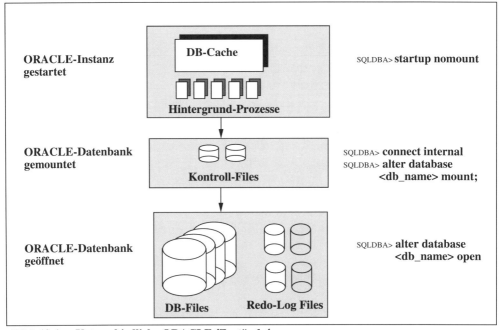

Bild 12-1 : Unterschiedliche ORACLE 'Zustände'

Um eine ORACLE-Datenbank zu starten, ist es nicht immer notwendig, die im Bild 12-1 dargestellten Einzelschritte auszuführen. Es ist auch möglich, alle drei Schritte in einem Befehl zu initiieren.

Datenbank-Verwaltung

Der SQL*DBA-Befehl:

```
startup open <db_name>
```

führt implizit die folgenden Aktionen aus:

- ORACLE-Instanz starten
- ORACLE-Datenbank mounten
- ORACLE-Datenbank öffnen

Beispiele für weitere 'startup' Operationen können sein:

```
startup open parallel <db_name>
```

Dieser Befehl startet eine ORACLE-Instanz und öffnet eine ORACLE Datenbank mit der Parallel-Server Option, die es gestattet, daß mehrere ORACLE-Instanzen mit der gleichen Datenbank arbeiten können.

```
startup open restrict <db_name>
```

Dieser Befehl startet eine ORACLE-Instanz und öffnet eine ORACLE Datenbank so, daß lediglich Personen mit dem 'restrict session' Privileg die Datenbank bearbeiten können. Dies ist gedacht für das Durchführen von Arbeiten durch den DBA, ohne daß 'normale' Benutzer aktiv sind.

Für das Stoppen der Datenbank gilt das gleiche wie für das Starten einer Datenbank. Hierbei ist es sowohl möglich mit SQL-Befehlen die Datenbank in die unterschiedlichen Zustände zu überführen, als auch die Datenbank mit einem Befehl zu stoppen, z. B. mit

- shutdown normal oder
- shutdown immediate oder
- shutdown abort

wird

- die Datenbank geschloßen (close).
- die Datenbank dismountet.
- die Instanz geschloßen.

(Hintergrundprozesse gestoppt und DB-Cache aus dem Hauptspeicher entfernt).

Die unterschiedlichen Parameter des SHUTDOWN-Befehls geben an, ob es sich um ein „weiches" Stoppen (NORMAL) handelt, bei dem gewartet wird, bis sich alle Benutzer ordnungsgemäß vom ORACLE-Server abgemeldet haben, oder ob es sich

Datenbank-Verwaltung

um ein „hartes" Stoppen handelt (ABORT), bei dem die Benutzerprozesse sofort von ORACLE getrennt werden und die Datenbank unmittelbar danach geschlossen wird. Das Stoppen einer Datenbank mit der 'abort'-Option bedingt immer ein Instanz-Recovery zum Zeitpunkt des Neustarts der Datenbank.

12.4 Überprüfung der ORACLE-Aktivitäten

Eine weitere wichtige Aufgabe des DBAs ist die Überprüfung aller Datenbank-Aktivitäten und aller Datenbankresourcen während des laufenden Betriebes, um eventuelle Performance-Engpässe oder auch Sicherheitsprobleme frühzeitig zu erkennen und zu beseitigen.

Für diese Aufgabe stehen dem DBA drei unterschiedliche Hilfsmittel zur Verfügung:

- der ORACLE*Monitor innerhalb des SQL*DBA Programms
- das Data-Dictionary mit Data-Dictionary Views und den dynamischen Performance Tabellen
- die AUDIT-SQL-Befehle

Mit dem ORACLE*Monitor kann der DBA alle Aktivitäten während des laufenden Betriebs überprüfen, z. B.

- welche Prozesse und welche Benutzer aktiv sind
- welche Sperren ein bestimmter Prozeß hält

  (exklusive Sperre, shared Sperre, Warten auf freiwerdende Sperren, u. ä.)

- wie groß die I/O-Aktivitäten der einzelnen Prozesse sind
- welche Tabellen in Bearbeitung sind
- Wartezustände auf interne Puffer (Latches)
- Anzahl der Schreiboperationen auf das Redo Log File
- Anzahl der physischen Lese/Schreiboperationen
- Trefferrate innerhalb des 'shared_pool'-Bereiches für SQL-Befehle, PL/SQL-Programme oder DB-Trigger

Datenbank-Verwaltung

Der Zugriff auf diese wichtigen internen ORACLE-Informationen ist jedoch nicht nur dem ORACLE*Monitor vorbehalten, sondern kann auch direkt mit Hilfe von SQL-Befehlen durchgeführt werden.

Zu diesem Zweck stellt ORACLE eine Reihe von dynamischen Performance-Tabellen zur Verfügung, die interne Informationen in Form von virtuellen DB-Tabellen zur Verfügung stellen und die mit SQL-'select' Befehlen gelesen und ausgewertet werden können. Bei diesen dynamischen Performance-Tabellen handelt es sich nicht um DB-Tabellen im herkömmlichen Sinne, da sie nicht innerhalb der DB-Files angelegt werden und Plattenspeicherplatz benötigen. Diese Tabellen bilden Informationen, die zum Großteil direkt aus dem DB-Cache gewonnen werden, in Form einer Datenbank-Tabelle ab. Aus diesem Grund werden diese Tabellen auch oft 'virtuelle' dynamische Performance-Tabellen genannt.

Beispiele für dynamische Performance-Tabellen (oft auch kurz als 'V$'-Tabellen bezeichnet) sind:

- V$PROCESS
- V$TRANSACTION
- V$LOGFILE
- V$ROLLSTAT

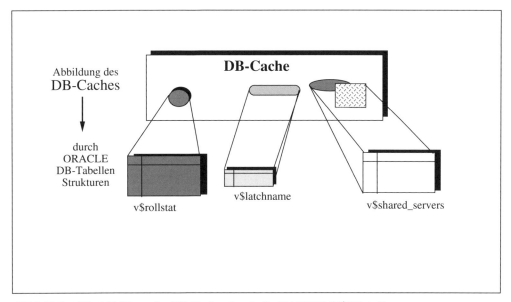

Bild 12-2 : Die Abbildung des DB-Caches durch die ORACLE-´V$´-Tabellen

Datenbank-Verwaltung

Die komplette Aufstellung aller vorhandener 'V$'-Views zeigt das Bild 12-3.

```
v$backup                v$logfile              v$session
v$bgprocess             v$loghist              v$session_cursor_cache
v$bh                    v$log_history          v$session_event
v$circuits              v$mls_parameters       v$session_wait
v$database              v$mts                  v$sesstat
v$datafile              v$nls_parameters       v$sga
v$dbfile                v$open_cursor          v$sgastat
v$db_object_cache       v$parameter            v$shared_server
v$dispatcher            v$ping                 v$sqlarea
v$enabledprivs          v$process              v$statname
v$filestat              v$queue                v$sysstat
v$fixed_table           v$recovery_log         v$system_cursor_stat
v$latch                 v$recover_file         v$system_event
v$latchholder           v$reqdist              v$thread
v$latchname             v$resource             v$timer
v$librarycache          v$rollname             v$transaction
v$loadcstat             v$rollstat             v$version
v$loadtstat             v$rowcache             v$waitstat
v$lock
v$lock_activity
v$log
```

Bild 12-3 : Dynamische (virtuelle) Performance-Tabellen

Dem DBA stehen des weiteren eine Vielzahl von Data-Dictionary-Views zur Verfügung, um beispielsweise den Belegungsgrad oder den Freiplatz innerhalb der Datenbank zu ermitteln. Beispiele für solche Tabellen sind:

- DBA_EXTENTS
- DBA_FREE_SPACE
- DBA_DATA_SEGMENTS

Sollte der DBA über die vordefinierten Dictionary-Sichten weitere Informationen über das System benötigen, kann er ohne weiteres eigene Sichten erstellen. Es ist auch möglich, mit Hilfe von SQL*FORMS und den Data-Dictionary-Sichten ein maskenorientiertes DBA-Abfragewerkzeug zu entwickeln, das es dem DBA erlaubt, über SQL*FORMS-Masken alle relevanten Informationen darzustellen.

Der AUDIT-Befehl wurde ursprünglich eingeführt, um die Möglichkeit zu bekommen, jeden Zugriff auf bestimmte sicherheitsrelevante Tabellen protokollieren zu können. So können einzelne Tabellen in das AUDITING einbezogen werden, und es kann definiert werden, welche Operationen einen Protokoll-Eintrag in die AUDIT-Tabelle 'audit_trail' bewirken sollen.

Datenbank-Verwaltung

Der Befehl

```
audit select, insert, update, delete
on mitarbeiter
whenever successful;
```

bewirkt, daß immer dann ein Eintrag in die 'audit_trail' Tabelle gemacht wird, wenn die Tabelle MITARBEITER mit einer der vier Operationen 'select', 'insert', 'update', 'delete' bearbeitet und diese positiv beendet wird.

In der 'audit_trail' Tabelle werden u. a. folgende Informationen eingetragen:

- die Operationsart ('select', 'insert', . . .),

- der Benutzer, der die Operation durchgeführt hat,

- das Terminal, von dem aus die Operation durchgeführt wurde,

- die Uhrzeit, zu der die Operation durchgeführt wurde,

- der Tabellenname.

Der Audit-Befehl kann jedoch nicht nur für sicherheitsrelevante Tabellen und deren Überprüfung benutzt werden, sondern es ist auch möglich,

- die Zugriffshäufigkeit (wie oft wird auf eine Tabelle zugegriffen)

- das Zugriffsprofil (mit welchen Operationen wird auf eine Tabelle zugegriffen)

für einzelne Tabellen zu bestimmen.

Zu diesem Zweck werden die entsprechenden Tabellen mit dem 'audit'-Befehl für das AUDITING aktiviert und die Anwendungen für eine gewiße Zeit in normaler Weise bearbeitet.

Diese Meßphase kann mit dem 'noaudit'-Befehl beendet werden und die Auswertung der AUDIT-Tabelle mittels 'select'-Befehlen kann sich anschließen.

Datenbank-Verwaltung

II. Verteilte ORACLE Datenbanken

Einleitung

Dieser Teil des Buches beschäftigt sich mit einem der wichtigsten Trends, dem sich die EDV-Welt gegenübergestellt sieht, der verteilten Verarbeitung und der verteilten Datenhaltung. Was mit der Einführung der ersten PCs als Nadelstiche gegen die damals etablierten zentralen Rechenzentren begann, zeigt sich heute als gigantische Palastrevolution. Längst ist der Markt für PCs, Workstations und Netzwerke explodiert und kaum ein Projekt, in dem nicht von Verteilung der Anwendungen (Client/Server), von Window-Systemen und von DB-Servern die Rede ist.

Was bedeutet nun Client/Server oder verteilte Verarbeitung und worin besteht der Unterschied zu einer verteilten Datenhaltung?

Eine typische Client/Server Konfiguration (aus der Sicht einer Datenbank) liegt immer dann vor, wenn das Anwendungsprogramm und das Datenbanksystem auf unterschiedlichen Rechnersystemen zum Ablauf kommen. Ein vom Anwendungsprogramm abgesetzter SQL-Befehl wird über das Netzwerk an das Datenbank-

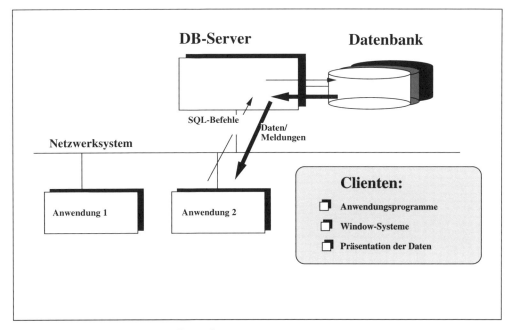

Bild 13-1 : Client-Server Konfiguration

system geschickt, dort ausgeführt und, je nach Befehl, werden Daten oder Meldungen über das Netzwerk dem Anwendungsprogramm zur Präsentation oder zur weiteren Verarbeitung übergeben. Dabei werden alle Datenbank-Aktivitäten vom DB-Server ausgeführt, der sich jedoch um das eigentliche Anwendungsprogramm und um die Darstellung der Daten auf dem Bildschirm nicht zu kümmern braucht. Dies ist insbesondere beim Einsatz von Window-Systemen, die großen CPU- und Hauptspeicherbedarf besitzen, ein entscheidender Vorteil. Das Bild 13-1 soll diese sehr populäre Konfigurationsart nochmals zeigen.

Alle Aktivitäten des Client-Rechners wie z. B. das Öffnen eines Bildschirm-Fensters oder Rechenoperationen des Anwendungsprogrammes können lokal, ohne Zugriff auf den DB-Server durchgeführt werden.

Von verteilter Datenhaltung oder von verteilten Datenbanken spricht man dann, wenn sich die Datenstrukturen, die bearbeitet werden, nicht nur innerhalb einer Datenbank befinden, sondern sich auf mehrere Datenbanken auf mehreren Rechnern verteilen. Diese Art der Konfiguration stellt wesentlich höhere Anforderungen an das Datenbanksystem als die 'klassische' Client/Server Konfiguration, da hierbei u.U. SQL-Befehle an andere Datenbank-Knoten weitergeleitet werden müssen (SQL-Routing) oder komplexe SQL-Befehle aufgeteilt werden, um dann als Teil-SQL-Befehl in 'remote' DB-Knoten ausgeführt zu werden.

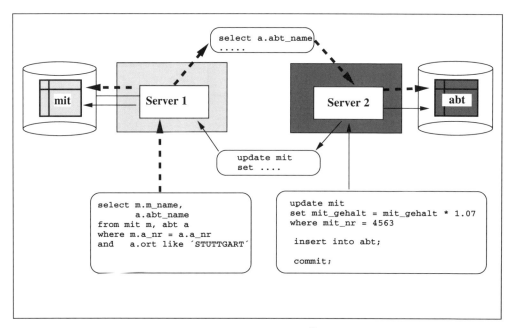

Bild 13-2 : Verteilte Datenbank mit verteilten Lese- und Änderungsoperationen

Verteilte ORACLE Datenbanken

Eine typische verteilte Datenbank zeigt Bild 13-2, bei dem ein SQL-Join aufgeteilt wird in zwei Einzelbefehle, die jeder für sich in dem entsprechenden Ziel-Datenbanksystem optimiert und ausgeführt werden.

Diese Art der Konfiguration ist noch nicht so weit verbreitet wie die reine Client/Server Konfiguration, da hier erhöhte Anforderungen an das Datenbanksystem wie auch an das Datenbank-Design gestellt werden müssen.

Bei der bisherigen Betrachtung wurde der Netzwerk-Aspekt völlig außer Acht gelassen. Dies ist zwar für grundsätzliche Erläuterungen ohne Belang, für eine genauere Betrachtung und für den praktischen Einsatz von enormer Wichtigkeit (aus diesem Grunde ist diesem Thema ein eigenes Kapitel gewidmet). Dieser Themenkomplex wird durch die Einbeziehung unterschiedlicher Netzwerkprotokolle zwar komplizierter, spiegelt jedoch die in der Praxis notwendigen Anforderungen wieder. Komplexe Informationssysteme werden nicht nur auf unterschiedlichen Rechnerplattformen und unterschiedlichen Benutzeroberflächen ablaufen, sie werden auch über unterschiedliche Netzwerksysteme kommunizieren müssen.

Die Einführung der verteilten Datenbank-Technologie wurde bei ORACLE in vier Phasen durchgeführt, die in Bild 13-3 dargestellt sind.

Hieraus ist ersichtlich, daß mit der Version 6.0/6.2 des ORACLE Systems zwar verteilte Abfragen auch über heterogene Netze hinweg durchführbar waren, eine

PHASE	Beschreibung	ORACLE Version
1	Client/Server homogenes Netz (C/S)	5.1
2	Verteilte Abfragen homogens Netz & C/S homogenes Netz	5.1
3	Verteilte Abfragen heterogenes Netz & C/S homogenes Netz	6.0 6.2
4	Verteilte Transaktionen, Verteilte Abfragen & C/S in homogenen & heterogen Netzen Replikationen (synchron/asynchron)	7.0

Bild 13-3 : Entwicklungsphasen der verteilten ORACLE DB-Technologie

Verteilte ORACLE Datenbanken

Client/Server-Verbindung jedoch nur im homogenen Netz möglich war. Hier war eine Punkt-zu-Punkt Verbindung physisch wir logisch notwendig. Auch verteilte Transaktionen waren mit Version 6 nicht möglich.

Oracle7, im Zusammenspiel mit SQL*Net Version 2.0, leitet die vierte Phase der verteilten DB-Technologie bei ORACLE ein und führt u.a. verteilte Transaktionen, Client/Server Konfigurationen in heterogenen Netzen und synchrone und asynchrone Replikationen ein. Dabei ist es völlig unerheblich, in welchem Netzwerk-Verbund sich der Client-Rechner und in welchem sich der DB-Server-Rechner befindet.

Bei der weiteren Bearbeitung dieses Themas sollen zwei unterschiedliche Betrachtungs-Ebenen beleuchtet werden:

- die Netzwerk-Ebene mit SQL*NET Version 2 und
- die Datenbank-Ebene mit der Oracle7 Funktionalität.

Bei der Betrachtung der Netzwerk-Ebene stehen die verwendeten Netzwerk-Protokolle und die dazugehörigen ORACLE-Komponenten im Vordergrund, die notwendig sind, um ein funktionsfähiges Trägersystem aufzubauen, das vollständige Netzwerk-, Protokoll- und Topologie-Transparenz gewährleistet. Für den Anwender und das Anwendungsprogramm soll es völlig unerheblich sein, in welchem

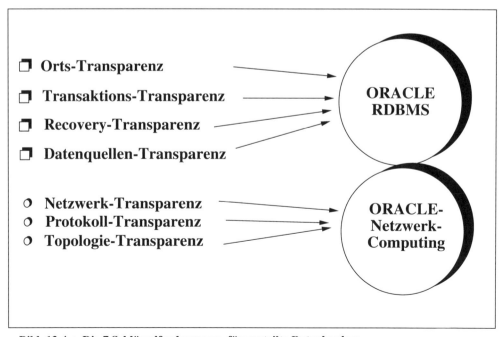

Bild 13-4 : Die 7 Schlüsselforderungen für verteilte Datenbanken

Netzwerkverbund sich ein DB-Knoten befindet und ob es eventuell notwendig ist, über mehrere Netzwerkverbundgrenzen hinweg SQL-Befehle zu einem Zielknoten zu schicken. Aus welchen ORACLE-Komponenten die ORACLE-Netzwerktechnologie besteht, wie unterschiedliche Konfigurationen in einem homogenen oder heterogenen Netzwerk aussehen können, wird im Kapitel 13 ausführlich behandelt.

Die Datenbank-Ebenen setzt auf der ORACLE Netzwerk-Technologie auf, d. h. hier wird davon ausgegangen, daß das Trägersystem konfiguriert und eingerichtet ist, um die eigentlichen verteilten Datenbankfunktionen durchführen zu können. Diese Ebene bietet:

- Orts-Transparenz
- Transaktions-Transparenz
- Recovery-Transparenz und
- Datenquellen Transparenz

Der Anwender bzw. das Anwendungsprogramm adressiert in den SQL-Befehlen die Datenbank-Objekte mit Namen und überläßt das Routing dieser SQL-Befehle an den richtigen Ziel-Knoten vollständig dem Datenbanksystem. Die Datenbankfunktionen, die notwendig sind, um dies zu erreichen, werden im Kapitel 14 eingeführt. Dazu gehören verteilte Leseoperationen, verteilte Transaktionen und synchrone und asynchrone Replikationen.

13. ORACLE Netzwerk-Technologie

13.1 Einführung

Der Einsatz von Computer-Netzwerken hat heute einen großen Verbreitungsgrad erreicht und sie finden sich in nahezu allen Unternehmen in unterschiedlichster Ausbaustufe und mit unterschiedlichen Netzwerk-Protokollen. Dies führt jedoch zunehmend zu Schwierigkeiten bei der Integration dieser unterschiedlichen Inseln, da unzählige Abhängigkeiten von Anwendungsprogrammen, Netzwerken und Netzwerkprotokollen einer geforderten Integrations-Lösung entgegenstehen. Die Inkompatibilitäten der einzelnen Netzwerksysteme und die Übergangsschwierigkeiten von

ORACLE Netzwerk-Technologie

einem Netzwerk-Verbund zu einem anderen können u.U. Dezentralisierungserfolge vollständig zunichte machen. Wenn es nicht möglich ist, mehrere unabhängig operierende Rechnersysteme als ein 'Ganzes' zu betrachten, wenn der unternehmensweite Blickwinkel durch Netzwerkprotokollgrenzen gestört oder gar unmöglich gemacht wird, dann muß die Dezentralisierung in Frage gestellt werden.

An diesem Punkt setzt die ORACLE Netzwerk-Technologie an. Mit einer Reihe von Software-Produkten wird ein transparentes Netzwerk-Trägersystem aufgebaut, das die unterschiedlichen Netzwerk-Protokolle, Netzwerk-Topologien oder auch Netzwerk-Zugriffsverfahren zu den Anwendungssystemen hin vollständig verbirgt. Dabei sollen unter Anwendungssystemen nicht nur die Anwendungsprogramme verstanden werden, sondern auch das Datenbanksystem.

Innerhalb eines solchen ORACLE-Netzwerkes wird das Gesamt-Netzwerk protokollunabhängig beschrieben und die einzelnen Datenbank-Instanzen auf den einzelnen Rechnerknoten erhalten Namen, über die eine Datenbank adressiert werden kann. Dabei spielt es keine Rolle in welchem Netzwerk-Verbund sich ein solcher Datenbank-Knoten befindet, da Protokollabhängigkeiten den Anwendungen vollständig verborgen bleiben.

13.2 Die Produktfamilie

Folgende Software-Komponenten sind notwendig, um ein ORACLE-Netzwerksystem aufzubauen:

- SQL*Net
- ORACLE* Transparent Netware Substrate (TNS)
- ORACLE*Protokoll-Adapter
- ORACLE*Multi Protokoll Interchange (MPI)
- ORACLE*Navigator

SQL*Net stellt eine konsistente Schnittstelle (API) zu allen ORACLE-Anwendungen zur Verfügung und ist verantwortlich für die Initiierung des Verbindungsaufbaus bzw. des Verbindungsabbaus und für die Bereitstellung aller notwendigen Parameter. Beim Auftreten von abnormalen Bedingungen während einer Verbindung, die hervorgerufen werden können durch einen Netzausfall bzw. Rechnerausfall eines beteiligten Knotens, übernimmt SQL*Net die Benachrichtigung der entsprechenden

ORACLE Instanzen, die dann, je nach Transaktions-Status u.U. ein Prozeß-Recovery durchführen können.

ORACLE*TNS stellt den eigentlichen Kern eines ORACLE-Netzwerkes dar. Es besteht aus einer Reihe von protokoll- und netzwerkunabhängiger Funktionen und übernimmt die Anforderungen von der SQL*Net Schicht. Zu seinen Aufgaben gehört:

- die Feststellung der Zieladressen (Knotennamen, Datenbank-Instanz)
- die Wege-Optimierung mit Hilfe des ORACLE*Navigators
- die eventuell notwendige Code-Konvertierung
- die Behandlung von BREAK-Situationen u.v.m.

ORACLE*TNS stellt eine offene Schnittstelle zur Verfügung, mit der nicht nur SQL*Net oder das ORACLE*MPI arbeiten können, sondern mit deren Hilfe beliebige verteilte Systeme und Systemfunktionen implementierbar sind.

Die dritte Komponente sind die ORACLE*Protokoll-Adaptoren oder kurz ORACLE*Protokolle. Diese Schicht stellt die Schnittstelle zu den eigentlichen Netzwerkprotokollen dar. Während SQL*Net und ORACLE*TNS pro Instanz nur einmal vorhanden sind, können mehrere ORACLE*Protokolle für unterschiedliche Netz-

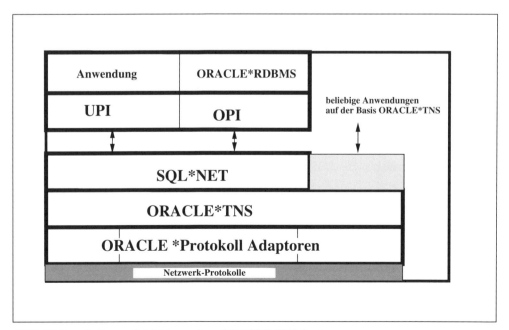

Bild 13-5 : Software-Schichtung eines ORACLE-TNS Systems

ORACLE Netzwerk-Technologie

werkprotokolle gleichzeitig vorhanden sein. Bild 13-5 zeigt diese Software-Schichtung nochmals.

Auf der Client-Seite wird eine DB-Anforderung über die UPI-Schnittstelle an SQL*Net weitergereicht, auf der DB-Server Seite übergibt SQL*Net die Anforderung an den DB-Server über die OPI-Schnittstelle.

In einem heterogenen Netzwerksystem sind die letzten beiden Software-Komponenten, das ORACLE*MultiProtokoll Interchange (MPI, Interchange) und der ORACLE*Navigator von Bedeutung. Ein ORACLE*MPI hat die Aufgabe, zwei oder mehrere unterschiedliche Netzwerksysteme miteinander zu verbinden. Dabei entstehen im einfachsten Fall zwei physische Punkt-zu-Punkt Verbindungen, die sowohl das Client-System mit dem ORACLE*MPI als auch das ORACLE*MPI mit dem DB-Server verbinden. Diese zwei physischen Punkt-zu-Punkt Verbindungen können von der Anwendung als eine logische Punkt-zu-Punkt Verbindung auf der Anwendungsebene betrachtet werden und erlauben deshalb den Aufbau von Client/Server Konfigurationen über Netzwerkgrenzen hinweg.

Dabei kann das ORACLE*MPI als ein TNS-Anwendungssystem betrachtet werden, das eine Software-Schichtung aufweist, die der von SQL*Net entspricht.

Der ORACLE*Navigator ist ein Teil des ORACLE*MPI und hat die Aufgabe festzustellen, ob es mehrere unterschiedliche Wege zu einer Ziel-Datenbank gibt,

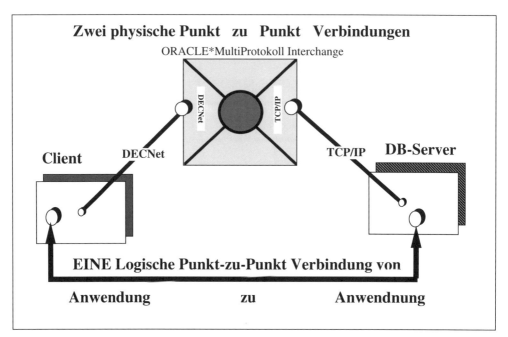

Bild 13-6 : ORACLE*MultiProtkollInterchange

ORACLE Netzwerk-Technologie

und welcher Weg die kostengünstigste Alternative darstellt. Während ein ORACLE*MPI stets benötigt wird bei heterogenen Netzwerksystemen, entfaltet der ORACLE*Navigator seine Vorteile erst bei großen heterogenen Netzwerken, denn erst dort gibt es u.U. alternative Wege von einem Netzwerk-Verbund zu einem anderen. Der ORACLE*Navigator wird nicht benötigt für die Navigation innerhalb eines homogenen Netzwerkes, da diese Navigation vom jeweiligen Netzwerk selbst übernommen wird.

Im Bild 13-8 ist ein etwas komplexeres TNS-Netzwerk dargestellt, das aus drei Netzwerken, DECNet, TCP/IP und SPX/IPX besteht. Innerhalb jedes Netzwerkes gibt es eine Reihe von Client-Systemen und eine Reihe von DB-Servern. Diese drei Netzwerke sind durch (in diesem Beispiel) drei ORACLE*MultiProtokoll Interchanges miteinander verbunden.

Es ist wichtig zu erwähnen, daß ein ORACLE*MPI eine reine Software-Lösung darstellt und deshalb auf einem beliebigen Rechnersystem installiert werden kann. Die einzige Voraussetzung ist, daß mindestens zwei ORACLE*Protokolle für den als MPI in Frage kommenden Rechner zur Verfügung stehen müssen (Bild 13-7).

Im Bild 13-9 sind als Zusammenfassung die typischen Konfigurationsarten mit den notwendigen Software-Komponenten nochmals für homogenen bzw. hetero-

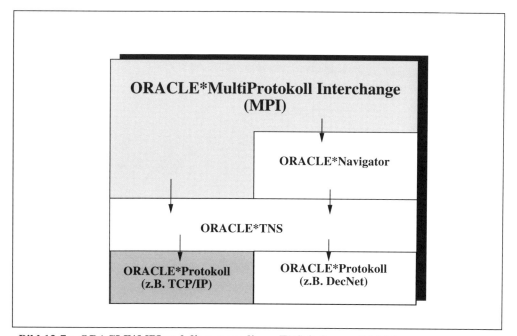

Bild 13-7 : ORACLE*MPI und die notwendigen TNS-Software-Schichten

ORACLE Netzwerk-Technologie

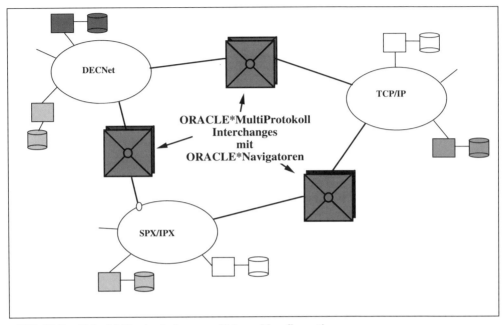

Bild 13-8 : Beispiel für eine heterogene Netzwerkkonfiguration

gene Netze dargestellt. Natürlich werden in der Praxis überwiegend Mischformen dieser Basisformen auftreten. Eine typische Mischform wäre z. B. der Zugriff von mehreren Clienten aus unterschiedlichen Netzwerken auf einen zentralen Server oder aber der gleichzeitige Zugriff auf mehrere DB-Server in unterschiedlichen Netzwerken. Solche praxisüblichen Konfigurationen lassen sich jedoch jederzeit aus den bis jetzt eingeführten Basiskomponenten zusammenstellen.

ORACLE Netzwerk-Technologie

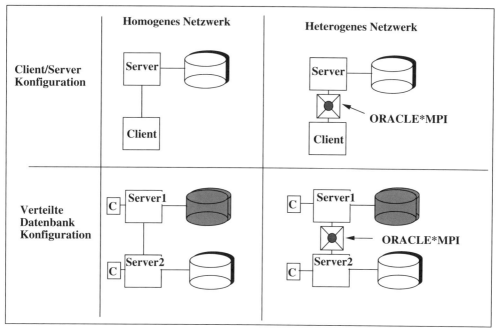

Bild 13-9 : Die prinzipellen Konfigurations-Alternativen

13.3 Die TNS-Knotentypen

Die Softwarekomponenten, die wir bisher kennengelernt haben, benötigen zur Erfüllung ihrer Aufgabe eine Datenbasis, die das gesamte TNS-Netzwerk beschreibt. Dabei benötigen unterschiedliche Netzknoten unterschiedliche Sichten auf das Gesamtnetzwerk, je nach Funktion und Aufgabe des einzelnen Knotens.

In einem homogenen TNS-Netzwerk gibt es drei TNS-Knotenarten:

- Client-Knoten (C)
- DB-Server-Knoten (S) und
- DB-Server/Client-Knoten (SC)

Ein Client-Knoten (C) ist eine Maschine, auf der die Anwendung zum Ablauf kommt. Ein solcher Knoten hat keine eigene ORACLE-Instanz mit einer eigenen ORACLE-Datenbank. Ein reiner DB-Server-Knoten (S) ist ein Rechnersystem, das nur Server-Funktionen bereitstellt und nicht mit anderen DB-Servern kommunizieren kann. Ein DB-Server mit Client-Funktion (SC) liegt immer dann vor, wenn der DB-Server Zugang zu weiteren DB-Servern hat. Ein solcher SC-Knoten spielt dabei für die Client-Programme die Rolle des DB-Servers und kann sich gegenüber anderen

ORACLE Netzwerk-Technologie

DB-Servern als Client verhalten. Dies ist immer dann der Fall, wenn der DB-Server eine Aufgabe (z. B. Lesen einer Tabelle) an einen anderen DB-Server weiterleiten muß, weil die geforderte Tabelle auf dem eigenen DB-Server nicht vorhanden ist. Für den Befehl, der an den zweiten DB-Server weitergeleitet wird, verhält sich der erste DB-Server (gegenüber dem zweiten DB-Server) wie ein Client.

Innerhalb eines heterogenen Netzwerkes gibt es weitere Rollen, die ein Netzwerkknoten spielen kann. Insgesamt gibt es in einem heterogenen TNS-Netzwerk sechs TNS-Knotentypen:

- Client ohne Navigator (C)
- Client mit Navigator (CN)
- MultiProtokoll Interchange (I)
- DB-Server (S)
- DB-Server/Client ohne Navigator (SC)
- DB-Server/Client mit Navigator (SCN)

TNS-Knotentyp	Abk.	Homogenes Netz	Heterogenes Netz
Client ohne Navigator	C	✓	✓
Client mit Navigator	CN	—	✓
Multiprotokoll Interchange	I	—	✓
DB-Server	S	✓	✓
DB-Server/Client ohne Navigator	SC	✓	✓
DB-Server/Client mit Navigator	SCN	—	✓

Bild 13-10 : Mögliche TNS-Knotentypen im Homogenen und im Heterogenen Netz

ORACLE Netzwerk-Technologie

Zu den aus der homogenen Umgebung bekannten Knotentypen kommen somit die folgenden Typen hinzu:

- Client mit Navigatorfunktion (CN)
- MultiProtokoll Interchange (I) und
- DB-Server/Client mit Navigatorfunktion (SCN)

Der ORACLE*Navigator hat dabei immer die Aufgabe, für eine Multi-Netzwerkverbindung, die mit verschiedenen MPIs aufgebaut wird, den besten (kostengünstigsten) Weg zu ermitteln. Diese Navigatorfunktion kann dabei auch auf Client-Knoten installiert sein (das sind dann CN-Knotentypen), die dann, für eine Multi-Netzwerkverbindung das beste MPI ermittelt, das die nachfolgende Wegeoptimierung durchführt. Dies ist immer dann von Vorteil, wenn ein Client-Knoten Zugriff auf mehrere DB-Server in unterschiedlichen Netzwerken benötigt und mehrere MPIs zur Auswahl hat. Das gleiche trifft auf einen DB-Server/Client mit Navigatorfunktion (SCN) zu. Auch hier übernimmt der Navigator des DB-Servers den ersten Teil der Zieladressenermittlung, wenn ein netzwerkübergreifender Zugriff über ein MPI notwendig wird.

Im Bild 13-10 sind die einzelnen TNS-Knotentypen nochmals für eine homogene bzw. heterogene Konfiguration dargestellt. Die Bestimmung der Rollen, die ein Netzwerkknoten innerhalb eines TNS-Netzwerkes spielt, ist vielleicht die wichtigste Aufgabe eines TNS-Netzwerkplaners überhaupt. Hier entscheidet sich bereits welche Software-Komponenten später benötigt werden und welche TNS-Datenbasis zur Verfügung stehen muß.

13.4 Beschreibung eines ORACLE-TNS Netzwerkes

Die einzelnen Software-Komponenten und die verschiedenen Knotentypen benötigen für ihre Funktionen und für ihre unterschiedlichen Aufgaben eine Datenbasis, in der alle notwendigen Informationen über das TNS-Netzwerk abgelegt sind. Insgesamt gibt es drei Netzwerk-Beschreibungsfiles und ein MPI-Parameterfile, mit Hilfe derer ein TNS-Netzwerk vollständig beschrieben werden kann. Dies sind:

- tnsnames.ora
  beschreibt alle Rechnerknoten und ihre ORACLE-Datenbanken, mit denen ein Knoten mit Client-Funktion (C, CN, SC, SCN) arbeiten kann, und definiert einen

ORACLE Netzwerk-Technologie

für das TNS-Netzwerk eindeutigen TNS-Alias Namen. Dieser TNS-Alias-Namen adressiert genau einen Netzknoten in einem beliebigen Netzwerkverbund und dort genau eine ORACLE-Instanz.

- tnsnet.ora
  beschreibt ein TNS-Netzwerk mit allen Netzwerken, allen MPIs und den Kosten pro Netzwerkverbund, z. B. Übertragungsgeschwindigkeit u.a., und dient dem Navigator für die Entscheidungsfindung eines Weges.

- tnsnav.ora
  beschreibt einen Navigator mit allen Navigatoradressen und allen Netzwerken.

- intchg.ora
  beschreibt ein ORACLE*MPI und dient zu dessen Konfiguration.

Welche dieser Files von den jeweiligen Netzknoten benötigt werden, zeigt Bild 13-11, in dem für homogene und heterogene Konfigurationen die Zuordnung der TNS-Beschreibungsfiles zu den Knotentypen angegeben wird.

Hieraus wird deutlich, daß in einer homogenen Netzwerk-Umgebung lediglich das File 'tnsnames.ora' von Bedeutung ist. Allen anderen Beschreibungsfiles muß in dieser Konfigurationsart keine Beachtung geschenkt werden.

Netzart	Knoten-Typen	tnsnames.ora	tnsnet.ora	tnsnav.ora	intchg.ora
Homogenes Netz	C	✓	–	–	–
	S	–	–	–	–
	SC	✓	–	–	–
Heterogenes Netz	C	✓	–	✓	–
	CN	✓	✓	✓	–
	I	–	✓	✓	✓
	S	–	–	–	–
	SC	✓	–	✓	–
	SCN	✓	✓	✓	–

Bild 13-11 : Zuordnung zwischen TNS-Knotentypen und Konfigurationsfiles

ORACLE Netzwerk-Technologie

In einer heterogenen Netzwerk-Umgebung werden über das 'tnsnames.ora' File auch die anderen Beschreibungsfiles wichtig. Folgende generelle Einteilung kann gemacht werden:

- tnsnames.ora
  für alle TNS-Knoten mit Client-Funktion

- tnsnet.ora
  für alle TNS-Knotentypen mit Navigatorfunktion

- tnsnav.ora
  für alle Knotentypen außer reinen DB-Servern

- intchg.ora
  nur für MPI-Knotentypen

Zur Beschreibung eines TNS-Netzwerkes mit Hilfe der ersten drei Beschreibungsfiles dient eine formale TNS-Beschreibungssprache. Am Beispiel des kleinen TNS-Netzwerkes, das in Bild 13-12 dargestellt ist, sollen alle notwendigen TNS-Beschreibungsfiles aufgebaut und den einzelnen TNS-Knoten zugeordnet werden. Dabei wurde folgende Nomenklatur gewählt:

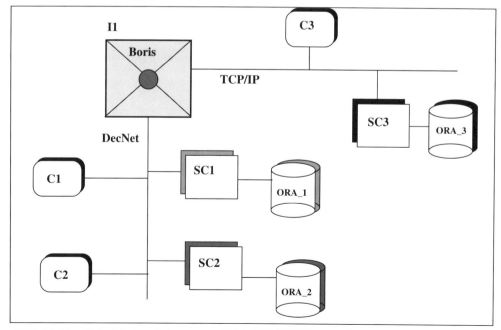

Bild 13-12 : Beispiel eines heterogenen ORACLE-TNS-Netzwerkes

ORACLE Netzwerk-Technologie

- jeder Knoten wurde mit seiner TNS-Funktion benannt und erhält eine fortlaufende Nummer z. B. C=Client, SC=Server/Client und I=Interchange

- es sind drei ORACLE-Instanzen aktiv, eine auf jedem Knoten, die mit ORA_‹knotennummer› gekennzeichnet sind. ORA_1, ORA_2 und ORA_3 sind die Systemidentifier (ORACLE_SID) für die einzelnen ORACLE-Instanzen und Datenbanken.

Zunächst soll das tnsnames.ora-File für das TNS-Netzwerk in Bild 13-12 aufgebaut werden. Im tnsnames.ora File werden alle Datenbanken beschrieben, mit denen eine Client-Anwendung arbeiten kann. Dazu gehören:

- TNS-Alias-Namen der einzelnen Datenbanken

- Adresse der Datenbank
  . Netzwerkverbundname zu dem der Datenbank-Knoten gehört
  . Protokoll des Netzwerkes
  . Netzwerkspezifische Angaben wie Knotenname, Port# u.s.w.
  . ORACLE Systemidentifier

Dies führt zu einer Beschreibung des Netzwerkes wie in Bild 13-13 dargestellt.

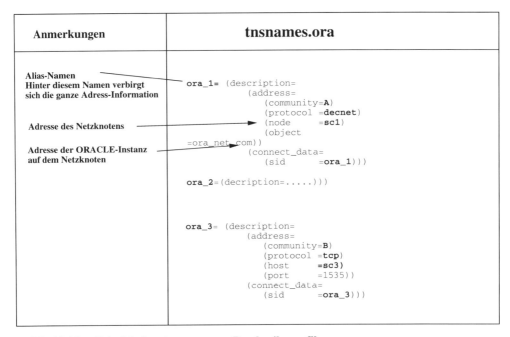

Bild 13-13 : Beispiel eines tnsnames.ora Beschreibungsfiles

ORACLE Netzwerk-Technologie

Die TNS-Alias Namen adressieren jeweils eine spezifische ORACLE-Instanz und deren Datenbank und kann z. B. bei einem expliziten SQL-'connect' Befehl angegeben werden. Wird ein 'connect' von C1 auf SC3 durchgeführt, dann sieht der connect-Befehl folgendermaßen aus:

```
connect <un>@ora_3 / <pw>
```

Dies bewirkt, daß sich das Clientprogramm auf C1 im Netzwerkverbund A (DECNet) direkt in den DB-Server SC3 im Netzwerkverbund B (TCP/IP) anmeldet und eine 'logische' Punkt-zu-Punkt Verbindung vom TNS-Netzwerk aufgebaut wird. Wie wir noch später sehen werden, wird dieser TNS-Alias auch bei indirekten Verbindungen mit Hilfe von ORACLE-Datenbank-Links genutzt.

Das tnsnames.ora File wird auf allen Knoten installiert, die Client-Funktion besitzen (s.a. Bild 13-11), muß jedoch nicht zwingend auf allen Knoten identisch sein. Des weiteren ist es möglich, daß das tnsnames.ora File systemweit oder aber benutzerspezifisch vorhanden ist, was eine feine Granulierung der TNS-Zugriffsmöglichkeiten auf einzelnen TNS-Knoten erlaubt.

Anzumerken ist, daß ein gültiger TNS-Alias noch nicht zwangsläufigen Zugriff auf eine entsprechende Datenbank bedeutet. Erst ein gültiger Benutzername und ein gültiges Password ist die Eintrittskarte in eine ORACLE-Datenbank. Das gilt für eine lokale Datenbank, wie auch für eine Datenbank in einer verteilten Konfiguration. Die Alias-Einträge im tnsnames.ora File bedeuten lediglich, daß die grundsätzliche Möglichkeit besteht, mit den Datenbanken zu arbeiten, die sich hinter den TNS-Aliasnamen verbergen.

Die Art der Beschreibung, wie wir sie in Bild 13-13 für das tnsnames.ora File gesehen haben, ist eine typische Art der Definition aller TNS-Files. Lediglich die Schlüsselwörter sind in den einzelnen Filearten unterschiedlich.

Als nächstes soll das tnsnet.ora File für das Beispielnetz aus Bild 13-12 definiert werden. Dieser File-Typ beschreibt das ganze TNS-Netzwerk mit:

- allen ORACLE*MultiProtokoll Interchanges
- allen beteiligten Netzwerken und deren Protokollen

und definiert die Kosten pro Netzwerkverbund. Dieses File ist identisch auf allen TNS-Knoten, die dieses File benötigen (alle Knoten mit Navigatorfunktion).

Innerhalb des Files werden alle:

- Interchanges mit
  . Namen der Connect-Manager
  . Adressen der Listener Prozesse
  . Angabe aller Netzwerkverbunde pro Interchange

ORACLE Netzwerk-Technologie

- Netzwerkverbund-Kosten
  . die Kosten für alle Netzwerkverbunde des TNS-Netzwerkes (relative Angabe von 1-100, wobei 1 für geringe Kosten, 100 für sehr hohe Kosten steht) definiert.

Im Bild 13-14 ist das tnsnet.ora File dargestellt, das das Beispiel TNS-Netzwerk aus Bild 13-12 beschreibt.

Das dritte File, das für die Beschreibung eines TNS-Netzwerkes benötigt wird, ist das 'tnsnav.ora' File. Dieses File beschreibt einen Navigator, der die Aufgabe hat, den kostengünstigsten Weg zu einer Zieladresse innerhalb eines TNS-Netzwerkes zu finden.

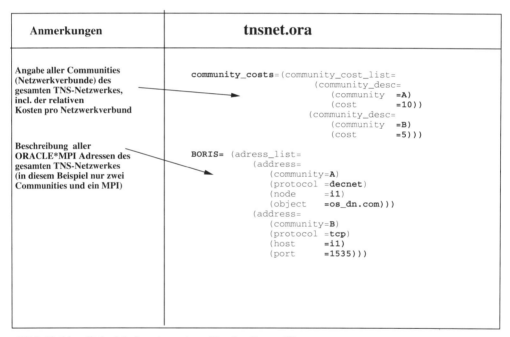

Bild 13-14 : Beispiel eines tnsnet.ora Beschreibungsfiles

Wie aus Bild 13-11 ersichtlich, ist das tnsnav.ora File auf fast allen TNS-Knotentypen vorhanden. Einzige Ausnahme ist der reine DB-Server, der keine Client-Funktion besitzt. Allerdings tritt dieses File auf unterschiedlichen Knoten in unterschiedlicher Ausprägung auf.

Innerhalb eines INS-Netzwerkes gibt es zwei Arten von Navigatoren:

- Interchange-Navigator
  dieser Navigator ist Teil eines MPI und hat die Aufgabe eine möglichst kostengünstige Verbindung zum Zielknoten zu ermitteln und herzustellen,

ORACLE Netzwerk-Technologie

falls mehrere Wege möglich sind. Bild 13-15 zeigt diese Situation der Wegewahl über unterschiedliche Netzwerkverbunde.

- Client-Navigator
  dieser Navigator ist Teil eines Client-Knotens (CN, SCN) und hat die Aufgabe, das möglichst beste Interchange zu ermitteln, das eine anstehende Multi-Netzwerk Verbindung durchführen soll.

Innerhalb der TNS-Knotentypen (I, CN, SCN) mit ihren Navigator-Funktionen wird das tnsnav.ora File benutzt um:

- die Listener Adressen des eigenen Knotens zu beschreiben (ein Interchange hat in der Regel zwei Listener, ein Client in der Regel nur einen Listener).

- alle möglichen Navigatoren zu beschreiben, die in den anderen Interchanges des gleichen Netzwerkverbundes zu finden sind und die als Backup-Navigatoren benutzt werden können.

- alle Netzwerkverbunde zu beschreiben, mit denen der aktuelle Knoten in Verbindung steht.

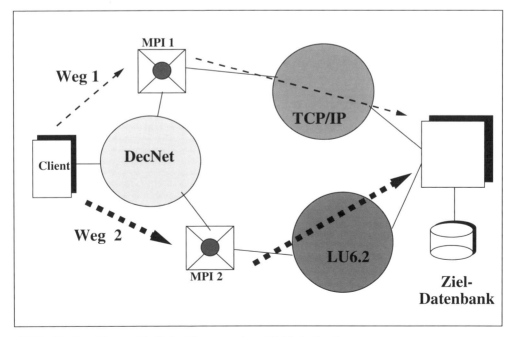

Bild 13-15 : Unterschiedliche Wege zu einer Zieldatenbank

ORACLE Netzwerk-Technologie

Das tnsnav.ora File wird jedoch auch bei TNS-Knotentypen benötigt, die Client-Funktion besitzen, auf denen jedoch keine TNS-Navigatorsoftware installiert ist (C, SC).

Hier wird nicht dem Navigator die Wegwahl überlassen, sondern die Wegwahl wird vordefiniert und vorbestimmt im tnsnav.ora File. Dies ist immer dann gebräuchlich, wenn es sich um relativ kleine TNS-Netzwerke handelt, oder in Netzen, bei denen es keine alternativen Wege über mehrere Interchanges gibt.

Dies ist in unserem Beispielnetz in Bild 13-12 der Fall. Hier haben wir zwei Netzwerkverbunde, die lediglich durch ein Interchange zusammengeschaltet sind. Eine Anforderung von Client C1 an Server SC3 geht immer über das Interchange 'boris'.

Alternative Wege gibt es in diesem Beispiel nicht. In diesem Fall ist es deshalb nicht sinnvoll, Navigatoren auf die einzelnen Client-Systeme oder auf die Serversysteme zu installieren. Im Bild 13-16 ist ein tnsnav.ora File für den Netzwerkverbund A dargestellt, wie es auf allen Knoten (C und SC-Typen) des Netzwerkverbundes A zu finden ist. Da hier keine Navigatoren vorhanden sind, wird eine Liste von möglichen Interchanges angegeben (preferred_cmanagers), d. h. die Wegwahl ist für diesen Fall bereits vordefiniert.

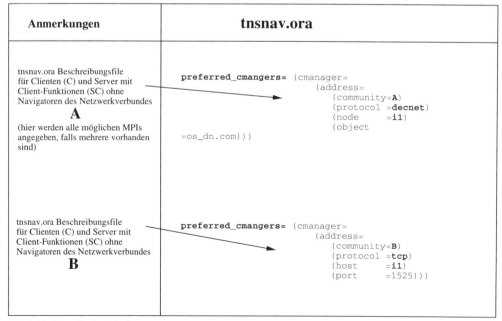

Bild 13-16 : Beispiel eines tnsnav.ora Beschreibungsfiles für Clienten (C,SC) ohne Navigatoren

In unserem Beispiel wird nur ein Interchange aufgeführt, da dieses kleine Netzwerk nur aus zwei Netzwerken und einem Interchange besteht. Bei TNS-Netzwerken, die mehrere Interchanges besitzen, ist die Reihenfolge der Interchanges (preferred_cmanagers-Parameter) jedoch wichtig, da bei einer Multi-Netzwerk-Verbindung das an erster Stelle stehende Interchange als 'erster Sprung' benutzt wird. Eine aufzubauende Verbindung wird immer zuerst mit diesem Interchange begonnen. Der Interchange-Navigator ermittelt dann, ob dieses Interchange die optimale Wahl war, oder, ob es u.U. einen besseren Weg über ein anderes Interchange gibt.

Mit der Definition der drei Files:

- tnsnames.ora
- tnsnet.ora und
- tnsnav.ora

ist das Beispielnetzwerk nahezu komplett beschrieben. Im tnsnames.ora File wurden die Alias-Namen der einzelnen Datenbanken auf den unterschiedlichsten Knoten definiert und dieses File wurde auf alle Knoten mit Client-Funktion kopiert. Das gesamte Netzwerk mit allen Interchanges und den Netzwerk-Kosten wurde im tnsnet.ora-File beschrieben und dient dem Navigator für die Wegwahl. Da in unserem Beispiel lediglich das Interchange mit Navigatorfunktion ausgestattet ist, muß das tnsnet.ora File nur dort abgespeichert werden. Für die Multi-Netzwerk Verbindung von Netzwerkverbund A nach B bzw. von Netzwerkverbund B nach A wird das File tnsnav.ora auf allen Knotentypen mit Client-Funktionen benötigt. Hier wird das bevorzugte Interchange angegeben, zu dem verzweigt werden soll, wenn eine Multi-Netzwerk Verbindung durchgeführt wird.

Das ORACLE*MultiProtokoll Interchange wurde bisher nur am Rande betrachtet. Auf Grund der herausragenden Funktion, die dieses Produkt innerhalb eines heterogenen TNS-Netzwerkes hat, wird es im Kapitel 13.5 genauer beleuchtet.

13.5 Das ORACLE*MultiProtokoll Interchange

13.5.1 Allgemeines

Das ORACLE*MultiProtokoll Interchange hat die Aufgabe, zwei oder mehrere unterschiedliche Netzwerkverbunde (Communities) miteinander zu verbinden und dem Anwendungssystem eine logische Punkt-zu-Punkt Verbindung auch über Netzwerkgrenzen hinweg bereitzustellen, obwohl auf der physischen Ebene u.U. mehrere Punkt-zu-Punkt Verbindungen zwischen unterschiedlichen Netzwerken bestehen.

Im Bild 13-17 ist eine solche Situation mit drei Netzwerken und zwei Interchanges dargestellt. Drei physische Punkt-zu-Punkt Verbindungen sind hier notwendig, um die Verbindung mit dem Zielknoten aufzubauen und um eine logische Punkt-zu-Punkt Verbindung von Anwendung (Initiator) zu Anwendung (Ziel-Datenbank) herzustellen. Vier Aufgaben eines Interchange können unterschieden werden:

- Aufbau einer Verbindung
  dazu gehört die Wegwahl durch den Navigator, der die Kosten und eventuell ausgefallene Teilstrecken des Netzwerkes mit in Betracht ziehen muß.

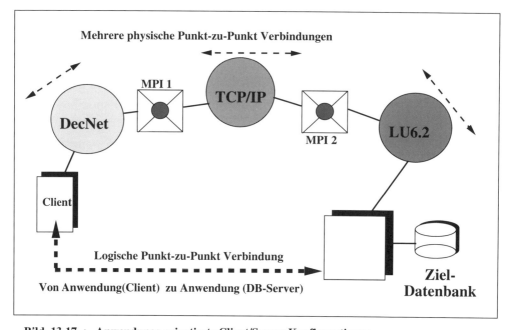

Bild 13-17 : Anwendungs-orientierte Client/Server Konfigurationen

ORACLE Netzwerk-Technologie

- Aufrechterhaltung einer Verbindung
  nach dem Verbindungsaufbau hat das Interchange die Aufgabe, Daten und Meldungen bidirektional zu transportieren und alle notwendigen Protokollumsetzungen durchzuführen.

- Abbau einer Verbindung
  nach dem Beenden einer Session wird die Verbindung vom Zielknoten, über alle beteiligten Interchanges, zum Initiatorknoten abgebaut.

- Ausnahmebehandlung
  treten in einer bestehenden Verbindung Fehlerzustände auf, dann werden Informationen darüber vom Interchange an den Initiatorknoten bzw. an den Zielknoten weitergeleitet und ein Verbindungsabbau durchgeführt.

An dieser Stelle sei nochmals darauf hingewiesen, daß es sich bei dem ORACLE*MPI um eine reine Software-Lösung handelt, die auf der ORACLE*TNS-Technologie aufgebaut ist. Grundsätzlich kann jeder Rechnerknoten innerhalb eines TNS-Netzwerkes die Rolle eines Interchanges spielen und gleichzeitig beliebige andere Aufgaben wahrnehmen.

13.5.2 Struktur eines ORACLE*MPI

Über die Basiskomponenten einer TNS-Anwendung hinaus (ORACLE*Protokoll und ORACLE*TNS) besteht ein Interchange aus folgenden Komponenten:

- einem Connect-Manager mit Netzwerklistener

- einem Navigator

- mehreren Daten-Pumpen, von denen jede mehrere Verbindungen bedienen kann

Zusätzlich zu diesen Software-Komponenten benötigt das Interchange eine Datenbasis, die das gesamte TNS-Netzwerk beschreibt und die für den Navigator notwendigen Informationen bereithält. Das sind die TNS-Beschreibungsfiles tnsnet.ora, tnsnav.ora und das Interchange Konfigurationsfile intchng.ora (s. auch Bild 13-11).

ORACLE Netzwerk-Technologie

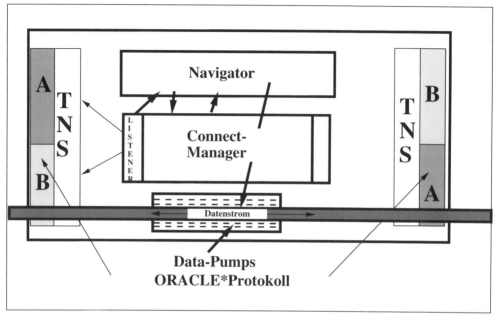

Bild 13-18 : ORACLE*MultiProtokollInterchange

Im Bild 13-18 ist die Struktur eines Interchanges schematisch dargestellt.

Die Einführung in die Funktionsweise der einzelnen Komponenten und deren gegenseitigen Wechselwirkungen lassen sich am einfachsten am Beispiel eines Verbindungsaufbaus darstellen.

Ein Verbindungsaufbau über ein Interchange ist immer dann notwendig, wenn sich der DB-Server (Zielknoten) in einem anderen Netzwerk befindet als der Client-Knoten (Initiator). Ob dies der Fall ist, stellt die TNS-Schicht des Clienten mit Hilfe des tnsnames.ora Files und des tnsnav.ora Files fest. Aus tnsnames.ora wird über den Alias-Namen des Zielknotens das Ziel-Netzwerk ermittelt und über das tnsnav.ora File wird festgestellt, in welchem Netzwerk sich der Client-Knoten selbst befindet. Sind diese beiden Netzwerke (Initiator-Netzwerk, Zielnetzwerk) unterschiedlich, dann muß ein Interchange benutzt werden.

Handelt es sich bei dem Client-Knoten um einen CN-Knotentyp, um einen Clienten mit Navigatorfunktion, so ermittelt der Client-Navigator das bestmögliche Interchange für die aktuelle Verbindung. CN-Knotentypen sollten immer dann eingesetzt werden, wenn ein Client mit mehreren Interchanges zu mehreren Netzwerken Verbindungen aufbauen kann. (Analoges gilt für SCN-Typen)

Handelt es sich bei dem Client-Knoten um einen C-Knotentyp, einen Clienten ohne Navigatorfunktion, dann entscheidet die Reihenfolge der angegebenen Interchanges im tnsnav.ora File, welches Interchange für die Verbindungsanforderung benutzt wird. Das erste, unter dem Schlüsselwort preferred_cmanagers angegebene Interchange ist stets das erste Interchange, das benutzt wird.

Der Listener-Prozeß des Interchanges fängt die Verbindungsanforderung auf und übergibt diese Anforderung mit allen Parametern dem Navigator des Interchanges.

Bei der ersten Prüfung, die der Navigator durchführt, wird ermittelt, ob das Interchange für diese Verbindungsanforderung die beste Verbindungsmöglichkeit darstellt, oder ob es noch eine bessere Alternative gibt. Dies ist vor allem wichtig für alle Anforderungen von Clienten ohne Navigator (C, SC-Typen), die ein Interchange immer standardmäßig auswählen, unabhängig vom eigentlichen Zielort. Stellt der Navigator fest, daß für die aktuelle Verbindungsanforderung ein anderes Interchange besser geeignet ist und einen kostengünstigeren Weg bereit stellen kann, wird die Anforderung durch den Connect-Manager an den Clienten mit der Adresse des besseren Interchanges zurückgegeben. (Dies wird vollständig auf der TNS-Ebene abgehandelt und bleibt dem Anwendungsprogramm verborgen.)

Befindet sich die Verbindungsanforderung auf dem bestmöglichen Interchange, so ermittelt der Navigator im zweiten Schritt den weiteren Weg, den diese Verbindung gehen kann, der entweder zu einem weiteren Interchange oder direkt zum Zielknoten führt.

Nach dieser Prüfung wird die Verbindungsanforderung einer Daten-Pumpe (datapump) zugeordnet und der Connect-Manager initiiert über die TNS- und ORACLE*Protokoll-Schichten die Verbindung zum nächsten Punkt der Verbindung. Kann diese Verbindung nicht durchgeführt werden, übernimmt der Navigator die Aufgabe, eine alternative Strecke zu bestimmen (Re-Navigation). Ist keine andere Strecke für diese Verbindung möglich, muß mit einer Fehlermeldung abgebrochen werden. Eine vom Navigator als fehlerhaft befundene Strecke wird für eine gewisse Zeit (timeout_interval) nicht mehr in die Navigation eingeschlossen.

Ist eine Verbindung vom Anfangspunkt (Client) zum Endpunkt (DB-Server) aufgebaut, so haben die Navigatoren in den beteiligten Interchanges oder in den CN und SCN-Knotentypen keine Funktion mehr. In einer bestehenden Verbindung werden lediglich Datenströme durch die Interchanges transportiert. Der Connect-Manager hat dabei die Aufgabe, alle Ereignisse z. B. Meldungen vom Clienten zum Server, Daten vom Server zum Clienten, neue Verbindungsanforderungen oder Verbindungsabbauanforderungen u.s.w. zu koordinieren und zu steuern und die Datenpakete gemäß der Protokollkonvertierung entsprechend umzubauen.

ORACLE Netzwerk-Technologie

Zur Konfiguration eines Interchanges dient das Parameterfile intchng.ora, in dem sämtliche, für das jeweilige Interchange relevante Parameter und Kenngrößen definiert werden. Hier werden u.a. angegeben:

- Name des Interchange

- Adresse der Interchange-Listener-Prozesse

- Auszeit für eine Strecke, die als fehlerhaft erkannt wurde (timeout_interval)

- Konfiguration der Datenpumpen
  . Anzahl der Datenpumpen (pumps)
  . Anzahl der Verbindungen pro Datenpumpe (pump_connections)
  . Größe der Puffer einer Datenpumpe (pump_buffers)
  . Dauer in Minuten, nachdem sich eine Daten-Pumpe ohne Verbindung automatisch abschaltet (pump_uptime)
  . Dauer in Minuten, nachdem eine inaktive Verbindung vom Connect-Manager angeschaltet wird (connection_idle_time)

13.6 Zusammenfassung

Um Anwendungssystemen mit Client-Anwendungen und DB-Server Anwendungen ein netzwerkunabhängiges, protokollunabhängiges und topolopieunabhängiges Trägersystem bereitstellen zu können, wurden die Beschreibungsebenen eines ORACLE-TNS-Netzwerkes eingeführt.

Dazu gehören:

- TNS-Knotentypdeklaration
  . die drei TNS-Knotentypen (C, S, SC) eines homogenen Netzwerkes
  . die sechs TNS-Knotentypen (C, CN, I, S, SC, SCN) eines heterogenen Netzwerkes

- die notwendigen ORACLE-Software-Komponenten
  . SQL*Net
  . ORACLE*TNS
  . ORACLE*Protokoll
  . ORACLE*MultiProtokoll Interchange (MPI, Interchange)
  . ORACLE*Navigator

ORACLE Netzwerk-Technologie

und die entsprechenden TNS-Beschreibungsfiles

- tnsnames.ora
- tnsnet.ora
- tnsnav.ora und
- intchg.ora

Bei der Planung eines TNS-Netzwerkes gehört zu den wichtigsten Aufgaben die Knotentyp-Definition eines Netzwerkes durchzuführen, um dann die benötigten Software-Komponenten und die notwendigen TNS-Beschreibungsfiles festlegen zu können.

ORACLE Netzwerk-Technologie

14. ORACLE Verteilte Datenbank Technologie

14.1 Einleitung

Im vorigen Kapitel wurde die 'physiche Ebene' einer zu implementierenden komplexen Datenbank-Umgebung besprochen. Dabei wurde der Schwerpunkt auf die Netzwerkkonfiguration, auf die Bestimmung der einzelnen Netzwerkverbunde (Communities) und deren Übergänge und auf die Typbestimmung der einzelnen Rechnerknoten gelegt.

Mit der Konfiguration eines solchen ORACLE-TNS Netzwerkes ist die Basis gelegt für die Implementierung von Client/Server Anwendungen in homogenen und heterogenen Netzwerksystemen und für komplexe Datenbanken, die verteilt sind auf beliebigen Rechnerknoten beliebiger Netzwerkverbunde.

Der netzwerkorientierten Sicht bei der Definition eines ORACLE-TNS Netzwerkes folgt nun die datenbankorientierte Sicht, die nächste Ebene der Betrachtungsweise. Hierbei geht man davon aus, daß ein TNS-Netzwerk ordnungsgemäß implementiert ist und betrachtet im wesentlichen die Funktionen, die das Datenbanksystem bereitstellt, um mehrere Datenbanken auf unterschiedlichen Rechnerknoten als eine logische Datenbank betreiben zu können.

Ein wesentlicher Aspekt ist die sogenannte Orts-Transparenz, die das Datenbanksystem bereitstellen muß. Ein Programmierer soll sich bei der Erstellung einer Anwendung um die spätere Verteilung der Datenstruktur auf unterschiedliche Rechnersysteme nicht zu kümmern brauchen. Auch ein End-Benutzer sollte nicht wissen müssen, auf welchen Rechnerknoten, in welcher Datenbank seine gewünschten Daten zu finden sind. Jeder Benutzer arbeitet mit Datenbank-Objekten (Tabellen, Views, Prozeduren,...), die in einem Produktionssystem auf beliebige Rechner verteilt werden können, ohne daß das Programm des Programmierers oder der SQL-Befehl des Endanwenders geändert werden müssen.

Über die Ort-Transparenz hinaus muß das Datenbanksystem wichtige Funktionen bereitstellen:

- Transparente Leseoperationen
- Transparente verteilte Leseoperationen

ORACLE Verteilte Datenbank Technologie

innerhalb eines Lesebefehls werden mehrere DB-Objekte aus mehreren Datenbanken angesprochen (Join, Sub-Query, Union,...)

● Transparente verteilte Transaktionen

innerhalb einer Transaktion werden DB-Objekte in mehreren Datenbanken unterschiedlicher Rechnerknoten geändert.

Insbesondere bei verteilten Transaktionen muß gewährleistet sein, daß vom Programmierer keine besonderen Maßnahmen ergriffen werden müssen, um eine verteilte Transaktion von einer nicht-verteilten (lokalen) Transaktion zu unterscheiden. Auch implizite verteilte Transaktionen, die durch DB-Trigger ausgelöst werden, müssen dabei miteinbezogen werden.

In den folgenden Abschnitten werden die Datenbank Funktionen, die Oracle7 zur Implementierung von verteilten Datenbanken und Client/Server Konfigurationen anbietet, im Detail dargestellt.

Zur Erläuterung der einzelnen Funktionen wird die Beispielkonfiguration aus Bild 14-1 herangezogen, die je nach Bedarf entsprechend modifiziert wird.

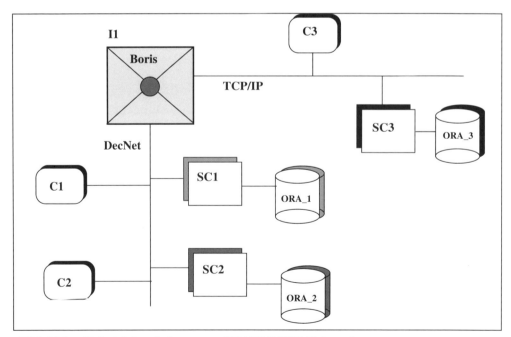

Bild 14-1 : Beispiel eines heterogenen ORACLE-TNS-Netzwerkes

14.2 Das ORACLE Datenbank-Link Konzept

14.2.1 Allgemeines

Bisher wurde stets zwischen Client/Server Konfiguration und verteilten Datenbanken unterschieden, wobei jedoch deutlich gemacht werden muß, daß sich diese beiden Begriffe nicht gegenseitig ausschließen. Ganz im Gegenteil. Eine typische Konstellation könnte sein, daß sich der Client C1 aus Bild 14-1 in der Datenbank 'ora_2' anmeldet und dort Operationen durchführt, die Zugriffe sowohl auf die lokale Datenbank, als auch auf die restlichen beiden Datenbanken (ora_1, ora_3) erfordern. Somit handelt es sich hierbei um eine typische Client/Server Konfiguration, die jedoch gleichzeitig Zugriff auf eine verteilte Datenbank besitzt. Um dieser Situation gerecht zu werden, unterscheidet ORACLE zwischen zwei Verbindungsarten, der:

- direkten Verbindung und der
- indirekten Verbindung

Bei der direkten Verbindung meldet sich der Anwendungsprozeß in eine beliebige Datenbank mit Benutzername und Password an und gibt bei diesem Vorgang den entsprechenden TNS-Alias-Namen mit, der die gewünschte Datenbank adressiert. Nach einer erfolgreichen SQL-'connect' Operation hat der Anwenderprozeß eine direkte Verbindung mit der gewünschten Datenbank und ist dort ordnungsgemäß angemeldet. Die TNS-Alias Namen finden sich im 'tnsnames.ora' File, das im Kapitel 13 bereits besprochen wurde und im Bild 13-13 beispielhaft dargestellt ist. Ein reiner Client kann sich prinzipiell in alle, im 'tnsnames.ora' File definierten Datenbanken anmelden, falls er eine gültige Benutzerkennung/Password besitzt.

Alle SQL-Befehle, die der Client generiert, werden an die Datenbank zur Auswertung geschickt, mit der das Client Programm über den 'connect'-Befehl direkt verbunden ist (direkte Datenbank). Wie bereits mehrfach erwähnt, ist es dabei völlig unbedeutend, ob sich der direkte DB-Server im gleichen Netzwerkverbund oder in einem anderen Netzwerkverbund befindet wie das Client-Programm.

Ein vom Client an den (direkten) DB-Server gesandter Befehl, kann sich auch auf DB-Objekte beziehen, die lokal, in der direkten Datenbank, nicht vorhanden sind. Zur Erfüllung der Aufgabe muß der SQL-Befehl deshalb vom direkten Server an die

ORACLE Verteilte Datenbank Technologie

Datenbank geschickt werden, in dem sich das gewünschte Objekt befindet. Die Informationen, wo sich die gewünschten DB-Objekte befinden, ermittelt der direkte Server aus seinem Data Dictionary. Nach der Ermittlung der Ziel-Adresse aus dem Data-Dictionary baut der direkte Server eine Verbindung mit dem Ziel-DB-Server (indirekter Server) auf und spielt für diese Aufgabe die Rolle eines Clienten (SC-Knotentyp).

14.2.2 Datenbank-Links ohne Globale Namen

Während die direkten Verbindungen mittels dem SQL-'connect' Befehl durchgeführt werden, basieren die indirekten Verbindungen auf ORACLE Datenbank Links.

Datenbank-Links definieren dabei einen Schema Bereich innerhalb einer Datenbank eines beliebigen Rechnerknotens eines TNS-Netzwerkes.

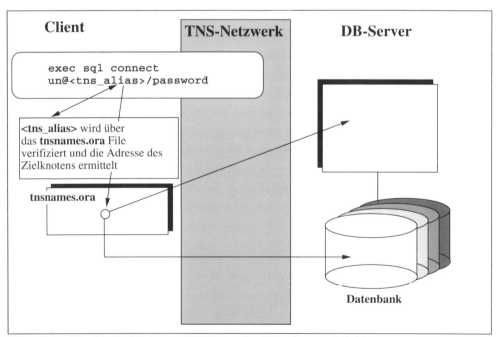

Bild 14-2 : Direkte Verbindung mit Hilfe des den SQL -´connect´-Befehls

ORACLE Verteilte Datenbank Technologie

Bei den Datenbank-Links handelt es sich um DB-Objekte, die mit dem 'create database link' Befehl angelegt werden. Es kann zwischen zwei Datenbank-Linkarten unterschieden werden:

- DB-Links ohne Globale Namen und
- DB-Links mit Globalen Namen

Bei der ersten Variante handelt es sich um die in ORACLE Version 6 gebräuchliche Methode, bei der für DB-Links beliebige Namen benutzt werden können.

Bei der Verwendung von globalen Namen, die in Oracle7 als eine Option bereitstehen, muß der DB-Link Name bestimmten Namenskonventionen entsprechen. Die Entscheidung mit welcher Variante gearbeitet werden soll, kann durch:

- Datenbankparameter im 'init.ora' File für eine ORACLE-Instanz eingestellt werden (global_name=true/false)
- mit dem 'alter system' Befehl für eine ORACLE-Instanz umdefiniert werden (alter system set global_name=true/false)
- mit dem 'alter session' Befehl für eine Benutzer-Session umdefiniert werden (alter session set global_name=true/false).

Auf die DB-Link Variante mit globalen Namen wird im Abschnitt 14.2.4 eingegangen.

Ein DB-Link (ohne globale Namenskonvention) kann einen beliebigen Namen besitzen und wird mit dem 'create database link' Befehl angelegt und hat folgende Form:

```
create database link <db_link_name>
connect to <user_name> identified by <password>
using <tns_alias>
```

Ein solcher Befehl legt einen DB-Link im lokalen Data-Dictionary an, der dann für alle SQL-Befehle als Post-Fix zum DB-Objektnamen (Tabellen, View, Prozedur,...) angegeben werden kann. Der Befehl:

```
select *
from tab@<db_link_name>
```

besagt, daß die Tabelle 'tab' nicht in der lokalen Datenbank zu finden ist, sondern innerhalb der Datenbank, die sich hinter dem ‹db_link_namen› verbirgt. Der lokale DB-Server analysiert die Information, die sich hinter dem DB-Link verbirgt und baut dann eine Verbindung zu der, im DB-Link definierten Datenbank auf. Im Bild 14-3 sind die Zusammenhänge zwischen DB-Link als Referenz innerhalb eines SQL-Befehls, DB-Link als Pfadangabe und dem 'tnsnames.ora' File nochmals dargestellt.

ORACLE Verteilte Datenbank Technologie

Dabei wird zwar der 'create database link' Befehl dargestellt, in Wirklichkeit wird bei der Auflösung des DB-Links aber das Data-Dictionary herangezogen, in dem die Informationen nach dem 'create database link' Befehl abgelegt sind.

Hingewiesen sei auch auf die hierarchischen Abhängigkeiten. Der TNS-Alias-Name aus dem 'tnsnames.ora' File adressiert eine bestimmte Datenbank in einem bestimmten Rechnerknoten, der DB-Link adressiert einen bestimmten Bereich (Schema) dieser Datenbank und der SQL-Befehl adressiert ein bestimmtes Objekt innerhalb des Schemas.

Um die DB-Link Angabe innerhalb eines SQL-Befehls vor den Benutzern der Tabellen, Views oder Prozeduren zu verbergen, werden in der Regel lokale Views oder Synonyme angelegt. So könnte die folgende View-Definition den DB-Linknamen verbergen.

```
create view <loc_view> as
select * from tab@<db_link_name>
```

Der Benutzer des lokalen DB-Servers kennt nur den Namen der lokalen View und kann mit diesem DB-Objekt alle zugelassenen Operationen durchführen z. B.

```
update <loc_view>
set a = a+10
where b like '%fsre%';
```

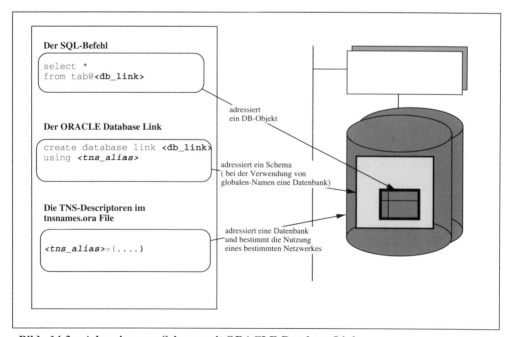

Bild 14-3 : Adressierungs-Schema mit ORACLE-Database-Links

ORACLE Verteilte Datenbank Technologie

Wird der obige 'update' Befehl ausgeführt, so laufen folgende Aktionen ab:

- View-Definition für ‹loc_view› wird vom lokalen DB-Server mit Hilfe des lokalen Data Dictionaries aufgelöst.

- lokaler DB-Server stellt fest, daß sich hinter der View-Defintion ein DB-Link verbirgt in der Form 'tab@‹db_link_name›'

- lokaler DB-Server löst den DB-Link Namen auf und ermittelt im 'tnsnames.ora' File die TNS-Adresse des Zielrechners.

- lokaler DB-Server hat nun alle notwendigen Informationen (Zielrechner, Ziel-Datenbank, Ziel-Schema, Ziel-DB-Objekt) um die Verbindung zu der Remote-Datenbank aufzubauen. (Falls diese Verbindung über mehrere Netzwerkverbunde erfolgen muß, sind entsprechende ORACLE*MPIs und u.U. ORACLE*Navigatoren involviert. (s. dazu auch Kapitel 13).

- nach erfolgreichem Aufbau einer Verbindung zur Ziel-Datenbank sendet der lokale DB-Server den SQL-Befehl zur Ziel-Datenbank.

- Ziel-Datenbank führt den SQL-Befehl aus und informiert ihren Clienten, den lokalen DB-Server, über den Ausgang der Operation.

- lokaler DB-Server gibt Informationen an dessen Clienten (dem Anwendungsprogramm) weiter.

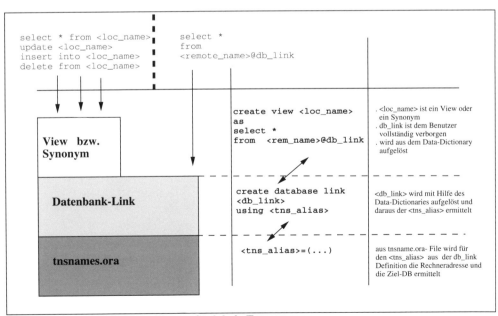

Bild 14-4 : **Drei Definitions-Ebenen für lokale Transparenz**

ORACLE Verteilte Datenbank Technologie

Im Bild 14-4 sind die unterschiedlichen Ebenen und die beiden Methoden einen SQL-Befehl zu formulieren dargestellt (mit View/Synonym oder mit expliziter Angabe des DB-Link Namens).

Durch den Einsatz von Views oder Synonymen kann vollkommene lokale Transparenz (Orts-Transparenz) erreicht werden. Der Benutzer bzw. das Benutzerprogramm referenziert in allen Befehlen nur die lokalen View-Namen und überläßt das Ermitteln des Ortes, an dem sich das gewünschte DB-Objekt befindet, vollkommen den beteiligten DB-Serversystemen, die aus den Informationen des Data Dictionaries und den im TNS-Netzwerk definierten Strukturen (TNS-Files) das Routing durchführen.

Eine Verlagerung eines DB-Objektes von einer Datenbank in eine andere Datenbank eines anderen Rechnerknotens wirkt sich auf einen SQL-Befehl nicht aus, da keine direkte Referenz zu dem, im SQL-Befehl definierten DB-Objekt, vorhanden ist. Der Datenbankadministrator muß lediglich die DB-Link-Definition ändern, damit sich die neue Rechner- bzw. Datenbankadresse auch im DB-Link wiederfindet. Die SQL-Befehle innerhalb der Anwendungsprogramme, die auf dieses verlagerte DB-Objekt zugreifen, bleiben davon jedoch vollständig unbeeinflußt.

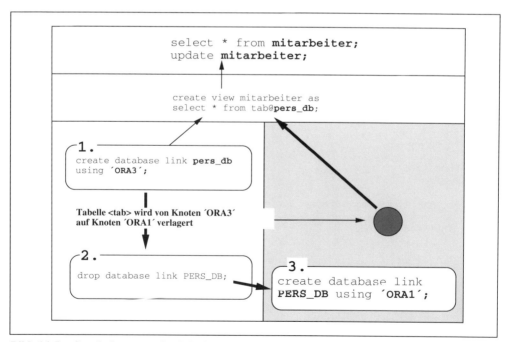

Bild 14-5 : Ortsänderungen der DB-Objekte ohne Auswirkung auf SQL-Befehle

Diese Situation zeigt Bild 14-5. Bei diesem Beispiel war die Tabelle 'tab' ursprünglich in der Datenbank 'ora_3' angelegt und soll nun auf die Datenbank 'ora_1' verlagert werden. Nach der Neu-Definition des DB-Links 'pers_db' sind die bisherigen SQL-Befehle ohne Modifikation ablauffähig.

14.2.3 Praktischer Einsatz von Datenbank-Links

Das Datenbank-Link Konzept spielt eine zentrale Rolle innerhalb des verteilten Datenbank-Konzeptes und soll deshalb etwas näher beleuchtet werden. Im Bild 14-6 ist der 'create database link' Befehl dargestellt mit den vier möglichen Varianten ein Datenbank-Link-Objekt anzulegen. Grundsätzlich wird unterschieden zwischen einem 'public' und einem 'private' Datenbank-Link. Einen 'private' Datenbank-Link kann jeder Benutzer erstellen, der das 'create database link' Privileg besitzt. Ein solcher DB-Link kann jedoch nur vom Ersteller dieses Links benutzt werden.

Ein 'public' DB-Link steht allen Benutzern einer Datenbank zur Nutzung frei, d. h. alle Benutzer haben prinzipiell Zugriff auf die entsprechende Remote-Datenbank.

Eine weitere Unterscheidung der beiden DB-Link Arten ergibt sich durch die Definition des Benutzerbereiches (Schemas), auf das mit Hilfe des definierten DB-Links zugegriffen werden soll. Hier wird unterschieden zwischen dem aktuellen Benutzer oder einem zentralen Benutzer. Wird ein DB-Link (public oder private) ohne expilizite Angabe der 'connect'-Klausel (s. auch Bild 14-6) definiert, wird bei der Benutzung dieses DB-Links stets der aktuelle (lokale) Benutzername und das (lokale) Benutzerpassword für den Anmeldevorgang in der Remote-Datenbank benutzt. Soll dies erfolgreich sein, so muß demzufolge stets eine identische Benutzername/Password-Kombination auf der Ziel-Datenbank existieren. Ist dies nicht der Fall, wird der Anmeldevorgang zurückgewiesen.

Wird bei der Definition des DB-Links (public oder private) eine explizite Angabe des Benutzernamens und des Passwords in der 'connect' Klausel gemacht, wird bei der Benutzung dieses DB-Links stets mit dieser Kombination ein Anmeldevorgang durchgeführt. Diese Methode kann benutzt werden, um einen (oder mehrere) 'zentrale' Benutzer auf dem Remote Datenbankknoten zu definieren, die als Eingangsbenutzer für Remote-Zugriffe dienen (Proxy-DB-Benutzer).

Welche Methode benutzt werden soll, ist von Fall zu Fall unterschiedlich. Grundsätzlich kann festgestellt werden, daß 'public' DB-Links eine Remote-Datenbank immer stärker öffnen als 'private' DB-Links. Die Benutzung des jeweils

ORACLE Verteilte Datenbank Technologie

aktuellen Benutzernamens und des aktuellen Passwords führt meist zu einem erhöhten Administrationsaufwand auf der Remote-Datenbankseite, da in der jeweiligen Remote Datenbank stets eine identische Benutzerkennung vorhanden sein muß, damit ein solcher DB-Link genutzt werden kann.

	Definition	Private	Public	aktueller Benutzer	zentraler Benutzer	Bemerkung
1	create database link A using 'ora_3';	✓	—	✓	—	gute Sicherheit hoher Admin-Aufwand
2	create public database AP using 'ora_3';	—	✓	✓	—	mittlere Sicherheit erhöhter Admin-Aufwand
3	create database link B connect to <un> identified by <pw> using 'ora_3';	✓	—	—	✓	gute Sicherheit geringer Admin-Aufwand
4	create public database link BP connect to <un> identified by <pw> using 'ora_3';	—	✓	—	✓	geringe Sicherheit geringer Admin-Aufwand

Bild 14-6 : Unterschiedliche DB-Link Varianten und ihre Bewertung

Einen guten Kompromiß zwischen Sicherheitsanspruch und Administrationsaufwand stellt die Methode 3 aus Bild 14-6 dar. Hierbei wird durch die Verwendung von 'private' DB-Links die Anzahl der Benutzer, die auf eine Remote-Datenbank Zugriff haben eingeschränkt auf Personen, für die ein entsprechender DB-Link tatsächlich existiert. Der Zugriff auf einen, in der Remote-Datenbank definierten zentralen Benutzer, über den alle remote-Zugriffe durchgeführt werden, hält den Adminstrationsaufwand in Grenzen.

Im Bild 14-7 ist die Methode 3 (private DB-Links, Zentraler Benutzer) nochmals dargestellt. Auf dem Remote DB-Server muß ein entsprechender Benutzer (oder aber mehrere mit unterschiedlichen Privilegien auf unterschiedliche Datenstrukturen) angelegt werden, der mit den notwendigen Zugriffsprivilegien ausgestattet wird. Auf dem lokalen DB-Server (der Initiator, das ist der DB-Server, der den remote SQL-Befehl absetzt) werden für die Benutzer, die einen Remote-Zugriff benötigen, private DB-Links aufgebaut.

ORACLE Verteilte Datenbank Technologie

Alle Benutzer der Datenbank 'ora_1', die über ihren jeweiligen (privaten) DB-Link auf die 'ora_3' Datenbank zugreifen, können sich im 'ora_3'-Server unter dem Benutzernamen 'ora_3_proxi' anmelden. Sie haben dabei alle Privilegien, die der DBA dem Benutzer 'ora_3_proxi' zur Verfügung gestellt hat.

Doch nicht nur für Benutzer, die einen eigenen (privaten) DB-Link erstellt haben ist der Remote-Zugriff möglich, sondern auch Benutzern, die das Ausführungs-Privileg einer View besitzen, hinter der sich ein 'private' DB-Link verbirgt. Auch diese Variante, die in der Praxis eingesetzt werden sollte, zeigt das Bild 14-7. Dabei erstellt der Benutzer 'user1' eine View 'abc', die auf der remote-Tabelle 'tab' und auf dem DB-Link 'sami' aufbaut. Nach der Definition dieser View gibt der Ersteller dem Benutzer 'user3' das Recht, diese View zu lesen und Datensätze einzufügen. Der Benutzer 'user3' kann diese View nutzen, was eine indirekte Nutzung des privaten DB-Links 'sami' einschließt. Das direkte Ausführen eines SQL-Befehls mit diesem DB-Link ist dem Benutzer 'user3' jedoch nicht gestattet.

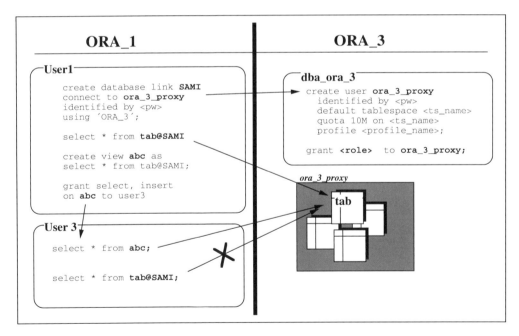

Bild 14-7 : Zugriffe auf Remote Objekte mittels DB-Links (zentraler Benutzer)

Eine weitere, sehr elegante Möglichkeit bei einem remote Zugriff den administrativen Aufwand zu minimieren und dennoch eine hohe Sicherheit zu gewährleisten, ist durch die Verwendung von gespeicherten PL/SQL-Programmen gegeben. Hierbei erhält lediglich der Ersteller des PL/SQL Programmes einen DB-Link, der den

ORACLE Verteilte Datenbank Technologie

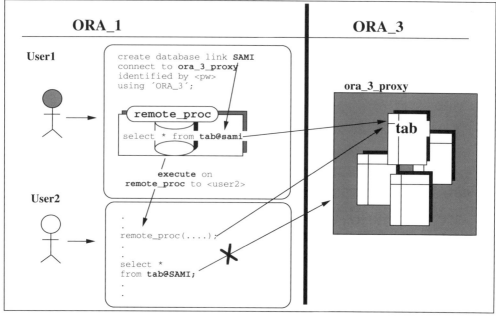

Bild 14-8 : **Indirekte Nutzung eines DB-Links über eine Prozedur**

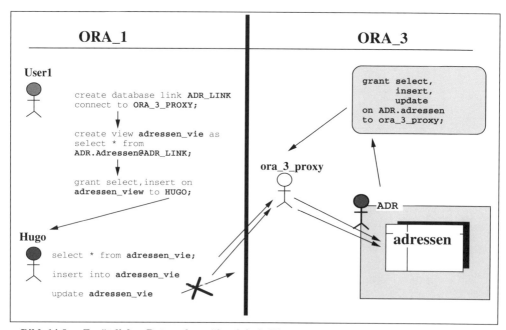

Bild 14-9 : **Zusätzlicher Datenschutz über lokale Views**

ORACLE Verteilte Datenbank Technologie

Zugriff auf den, in unserem Beispiel, zentralen Benutzer steuert. Die lokalen Benutzer (die den remote-Zugriff benötigen) erhalten dann das Ausführungsrecht der PL/SQL Programme, die die remote-Zugriffe, über den DB-Link gesteuert, durchführen. Da eine Prozedur unter dem Sicherheits-Context des Erstellers abläuft, hat der lokale Benutzer, über eine solche Prozedur, Zugriff auf Daten von Remote-Datenbanken, ohne daß ein direkter DB-Link für diese Benutzer existiert. Diese Variante ist im Bild 14-8 nochmals dargestellt.

Es wurde bereits erwähnt, daß vollkommene lokale Transparenz durch das Erstellen von Views bzw. Synonymen erreicht werden kann, indem die DB-Link Angaben hinter den View- bzw. Synonym-Namen versteckt werden können. Aus Datenschutzgründen ist der View-Variante der Vorzug vor der Synonym-Variante zu geben, da der lokale DBA Zugriffsrechte auf eine View mit Hilfe des SQL-'grant' Befehls weiter einschränken kann.

Im Bild 14-9 gibt es auf der Remote-Server Seite (ora_3) einen zentralen Benutzer 'ora_3_proxi', der auf die Tabelle 'adressen' die Zugriffsrechte 'select, insert, update' besitzt. Alle Remote-Zugriffe werden über diesen Benutzer abgehandelt. Auf der Initiator-Seite wird eine View 'adressen_vie' definiert, hinter der sich der DB-Link 'adr_link' versteckt. Der DBA des Initiator-Servers hat die Möglichkeit, die Zugriffsrechte auf die lokale View weiter einzuschränken. Im Bild 14-9 gibt er an den

SQL-Befehle	
`create database link <db_link>`	**Anlegen eines DB-Links (public, private)**
`drop database link <db_link>`	**Löschen eines DB-Links**
`alter session close database link <db_link>;`	**Abbau einer Verbindung, die der DB-Link benutzt hat.**
Data-Dictionary Views	
`user_db_links`	**DB-Links, die der Benutzer selbst erstellt hat**
`all_db_links`	**DB-Links, auf die der Benutzer Zugriff hat**
`dba_all_links`	**Alle DB-Links der Datenbank**

Bild 14-10 : DB-Link Befehle und Data-Dictionary Views

ORACLE Verteilte Datenbank Technologie

Benutzer 'hugo' das Recht, die lokale View mit 'select' und 'insert' Operationen zu bearbeiten. Der lokale Benutzer hat somit nur ein Subset der Zugriffsrechte, die der zentrale Benutzer 'ora_3_proxi' besitzt. Ein Versuch über die View 'adressen_vie' update-Operationen durchzuführen wird bereits vom lokalen DB-Server zurückgewiesen.

Da der SQL-'grant' Befehl auf Synonyme nicht angewandt werden kann, entfällt bei der Synonym-Variante die Möglichkeit, Zugriffsrechte bereits auf der lokalen DB-Server Seite einzuschränken.

Das Konzept der Datenbank-Links ist beim Aufbau einer verteilten ORACLE-Datenbank von zentraler Bedeutung. DB-Links definieren dabei einen logischen Pfad zu den referenzierten DB-Objekten wie Tabellen, Views, Sequenzen oder Prozeduren, die in Remote DB-Servern abgelegt sind und dort ausgeführt werden sollen. Bild 14-10 stellt zusammenfassend alle mit DB-Links im Zusammenhang stehenden SQL-Befehle dar.

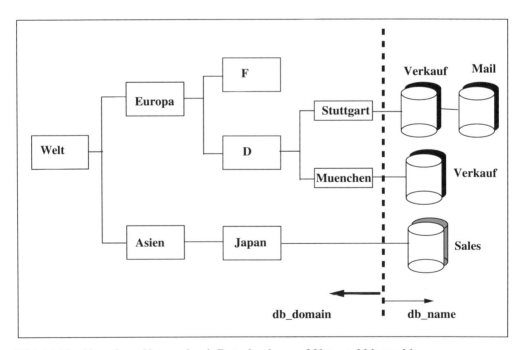

Bild 14-11 : Komplexes Netzwerk mit Datenbanken und Netzwerkhierarchie

14.2.4 Datenbank-Links mit Globalen Namen.

Mit Oracle7 gibt es für die Definition der DB-Links auch die Möglichkeit mit sogenannten Globalen Namen zu arbeiten. Bei dieser Methode werden keine beliebig wählbaren DB-Linknamen vergeben, sondern der DB-Link adressiert bereits im Namen eine Remote Datenbank. Ein solcher globaler DB-Linkname setzt sich aus drei Komponenten zusammen :

- dem Namen der entfernten Datenbank (max.8 Zeichen)
- dem Namen des Netzwerkknotens in Punktnotation (max. 119 Zeichen)
- dem Verbindungs-Namen, der jedoch optional ist

Das Arbeiten mit globalen Namen ist insbesondere interessant, wenn innerhalb eines großen Netzwerkes verschiedene Datenbanken adressiert werden sollen. Im Bild 14-11 wird ein solches Netzwerk aufgezeigt.

Die Adressierung einer Datenbank wird durchgeführt, indem, beginnend mit dem DB-Namen, alle Netzwerkknoten bis zur Netzwerkwurzel aufgeführt werden. Der vollständige Name der Verkaufsdatenbank in München (gemäß Bild 14-11) lautet somit:

```
verkauf.muenchen.d.europa.welt
```

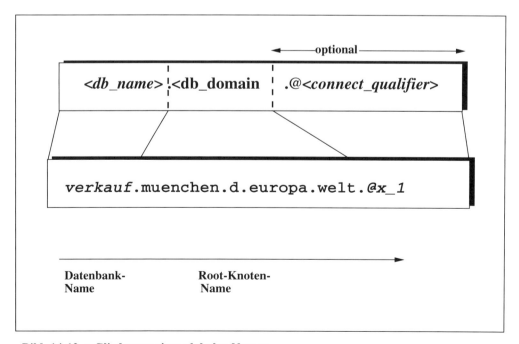

Bild 14-12 : Gliederung eines globalen Names

ORACLE Verteilte Datenbank Technologie

Dabei stellt 'verkauf' den Datenbanknamen der remote Datenbank dar, der durch den 'init.ora' Parameter 'db_name' repräsentiert wird. Die vollständige Netzwerkadresse 'muenchen.d.europa.welt' wird durch den init.ora -Parameter 'db_domain' repräsentiert.

Das globale Namenskonzept kann nur verwendet werden, wenn entweder der Datenbankparameter 'global_names=true' gesetzt ist, eine Datenbank-Instanz durch den Befehl 'alter system set global_name=true' in die globale Namensverarbeitung gesetzt wird oder wenn eine ORACLE-Session durch den Befehl 'alter session set global_names=true' in die globale Namensverarbeitung geschaltet wurde. Ist dies geschehen, sind bei der Benutzung von DB-Links nur DB-Linknamen zulässig, die den Konventionen der globalen Namensgebung entsprechen. Das Bild 14-13 zeigt das Anlegen eines DB-Links mit globalen Namen.

In der Datenbank 'verkauf' in München wird ein DB-Link definiert, der die 'sales' Datenbank eines Rechnersystems in Japan adressieren soll. Der DB-Link in Muenchen wird voll qualifiziert mit der 'connect' Klausel und der 'using' Klausel. Bei der Verwendung dieses DB-Links im folgenden 'select' Befehl wird über den TNS-Aliasnamen der TNS Verbindungsaufbau über das, in tnsnames.ora definierte Netzwerk aufgebaut. Ist dies geschehen, wird der DB-Linkname (sales.japan.asien.welt) mit den init.ora Parametern 'db_name' und 'db_domain' des japanischen DB-Servers verglichen. Ist eine Übereinstimmung vorhanden, dann wird der Verbindungsaufbau

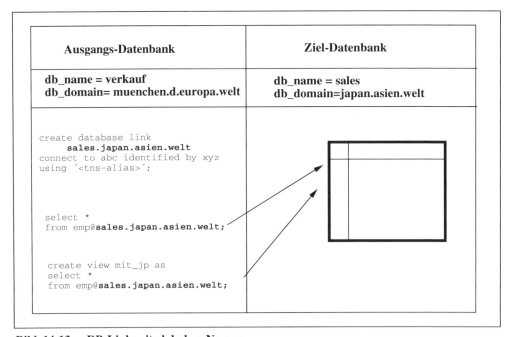

Bild 14-13 : DB-Link mit globalem Namen

ORACLE Verteilte Datenbank Technologie

fortgesetzt und die gewünschte Operation durchgeführt. Sind der DB-Linkname und die init.ora Parameter des Zielknotens unterschiedlich, wird der Verbindungsaufbau mit einer Fehlermeldung abgebrochen.

Der Verbindungs-Name (connection qualifier), die dritte Komponente eines globalen DB-Links, kann optional angegeben werden, wenn einer Datenbank mehrere Pfade, z. B. über unterschiedliche Netzwerkprotokolle oder für mehrere Benutzernamen (connect-Klausel) zugeordnet werden sollen.

Eine interessante Eigenschaft der globalen Namen ist das Auflöseverfahren der DB-Linknamen. Auch hier gibt es, wie bei den freidefinierbaren Namen, die Möglichkeit 'public' und 'private' DB-Links anzulegen. Bei der Ausführung eines SQL-Befehls mit einem DB-Link werden folgende Schritte vom System durchgeführt:

Der angegebe DB-Linkname wird im aktuellen Schema gesucht. Wird ein entsprechender DB-Link gefunden, der sämtliche Parameter eines DB-Links besitzt (connect-, using-Klauseln), wird der Befehl mit diesem DB-Link ausgeführt. Fehlt innerhalb eines privaten DB-Links ein Teil der DB-Link Definition, wird ein 'public' DB-Link gleichen Namens gesucht, dessen Parameter an Stelle der fehlenden Klauseln übernommen werden. Die Parameter eines privaten DB-Links und die Parameter eines public-DB-Links gleichen Namens, werden für fehlende Definitionskomponenten additiv zusammengesetzt. Zwei derartige Beispiel zeigt Bild 14-14.

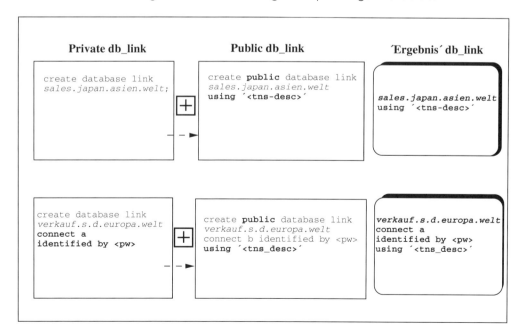

Bild 14-14 : Auflösung von Datenbank-Links bei Verwendung globaler DB-Namen

Im ersten Fall hat der Benutzer einen privaten DB-Link definiert, jedoch ohne 'connect' und 'using' Klauseln. Bei der Ausführung eines beliebigen SQL-Befehles mit diesem DB-Link wird der private DB-Link ermittelt und, da die Definition nicht vollständig ist, nach einem gleichnamigen public-DB-Link gesucht. In diesem Beispiel wird aus der public DB-Linkdefinition die 'using'-Klausel benutzt, um den DB-Link auszuführen. Da weder beim privaten, noch beim public DB-Link eine 'connect' Klausel definiert wurde, wird die Verbindung mit dem Benutzernamen und dem Benutzerpassword des aktuellen Benutzers durchgeführt.

Im zweiten Beispiel wird die 'connect' Klausel des privaten DB-Links und die 'using' Klausel des public DB-Links genutzt, um den Verbindungsaufbau zu der Datenbank 'verkauf' in Hamburg aufzubauen.

Diese Methode der Auflösung einer DB-Linkdefinition ist nur bei der Verwendung von globalen Namen anwendbar und kann die Verwaltung von DB-Links wesentlich vereinfachen.

Alle anderen, im Abschnitt 14.2.3 eingeführten Verfahren, wie View und Synonym Definition oder Datenschutzaspekte, können ohne Einschränkungen mit beiden Definitionsarten gleichermaßen angewandt werden.

14.3 Verteilte Datenbankoperationen

14.3.1 Allgemeines

Mit der Einführung der ORACLE Datenbank-Links ist die Grundlage geschaffen für die eigentlichen Operationen in einer verteilten Umgebung. Dabei können zwei grundlegende Operationen unterschieden werden:

- verteilte Leseoperationen
- verteilte Änderungsoperationen oder verteilte Transaktionen

Eine verteilte Leseoperation liegt immer dann vor, wenn der lesende Zugriff auf einem oder mehreren Remote DB-Servern durchgeführt werden muß. Dabei kann es sich um einfache 'select' Befehle handeln, die innerhalb der 'from' Klausel nur ein

ORACLE Verteilte Datenbank Technologie

DB-Objekt eines Remote DB-Servers ansprechen oder um komplexe 'select' Befehle, die innerhalb der 'from' Klausel auf mehrere Tabellen in unterschiedlichen Remote DB-Servern referenzieren.

Das Bild 14-15 zeigt das bisher verwendete Beispielnetzwerk mit den drei DB-Servern in den beiden Netzwerken, die jeweils eine Tabelle beinhalten sollen.

Auf jedem der drei DB-Server werden jeweils zwei DB-Links benötigt, die die Pfaddefinition zu den jeweils restlichen beiden DB-Servern bereitstellen.

Ein typischer einfacher verteilter 'select'-Befehl liegt dann vor, wenn der Client-Prozeß sich z. B. in den DB-Server 'ora_2' direkt anmeldet und den folgenden SQL-Befehl ausführt:

```
select *
from mitarbeiter@mit
where geb_dat > '01-jan-60'
```

Dieser 'select' Befehl wird vom direkten DB-Server (ora_2) interpretiert und über den DB-Link 'mit' an den DB-Server 'ora_1' geschickt, um dort ausgeführt zu werden. Das Ergebnis der Operation wird vom DB-Server 'ora_1' an den direkten DB-Server 'ora_2' zurückgeschickt, der seinerseits die Ergebnisse dem Client-Prozeß zur Verfügung stellt. Bei dem beschriebenen Vorgang spielt es jedoch keine

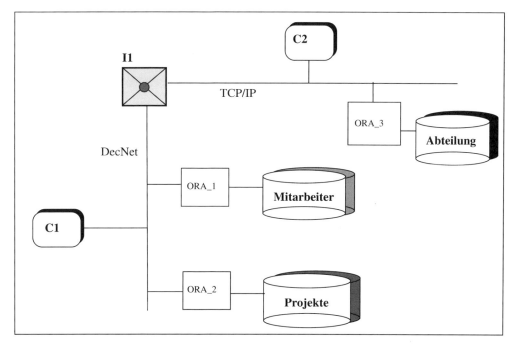

Bild 14-15 : Verteilte Datenstruktur innerhalb eines ORACLE TNS-Netzwerkes

ORACLE Verteilte Datenbank Technologie

Rolle, ob sich der Ziel-DB-Server im gleichen Netzwerkverbund wie der direkte Server befindet. Der Ablauf wäre, aus der Sicht des Anwenderprozesses, identisch, wenn der folgende Befehl, ein Zugriff über Netzwerkgrenzen hinweg, durchgeführt würde:

```
select *
from abteilung@abt
where abt_ort = 'Boston'
```

Auch hier ermittelt der direkte DB-Server über den DB-Link die Adresse des Zielknotens aus dem Data Dictionary und sendet den SQL-Befehl an den Ziel-Server im Netzwerkverbund B. Dabei geschieht der Verbindungsaufbau über das ORACLE*MPI und den zugehörigen, in Kapitel 13 beschriebenen Software-Komponenten.

Ein komplexer verteilter SQL-Befehl liegt dann vor, wenn innerhalb eines 'select' Befehls mindestens zwei Tabellen in zwei unterschiedlichen DB-Servern angesprochen werden. Ein typischer Vertreter dieser Art ist ein verteilter Join-Befehl:

```
select m.mit_name,a.abt_name
from  mitarbeiter@mit m , abteilung@abt a
where   mit_abtnr = abt_nr
and     mit_name like 'GR%'
and     abt_name like 'EDV%';
```

Der direkte Server 'ora_2' interpretiert diesen 'select'-Befehl und stellt dabei fest, daß keine der beiden, in der 'from' Klausel definierten Tabellen in der lokalen Datenbank vorhanden sind. Die Analyse der beiden DB-Links ergeben die entsprechenden Zieladressen der Remote-Server. Der direkte DB-Server hat nun die Aufgabe, den SQL-Befehl in zwei Einzelbefehle aufzuteilen und diese Einzelbefehle an die entsprechenden Ziel-Server zu schicken, um sie dort ausführen zu lassen. Wie die Aufteilung des komplexen 'select' Befehles durchgeführt wird und wo die 'join'-Operation ausgeführt wird, entscheidet der direkte Server, wobei er auch Zugriff auf die Tabellen-Statistiken der remote DB-Objekte hat.

An dieser Stelle sei nochmals angemerkt, daß bei den Beispielen stets mit Angabe des DB-Links gearbeitet wird (z. B. mitarbeiter@mit) anstatt mit Views oder Synonymen, die die DB-Links verbergen und so wirkliche Orts-Transparenz schaffen. Der Grund für das 'Darstellen' der DB-Links in den Beispielbefehlen liegt in der besseren Durchschaubarkeit der Vorgänge. In der Praxis sollte, wenn immer möglich, mit Views gearbeitet werden, um die Datenunabhängigkeit bezüglich der Orts-Änderungen der DB-Objekte zu wahren.

Diese Art von Operationen, transparentes verteiltes Lesen, ist jedoch keine neue, in Oracle7 eingeführte Operation. Dies war bereits in ORACLE Version 6 bzw.

ORACLE Verteilte Datenbank Technologie

Version 5 möglich. Neu hingegen ist die mit Oracle7 eingeführte Möglichkeit über Datenbank-Links auch SQL-Änderungsoperationen (insert, update, delete) in Remote DB-Servern durchzuführen.

Da alle Änderungsoperationen durch das Transaktionskonzept abgesichert sind, reicht es nicht aus von verteilten SQL-Befehlen zu sprechen, sondern der Transaktionsbegriff selbst muß genauer definiert und für die verteilte Verarbeitung erweitert werden. Mit Oracle7 können drei Transaktionstypen unterschieden werden:

- lokale Transaktion
  Innerhalb einer lokalen Transaktion werden Tabellen geändert, die sich auf dem lokalen (oder direkten) DB-Server befinden. Bei dieser Art von Transaktion werden keine DB-Links benötigt. Dies ist der Transaktionstyp der in nichtverteilten Systemen auftritt.

- remote Transaktion
  Innerhalb einer remote Transaktion werden nur Tabellen verändert, die sich auf einem (und nur auf einem) Remote DB-Server befinden. Der Zugriff auf die remote-Tabellen wird dabei über DB-Links gesteuert.

- verteilte Transaktion
  Innerhalb einer verteilten Transaktion können beliebige Tabellen auf beliebigen DB-Servern verändert werden. Der Zugriff auf die remote-Tabellen wird über DB-Links gesteuert.

Welcher Transaktions-Typus bei den einzelnen Transaktionen vorliegt, ist für den Programmierer zur Programmierzeit oder für den Benutzerprozeß zur Ausführungszeit völlig unbedeutend. Die Einführung der Transaktions-Typen dient vornehmlich der Erläuterung der Abläufe. Eine SQL-Nomenklatur zur Charakterisierung dieser Typen gibt es nicht und ist auch nicht notwendig.

Die Analyse des Transaktions-Typs und die daraus abgeleiteten Aktionen und Schritte werden vollständig dem ORACLE-Server überlassen. Die sich daraus ergebende Transaktions-Transparenz ist eine der wichtigsten Eigenschaften (neben der Orts-Transparenz), um mit einer verteilten Datenbank effizient arbeiten zu können. Aus einer ursprünglich lokalen Transaktion kann durch Verschieben der Tabellen auf andere DB-Server eine Remote- oder gar eine Verteilte Transaktion werden, ohne daß die SQL-Änderungsbefehle, die SQL-Transaktionssteuerungsbefehle oder der Programmablauf, geändert werden müssen.

Der bereits im Kapitel 4 eingeführte Transaktionsbegriff bezog sich im wesentlichen auf lokale Transaktionen. Bei einer Remote-Transaktion werden alle Änderungen innerhalb einer Transaktion in einem Remote DB-Server durchgeführt, der über

ORACLE Verteilte Datenbank Technologie

DB-Links indirekt mit dem direkten Server verbunden ist. Der direkte Server ist dabei nur als Vermittler, als 'Postbote', tätig und hat mit der eigentlichen Transaktion nichts zu tun (innerhalb der direkten Datenbank werden ja auch keine Änderungen durchgeführt).

Eine solche Remote-Transaktion verhält sich aus der Sicht des Remote-Servers wie eine lokale Transaktion und die beteiligten DB-Server (direkter und remote) müssen für die Steuerung einer solchen Transaktion keine besonderen Maßnahmen ergreifen. Ein 2Phasen-Commit Protokoll (2PC), wie es bei einer verteilten Transaktion nötig wird, ist hierbei nicht notwendig. Alle Fehlerzustände, die bei einer Remote-Transaktion auftreten,

- Client-Programm bricht ab
- Remote DB-Server bricht ab
- Netzwerk fällt aus
- Direkter Server fällt aus

können mit den schon besprochenen Hilfsmitteln (pmon-, smon-Hintergrundprozesse) und den ORACLE*TNS Netzwerkschichten mit SQL*Net, die für Ausnahmebehandlungen zuständig sind, behandelt werden.

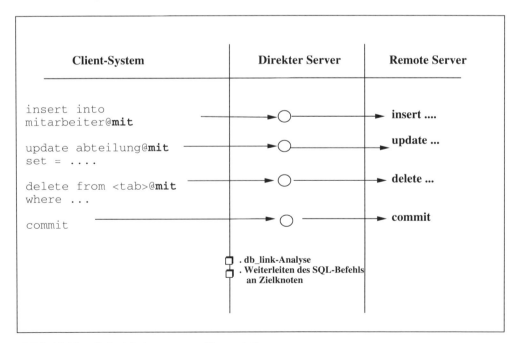

Bild 14-16 : Beispiel einer remote Transaktion

ORACLE Verteilte Datenbank Technologie

Die größten Herausforderungen an ein verteiltes Datenbanksystem stellen die Verteilten Transaktionen dar, bei denen innerhalb einer Transaktion Änderungen in mehreren Datenbanken, auf mehreren Rechnerknoten durchgeführt werden. Auch unter diesen Bedingungen muß der Transaktionsbegriff Gültigkeit haben. Alle Änderungen innerhalb einer (verteilten) Transaktion müssen entweder

- vollkommen und vollständig in allen beteiligten Datenbanken durchgeführt werden oder

- alle Änderungen einer Transaktion dürfen in keiner Datenbank durchgeführt werden.

Die Anwendung des bisher bekannten Transaktionskonzeptes, das gute Dienste leistet bei lokalen und remote-Transaktionen, führt jedoch sehr schnell zu Inkonsistenzen innerhalb einer globalen Datenbank wie Bild 14-17 zu verdeutlichen versucht.

Ein Anwendungsprozeß führt Änderungen sowohl im DB-Server 'ora_3' und in 'ora_2' durch. Diese Transaktion wird mit dem 'commit' Befehl abgeschlossen, der in diesem Fall auf beide DB-Server wirken muß. Was passiert jedoch, wenn der 'commit' Befehl vom Server 'ora_3' ordnungsgemäß ausgeführt wird, der Server 'ora_2' aber in der Zwischenzeit ausgefallen ist. Der Aufforderung zum Abschluß der

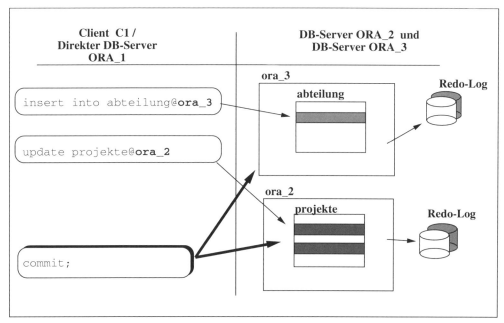

Bild 14-17 : Verteilte Transaktion

319

Transaktion in 'ora_2' kann nicht Folge geleistet werden, da die offene Transaktion, als Teiltransaktion der verteilten Transaktion, mit dem erneuten Öffnen der Datenbank durch das ORACLE Instanz-Revovery zurückgesetzt wurde. Dadurch ist ein Zustand entstanden, der eigentlich durch das Transaktionskonzept unter allen Umständen vermieden werden sollte, nämlich, daß Teile der Transaktion positiv, andere Teile der gleichen Transaktion negativ abgeschlossen werden.

14.3.2 Das 2 Phasen Commit-Protokoll

Das obige Beispiel zeigt bereits, daß ein einfaches Transaktions-Protokoll, das für lokale und remote Transaktionen völlig ausreichend ist, für verteilte Transaktionen als untauglich angesehen werden muß. Die Lösung des Problems stellt das 2-Phasen-Commit-Protokoll dar (kurz : 2PC-Protokoll oder 2PC), das alle denkbaren Fehlerzustände in den beteiligten DB-Servern oder den beteiligten Netzwerk-Komponenten berücksichtigen kann und somit jederzeit einen sicheren und eindeutigen Transaktionsablauf gewährleistet.

Die Transaktion im obigen Beispiel führt zu den besprochenen Inkonsistenzen, weil auf dem ersten DB-Server bereits eine nicht-reversible Aktion ('commit' auf Server 'ora_3') durchgeführt wurde, ohne daß der Status des Servers 'ora_2' in die Betrachtung mit einbezogen wurde. Genau dies soll im 2PC-Protokoll geschehen. Der 'commit' Vorgang wird deshalb bei einer verteilten Transaktion in zwei Phasen eingeteilt:

- Prepare-Phase (Vorbereitungsphase)

- Commit-Phase (Abschluß-Phase)

In der Prepare-Phase werden alle an der aktuellen verteilten Transaktion beteiligten DB-Server über ihren aktuellen Zustand und Status der jeweiligen Teiltransaktion 'befragt'. Ist die Teil-Transaktion in dem jeweiligen DB-Server existent, dann wird sie in den Prepare-Zustand versetzt. Der Prepare-Status bedeutet für eine Teil-Transaktion einen Übergang in einen permanenten Zustand, der nur durch das 2PC-Protokoll mit 'commit' oder 'rollback' beendet werden kann. Eine Teil-Transaktion, die sich im Prepare-Status befindet, 'überlebt' auch einen Absturz der Server-Maschine und ein nachfolgendes Instanz-Recovery des DB-Servers. Nach dem Öffnen einer ORACLE-Datenbank sind alle Teil-Transaktionen, die zum Zeitpunkt des Absturzes im Prepare-Zustand waren, ebenfalls wieder im Prepare-Zustand.

ORACLE Verteilte Datenbank Technologie

Die zweite Phase- die COMMIT-Phase- kann nur dann eingeleitet werden, wenn alle, bei der verteilten Transaktion beteiligten Teil-Transaktionen in den Prepare-Status übergegangen sind. Können nicht alle beteiligten DB-Server den Übergang in den Prepare-Status melden, dann wird die verteilte Transaktion auf allen beteiligten Knoten zurückgesetzt. Im Bild 14-18 ist der prinzipielle Ablauf dargestellt.

Ob ein einfaches Commit-Protokoll oder das 2PC-Protokoll benutzt wird, entscheidet der jeweilige direkte ORACLE-Server und hat keinerlei Auswirkungen auf die verwendeten SQL-Befehle oder den Programmablauf des Anwendungsprogramms.

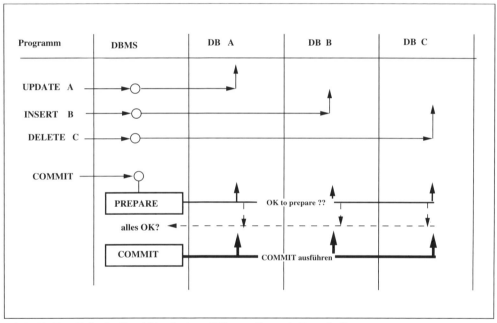

Bild 14-18 : Prinzipeller Ablauf eines 2Phasen Commit-Protokolls

Soweit zum grundsätzlichen Ablauf beim 2PC-Protokoll. Im folgenden soll die ORACLE-Implementierung etwas näher betrachtet werden.

Beim 2PC-Protokoll übernehmen die beteiligten DB-Server bestimmte Aufgaben, die für den Gesamtablauf des 2PC notwendig sind. Hierbei werden folgende DB-Server-Typen unterschieden:

- Globaler Koordinator (GC)
- Prepare-Server (PS)
- Commit-Point Server (CP)
- Lokaler Koordinator (LC)

ORACLE Verteilte Datenbank Technologie

Die Globale Koordinatorfunktion (GC) übernimmt immer der mit der Anwendung direkt verbundene DB-Server. Er übernimmt die Entscheidung, ob ein 2PC Protokoll benutzt werden muß, leitet die Prepare-Phase ein und sammelt alle Prepare-Meldungen der beteiligten DB-Server. Er ist somit verantwortlich für die gesamte Steuerung während des 2PC-Ablaufs. Als Prepare-Server (PS) werden, bis auf eine Ausnahme, alle DB-Server bezeichnet, in deren Datenbank eine Änderung, als Teil einer verteilten Transaktion, durchgeführt wurde. Die Teiltransaktionen innerhalb der Prepare-Server werden in der ersten Phase des 2PC-Protokolls in den Prepare-Status versetzt.

Innerhalb des von ORACLE implementierten 2PC-Protokolls spielt immer ein beteiligter DB-Server die Rolle des sogenannten Commit-Point Servers (CP). Er ist der DB-Server, der über den Ausgang einer verteilten Transaktion zu entscheiden hat. Er ist der einzige DB-Server, der bei der Prepare-Phase nicht beteiligt ist. Hat der GC alle Prepare-Meldungen erhalten, dann wird die Commit-Aufforderung an den Commit-Point Server (CP) geschickt und dort ausgeführt. Der Ausgang der 'commit' Operation auf dem CP-Server dient dem GC als Entscheidung für die gesamte verteilte Transaktion. Kann die 'commit' Operation auf dem CP-Server nicht ordnungsgemäß ausgeführt werden, veranlaßt der GC, daß alle beteiligten DB-Server (diese sind zu diesem Zeitpunkt noch im Prepare-Status) ein 'rollback' durchführen und die verteilte Transaktion zurücksetzen.

Kann der CP-Server die 'commit' Operation ordnungsgemäß durchführen, dann werden alle beteiligten DB-Server durch den GC aufgefordert die Transaktion ebenfalls mit 'commit' abzuschließen.

Die Rolle des CP-Servers ist dabei nicht statisch festgelegt, sondern wird bei jeder Transaktion durch den Globalen Koordinator neu bestimmt. Die Bestimmung des CP-Servers wird über einen 'init.ora' Parameter, den 'commit_point_strength' Parameter, gesteuert. Jeder DB-Server erhält dabei einen bestimmten 'commit_point_strength'-Wert, der zwischen 0 und 255 liegen kann. Bei einer gegebenen verteilten Transaktion wird der DB-Server als CP ausgewählt, der von allen beteiligten DB-Servern den höchsten Wert für den 'commit_point_strength' Parameter besitzt.

Ein Lokaler Koordinator (LC) liegt immer dann vor, wenn an einem DB-Server weitere DB-Server über DB-Links angeschlossen sind. Ein LC spielt die Rolle einer Sammelstelle für an ihn angeschlossene DB-Server. Er ist verantwortlich für alle DB-Server, die direkt mit ihm in Verbindung stehen. In der Prepare-Phase werden vom LC alle Prepare-Meldungen der direkt an diesem System angeschlossenen Prepare-

ORACLE Verteilte Datenbank Technologie

Server gesammelt und der Gesamtstatus des Teilnetzes an einen weiteren LC oder an den GC (je nach Konfiguration) geschickt.

Im Bild 14-19 ist ein Transaktions-Graph mit allen möglichen 2PC-Knotentypen dargestellt. Dabei übernimmt der DB-Server(1) die Funktion des Globalen Koordinators, da das Anwendungs-Programm (Client-Prozeß) direkt mit diesem Server verbunden ist. Der DB-Server(2) ist sowohl Prepare-Server als auch gleichzeitig Lokaler Koordinator(LC), da an ihm der DB-Server(3) über einen DB-Link angeschlossen ist. Für diese Beispieltransaktion übernimmt der DB-Server(4) die Funktion des Commit-Point-Servers. Er ist somit bei der Prepare-Phase nicht beteiligt. Erst in der zweiten Phase spielt der CP-Server die Rolle des Entscheiders über den Ausgang der verteilten Transaktion.

Nachdem nun der prinzipielle Ablauf und die Funktionen der bei einer verteilten Transaktion beteiligten DB-Server geklärt ist, soll der detaillierte Ablauf des ORACLE-2PC-Protokolls dargestellt werden.

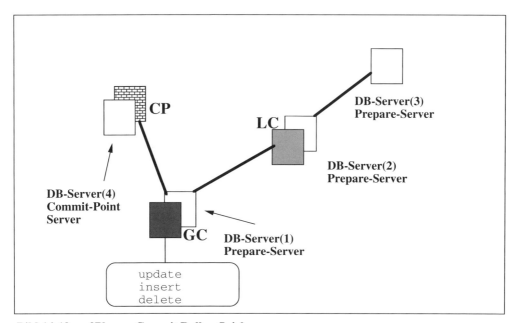

Bild 14-19 : 2Phasen-Commit Rollen-Spiel

ORACLE Verteilte Datenbank Technologie

14.3.3 Der Ablauf beim 2PC-Protokoll

Um den genauen Ablauf innerhalb des 2PC-Protokolls zu beschreiben, dient der in Bild 14-20 dargestellt 2PC-Transaktionsgraph, der drei beteiligte DB-Server darstellt, mit den für diese Transaktion gültigen Server-Typen. Dabei übernimmt der DB-Server(A) die Funktion des Globalen Koordinators, da der Client-Prozeß mit diesem Knoten direkt verbunden ist. Der DB-Server(B) spielt bei dieser Transaktion die Rolle eines Commit-Point Servers und der DB-Server(C) übernimmt die Rolle des Prepare-Servers.

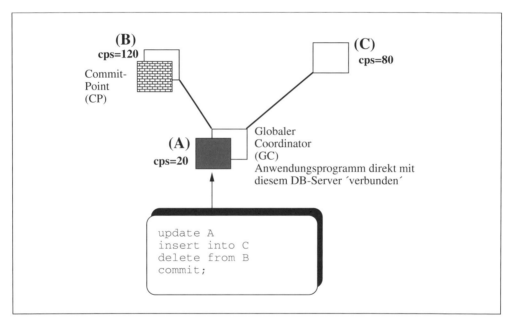

Bild 14-20 : Einfacher Transaktions-Graph einer verteilten ORACLE Transaktion

Im Bild 14-21 wird der Ablauf während einer verteilten Transaktion und während der beiden Phasen des 2PC-Protokolls dargestellt.

Zum Beginn der Transaktion ist lediglich der GC-Server bekannt. Die einzelnen DML-Operationen werden über DB-Links von den dort adressierten Servern durchgeführt. Auf jedem DB-Server werden die für Änderungsoperationen bekannten Aktionen durchgeführt:

- ursprünglicher Wert wird in ein Rollback-Segment eingetragen
- Rollback-Segment-Wert und neuer Wert werden im REDO-Log Block protokolliert u.s.w.

ORACLE Verteilte Datenbank Technologie

Wie bei jeder SQL-Operation erhält das Anwendungsprogramm, nach jedem ausgeführten Befehl, den Status dieser Befehlsausführung (sqlcode) mitgeteilt, d.h. jeder beteiligte DB-Server sendet nach der Ausführung eines Befehls Informationen zurück an den Globalen Koordinator. Zusätzlich zu den üblichen Status-Informationen wird dabei der 'commit_point_strength'-Wert des jeweiligen DB-Servers an den GC gesandt, der daraus den Commit-Point Server bestimmt. In diesem Beispiel wurde der DB-Server(B) als CP-Server bestimmt, da der CPS-Wert dieses Knotens mit 120 angegeben wurde, gegenüber 20 für (A) bzw. 80 für (B).

Als Faustregel kann gelten, daß je größer der Rechner, je mehr Benutzer ein Rechner bedient und je stabiler ein Rechnerknoten ist, desto größer sollte der CPS-Parameter des DB-Servers gewählt werden.

In dem Beispiel aus Bild 14-21 folgt auf die DML-Befehle der 'commit' Befehl, der die Transaktion positiv beenden soll. Da es sich hier um eine verteilte Transaktion handelt, leitet der direkte Server, der GC, nicht das einfache Commit- sondern das 2PC-Protokoll ein.

In der ersten Phase, der Prepare-Phase, werden alle Prepare-Server, das sind alle DB-Server, die innerhalb der Transaktion Änderungsoperationen durchgeführt haben (außer dem CP-Server), aufgefordert, ihre Teil-Transaktion in den Prepare-Status überzuführen. Der Übergang von einer offenen Transaktion zu einer 'prepare'-Transaktion wird erreicht, indem diese Transaktion Informationen in die jeweiligen Transaktions-Tabellen (Rollback-Segment Header) einträgt und gleichzeitig ein 'prepare'-Kennzeichen in den REDO-Log Block schreibt. Das Schreiben eines 'prepare'-Kennzeichens aktiviert (analog zum 'commit'-Record) den LGWR-Prozeß, der den aktuellen REDO-Log Block aus dem DB-Cache auf das REDO-Log File schreibt. Nach dieser Aktion befindet sich die Teil-Transaktion im Prepare-Status und der Prepare-Server meldet die Zustandsänderung dem GC.

Das Absichern des Prepare-Status durch das REDO-Log File ist notwendig, da der Zustand einer Prepare-Transaktion nicht durch das Instanz-Recovery verloren gehen darf. Die bisher besprochenen Vorgänge beim Instanz-Recovery müssen deshalb ein wenig weiter gefaßt werden. Beim Instanz-Recovery werden:

- alle offenen Transaktionen ohne Prepare-Status zurückgesetzt.

- alle offenen Transaktionen mit Prepare-Status wiederhergestellt, d.h. alle Änderungen, die bis zu diesem Zeitpunkt durchgeführt wurden (mit allen gesperrten Resourcen), sind nach dem Instanz-Recovery wieder vorhanden.

- alle abgeschlossenen Transaktionen werden (falls nötig) wiederhergestellt.

ORACLE Verteilte Datenbank Technologie

Der Globale Koordinator wartet auf die Rückmeldungen aller Perpare-Server. Erst wenn von allen Prepare-Servern eine 'prepare' Meldung oder eine 'read-only' Meldung beim GC vorliegt, wird die zweite Phase des 2PC-Protokolls eingeleitet. Eine 'read-only' Meldung kann von DB-Servern kommen, die an der verteilten Transaktion ausschließlich mit Lesebefehlen beteiligt waren. Ein solcher (read-only) Server nimmt an der zweiten Phase des 2PC nicht mehr teil.

Wenn nur einer, der an dieser Transaktion beteiligten DB-Server, eine 'abort' Meldung liefert, wird die verteilte Transaktion zurückgesetzt, indem alle beteiligten DB-Server eine 'rollback' Aufforderung erhalten.

Die zweite Phase beginnt, den positiven Fall vorausgesetzt, mit der 'commit' Aufforderung des GC an den Commit-Point-Server, der bei den bisherigen Prepare-Aktivitäten nicht beteiligt war. Der CP-Server schließt seine Transaktion mit 'commit' ab und übermittelt dem GC den Ausgang dieser Aktivität. Ein positiver Ausgang der 'commit' Aktion auf dem CP-Server bedeutet, daß die verteilte Transaktion unter allen Umständen positiv abgeschlossen werden muß. Der GC sendet daraufhin an alle beteiligten DB-Server die Aufforderung zum 'commit' der Teiltransaktionen. Jeder der beteiligten DB-Server meldet den ordnungsgemäßen Abschluß der Teiltransaktion an den GC, der seinerseits, nach Erhalt aller 'commit complete' Meldungen, den CP-Server über den vollständigen Abschluß der verteilten Transaktion unterrichtet.

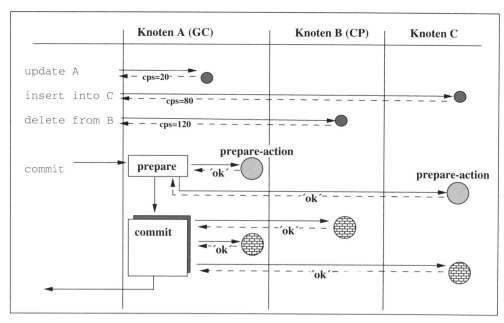

Bild 14-21 : 2Phasen-Commit-Protokoll mit Commit-Point Server

ORACLE Verteilte Datenbank Technologie

Es sei hier nochmals ausdrücklich vermerkt, daß alle, mit dem 2PC-Protokoll im Zusammenhang stehenden Aktionen, vollständig von den beteiligten ORACLE-Servern, ohne irgendwelche Eingriffe durchgeführt werden. Ein Programmierer muß sich um die Implementierung des 2PC-Protokolls bei der Programmierung keinerlei Gedanken machen.

14.3.4 Fehlerzustände während des 2PC-Protokolls

Alle Aktionen und Maßnahmen, die mit dem 2PC-Protokoll eingeführt und implementiert wurden, dienen einzig und allein der Verhinderung von Inkonsistenzen einer globalen verteilten Datenbank, die durch verschiedene Fehlersituationen während einer verteilten Transaktion auftreten können. Im Bild 14-22 sind die wichtigsten Fehlerarten aufgeführt. Die ersten drei Fehlerarten beziehen sich dabei auf verteilte DML-Operationen (DML-Phase), die restlichen Fehlerarten behandeln Fehlerzustände, die während des Ablauf des 2PC-Protokolls auftreten können.

Während der DML-Phase einer verteilten Transaktion werden die unterschiedlichsten DML-Operationen (insert, update, delete) an die DB-Server geschickt und

Fehler#	Fehler-Art
DML-Phase	
1	Änderungsoperation kann Zielknoten nicht erreichen
2	Client-Programm fällt aus
3	Änderungsoperation trifft auf DML-Sperre im Remote Server
2PC-Phase	
1	Prepare-Server fällt vor Prepare aus
2	Prepare-Server kann von GC nicht erreicht werden
3	Prepare-Server fällt während einer Prepare Aktion aus
4	Prepare-Server fällt aus, nachdem er ins Prepare gesetzt wurde
5	Netz fällt nach der Prepare-Ausführung aus
6	CP-Server fällt vor dem Commit aus
7	CP-Server kann von GC nicht erreicht werden
8	CP-Server fällt während der Commit-Operation aus
9	CP-Server fällt aus, nachdem er das Commit durchgeführt hat
10	Netz fällt nach der Commit-Ausführung aus

Bild 14-22 : Zusammenstellung der unterschiedlichen Fehlerarten

ORACLE Verteilte Datenbank Technologie

kommen dort zur Ausführung. Auch während dieser Phase können natürlich unterschiedliche Fehlerzustände in Remote-Knoten oder innerhalb der beteiligten Netze auftreten. Diese drei, in der DML-Phase möglichen Fehler sollen kurz beschrieben werden.

Fehlerfall 1: Änderungsoperation kann den Zielknoten nicht erreichen

Wird eine Änderungsoperation durchgeführt (z.B. update B aus Bild 14-21), so ist es möglich, daß der Ziel-DB-Server nicht erreicht werden kann, weil das Netz bzw. der Remote-Knoten nicht verfügbar ist. In diesem Fall erhält das Anwendungsprogramm eine entsprechende ORACLE-Fehlermeldung und kann programmtechnisch auf diese Situation reagieren.

Fehlerfall 2 : Client-Programm fällt aus

Ein Anwendungsprogramm hat bereits mehrere Änderungen in verschiedenen DB-Servern innerhalb einer verteilten Transaktion durchgeführt (insert into A, update B aus Bild 14-21). Nach diesen Operationen (die 'commit' Operation wurde noch nicht ausgelöst) fällt der Client-Rechner mit dem Anwendungsprogramm aus. Innerhalb der DB-Server, die an einer Transaktion des ausgefallenen Anwendungsprogrammes beteiligt waren, ist die oben beschriebene Transaktion noch existent, ohne daß jedoch der zugehörige Client-Prozeß noch vorhanden ist.

Die Behandlung dieser Art von Fehlerzuständen obliegt dem TNS-Netzwerksystem mit den SQL*Net und ORACLE*TNS Software-Schichten. Das Fehlen einer gültigen TNS-Client-Verbindung wird von ORACLE*TNS und SQL*Net erkannt und den beiden Endknoten der logischen Punkt-zu-Punkt Verbindung, DB-Server A und DB-Server B, mitgeteilt. Gleichzeitig werden die TNS-Verbindungen abgebaut. Aus der Sicht der beiden beteiligten DB-Server betrachtet, gibt es nun offene Transaktionen zu einem nicht existierenden Benutzerprozeß. Diese Art von Fehler werden vom 'pmon' Hintergrundprozeß im Rahmen des ORACLE-Prozeß Recoveries behandelt, d.h. die offenen Transaktionen auf DB-Server A und B werden durch den jeweiligen 'pmon'-Prozeß zurückgesetzt.

Fehlerfall 3 : Änderungsoperation trifft auf DML-Sperre im Remote-Server

Änderungsoperationen sind stets mit Sperranforderungen verknüpft. Trifft eine Änderungsoperation (z.B. delete from C aus Bild 14-21) im Remote-Server auf eine DML-Sperre und wird diese Sperre innerhalb einer bestimmten Zeit (distributed_lock_timeout) nicht gelöst, dann erhält das Anwendungsprogramm eine ORACLE-Fehlermeldung (ora-2049), das den Sachverhalt beschreibt und kann entsprechend reagieren. Die Wartezeit kann mit dem 'init.ora' Parameter 'distributed_lock_timeout' eingestellt werden (default=30s).

ORACLE Verteilte Datenbank Technologie

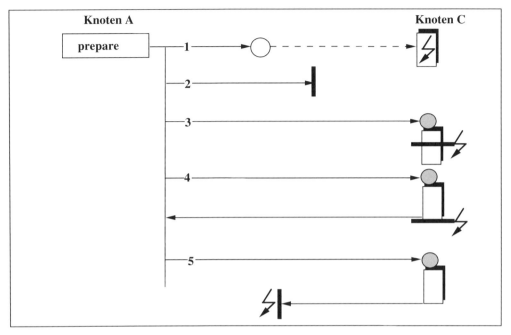

Bild 14-23a : Fehlerfälle, die bei einem beliebigen Prepare-Server auftreten können

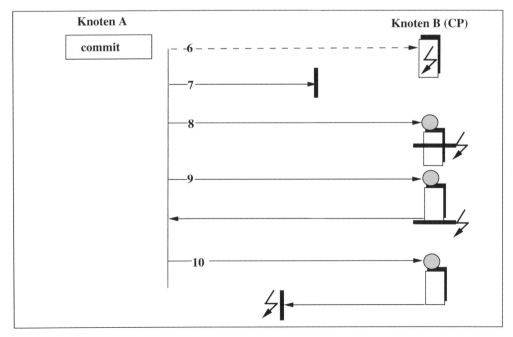

Bild 14-23b : Fehlerfälle, die beim Commit-Point-Server auftreten können

ORACLE Verteilte Datenbank Technologie

Die weiteren Fehlerarten, auf die eingegangen werden soll, beziehen sich auf die 2PC-Phase. Im Bild 14-23 sind die Fehlerarten 1-10 nochmals schematisch dargestellt.

Das Anwendungsprogramm hat in den drei beteiligten DB-Servern aus Bild 14-21 die DML-Operationen durchgeführt und setzt nun einen 'commit' Befehl ab. Der direkte Server, der globale Koordinator für diese verteilte Transaktion, leitet das ORACLE 2PC-Protokoll ein. Da unterschiedliche Fehlerfälle oftmals vom 2PC-Protokoll identisch bearbeitet werden, wird in diesen Fällen nur ein 2PC Vorgang geschildert.

Fehlerfall 1:

In diesem Fall fällt einer oder mehrere prepare-Server aus, bevor die 'prepare' Anforderung den DB-Server erreicht. Ein erneutes Starten des ausgefallenen DB-Servers führt zu einem Instanze-Recovery, bei dem alle offenen Transaktionen zurückgesetzt werden. Da eine verteilte Teil-Transaktion auf dem betrachteten Server noch nicht den 'prepare' Status erreicht hat, wird diese in dem DB-Server als offene Transaktion geführt und beim Instanz-Recovery, wie alle anderen offenen Transaktionen, zurückgesetzt. Eine nachfolgende 'prepare' Aufforderung des GC an einen prepare-Server, dessen Teil-Transaktion bereits gelöscht wurde, führt zu einer 'abort' Meldung des prepare-Servers an den GC, der daraufhin die gesamte Transaktion mit 'rollback' beendet, d.h. er fordert alle an dieser Transaktion beteiligten DB-Server auf, ein 'rollback' durchzuführen. Das Bild 14-24 stellt diese Situation dar (ausgehend von Bild 14-21). Der gleiche Vorgang spielt sich ab, wenn der Server während des 'prepare' Vorgangs ausfällt (Fall 3).

In ähnlicher Weise verhält es sich in den Fehlerfällen 6 und 8, bei dem der Commit-Point-Server betrachtet wird. Fällt ein CP-Server aus, bevor er die, für diese Transaktion nötige 'commit' Operation durchgeführt hat, wird die Teil-Transaktion durch das Instanz-Recovery (des CP-Servers) zurückgesetzt. Die Aufforderung des GC an den CP-Server ein 'commit' durchzuführen, wird mit einer Fehlermeldung beantwortet, was den GC veranlaßt, die gesamte Transaktion zurückzusetzen.

Fehlerfall 2:

In diesem Fall versucht der GC eine 'prepare' Anforderung an einen prepare-Server zu senden, was jedoch wegen einer Netzstörung nicht gelingt.

Fällt eine TNS-Verbindung aus, dann ist es die Aufgabe der TNS-Komponenten diese Verbindungsfehler zu behandeln und zu bereinigen. In diesem Fall werden die beiden Endpunkte der Anwendungs-Punkt-zu-Punkt Verbindung durch die SQL*Net

ORACLE Verteilte Datenbank Technologie

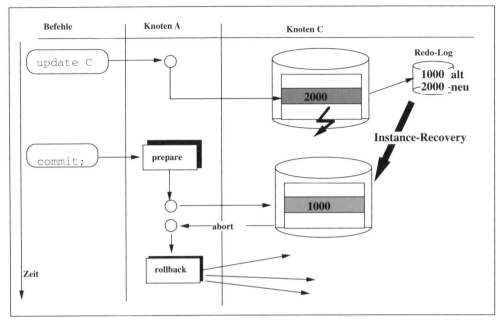

Bild 14-24 : Ablauf im Fehlerfall 1 (Prepare Server fällt vor ´prepare´ aus)

Komponente über das Fehlen der Verbindung benachrichtigt. Dies führt im prepare-Server zum Zurücksetzen der Teil-Transaktion (Prozeß-Recovery) und im GC zum Abbruch der gesamten Transaktion. GC sendet daraufhin an alle beteiligten DB-Server eine 'rollback' Aufforderung.

Analog zu den Aktionen beim prepare-Server verhält es sich, wenn ein CP-Server nicht erreichbar ist (Fall 7).

Fehlerfall 4:

In diesem Fall fällt ein (oder mehrere) Prepare-Server aus, nachdem der 'prepare' Vorgang auf dem betrachteten DB-Server ordnungsgemäß abgeschlossen ist. Im Bild 14-25 ist dieser Vorgang dargestellt. Der prepare-Server kommt der Aufforderung zum 'prepare' nach, markiert die Teil-Transaktion als 'prepared' und protokolliert dies auch im REDO-Log File. Daraufhin setzt er den GC über diesen Vorgang in Kenntnis, indem er die 'prepare' Vollzugsmeldung an den GC schickt. Kurz nach dem Abschluß der 'prepare' Operation auf dem betrachteten Server fällt dieser Rechnerknoten aus. Nach dem Neustart des Rechners und beim Starten der ORACLE-Instanz wird ein Instanz-Recovery durchgeführt, das alle offenen Transaktionen zurücksetzt. Die als 'prepared' deklarierte Transaktion, obwohl ebenfalls eine 'offene' Transaktion, wird jedoch wieder so hergestellt, wie die Situation vor dem Absturz war.

ORACLE Verteilte Datenbank Technologie

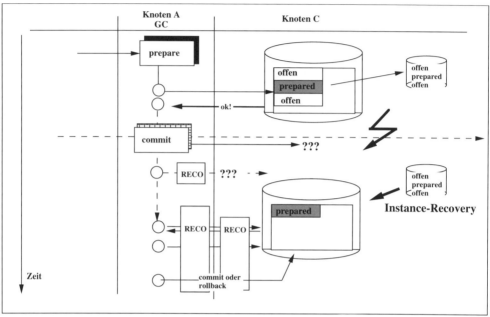

Bild 14-25 : Ablauf im Fehlerfall 4 (Prepare Server fällt nach ´prepare´aus)

Die verteilte Transaktion kann während der Absturz-Zeit des Knotens C einen der folgenden Zustände erreicht haben:

- Transaktion bereits positiv mit 'commit' abgeschlossen.

- Transaktion bereits negativ mit 'rollback' abgeschlossen.

- Transaktion noch nicht abgeschlossen, noch aktiv, noch wurde keine Entscheidung über den Ausgang der Transaktion gefällt.

In den ersten beiden Fällen wurde durch den GC bereits die zweite Phase des 2PC-Protokolls eingeleitet und es können verschiedene DB-Server ihre Teil-Transaktionen bereits abgeschlossen haben. Der GC versucht mit Hilfe des RECO-Hintergrundprozesses den ausgefallenen DB-Server zu erreichen, um ihn über die getroffene Entscheidung (commit oder rollback) für die Gesamt-Transaktion zu informieren und die Teil-Transaktion, die auch nach dem erneuten Starten des DB-Servers immer noch im 'prepare' Status ist, entsprechend zu beenden.

Im Fall 9 (dem analogen Fall auf der CP-Seite) fällt der CP-Server nach dem durchgeführten 'commit' aus. Die 'commit'-Meldung an den GC veranlaßt den GC, alle beteiligten DB-Server zum 'commit' aufzufordern und somit die Gesamt-Transaktion positiv zu beenden.

14.3.5 Manuelle Eingriffe während des 2PC-Protokolls

Alle denkbaren Fehlerfälle, die während der DML-Phase oder während der 2PC-Phase einer verteilten Transaktion auftreten können, müssen vom DB-Server behandelt und in einen definierten Zustand überführt werden. Wie dies geschieht, wurde an einigen exemplarischen Beispielen gezeigt. So segensreich ein definierter Automatismus in den meisten Fällen ist, so hinderlich kann er doch bei bestimmten Ausnahmefällen sein. Stellen wir uns folgende Situation vor. In der Beispieltransaktion aus Bild 14-21 haben DB-Server A und DB-Server C den 'prepare' Vollzug bereits gemeldet, als das Netzwerk für längere Zeit ausfällt. In allen beteiligten Knoten sind Transaktionen anhängig, die z.Zt. nicht abgeschlossen werden können, die aber u.U. eine große Zahl von Resourcen belegen und dadurch andere Prozesse behindern. Während für den CP-Server ein Schließen und erneutes Starten des DB-Servers alle offenen Transaktionen löst (was aber im Normalfall kein geeignetes Mittel der Problemlösung ist), bringt dieses Verfahren bei den prepare-Servern keine Lösung. Nach dem erneuten Starten eines prepare-Servers wird stets wieder der 'prepare' Zustand erreicht, inklusive aller gesperrten Resourcen. In einem solchen Fall kann ein manueller Eingriff wünschenswert, vielleicht auch notwendig sein. Das ORACLE 2PC-Protokoll läßt dies zu, auch wenn von dieser Möglichkeit nur in wirklichen Ausnahmefällen Gebrauch gemacht werden sollte.

Ein manuelles Beenden (mit commit oder rollback) einer oder mehrerer Teil-Transaktionen in mehreren DB-Knoten sollte erst nach eingehender Analyse des Zustandes der verteilten Transaktion durchgeführt werden. Dazu sollten die folgenden Fragen beantwortet werden:

- wo und wer ist der Globale Koordinator?
- wo und wer ist der Commit-Point-Server?
- welche DB-Knoten sind an der Transaktion beteiligt?
- welchen Status hat der GC- und der CP-Server

Diese Informationen lassen sich aus zwei Data-Dictionary Views gewinnen:

- dba_2pc_pending und
- dba_2pc_neighbors

Hieraus läßt sich der Transaktions-Graph und der Status der verschiedenen DB-Knoten und deren Teil-Transaktionen feststellen. Erst wenn der Status des GC- und des CP-Servers geklärt ist, sollte ein 'commit force' oder ein 'rollback force' durchgeführt werden. Hat der CP-Server bereits eine Entscheidung getroffen, z.B.

'commit', kann in einem prepare-Server ohne Probleme diese Entscheidung durch ein 'commit force' nachvollzogen werden. Ein manuelles Beenden einer Teil-Transaktion wird im lokalen Data-Dictionary in der 'dba_2pc_pending' View protokolliert (status=heuristic commit oder heuristic rollback). Nach der Behebung der ursprünglichen Fehlersituation übernimmt der RECO-Hintergrundprozeß die Überprüfung aller manuellen Transaktions-Entscheidungen. Er prüft hierbei, ob alle Teil-Transaktionen einer verteilten Transaktion gleichartig beendet wurden. Ist dies nicht der Fall, wird dies in der 'dba_2pc_pendig' View vermerkt und die Spalte 'mixed' auf den Wert 'yes' gesetzt.

Nach jeder manuellen Beendigung einer verteilten Transaktion sollte der DBA, nach Behebung der Fehlerursache, die 'dba_2pc_pendig' View genauestens analysieren um eventuell auftretende Inkonsistenzen frühzeitig zu erkennen.

Obwohl alle möglichen Fehlerzustände vom ORACLE Datenbanksystem automatisch behoben werden, läßt ORACLE einen manuellen Eingriff in das 2PC-Protokoll zu. Die Anwendung sollte jedoch nur in äußersten Ausnahmefällen und von erfahrenen DBAs, die dazu das Datenbank-Privileg 'commit force' bzw. 'rollback force' benötigen, durchgeführt werden.

14.4 Das ORACLE Replikat-Konzept

Verteilte Verarbeitung und verteilte Datenbank-Konfigurationen werden in der Zukunft eine starke Verbreitung finden. Funktionen, wie sie Oracle7 für diese Verarbeitungsform bereitstellt, werden diesen Trend nochmals beschleunigen. Aber auch solche innovativen System-Konfigurationen müssen sich stets auf ihre Effektivität und auf den Nutzen, den der Endbenutzer daraus zieht, überprüfen lassen. Ob ein verteiltes System aber effizient, kostengünstig und mit der erwarteten Performance arbeitet, hängt nicht nur von der DB-Funktionalität ab, sondern von einer ganzen Reihe zusätzlicher Funktionen. Zu nennen sind:

- Durchsatz des Netzes
- Stabilität des Netzes
- Effizienz der Übertragung
- Orts-Verteilung der DB-Objekte
- Effektivität der SQL-Verarbeitung u.v.a. mehr

ORACLE Verteilte Datenbank Technologie

Insbesondere der Ort, an dem eine Datenbank-Tabelle abgelegt wird, muß dabei, um dem Effizienz-Faktor Rechnung zu tragen, Beachtung geschenkt werden. Für das ORACLE System ist der Ort der Ablage, wie wir gesehen haben, zwar vollkommen gleichgültig, die verwendeten SQL-Befehle werden ohne jede Änderung ausgeführt, da das System vollkommene Orts-Transparenz bereitstellt. Daß mit einer bestimmten Tabellen-Konfiguration jedoch wesentlich effizienter und schneller gearbeitet werden kann als mit einer anderen, sollte nicht außer Acht gelassen werden.

Als Beispiel soll ein Filial-System betrachtet werden, das mit einer verteilten Datenbank arbeiten soll, wie sie im Bild 14-26 dargestellt ist. Jede Filiale verwaltet ihre eigenen DB-Objekte mit einem lokalen DB-Server. Der zentrale DB-Server verwaltet lediglich unternehmensweite DB-Objekte wie z.B. die Artikelstamm-Tabelle. Diese Tabelle ist für dieses Beispielunternehmen von zentraler Bedeutung d.h., alle Bestellvorgänge aller Filialen benötigen einen Lesezugriff auf diese Tabelle, was zu einem sehr hohen Kommunikationsaufwand von Filialen zur Zentrale führt. Wird der Zugriff über ein relativ langsames Netzwerk notwendig, kommen zu den Kommunikationskosten auch noch Wartezeiten für die Remote-Zugriffe und die Übertragung der Daten hinzu.

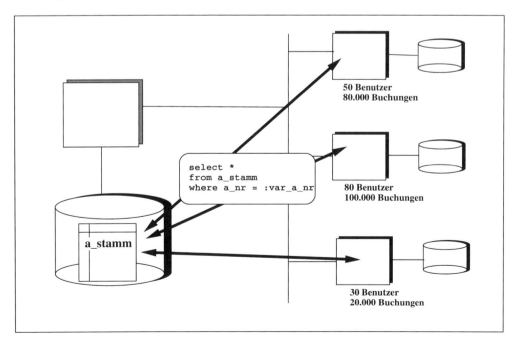

Bild 14-26 : Filialsystem mit Zentraler Stammdatenhaltung

ORACLE Verteilte Datenbank Technologie

Der Grund für die ineffiziente und teure Lösung des eben geschilderten Systems liegt an den sehr häufigen Zugriffen auf die Artikel-Stamm-Tabelle. Die Orts-Verteilung der DB-Objekte muß hier also optimiert werden.

Die vielen teuren Zugriffe auf die zentrale DB-Tabelle könnten wesentlich verringert werden, wenn jeder Filial-Server seine eigene Artikelstamm-Tabelle hätte. In diesem Fall könnten die Lesezugriffe auf dem lokalen Server ohne Kommunikationsaufwand sehr schnell durchgeführt werden.

Die angedeutete Lösung dieses typischen Problems kann mit sogenannten Tabellen-Replikaten (Tabellen-Kopien) oder noch allgemeiner, mit Datenquellen-Replikaten erreicht werden. ORACLE unterstützt folgende drei Replikatarten:

- Asynchrone Replikation
- Synchrone (Read only) Replikation
- Synchrone (Read/Write) Replikation

Dabei bezieht sich der Begriff 'asynchron' bzw. 'synchron' auf die Änderungs-zeitpunkte innerhalb des Replikate bezüglich der Master-Tabelle (Original-Tabelle).

Eine asynchrone Replikation ist demzufolge eine Kopie eines remote-Datenbestandes, der periodisch, z.B. jeden Tag, jede Woche, jede Stunde,... erneuert und auf den neuesten Stand gebracht wird. Eine asynchrone Replikation steht im

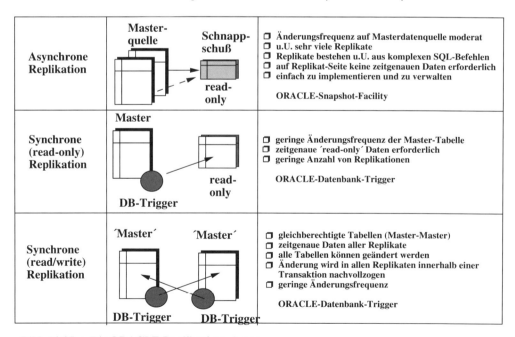

Bild 14-27 : Die ORACLE Replikations-Arten

Filial-Server als read-only Datenbank-Tabelle zur Verfügung und kann vom Filial-System nicht verändert werden. Eine solche Replikation wird oftmals auch als Schnappschuß bezeichnet.

Eine synchrone (read-only) Replikation zeichnet sich dadurch aus, daß eine Änderung in der Original-Tabelle unmittelbar in dem Replikat nachvollzogen wird. Die Auffrischung eines Replikates wird nicht durch eine Zeit-Periode vorgegeben, wie bei einen Schnappschuß, sondern jede Änderung innerhalb der Master-Tabelle (insert, update, delete) führt zu einer gleichzeitigen Änderung aller Replikate.

Diese Art von Replikation ist durch die Filial-Server, ebenso wie ein Schnappschuß-Replikat, nicht änderbar.

Einen Schritt weiter gehen die synchronen (read/write) Replikate, bei denen man nicht mehr von Master-Tabelle (Original) und Replikaten (Kopie) sprechen kann. Beide Seiten haben hier die gleichen Funktionen. Alle beteiligten Tabellen können gelesen und geändert werden. Jede Änderung wird unmittelbar, innerhalb der gleichen Transaktion, in allen Replikaten nachvollzogen.

Beide synchronen Varianten können mit Hilfe des ORACLE-DB-Trigger Konzeptes implementiert werden und werden durch das 2PC-Protokoll abgesichert.

Im Bild 14-27 sind diese drei Replikations-Arten zusammengefaßt dargestellt.

Die beiden synchronen Verfahren eignen sich immer dann, wenn ein zeitgenaues Replikat erforderlich und die Anzahl der Replikate nicht zu hoch ist. Das asynchrone Verfahren kann immer dann sehr effizient eingesetzt werden, wenn eine gewisse Unschärfe des Replikates bezüglich der Mastertabelle erlaubt ist, und es sich um eine Vielzahl von Replikaten handelt, die verwaltet werden müssen.

Während die synchrone Replikationsvariante mittels ORACLE DB-Triggern implementiert werden, bietet Oracle7 für die asynchronen Replikationen das sogenannte 'snapshot' Verfahren an, das die Verwaltung und Steuerung von asynchronen Replikationen vollständig übernimmt.

Ein Schnappschuß wird angelegt, indem in einem Filial-Server ein 'create snapshot' Befehl abgesetzt wird, der einen 'select' Befehl beinhaltet, aus dem im Filial-Server die Schnappschuß-Tabelle gebildet wird. Für das obige Beispiel könnte der Befehl folgendermaßen aussehen :

```
create snapshot a_stamm
refresh sysdate+1
as
select * from a_stamm@zentrale;
```

Dieser Befehl legt ein Schnappschuß-Objekt an, das auf dem Filial-Server mit dem 'select' Befehl wie eine gewöhnliche Tabelle gelesen werden kann. Die 'refresh' Option bestimmt das Intervall, nach dem der Schnappschuß jeweils aufgefrischt wird. Das obige Beispiel definiert dabei einen Refresh-Zyklus von einem Tag.

Oracle7 unterscheidet zwei Schnappschußarten,

- den einfachen Schnappschuß und den
- komplexen Schnappschuß.

Ein einfacher Schnappschuß liegt immer dann vor, wenn, wie im obigen Beispiel, das Replikat genau eine Master-Tabelle repräsentiert. Ein komplexer Schnappschuß liegt hingegen immer dann vor, wenn der Schnappschuß:

- aus mehreren Tabellen erzeugt wurde
  (z.B. 'select' Befehl ist ein Join)
- mit Verdichtungsfunktionen wie 'group by' oder SQL-Funktionen erzeugt wurde
- mit set-Operationen wie 'union', 'intersect',... erzeugt wurde.

Zusätzlich können zwei Refresh-Modi unterschieden werden, der 'fast' Refresh- und der 'complete' Refresh-Modus.

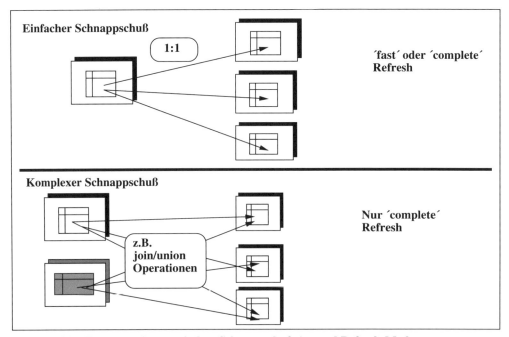

Bild 14-28 : Zusammenhang zwischen Schnappschuß-Art und Refresh-Modus

ORACLE Verteilte Datenbank Technologie

Bei einem 'complete' Refresh wird der Schnappschuß zur Refresh-Zeit vollständig neu aufgebaut, indem der 'select' Befehl, der zur Definition des Schnappschusses verwendet wurde, ausgeführt wird.

Bei einem 'fast' Refresh werden nur die Änderungen ab dem letzten Refresh-Zyklus auf der Filialseite nachgeführt. Dies bedingt jedoch, daß alle Änderungen, die in der Master-Tabelle durchgeführt wurden, in einer Schnappschuß-Log Tabelle protokolliert werden. Ein 'fast' Refresh kann nur für einfache Schnappschüsse angewandt werden.

Während des Anlegens eines Schnappschusses mit dem 'create snapshot' Befehl werden auf dem Filial Server drei DB-Objekte angelegt:

- eine Tabelle mit einem Namen, der zusammengesetzt wird aus dem Präfix 'snap$' und dem Schnappschußnamen ('snap$‹snap_name›')

- eine View mit dem Namen des Schnappschusses (dies ist das DB-Objekt, das lesend von Anwendungsprogrammen des Filial-Servers bearbeitet werden kann)

- eine View mit dem Namen 'mview$‹snap_name›'

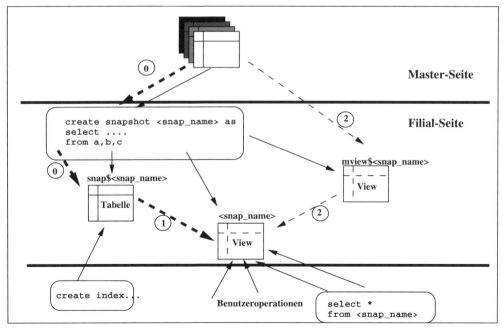

Bild 14-29 : Ablauf beim Anlegen eines Schnappschusses

ORACLE Verteilte Datenbank Technologie

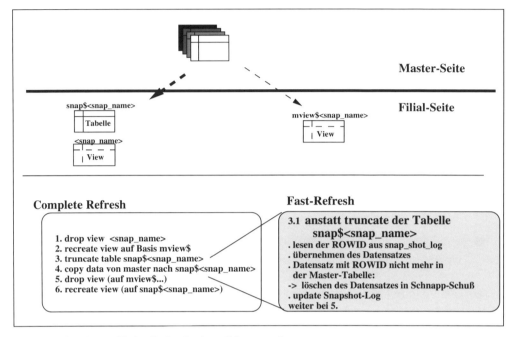

Bild 14-30 : Ablauf beim Refresh eines Schnappschusses

Diese drei DB-Objekte werden bei allen Schnappschüssen in dem Schema des Schnappschußerzeugers angelegt und sollten nicht explizit geändert oder gelöscht werden. Ein Schnappschuß (und damit alle zugehörigen DB-Objekte) kann gelöscht werden mit 'drop snapshot'. Zur Zugriffsoptimierung können für die Tabelle 'snap$‹snap_name›' zusätzliche Indices angelegt werden.

Die View 'mview$‹snap_name›' übernimmt während des Refresh-Vorgangs die Rolle der snap$-Tabelle, allerdings mit dem Unterschied, daß diese View-Definition direkt auf die remote-Datenbestände zeigt. Während eines Refresh-Vorgangs (complete Refresh) laufen folgende Aktionen automatisch ab:

1. Recreate der Schnappschuß View mit Zugriff auf 'mview$' anstatt auf die 'snap$'-Tabelle (Pfad2 in Bild 14-29).

Alle Zugriffe auf dem Schnappschuß werden ab jetzt über die 'mview$' View direkt an die Mastertabelle weitergeleitet.

2. Alle Datensätze werden aus der Tabelle 'snap$‹snap_name›' mit dem 'truncate table' Befehl gelöscht. Alle Indices und alle 'grants' bleiben dadurch erhalten.

3. Daten werden von der Master-Tabelle in die 'snap$' Tabelle kopiert, indem der 'select' Befehl des Schnappschusses ausgeführt wird.

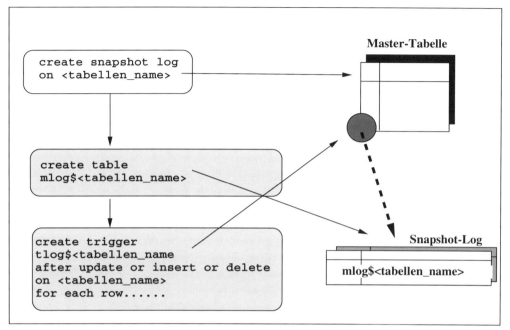

Bild 14-31 : Anlegen einer Snapshot-Log Tabelle

Nach Abschluß der Datenübertragung ist die Refresh-Operation beendet. Um alle Zugriffe auf den Schnappschuß wieder auf die lokale 'snap$' Tabelle zu leiten wird

4. die Schnappschuß View wieder mit dem Zugriff auf die 'snap$' Tabelle neu definiert.

Wie bereits erwähnt, kann ein einfacher Schnappschuß auch im fast-Refresh Modus neu aufgebaut werden. Dabei ist es nicht notwendig, bei jedem Refresh Zyklus den gesamten Schnappschuß vollständig neu aufzubauen, sondern es genügt, alle Änderungen der Master-Tabelle in dem Replikat nachzuführen. Aus diesem Grund ist es für ein fast-Refresh notwendig, auf der Master-Tabellen Seite alle Änderungen, die auf der Master-Tabelle durchgeführt wurden, entsprechend zu protokollieren.

Dies geschieht durch das Anlegen einer 'snapshot log' Tabelle mit dem 'create snapshot log' Befehl. Wird ein snapshot-Log definiert, werden folgende DB-Objekte auf der Master-Tabellen Seite erzeugt:

- eine snapshot-Log Tabelle mit dem Namen 'mlog$‹tabellen_name›'
- ein after-Row Trigger für alle DML-Operationen (insert, update, delete)

Der DB-Trigger hat die Aufgabe, bei allen Änderungsoperationen, die 'rowid', das aktuelle Datum und die Operations-Art in die 'mlog$' Tabelle einzutragen. Bei einem

ORACLE Verteilte Datenbank Technologie

Refresh-Vorgang werden nur die Änderungen im Replikat nachvollzogen, d.h. geänderte Datensätze ersetzen die alten Datensätze im Replikat und gelöschte Datensätze werden aus dem Replikat gelöscht. Ein snapshot Log kann beliebig viele einfache Replikate im Fast-Refresh Modus bedienen. Dabei ist es nicht nötig, daß alle Replikate den gleichen Refresh-Zyklus besitzen. Die Verwaltung des snapshot-Logs und der zugehörigen einfachen Schnappschüsse übernimmt dabei das ORACLE System.

Ein fast-Refresh ist einem complete Refresh für einfache Schnappschüsse immer vorzuziehen, wenn:

- die Änderungsfrequenz auf der Mastertabelle gering und/oder
- die Schnappschuß-Tabelle sehr groß ist.

Um auf das Eingangsbeispiel zurückzukommen, bei dem die Artikel-Stamm-Tabelle auf dem Zentralen Server das Ausgangsproblem darstellte, könnte folgende Lösung angeboten werden:

- snapshot-Log für Artikel-Stamm Tabelle im Zentralen Server
- einfache Schnappschüsse auf allen lokalen Servern mit einem Refresh-Zyklus von z.B. einem Tag, wobei der Refresh Vorgang stets in die Nachtstunden verlegt wird, um einen günstigeren Leitungstarif in Anspruch zu nehmen.

Als Ergebnis dieser Umstellung ergibt sich eine u.U. wesentliche Kostenreduzierung bei der Kommunikation und eine wesentliche Erhöhung des Gesamtdurchsatzes bei den lokalen Anwendungen, ohne daß die ursprünglichen Programme umgeschrieben oder neukompiliert werden müssen (Orts-Transparenz).

15. Oracle7 Release 7.1 – ein technologischer Update

15.1 Einleitung

Downsizing- oder Rightsizingprojekte haben sich in den letzten Jahren zu den wichtigsten Projekten innerhalb vieler Firmen entwickelt. Kaum ein Unternehmen, das seine aktuelle EDV-Infrastruktur nicht genau unter die Lupe nimmt, und kaum ein Unternehmen, das weitreichende Änderungen der aktuellen Infrastruktur unterläßt.

Vielfach wird das gesamte System bestehend aus

- Hardware/Betriebssystem
- Netzwerk
- Anwendungssoftware

komplett ausgetauscht und ein völliger Neuanfang versucht.

Dies bedingt jedoch eine weitreichende und exakte Planung für die Migration der bereits vorhandenen Datenbestände und für den reibungslosen Übergang von einer Systemumgebung zur anderen. Ohne die nötige Sorgfalt in diesem Bereich kann ein Projekt 'Downsizing', trotz bester Hard- und Softwarekomponenten, zu einem Desaster innerhalb des Unternehmens führen.

Es ist unbestritten, daß komplexe Anwendungssysteme, die große Datenmengen bearbeiten und viele Benutzer mit EDV-Leistung versorgen, entsprechend leistungsfähige Hardware-Systeme benötigen. Dies zeigt sich besonders in vielen Downsizing-Projekten, wo leistungsstarke Mainframe-Systeme durch UNIX-basierende Client/Server-Systeme abgelöst werden sollen, deren zentrale Komponente meist ein relationales Datenbanksystem ist.

Als äußerst leistungsfähige Systeme haben sich in den letzten Jahren Symmetrische-Multi-Prozessor-Systeme (SMP-Systeme) durchgesetzt, die heute den High-End Markt für Datenbank-Server dominieren (siehe dazu auch Abschnitt 3.3 und Bild 3-17).

Aber auch Cluster-Systeme, die eine erhöhte Ausfallsicherheit bei skalierbarer Leistung bieten, und Massiv-Parallele Systeme (MPP), die als die zukünftigen 'alternativen' Mainframes gelten, werden in der Zukunft eine herausragende Rolle als Datenbank-Server im High-End- und Very-High-End-Markt spielen.

Oracle7 Release 7.1

Alle drei Rechnerarchitekturen haben ein gemeinsames Architekturmerkmal, nämlich das Vorhandensein von mehreren CPUs oder, wie im Fall von Cluster-Systemen, von mehreren Cluster-Knoten, die wiederum aus Einzel-CPU- oder SMP-Systemen bestehen können.

Während bei SMP-Systemen die CPU-Anzahl im Bereich von 2-30 CPUs liegt, können MPP-Systeme aus hunderten oder gar tausenden Prozessoren bestehen, die eine Aufgabe parallel bearbeiten und lösen können.

Wie bereits im Abschnitt 3.3 eingeführt, unterstützt Oracle7 Release 7.0 alle drei beschriebenen Rechnerarchitekturen, inklusive der Einzel-CPU-Maschinen, die bisher nicht erwähnt wurden. Mit Oracle7 für SMP-Systeme und Oracle7 Parallel Server für Cluster- und MPP-Systeme können große und übergroße Datenbanken mit hunderten oder tausenden Benutzern betrieben werden.

Dieser ersten Optimierung des Datenbank-Servers zur Bewältigung von vielen Benutzern folgt mit Oracle7 Release 7.1 die Optimierung der Response Zeit von einzelnen sehr komplexen oder sehr rechenintensiven SQL-Befehlen durch die Ausnutzung mehrfach vorhandener Resourcen eines Rechnergebildes. Falls mehrere CPUs vorhanden sind, wird eine SQL-Operation in Sub-Komponenten aufgeteilt und von mehreren CPUs gleichzeitig bearbeitet, was zu einer erheblichen Verkürzung der Response-Zeit führt.

Die Parallelisierung von SQL-Befehlen wird unter der Bezeichnung Oracle7 Parallele Query-Technologie als 'Parallel Query Option' mit Release 7.1 des Oracle7-Servers eingeführt und stellt - zusammen mit der Einführung des Symmetrischen Replikations-Konzeptes - die wichtigste funktionale Erweiterung des Oracle7-Servers dar.

Das Release 7.1 ist das erste Maintenance-Release des Oracle7-Servers und beinhaltet die folgenden Neuerungen:

- Einführung der Parallel Query-Technologie
- Einführung eines Parallelen Recovery-Verfahrens
- Einführung von Read-Only-Tablespaces
- Funktionale Erweiterungen bei gespeicherten Prozeduren
- Erweiterungen bei Datenbank-Triggern
- Erweiterungen des Replikations-Konzeptes

Nahezu zeitgleich mit der Einführung von Oracle7 Release 7.1 wird auch der Hochsicherheits-Datenbank-Server Trusted Oracle7 als Release 7.1 mit allen von Oracle7 bekannten Optionen zur Verfügung stehen.

Oracle7 Release 7.1

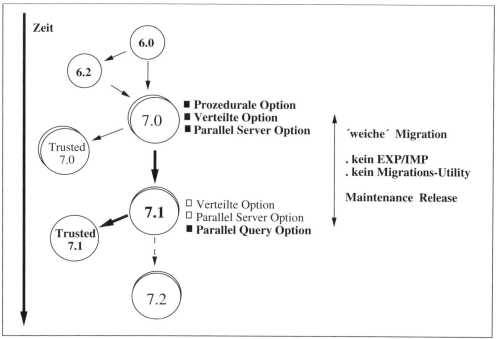

Bild 15-1 : Entwicklungsgraph des Oracle7-Servers

Für den Übergang von Release 7.0 zu 7.1 sind über die Installation der neuen Software hinaus keine besonderen Schritte und Maßnahmen notwendig.

In den folgenden Abschnitten werden die neuen Funktionen des Oracle7-Servers ausführlich besprochen. Zusätzlich wird die Oracle Open Gateway Technologie als wichtiges Thema für die Integration von beliebigen Datenquellen und Prozeduralen Services aufgenommen und ausführlich dargestellt.

15.2 Parallele Query Technologie

15.2.1 Einleitung

Die Bedeutung paralleler Hardware-Systeme wurde von den Oracle-Datenbankentwicklern schon sehr früh erkannt. Dies führte zu Datenbank-Server-Systemen, die hervorragende Skalierungsfaktoren auf SMP-Systemen ausweisen und die auf den zukunftsträchtigen Cluster- und MPP-Systemen nahezu eine Monopolstellung besitzen.

Das Hauptaugenmerk bei der Entwicklung des Oracle7-Servers für diese Klassen von Rechnerarchitekturen war die Erhöhung der OLTP-Performance und die Möglichkeit, durch mehr CPU-Leistung mehr Last und größere Benutzerzahlen zu bewältigen.

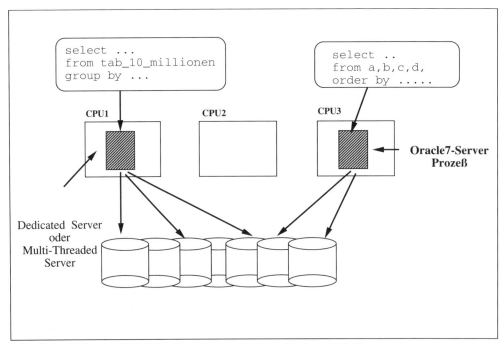

Bild 15-2 : Nicht-Parallele SQL-Verarbeitung innerhalb eines SMP-Systems

Die Aussagen von Benutzern großer Oracle Datenbanken auf SMP-, Cluster- und MPP-Systemen zeigen, daß dies in der Regel auch erreicht werden konnte. Die OLTP-Performance eines Oracle-Servers ist gut und nahezu alle Performance-Probleme in einem OLTP-Umfeld können durch die vielfältigen Tunings-Möglichkeiten, die ein Oracle7-Server bietet, behoben werden. Das Aufkommen einer größeren Last (z. B. durch mehr Benutzer oder neue Anwendungen) kann durch zusätzliche CPUs im SMP- und MPP-Umfeld oder durch zusätzliche Cluster-Knoten in einer Cluster-Umgebung abgefangen werden. Zusätzliche Resourcen innerhalb eines Rechnersystems werden vom Oracle7-Server unmittelbar, mit einem Skalierungsfaktor > 0.85, in DB-Arbeit umgesetzt.

Ein völlig anderes Bild ergibt sich bei der Betrachtung von komplexen Abfragen (komplexen Queries) und komplexen SQL-Operationen, die oftmals sehr viel Zeit beanspruchen.

Komplexe Abfragen und komplexe SQL-Operationen können dabei sein:

- Lesen von großen Datenmengen
- zeitaufwendige Operationen wie
  - Sortieren von Daten
  - Gruppieren von Daten
  - Join-Operationen
  - Distinct-Operationen
  - Index-Erstellung

und als Kombination beider Operationsprofile

- zeitaufwendige Operationen auf großen Datenbeständen

Alle SQL-Operationen konnten bisher (Release 7.0) nur jeweils von einer CPU bearbeitet werden, unabhängig davon, wieviel CPUs innerhalb des Rechnersystems vorhanden waren. Diese Situation zeigt das Bild 15-2.

Dies führte dazu, daß eine komplexe Abfrage genau eine CPU zu 100 Prozent beschäftigte, während beliebig viele andere CPUs des gleichen Rechnersystems diese Operation nicht unterstützen konnten. Die Response-Zeit, das Zeit-Intervall vom Beginn der Operation bis zu dem Zeitpunkt, an dem der Benutzer ein Ergebnis geliefert bekommt, ist bei dieser Art der NICHT-Parallelen SQL-Verarbeitung direkt proportional zu der Leistungsfähigkeit des verwendeten Prozessors.

Diese Tatsache verhält sich jedoch genau diametral zu der aktuellen Hardware-Entwicklung, wo versucht wird, die aktuelle Leistungsgrenze von Rechnersystemen durch mehrere (SMP) oder viele (MPP) technologisch einfachere CPUs (gegenüber den technologisch äußerst komplizierten und deshalb extrem teueren Mainframe-CPUs) zu überwinden.

Die Grundidee für die Lösung dieses Problems ist sehr einfach. Ein gegebener SQL-Befehl wird nicht wie bisher von einer CPU vollständig und exklusiv bearbeitet. Ein solcher Befehl wird vielmehr in kleinere Einheiten aufgesplittet und auf mehreren CPUs zur Verarbeitung aufgeteilt.

Dies zeigt das Bild 15-3.

Ein gegebener 'select'-Befehl wird vom Oracle7-Server in drei Sub-'select'-Befehle aufgeteilt und jeder dieser Sub-'select'-Befehle wird jeweils von einer CPU vollständig bearbeitet. Durch die Aufteilung einer SQL-Operation auf mehrere CPUs und die parallele Bearbeitung dieser Sub-SQL-Befehle, kann ein SMP-, Cluster oder MPP-System wesentlich besser ausgenutzt und die Response-Zeit bei komplexen Abfragen und komplexen SQL-Operationen drastisch verkürzt werden.

Bei einer ersten einfachen Annahme können wir davon ausgehen, daß die Response-Zeit bei der parallelen Bearbeitung umgekehrt proportional zu der Anzahl der CPUs im verwendeten Rechnersystem ist.

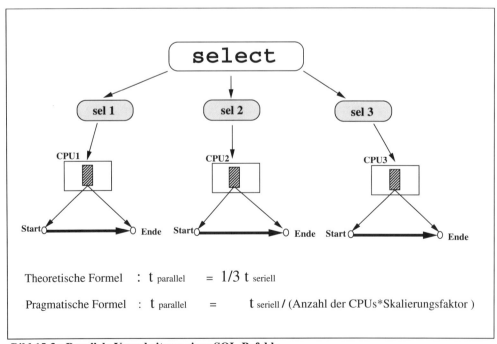

Bild 15-3 : Parallele Verarbeitung eines SQL-Befehls

Diese, im Bild 15-3 als theoretische Formel dargestellte Berechnungsvorschrift, hat jedoch nur wenig praktische Relevanz und kann lediglich als grobe Faustformel betrachtet werden. Dies deshalb, weil für die Response-Zeit im parallelen Betrieb nicht nur die Anzahl der CPUs, sondern auch eine Vielzahl von anderen Einflußfaktoren berücksichtigt werden muß:

- Parallelisierungsfähigkeit des I/O-Systems
- Verteilung der Daten auf mehrere Platten (Disk-Striping, Tablespace-Striping)
- I/O-Bandbreite
- DB-Cache
- Parallelisierung von temporären Segmenten (temporärer Tablespace) bei Sortierungs- und Gruppierungs-Operationen
- Memory-Bus-Bandbreite bei SMP-Systemen
- Auslastung der einzelnen CPUs durch die Sub-SQL-Befehle

Die im Bild 15-3 dargestellte pragmatische Formel zur Errechnung der Response-Zeit führt einen sogenannten Skalierungsfaktor ein, in den alle oben genannten Einflußfaktoren für eine gegebene Operation einfließen.

Typische Skalierungsfaktoren, wie sie bei der parallelen Query Technologie von Oracle7 Release 7.1 gefunden werden, bewegen sich im Bereich von 0.7-0.9, je nach Operation und entsprechenden Tunings-Maßnahmen für die parallele Verarbeitung.

Die oftmals dramatischen Response-Zeit Verkürzungen werden erreicht durch die wesentlich verbesserte Ausnutzung vorhandener Resourcen wie CPU-Kapazität, I/O-Kapazität und Memory-Kapazität. Ein DB-Server-System, das bereits ohne die parallele Query Technologie alle gegebene CPU-, I/O- oder Memory-Resourcen vollständig ausnutzt, kann durch die Verwendung der Parallelen SQL-Verarbeitung nicht verbessert werden.

Im Bild 15-4 sind die wichtigsten Einflußfaktoren bei der Verwendung der Parallelen Query Option des Oracle7-Servers dargestellt. Dabei wird unterschieden zwischen primären Einflußfaktoren, die unmittelbaren Einfluß auf die Parallelisierungsleistung haben, und sekundären Einflußfaktoren, die indirekt das System beeinflußen können. Die I/O-Bandbreite ist ein typischer sekundärer Einflußfaktor, da durch eine Parallelisierung der I/O-Bedarf u.U. vervielfacht wird und somit die I/O-Bandbreite die Skalierungsfähigkeit einschränken kann.

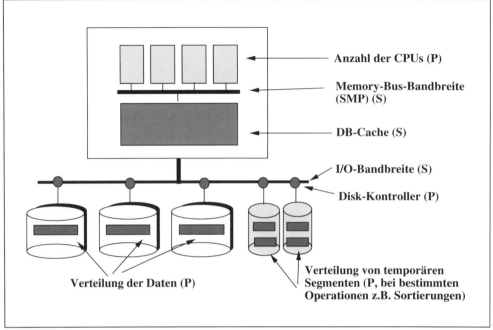

Bild 15-4 : Einflußfaktoren auf die Skalierbarkeit

Partitionierung

Ein entscheidender Punkt der gesamten Parallelen Query-Technologie ist die Aufteilung (Partitionierung) eines SQL-Befehls in mehrere, weniger komplexe Sub-SQL-Befehle und deren Verteilung auf die einzelnen CPUs. Im wesentlichen werden heute zwei unterschiedliche Aufteilungsstrategien benutzt:

- statische Partitionierung und
- dynamische Partitionierung

Bei der statischen Partitionierung wird jede DB-Tabelle bereits bei der Erstellung, gemäß bestimmter Schlüsselbereiche auf einzelne Plattenlaufwerke verteilt. Ein parallelisierbarer SQL-Befehl wird zur Laufzeit stets gemäß der vordefinierten Tabellen-Partitionierung aufgeteilt und von entsprechenden CPUs verarbeitet. Im Bereich von MPP-Systemen kann diese Art der Partitionierung noch weiterentwickelt werden. Hier werden nicht nur die Daten der einzelnen Tabellen partitioniert, sondern darüberhinaus werden diese Daten-Partitionen den CPUs fest zugeordnet, die exklusiv ihren jeweiligen Datenbestand bearbeiten können.

Bei der dynamischen Partitionierung, wie sie bei der Oracle7 Parallel Query Technologie genutzt wird, gibt es keine vordefinierte und somit keine starre

Oracle7 Release 7.1

Aufteilung der Daten. Zur Laufzeit wird eine SQL-Operation gemäß des Parallelierungsgrades, wie er für das DB-Objekt oder für den SQL-Befehl (mit Hilfe von SQL-Hints) definiert wurde, aufgeteilt und von Query-Prozessen bearbeitet. Die Zuordnung, welche Bereiche eines Datenbestandes von welchen Query-Prozessen abgearbeitet werden, ist keine fest definierte Größe mit starrer Abhängigkeit von physikalischen Datenpartitionen, sondern wird vom Oracle7-Server zur Laufzeit festgelegt. Dies bedeutet, daß die Nutzung der Parallel Query Technologie keine grundlegende Re-Organisation der Datenbestände in bestimmte Partitionen erfordert.

Die transparente Nutzung der Parallelen Query Technologie, die vollständige Transparenz bezüglich einer Konfigurationsänderung, wie das Hinzufügen zusätzlicher CPUs oder Cluster-Knoten und die Entscheidung des Parallelisierungs-Grades zur Laufzeit sind die Hauptstärken der dynamischen Partitionierung.

Um die Parallele Query Technologie mit Release 7.1 zu nutzen, muß lediglich der Parallelisierungsgrad der zu bearbeitenden DB-Objekte mit dem 'alter table'-Befehl verändert werden, wie im Bild 15-5 gezeigt wird. Darüberhinaus stehen 'default'-Werte zur Bestimmung des Parallelisierungsgrades zur Verfügung, die immer dann zum Zuge kommen, wenn keine expliziten Angaben zur Parallelisierung gemacht werden (siehe dazu auch 15-13).

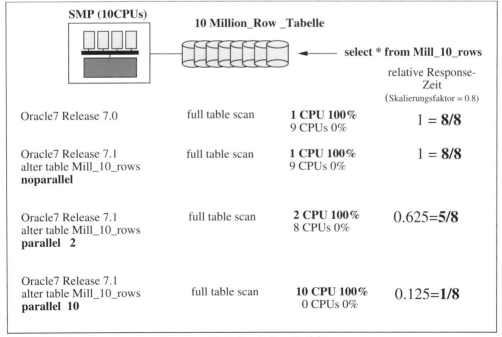

Bild 15-5 : Verbesserung der Response-Zeit durch Parallelisierung

Oracle7 Release 7.1

Die serielle Verarbeitung eines 'select'-Befehls auf einer großen Tabelle wird in Release 7.0 von einer CPU übernommen und benötigt dafür eine bestimmte Zeit, die als relativer Wert die Ausgangsbasis für die weitere Betrachtung darstellen soll.

Unter Release 7.1 mit der Parallelen Query Option benötigt der gleiche Befehl bei gleicher physischer Datenverteilung und bei serieller (noparallel) Bearbeitung der Datenbestände die gleiche Zeit wie mit Release 7.0.

Wird durch den 'alter table'-Befehl der Parallelisierungsgrad auf '2' erhöht, wird der gleiche SQL-Befehl von zwei CPUs bearbeitet, was zu einer Reduzierung der Response-Zeit auf 5/8 der ursprünglichen Zeit führt, wenn ein Skalierungsfaktor von 0.8 angenommen wird. Eine nachfolgende Änderung des Parallelisierungsgrades auf '10' verkürzt die Response-Zeit auf 1/8 der ursprünglichen in Release 7.0 oder Release 7.1 (noparallel) benötigten Zeit. Die weiteren Möglichkeiten der Steuerung des Parallelisierungsgrades und verschiedene Tunings-Möglichkeiten werden im Abschnitt 15.2.2 gezeigt.

Parallelisierungs-Arten

Oracle7 Release 7.1 unterscheidet zwei Parallelisierungs-Arten die

- horizontale oder intra-Operations-Parallelisierung und die
- vertikale oder inter-Operations-Parallelisierung

Bei der horizontalen (intra-Operation) Parallelisierung wird eine Operation in mehrere Sub-Operationen aufgeteilt und von mehreren CPUs parallel verarbeitet. Ein typisches Beispiel ist ein 'full-table-scan', bei dem eine Tabelle vollständig gelesen werden muß.

Eine Tabelle wird mit Hilfe der dynamischen Partitionierung aufgeteilt in mehrere Sub-Operationen, die von mehreren CPUs bearbeitet werden.

Bei der vertikalen Parallelisierung werden zwei Operations-Arten parallel bearbeitet, wie aus Bild 15-6 am Beispiel einer Sortierung gezeigt wird. Die einzelnen 'full-table-scan'-Prozesse liefern Daten, die gleichzeitig von entsprechenden Sortierprozessen bearbeitet (sortiert) werden, denen bestimmte Sortierungs-Wertebereiche zugeordnet sind.

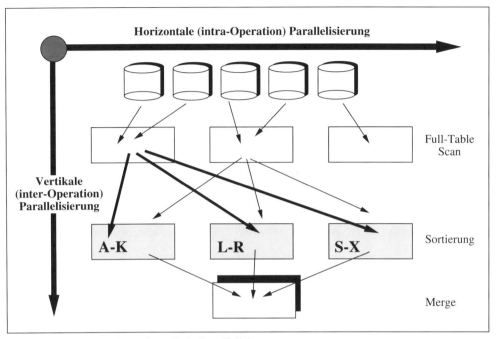

Bild 15-6 : Horizontale und vertikale Parallelisierung

Parallele Operationen in Oracle7 Release 7.1:

☐ Queries
- full table scan
- join (sort/merge, Nested Loop)
- group by
- order by
- set operationen (union, intersect, minus)
- distinct
- where -Klausel in UPDATE, DELETE
- sub-queries bei INSERT und CREATE TABLE Befehlen

☐ Index-Erzeugung

☐ Lade-Operationen

Bild 15-7 : Operationen, die parallelisiert werden können

Oracle7 Release 7.1

Auch die Zuordnung der Sortierungs-Wertebereiche auf die einzelnen Prozesse wird dynamisch zur Laufzeit und in Abhängigkeit des gegebenen Parallelisierungsgrades der DB-Objekte durchgeführt.

Das Bild 15-7 gibt eine Zusammenstellung der Operationen, die durch die Parallele Query Technologie parallelisiert werden können.

Leseoperationen auf DB-Tabellen, die mit Hilfe von Index-Zugriffen durchgeführt werden können, werden nicht parallelisiert.

Sehr vorteilhaft wirkt sich die Parallele Verarbeitung auch auf das EXPort-Utility aus, das bei der Export-Operation alle DB-Tabellen, die mit einem bestimmten Parallelisierungsgrad definiert sind, parallel exportieren kann.

Hardware-Voraussetzungen

Die von Oracle eingeführte Parallele Query Technologie ist nicht an eine bestimmte Rechner-Architektur gebunden. Das Hauptaugenmerk liegt jedoch auf SMP-Systemen, Cluster-Systemen und Massiv-Parallelen Rechnersystemen (MPP).

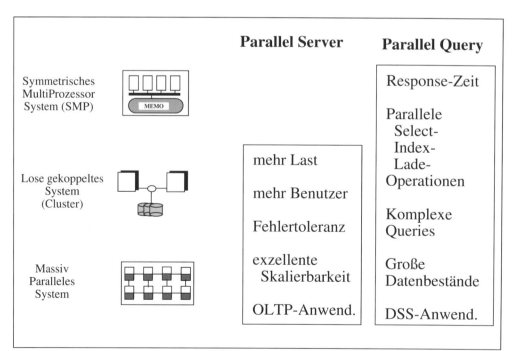

Bild 15-8 : Oracle7 Parallele Technologien und die Rechner-Architekturen

Oracle7 Release 7.1

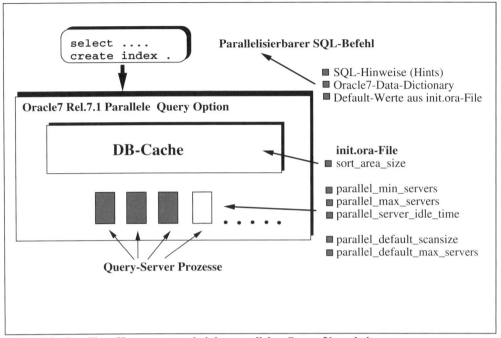

Bild 15-9 : Beteiligte Komponenten bei der parallelen Query-Verarbeitung

Es hat sich jedoch gezeigt, daß bei bestimmten Lastprofilen auch sehr leistungsstarke Single-CPU-Systeme von der Aufteilung eines SQL-Befehls in mehrere Sub-SQL-Befehle profitieren können.

Bei Cluster- und MPP-Systemen wird stets die Parallel Server Option benötigt. Sie stellt die Basis-Technologie dar, um diese Art von Rechner-Architekturen als leistungsfähige DB-Server zu betreiben (siehe auch Abschnitt 3.3.6).

Wird zusätzlich die Parallel Query Option eingesetzt, so können die oben beschriebenen Funktionen der Parallelisierung und damit der Response-Zeit-Verkürzung ebenfalls ausgenutzt werden. Im Bild 15-8 ist die Zuordnung der Oracle7 Parallelen Technologien zu den einzelnen Rechnerarchitekturen dargestellt.

15.2.2 Einsatz der Parallelen Query Technologie

Die Voraussetzung für die Nutzung der Parallelen Query Technologie ist das Release 7.1 des Oracle7-Servers mit der Parallelen Query Option. Ist diese Grundvoraussetzung gegeben, kann jeder parallelisierbare SQL-Befehl in mehrere Sub-

SQL-Befehle aufgeteilt und von mehreren parallelen Query-Server Prozessen abgearbeitet werden. Ob ein gegebener SQL-Befehl parallel abgearbeitet werden kann, hängt ab von

- der Art der Operation, die ausgeführt wird
- den Parametern, die den Grad der Parallelisierung für ein DB-Objekt steuern.

Die Operations-Arten, die mit Release 7.1 parallel bearbeitet werden können, wurden bereits im Bild 15-7 aufgeführt, wobei die Ladeoperation eine Sonderstellung einnimmt, da diese Operation von einem eigenen Utility, dem SQL*Loader, durchgeführt wird und nicht von speziellen SQL-Befehlen.

Die Definition des Parallelisierungsgrades eines DB-Objektes wird beim Anlegen (create table) oder zum Zeitpunkt einer Schema-Modifikation (alter table) einer DB-Tabelle mit Hilfe des 'parallel'-Parameters durchgeführt. Die Schema-Modifikation (alter table) kann jederzeit, auch im laufenden Betrieb, durchgeführt werden.
Der 'create table'-Befehl kann somit folgende Struktur haben:

```
create table <tab_name> (....) parallel <n>;
```

wobei ‹n› den maximalen Parallelisierungsgrad für die Tabelle darstellt.

Soll ein DB-Objekt von der parallelen Verarbeitung zur seriellen Verarbeitung umdefiniert werden oder soll generell die parallele Verarbeitung für dieses Objekt ausgeschlossen werden, wird der 'noparallel'-Parameter angegeben. Beispiele könnten sein:

```
create table ta (...) parallel 2;
create table tb (...) noparallel; /* parallele Verarbeitung unterbinden */
create table tc (...); /* keine Angabe des Parallelisierungsgardes,
                default-Werte bestimmen den Parallelisierungsgrad */
alter table ta parallel 10;
alter table td noparallel;
```

Der Parallelisierungsgrad kann jedoch nicht nur auf Objekt-Ebene definiert werden. Mit Hilfe der SQL-Hinweise (Hints) innerhalb eines SQL-Befehls können einzelnen SQL-Befehlen unterschiedliche Parallelisierungswerte zugewiesen werden. Diese Werte für die Parallelisierung, die innerhalb der SQL-Hints angegeben werden, dominieren stets die Werte, die innerhalb des Data-Dictionaries für dieses Objekt gelten.

Im 'parallel'-Hinweis wird jeweils der Tabellen-Name (das Synonym oder der Tabellen-Alias) und der maximale Parallelisierungsgrad angegeben:

```
parallel (<tab_name>,<max_parallel>)
parallel (ta, 8)
parallel (tb, 16)
```

Eine Zurücksetzung der parallelen Verarbeitung zu der seriellen Verarbeitung oder ein Erzwingen der seriellen Abarbeitung einer SQL-Operation ist mit dem 'noparallel'-Hinweis möglich, der als Parameter lediglich den Namen der Tabelle beinhaltet:

```
noparallel(<tab_name>)
noparallel (ta)
```

Bei der Verwendung dieser, in Release 7.1 neu eingeführten SQL-Hinweise, gelten die gleichen Regeln, wie bei den, in Abschnitt 6.2 eingeführten SQL-Hinweisen. Auch sie werden als Kommentar nach dem Operator-Schlüsselwort aufgeführt, wie das folgende Beispiel zeigt:

```
select /*+parallel(ta,5) */ col1, col2, col3
from ta
order by col3
```

Auch ist es möglich, mehrere Hinweis-Parameter innerhalb der SQL-Hinweise zu definieren:

```
select /*+full(ta) parallel (ta,5) */ col1, col2, col3
from ta
where nr > 4563
group by col2, col1, col3
```

Das obige Beispiel erzwingt einen 'full_table_scan' für die Tabelle 'ta' (1. Hinweis) und definiert zusätzlich eine parallele Verarbeitung mit einem Parallelisierungsgrad von '5' (2. Hinweis).

Im Bild 15-10 sind die drei Steuerungsmöglichkeiten nochmals dargestellt. Nachdem der 'parse'-Vorgang abgeschlossen ist und die parallelisierbare Operation zur Ausführung ansteht, überprüft der 'execute'-Call, ob der SQL-Befehl Hinweise für die parallele Verarbeitung enthält. Ist dies der Fall, wird mit diesem Wert die parallele Verarbeitung durchgeführt. Sind keine Hinweise vorhanden, wird gegen das Data-Dictionary geprüft, ob für parallelisierbare Operationen entsprechende Definitionen im Data-Dictionary enthalten sind, die dann für die Ermittlung des Parallelisierungsgrades herangezogen werden.

Oracle7 Release 7.1

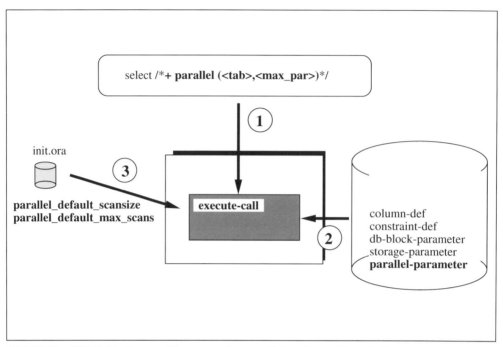

Bild 15-10 : Möglichkeiten zur Steuerung der parallelen Query-Verarbeitung

Wurde der Parallelisierungsgrad weder mit Hilfe des 'create table'- oder des 'alter table'-Befehls innerhalb des Data-Dictionaries angegeben noch über SQL-Hinweise innerhalb eines SQL-Befehls eine parallele Verarbeitung definiert, dann wird über die 'default'-Parameter aus dem 'init.ora'-File

- parallel_default_scansize

- parallel_default_max_scans

der Parallelisierungsgrad für eine bestimmte Operation gegen ein DB-Objekt errechnet. Voraussetzung dafür ist allerdings, daß die parallele Verarbeitung nicht durch den 'noparallel'-Parameter explizit ausgeschlossen ist.

Im 'parallel_default_scansize'-Parameter werden die Anzahl der DB-Blöcke definiert, die als Berechnungsgrundlage für den Parallelisierungsgrad dienen. Die Anzahl belegter (used) DB-Blöcke einer Tabelle wird durch den Wert des 'parallel_default_scansize'-Parameters dividiert. Das Ergebnis ergibt den Parallelisierungsgrad der betrachteten Operation. Der maximal mögliche Parallelisierungsgrad wird durch den 'parallel_default_max_scans'-Parameter bestimmt, der die maximale Anzahl von Query-Server-Prozessen für eine Operation bestimmt.

Oracle7 Release 7.1

Diese beiden Parameter sind sehr hilfreich, um ohne sonstige Eingriffe in ein bestehendes System (Modifikation des Schemas durch 'create table' oder 'alter table parallel') die parallelen Eigenschaften zu nutzen.

Der Wert für den 'parallel_default_scansize'-Parameter kann bestimmt werden durch Ermittlung der benutzten DB-Blöcke (used_blocks aus user_tables-View), des Wertes für Multi-Block-Read-Operationen (multi_block_read_count) aus dem 'init.ora'-File und der Anzahl der im verwendeten Rechnersystem vorhandener CPUs.

Als Wert für die maximale Anzahl von parallelen Prozessen pro SQL-Befehl (parallel_default_max_scans) kann die Anzahl der CPUs angenommen werden.

Dies ist eine relativ willkürliche Größe und ist im realen Fall auch abhängig von den zu erwartenden SQL-Befehlen, der aktuellen Auslastung der Maschine und der I/O-Parallelisierung.

Mit der im Bild 15-11 dargestellten Formel kann dann der 'parallel_default_scansize'-Parameter abgeschätzt werden.

Wird die durchschnittliche Größe (used_blocks) der größten Tabellen herangezogen und durch die maximale parallele Prozeß-Anzahl dividiert, kommt man zu

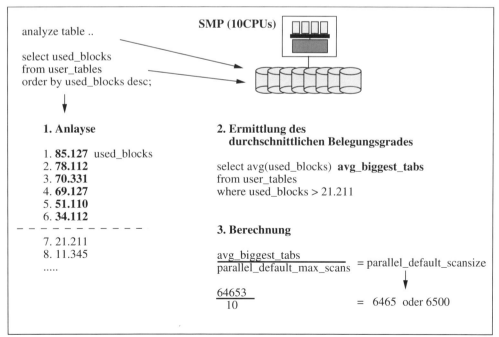

Bild 15-11 : Beispiel für die Ermittlung der ´default´ Parameter

einem Wert für den 'parallel_default_scansize'-Parameter, der in den meisten Fällen als 'default'-Wert sinnvoll ist.

Der Oracle7-Server-Prozeß, der den 'execute'-Call eines parallelisierbaren SQL-Befehls ausführt, wird zum Query-Koordinator dieser Operation und hat die Aufgabe, den SQL-Befehl in mehrere Sub-Komponenten aufzuteilen (dynamische Partitionierung), die Teilbefehle von den Oracle7-Query-Server Prozessen ausführen zu lassen und das Ergebnis dem Benutzerprozeß zur Verfügung zu stellen.

Die Query-Server Prozesse sind eine neue Klasse von Oracle7-Prozessen, denen spezifische Aufgaben zugewiesen werden, wie es auch von anderen Oracle7-Prozessen z. B. DBWR, LCK0, SNP0,... bekannt ist.

Query-Server-Prozesse werden bei Bedarf von den Query-Koordinator-Prozessen erzeugt und mit den Sub-SQL-Befehlen versorgt. Über 'init.ora'-Parameter gesteuert, können jedoch bereits zum Startzeitpunkt einer Oracle7-Instanz eine Anzahl von Query-Server-Prozessen erzeugt werden, die dann als Query-Server Pool von allen Query-Koordinatoren benutzt werden können. Die Anzahl der Query-Server Prozesse, die zum Oracle7-Startzeitpunkt erzeugt werden sollen, bestimmt der 'init.ora'-Parameter 'parallel_min_servers'. Diese Query-Server Prozesse bilden den Query-Server-Basis-Pool (s. auch Bild 15-12).

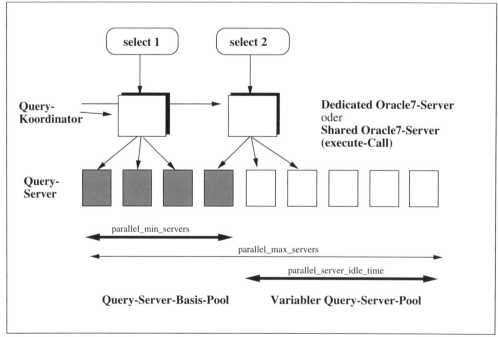

Bild 15-12 : Beteiligte Komponenten

Reichen diese Prozesse für die parallele Verarbeitung der verschiedenen SQL-Befehle nicht aus, werden von den Query-Koordinatoren neue Query-Server-Prozesse zur Laufzeit erzeugt.

Die maximale Anzahl von Query-Servern pro Oracle7-Instanz gibt der 'init.ora'-Parameter 'parallel_max_servers' an.

Die dynamisch erzeugten Query-Server-Prozesse bilden den variablen Query-Server-Pool.

Query-Server-Prozesse innerhalb des variablen Pools bleiben nur existent, wenn sie tatsächlich benötigt werden. Wird ein Prozeß aus dem variablen Pool eine bestimmte Zeit nicht aktiviert, wird dieser Prozeß wieder abgebaut. Die maximale inaktive Wartezeit (idle-time) eines Query-Server Prozesses des variablen Pools wird durch den 'init.ora'-Parameter 'parallel_server_idle_time' in Minuten angegeben.

Bei der Definition des Parallelisierungsgrades gibt es kein gängiges Rezept, das angewandt werden kann. Die im Bild 15-11 angegebene Vorgehensweise für die Definition der default-Werte ist ein erster Schritt in die parallele Welt und wird in vielen Fällen bereits gute Ergebnisse liefern. Eine weitere Optimierung eines Gesamtsystems bestehend aus Hardware-, Betriebs-, Anwendungs- und Datenbank-System bedeutet in erster Linie die Beobachtung und Vermessung des gesamten Systems.

Von der Hardware-/Betriebssystemseite müssen folgende Fragen beantwortet werden:

- wie ausgelastet sind die einzelnen CPUs?

- wie ausgelastet sind die I/O-Kanäle?

- welche sind die Platten mit den meisten I/Os?

- sind bereits I/O-Engpässe bekannt?

- welche DB-Objekte sind auf den stark belasteten Platten abgelegt?

Bei der Datenbank-Analyse sollten zuerst die Tabellen-Kennwerte ermittelt werden. Hier kann uns die erste Analyse aus Bild 15-11 sehr hilfreich sein. Hieraus kann die Größe der DB-Tabellen (Anzahl belegter DB-Blöcke, Anzahl Datensätze, Belegungsgrad eines DB-Blocks u.a.) festgestellt werden (siehe dazu auch Bild 15-14 mit den Analyse-Skripts).

Werden darüberhinaus die SQL-Befehle eines Anwendungssystems mit dem Oracle Tool 'tkprof' analysiert, können die SQL-Befehle (für die Parallelisierung sind nur die 'select'-Befehle von Interesse) ermittelt werden, die sehr hohe 'execute'-Zeiten aufweisen.

Alle großen DB-Tabellen und die durch die 'tkprof'-Analyse festgestellten 'Langläufertabellen' werden bei den nachfolgenden Tuning-Maßnahmen betrachtet.

Über die 'default'-Parallelisierung mit den beiden 'init.ora'-Parametern 'parallel_default_scansize' und 'parallel_default_max_scans' hinaus, sollten alle großen Tabellen und die 'Langläufer-Tabellen' eine Basis-Parallelisierung mit Hilfe der 'create table' bzw. 'alter table'-Befehle erhalten. Diese sollte eine höhere Parallelisierung erreichen als die default-Werte, bei denen eine defensive und sehr moderate Parallelisierung anzustreben ist.

Nach dieser Maßnahme kann die Messung des Gesamtsystems nochmals durchgeführt werden. Dabei werden über die datenbank-relevanten Leistungsdaten hinaus auch die anderen Systemdaten gemessen und beobachtet (CPU, I/O,...), um eventuelle Engpässe, die durch ein verändertes Lastprofil verursacht werden (mehr Prozesse beanspruchen mehr Daten), beheben zu können.

Bei der 'tkprof'-Analyse sollten wieder die 'select'-Befehle ermittelt werden, die die größten 'execute'-Zeiten aufweisen. Diese Befehle müssen dann dahingegen geprüft werden, ob durch Hinzunahme von SQL-Hinweisen eine Performance-Verbesserung dieser Langläufer zu erreichen ist.

Die Index-Erstellung von mittleren und großen Tabellen sollte immer im Parallel-Mode durchgeführt werden. Ebenso sollte bei der Primary-Key-Constraint Definition die Parallel-Klausel mitangegeben werden:

```
create unique index ta_ind1 on ta(col1,col2) parallel 5;

create index ta_ind2 on ta (col3) parallel 20;

alter table ta enable constraint ta_pk using index parallel 10;
```

Bei dem letzten der obigen Befehle wird ein bestehender Primary-Key der Tabelle 'ta' aktiviert (enabled). Dabei wird vom DB-Server ein unique-Index mit dem Parallelisierungsgrad von '10' erstellt. Beim Index Aufbau bedeutet dies, daß die 'full_table_scan'-Operation von zehn Query-Server Prozessen durchgeführt wird, die ihrerseits zehn Sortierungs-Prozesse mit den Schlüsselwerten versorgen (siehe auch Bild 15-6).

Oracle7 Release 7.1

Das Bild 15-13 stellt die drei Definitions-Ebenen für die Angabe bzw. Ermittlung des Parallelisierungsgrades zusammen. Je höher die Definitions-Ebene wird, desto spezieller werden die Angaben, die gemacht werden müssen und desto größer wird der Aufwand, um die jeweiligen Parameter zu ermitteln.

Es wurde bereits mehrfach erwähnt, daß nicht nur die Anzahl der CPUs eine entscheidende Rolle spielt, wenn der Skalierungsfaktor betrachtet wird. Ein optimales System muß auf allen Ebenen skalieren; höhere CPU-Leistung sollte einhergehen mit höherer Memory-Bandbreite und höherer I/O-Bandbreite. Nur wenn dies gewährleistet ist, kann die optimale Response-Zeit erreicht werden. Insbesondere der I/O-Bereich tendiert bei paralleler Verarbeitung von komplexen SQL-Befehlen dazu ein Engpaß zu werden. Dies umso mehr, wenn die zu verarbeitenden DB-Objekte auf physischer Ebene nicht parallel verarbeitet werden können, weil sie auf einer einzigen Platte abgelegt sind. Die Verteilung der Aufgaben auf mehrere CPUs führt in einem solchen Szenario sehr schnell zu einer Überlastung der Platten und verhindert dadurch einen optimalen Skalierungsfaktor.

Dies bedeutet jedoch nicht, daß die Response-Zeit in der oben beschriebenen Konstellation nicht besser ist als bei serieller Abarbeitung. Meist erreicht man auch mit diesen nicht-optimierten Konfigurationen bereits erstaunliche Resultate.

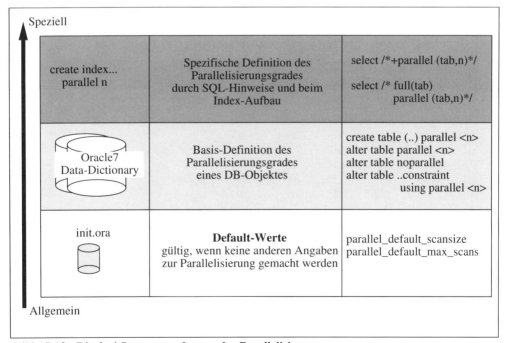

Bild 15-13 : Die drei Steuerungsebenen der Parallelisierung

Oracle7 Release 7.1

```
Rem   Function-Name: db_bl_st
Rem
Rem   Ermittelt die Blockstatistik fuer Tabellen eines Schemas
Rem
Rem   Voraussetzungen : 1. db_sum_b muss gelaufen sein (erzeugt View 'sum_blocks')
Rem                     2. dbms_utility.analyze_schema('<schema>','<estimate_or_compute>')
                           muß vorher ausgeführt werden.
Rem   27.12.93 GStuerner
Rem   ****************************************************

column segment_name   format  a15
column sum_bl         format 99999
column nev_used       format 99999
column del_bl         format 99999
column a_r_l          format 99999
column a_spa_bl       format 99999
column no_rows        format 9999999
column used_bl        format 99999
column num_ext        format 99999

break on Report
compute sum of  sum_bl used_bl nev_used on report

select
 segment_name,
 sum_blocks                  sum_bl,
 blocks                      used_bl,
 empty_blocks                nev_used ,
 avg_space                   a_spa_bl,
 avg_row_len                 a_r_l,
 num_rows                    num_rows,
 num_extents                 num_ext
from  sum_blocks gb, user_tables
where segment_name=table_name
/
#
#doc  sum_bl    = Gesamtanzahl der DB-Blocks pro Segment
#doc  used_bl   = Anzahl der mit Datensaetzen gefuellten DB-Blocks
#doc  nev_used  = Anzahl der noch nie benutzten DB-Bloecke
#doc  a_r_l     =  Durchschnittliche Record-Laenge
#doc  a_spa_bl  = Durchschnittlicher freier Platz pro DB-Block (in Bytes)
#doc  num_row   = Anzahl der Datensaetze innerhalb der Tabelle
#doc  num_ext   = Anzahl der Extents
#


----------------Ergebnis------------------------------------------------

Segment_Name Sum_Bl Used_Bl Nev_Used  A_Spa_Bl A_R_L Num_Rows Num_Ext
------------ ------ ------- --------  -------- ----- -------- -------
BIGEMP         3205    2799      405       216    40   114759      15
EMP2             85      69       15       211    40     2744       6
             ------ -------  -------
sum            3290    2868      420
```

Bild 15-14.1 : Block-Analyse-Script

Für optimale Ergebnisse sind folgende Dinge zu beachten und u.U. einzusetzen:

- Disk-Striping (physisch)

DB-Files der Tablespaces mit den größten Tabellen können mit Hilfe des zur Verfügung stehenden File-Systemes 'gestript' werden. Damit wird die Parallelisierung auf I/O-Ebene erhöht.

- Logisches Striping (Tablespace-Striping)

Mehrere Files eines Tablespaces werden auf verschiedene Platten abgelegt. Der Effekt ist ähnlich dem physischen Disk-Striping. Auch hier wird die I/O-Parallelisierung erhöht.

- Striping des temporären Tablespace

Physische oder logisches Striping des temporären Tablespaces ist sinnvoll, um einen Engpaß auf diesen internen Objekten zu verhindern. Durch parallele Sortierungs-Operationen (order by, group by, distinct, sort/merge Joins,...) wird von vielen Prozessen temporärer Speicherplatz im temporären Tablespace benötigt. Dies kann, bei Benutzung nur einer Platte, zu einem I/O-Engpaß führen.

- sort_area_size-Parameter

Es ist zu bedenken, daß der 'sort_area_size'-Parameter (init.ora) für alle Prozesse Gültigkeit hat, die Sortierungs-Operationen durchführen. Im parallelen Betrieb führen meist viele Sortier-Prozesse Sortier-Operationen auf kleineren Datenmengen aus als im seriellen Fall, bei dem wenige Prozesse große Datenmengen sortieren. Aus diesem Grund kann meist der 'sort_area_size'-Parameter verringert werden.

```
rem Function-Name : db_sum_b.sql
rem
rem Ermittelt fuer alle Segmente eines Users die Anzahl
rem der DB-Blocks und die Anzahl der Extents
rem
rem 27.12.93 Guenther Stuerner
rem

create or replace   view sum_blocks as
select  segment_name,
        sum(blocks )         sum_blocks,
        count(extent_id)     num_extents
from user_extents
group by segment_name
/
```

Analyse eines definierten SCHEMAs

```
begin
dbms_utility.analyze_schema('&schema_name', 'estimate');
end;
/
```

Bild 15-14.2 : Weitere SQL-Scripts

15.3 Paralleles Recovery-Verfahren

Relationale Datenbanksysteme werden zunehmend für große unternehmensrelevante (mission-critical) Anwendungssysteme eingesetzt und ersetzen dabei oftmals mainframe-basierende Systeme.

Diese Art von Anwendungssystemen stellt hohe Anforderungen an die Performance, die Stabilität und an die generelle Datenbank-Funktionalität eines Hochleistungs-Datenbank-Servers.

Von besonderem Interesse sind jedoch auch die zur Anwendung kommenden Verfahren für die Sicherung der Datenbank (Backup) und - im Falle einer Fehlersituation - die Restore- und Recovery-Verfahren.

Auch hierbei spricht man von Performance, auch wenn es in diesem Bereich keinerlei nur annähernd standardisierte Benchmarks gibt.

Ein Sicherungsverfahren, das während des Betriebs der Datenbank eingesetzt wird, darf nur äußerst geringe Auswirkungen auf Online-Benutzer haben, soll es in der Praxis einsetzbar sein. Diese Forderung ist deshalb äußerst wichtig, da Datenbank-Sicherungen sehr häufig durchgeführt werden müssen. Treten hierbei große Performance-Einbußen im Online-Betrieb auf, sind Sicherungskonzepte, die auf Online-Backup-Verfahren aufbauen, zum Scheitern verurteilt.

Die Recovery-Operation hat im Vergleich zur Backup-Operation ein völlig anderes Profil. Während Backup-Operationen häufig durchgeführt werden, tritt die Recovery-Operation nur sehr selten auf. Eine aufgetretene Fehlersituation bedeutet jedoch stets den Ausfall eines Teils der Datenbank (oder sogar der vollständigen Datenbank) und damit eines Teils der Anwendungsfunktionalität.

Um Ausfallzeiten zu minimieren, muß das Wiederherstellungs-Verfahren in möglichst kurzer Zeit die Datenbank oder einen Teil der Datenbank wiederherstellen (recovern) können.

Die Gesamtzeit für das Wiederherstellen einer Datenbank nach einem Plattenfehler kann in zwei Komponenten gegliedert werden:

- Restore-Zeit
- Recovery-Zeit

Als Restore-Zeit bezeichnet man die Zeit, die benötigt wird, um eine Sicherungskopie (Backup) vom Sicherungsmedium (z. B. Band, Kassette, Platte) auf die entsprechenden DB-Platten zu kopieren.

Hierbei ist es wichtig, daß sich die Fehlersituation auf das fehlerhafte Plattenlaufwerk isolieren läßt, und somit lediglich die Sicherheitskopie der fehlerhaften Platte benötigt wird.

Die Restore-Zeit hängt im wesentlichen von folgenden Faktoren ab:

- Größe des Restore-Granulats

- Ladegeschwindigkeit des Sicherheitsmediums

Wenn die notwendigen Sicherungskopien auf den Plattenlaufwerken vorliegen, kann der eigentliche Recovery-Vorgang durchgeführt werden.

In Oracle7 Release 7.0 wird die Recovery-Operation von einem einzigen Prozeß durchgeführt, der folgende Aufgaben hat:

- Lesen der Redo-Log-Einträge (Entries) aus den Redo-Log-Dateien

- Lesen der DB-Blöcke, Index-Blöcke, Rollback-Segment-Blöcke von den DB-Files in den DB-Cache

- Durchführung der Änderung gemäß Redo-Log Eintrag

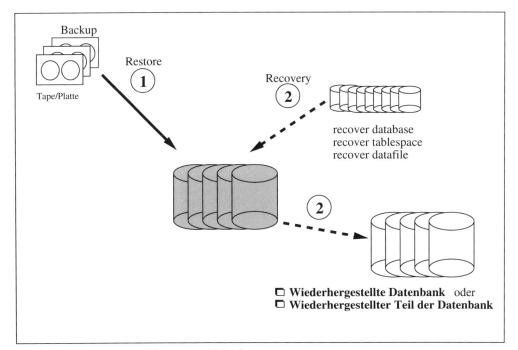

Bild 15-15 : Restore- und Recovery-Ablauf

Die Dauer dieses Recovery-Vorgangs ist abhängig von der Anzahl der zu verarbeitenden Redo-Logs und, da nur ein Recovery-Prozeß existiert, von der Leistungsfähigkeit der im Rechnersystem vorhandenen CPUs.

Die Anzahl der zu verarbeitenden Redo-Log Files ist wiederum abhängig von der Transaktionsrate des Systems und vom Backup-Zeitpunkt der fehlerhaften Platte. Hohe Transaktions-Raten generieren eine Vielzahl von Redo-Log Einträgen und damit eine große Anzahl von Redo-Log Files.

Die Anzahl von Redo-Log Files, die bei einem Recovery-Vorgang benötigt werden, läßt sich im wesentlichen durch organisatorische Maßnahmen beeinflußen. So können die Datenbank-Bereiche, deren DB-Objekte einer großen Änderungsfrequenz unterliegen, häufiger gesichert werden als Datenbankbereiche, die nur einer geringen Änderungsfrequenz unterliegen. Des weiteren können Datenbankbereiche, die lediglich im Read-Only-Modus bearbeitet werden, in Read-Only-Tablespaces zusammengefaßt werden, die vom Backup/Recovery-Verfahren gänzlich unberührt bleiben können.

Eine andere Möglichkeit, die Recovery-Zeit bei Oracle7 Release 7.0 zu verkürzen, besteht in der 'manuellen' Parallelisierung des Recovery-Vorgangs. So ist es möglich, mehrere Datenbank-Files durch mehrere Recovery-Prozesse (mehrere SQL*DBA-Sessions) gleichzeitig wiederherzustellen. Dies geschieht durch mehrfaches Starten des 'recover datafile ‹db_file_name›'-Befehls.

Dies beschleunigt ohne Zweifel den Recovery-Vorgang, allerdings mit dem Nachteil, daß dem DBA die gesamte Verantwortung für die Parallelisierung aufgebürdet wird. Zudem werden bei dieser Art der Verarbeitung die entsprechenden Redo-Log Dateien mehrfach gelesen, da jeder Recovery-Prozeß nur die Redo-Log Einträge benötigt, die für sein Datenbank-File Transaktions-Protokolle enthalten.

Über diese organisatorischen Maßnahmen hinaus läßt sich in Release 7.0 die Recovery-Zeit bei gegebenem Rechnersystem und gegebener CPU-Leistung nicht mehr steigern, da die Recovery-Operation lediglich von einem Prozeß durchgeführt werden kann. Weitere CPUs innerhalb eines SMP-Systems oder eines MPP-Systems können für die Beschleunigung des Recover-Vorgangs nicht genutzt werden.

Mit der Einführung des parallelen Recovery-Verfahrens in Oracle7 Release 7.1 ist die Recovery-Operation nicht auf einen einzigen Prozeß beschränkt, sondern kann von mehreren Recovery-Server-Prozessen parallel durchgeführt werden. Dies ist keine Funktion der Parallel Server Technologie oder der Parallel Query Technologie, sondern ist Bestandteil des Basis 7.1 Releases.

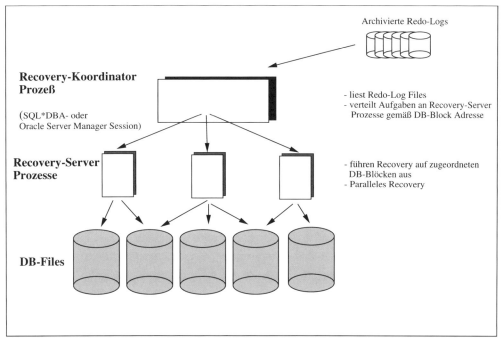

Bild 15-16 : Paralleles Recovery

Die Verteilung der Aufgaben durch den Recovery-Koordinator an die beteiligten Recovery-Server Prozesse wird durch eine Hash-Funktion bewerkstelligt. Dabei werden den einzelnen Recovery-Server Prozessen DB-Blöcke zugewiesen, die exklusiv von diesen Recovery-Servern bearbeitet werden. Obwohl bisher nur von DB-Blöcken gesprochen wurde, bezieht sich der Recovery-Vorgang natürlich auf:

- DB-Blöcke (enthalten die Datenwerte)
- Index-Blöcke
- Rollback-Segment-Blöcke.

Der interne Recovery-Vorgang ist jedoch für alle Segment-Typen identisch.

Im Kapitel 5 wurde bereits der Ablauf einer Transaktion beschrieben. Alle Änderungen innerhalb der Datenbank werden im Redo-Log protokolliert, um ein eventuell notwendiges Instanz-Recovery bzw. Medium-Recovery durchführen zu können. Dabei handelt es sich um die folgenden wesentlichen Strukturen, die im Redo-Log protokolliert werden:

- DB-Block-Werte
- Index-Werte
- Rollback-Segment Werte
- Transaktions-Tabellen-Werte (als Bestandteil des Rollback-Segment Headers)

Folgender Ablauf ergibt sich bei der Durchführung einer Transaktion (Beispiel einer 'update'-Operation):

- 'update'-Befehl wird ausgeführt

- Transaktions-Tabelle wird geändert; eine Transaktions-Nummer wird der Transaktion zugeordnet. Diese Änderung wird im Redo-Log protokolliert; sie stellt den Beginn der Transaktion dar.

- Aktueller Wert der zu ändernden Spalte wird in ein Rollback-Segment kopiert. Diese Änderung wird im Redo-Log protokolliert.

- Neuer Wert wird in den DB-Block eingetragen. Diese Änderung wird im Redo-Log protokolliert.

- Transaktion wird mit 'commit' abgeschlossen. Dies führt zu einer Änderung der Transaktions-Tabelle, die wiederum im Redo-Log protokolliert wird ('commit'-Record oder besser Transaktions-Ende-Record).

Das Redo-Log-File enthält somit Einträge, die den Beginn der Transaktion, alle Änderungen während der Transaktion und das Ende der Transaktion beschreiben.

In analoger Weise verhält sich eine Transaktion, die mit 'rollback' abgeschlossen wird.

Auch hier wird der Transaktions-Beginn (Änderung der Transaktions-Tabelle) und die Änderungen der Datenwerte in den DB-Blöcken und in den Rollback-Segment Blöcken im Redo-Log protokolliert. Wird anstatt einer 'commit'-Operation eine 'rollback'-Operation durchgeführt, werden die ursprünglichen Änderungen mit Hilfe der Rollback-Segment-Einträge wieder rückgängig gemacht.

Da diese Operation wiederum eine Änderung der Datenwerte mit sich bringt (von 'neu' nach 'alt') und, wie wir bereits gesehen haben, sich alle Änderungen im Redo-Log wiederfinden, wird das Zurücksetzen einer Transaktion ebenfalls im Redo-Log protokolliert. Bei der Durchführung einer 'rollback'-Operation ergeben sich somit folgende, bezüglich einer 'commit'-Transaktion, zusätzlichen Schritte:

- Zurückschreiben der Rollback-Segment-Werte auf die DB-Blöcke. Diese Änderungen der Datenwerte werden, wie bei beliebigen anderen Änderungen, im Redo-Log protokolliert.

- das Beenden der Transaktion mit 'rollback' bewirkt eine Änderung der Transaktions-Tabelle, die ebenfalls im Redo-Log protokolliert wird. (Transaktions-Ende Record)

Die Bilder 15-17.1 und 15-17.2 stellen diese Situation für 'commit'- und 'rollback'-Transaktion schematisch dar.

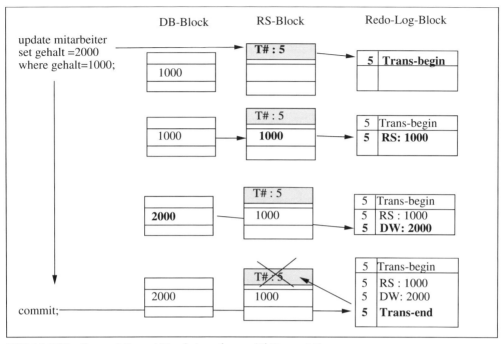

Bild 15-17.1 : Transaktions-Ablauf einer ´commit´-Transaktion

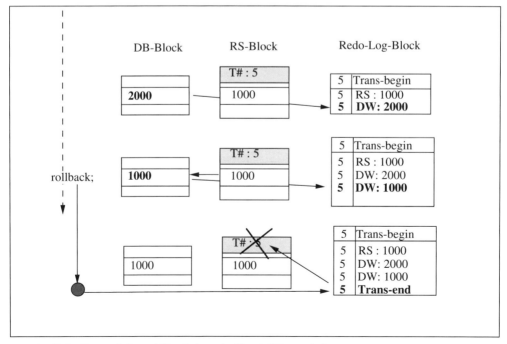

Bild 15-17.2 : Transaktions-Ablauf einer ´rollback´-Transaktion

Oracle7 Release 7.1

Da die Zurücksetzung einer Transaktion, das Zurückschreiben der Rollback-Segment-Einträge auf die DB-Blöcke, behandelt wird wie eine beliebige andere 'externe'-Änderungsoperation, können die 'commit'- und 'rollback'-Operationen für Recovery-Zwecke analog behandelt werden.

Dieses symmetrische Verhalten von 'commit'- und 'rollback'-Transaktionen führt zu einem relativ einfachen Ansatz für das parallele Recovery-Verfahren, wie es mit Oracle7 Release 7.1 eingeführt wurde. Zu keinem Zeitpunkt muß während des Recovery-Vorgangs zwischen der Art der ursprünglich durchgeführten Transaktion unterschieden werden.

Während einer parallelen Recovery-Operation werden folgende Schritte durchgeführt:

- Recovery-Koordinator-Prozeß (SQL*DBA-Session) liest das Redo-Log-File

- die einzelnen Redo-Log Einträge, die sich jeweils auf eine Änderung innerhalb eines Daten-, Index- oder Rollback-Segement-Blockes beziehen, werden einem Recovery-Server Prozeß zur Abarbeitung übergeben. Ein Hash-Verfahren stellt sicher, daß ein DB-Block immer vom gleichen Recovery-Server bearbeitet wird.

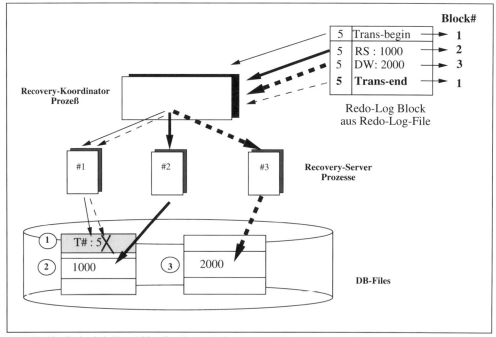

Bild 15-18 : Prinzipieller Ablauf während eines parallelen Recovery-Vorgangs

Im Bild 15-18 wird die Beispiel-Transaktion aus Bild 15-17.1 mit insgesamt drei Recovery-Server-Prozessen im Parallel-Mode wiederhergestellt.

In diesem einfachen Beispiel sind insgesamt drei DB-Blöcke beteiligt:

- ein DB-Block (Datenwerte)
- ein Rollback-Segment-Block für die Transaktions-Tabelle
- ein Rollback-Segment-Block für 'undo'-Werte

Der Einfachheit halber wurde für die Darstellung des Sachverhaltes diesen drei beteiligten DB-Blöcken die Block-Nummern 'eins' bis 'drei' zugeordnet, die in unserem Beispiel von den Recovery-Server Prozessen 'eins' bis 'drei' bearbeitet werden sollen. Beim realen Ablauf wird die Zuordnung der DB-Blöcke zu den Recovery-Server Prozessen mit Hilfe eines Hash-Verfahrens durchgeführt.

Eine 'rollback'-Transaktion (siehe auch Bild 15-17.2) verhält sich beim Recovery-Vorgang vollständig identisch.

Die Steuerung der Anzahl paralleler Recovery-Server Prozesse kann über den 'init.ora'-Parameter

```
recovery_parallelism
```

oder durch Angabe des Parallelisierungsgrades im 'recover'-Befehl bzw. der 'recover'-Klausel des 'alter database'-Befehls durchgeführt werden.

Der im 'recovery_parallelism'-Parameter angegebene Parallelisierungsgrad wird als 'default'-Wert genutzt, falls keine explizite Angabe beim 'recover'-Befehl gemacht wird. Dieser Parameter bestimmt auch den Parallelisierungsgrad bei einem Instanz-Recovery.

Bild 15-19 stellt die Parameter und Befehlsvarianten nochmals zusammen.

Die Wahl des Parallelisierungsgrades für die parallele Recovery-Operation hängt von folgenden Faktoren ab:

- Anzahl der Platten für eine betrachtete Recovery-Einheit, wobei die Recovery-Einheit die ganze Datenbank, ein Tablespace oder ein DB-File sein kann.
- Anzahl der CPUs
- Leistungsfähigkeit der CPUs

Die maximale Obergrenze der Parallelisierung stellt der 'init.ora'-Parameter

```
parallel_max_servers
```

dar, der sehr stark geprägt wird durch die Anzahl und die Leistungsfähigkeit der CPUs. Der Parallelisierungsgrad für Recovery-Operationen liegt typischerweise im Bereich von ein- bis zweimal der Anzahl der in das Recovery einzubeziehenden Platten (die Recovery-Einheit).

Befehle	Wo definiert	Bemerkungen
recovery_parallelism=<n>	init.ora	Default Wert für Instanz-Recovery Default Wert bei Medium-Recovery, wenn keine ´parallel´-Klausel verwendet wird <n> = 0 oder 1 -> keine Parallelisierung <n> <= parallel_max_servers <n> > 1 Paralleles Recovery

recover database
    tablespace
       datafile
           parallel <n>
oder
 	
alter database <db_name>
    recover ....
        parallel <n>
	SQL*DBA
	Oracle Server-Manager
		explizite Angabe des Parallelisierungsgrades
		
		recover database ora71 parallel 20;
		
		recover tablespace TA parallel 5;

Bild 15-19 : Paralleles Recovery ; Befehle und Parameter

15.4 Erweiterungen des Tablespace-Konzeptes

Das Oracle7-Tablespace-Konzept ging bisher davon aus, daß die DB-Files auf 'wiederbeschreibbaren' Medien - Magnetplattenlaufwerken - abgelegt sind. Diese Forderung basierte im wesentlichen auf der internen Verarbeitung des Oracle7-Servers, der bei verschiedenen internen Operationen Änderungen, insbesondere in den File-Headern, der DB-Files durchführen mußte. So wird bei allen Checkpoints die aktuelle Checkpoint-Datenstruktur in den File-Headern aller DB-Files, die zu den 'online'-Tablespaces gehören, abgespeichert, was naturgemäß nur mit 'wiederbeschreibbaren' Medien möglich ist. Andere Operationen, die ebenfalls einen schreibenden Zugriff auf die DB-File-Header benötigen sind:

- Starten / Stoppen der Datenbank-Instanz

- Online / Offline-Setzen eines Tablespaces

Auf Grund dieser internen Verarbeitungsweise ist es mit Oracle7 Release 7.0 nicht möglich, Teile einer Datenbank mit 'read-only'-Medien wie sie z. B. Compact-Disks (CDs) darstellen, zu betreiben.

Oracle7 Release 7.1

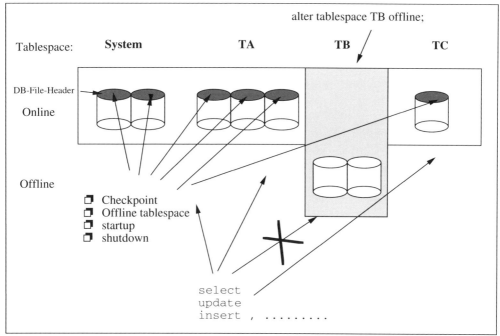

Bild 15-20 : Tablespace-Modi in Oracle7 Release 7.0 (online, offline)

Mit Release 7.1 besteht die Möglichkeit, einen gesamten Tablespace als 'read-only'-Tablespace zu definieren, und somit alle SQL-Operationen gegen die DB-Objekte eines solchen Tablespaces auf 'read-only'-Operationen zu beschränken. Dies ist besonders interessant für Datenbanken, die Datenbestände besitzen, die zwar ständig gelesen, jedoch nicht verändert werden müssen oder verändert werden dürfen.

Alle DB-Objekte, die sich innerhalb eines 'read-only'-Tablespaces befinden, können mit beliebigen 'select'-Operationen bearbeitet werden. Der DB-Server führt, im Gegensatz zur Vorgehensweise bei Release 7.0, keinerlei Veränderungen innerhalb der DB-File-Header durch.

Aus diesem Grund kann ein 'read-only'-Tablespace sowohl auf herkömmlichen Magnetplatten als auch auf 'einmal-beschreibbaren' Medien, wie es die Compact-Disks (CDs) darstellen, abgelegt werden.

Wird ein Tablespace mit dem 'create tablespace'-Befehl und entsprechenden DB-Files angelegt, dann ist dieser Tablespace stets im 'read-write'-Modus. Erst durch den 'alter tablespace'-Befehl kann aus einem 'read-write'-Tablespace ein 'read-only'-Tablespace gemacht werden:

```
alter tablespace TC read only;
```

Oracle7 Release 7.1

Um einen Tablespace in den 'read-only'-Modus zu versetzen, sollte die Oracle7-Instanz gestoppt (shutdown normal) und im 'restricted'-Mode neu gestartet werden. Damit ist sichergestellt, daß keine offenen Transaktionen gegen den Tablespace existieren, der 'read-only'-gesetzt werden soll. Außerdem ist sichergestellt, daß sich keine aktiven Rollback-Segmente innerhalb dieses Tablespaces befinden.

Mit dem 'alter tablespace ‹tablespace_name› read only'-Befehl kann dann der entsprechende Tablespace in den 'read-only'-Modus versetzt werden. Dies wird im Data-Dictionary, im Control-File und in den DB-File-Headern der 'read-only'-Tablespace-Files vermerkt.

Nach diesen Operationen kann die Oracle7-Instanz bereits wieder gestartet und die Datenbank wieder geöffnet werden, sofern die DB-Files weiterhin auf den ursprünglichen Plattenlaufwerken verbleiben sollen.

Um die 'read-only'-Tablespace-Files auf ein 'read-only'-Medium zu bringen, sind die Schritte 3 und 4 aus Bild 15-21 durchzuführen.

In Schritt 3 werden die physischen Files eines 'read-only'-tablespaces auf eine 'read-only'-Medium kopiert (z.B. eine CD wird hergestellt) und im vierten Schritt werden die neuen Filenamen dem Oracle7-Server mit Hilfe des 'alter tablespace

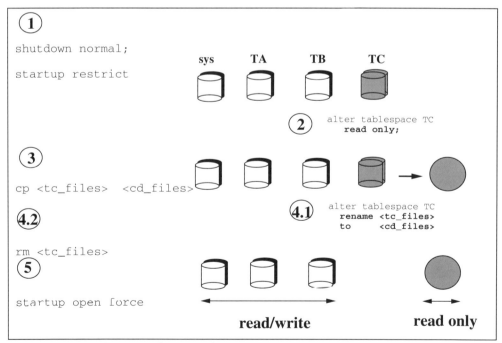

Bild 15-21 : Definition eines ´read-only´-Tablespaces

‹ts_name› rename'-Befehls bekanntgegeben und im Data-Dictionary und im Kontroll-File abgelegt.

Die Um-Definition eines Tablespaces vom 'read-write'-Modus in einen 'read-only'-Modus stellt eine strukturelle Änderung der Datenbank dar. Dies erfordert ein Kontroll-File Backup und ein Backup der DB-Files des 'read-only'-Tablespaces.

Über diese Backup-Aktion hinaus brauchen die DB-Files eines 'read-only'-tablespaces nicht mehr gesichert werden. Da dieser Tabespace keinerlei Änderungen unterworfen ist (weder durch SQL-Befehle noch durch interne Änderungsoperationen), muß im Falle eines Plattenfehlers nur die ursprüngliche Sicherungs-Kopie der betroffenen DB-Files eingespielt werden. Eine 'recovery'-Operation ist für 'read-only'-Tablespaces nicht notwendig.

Überall dort, wo große Read-Only-Datenbestände existieren, sollte der Einsatz von 'read-only'-Tablespaces in Erwägung gezogen werden. Da 'read-only'-Tablespaces aus dem Backup-Konzept ausgegliedert werden können (bis auf eine Basis-Sicherungskopie, die nach der Strukturänderung erstellt wird), kann der Zeitbedarf für die Erstellung der Sicherungskopien minimiert werden. Diese Tatsache und die Möglichkeit, daß Teile der Datenbank auf relativ billigen Datenträgern (CDs) ausgelagert werden können, erleichtert auch die u.U. notwendige Umorganisation einer Datenbank, um 'read-only'-DB-Objekte, die verteilt sind auf mehrere Tablespaces, innerhalb eines 'read-only'-Tablespaces zusammenzufassen.

Ein 'read-only'-Tablespace gehört, wie auch alle anderen Tablespaces, zu einer bestimmten Datenbank und kann nur innerhalb dieser Datenbank benutzt werden.

Es ist somit nicht möglich, einen 'read-only'-Tablespace auf CD zu pressen und an verschiedenen Oracle7-Servern zu betreiben.

Eine solche Funktionalität wird häufig von Software-Herstellern gewünscht, die den gesamten Code eines Anwendungssystems innerhalb der Datenbank verwalten. Damit wäre es möglich neue Versionen mit Hilfe eines 'read-only'-Tablespaces auf CD zu pressen und an die Kunden zu verschicken, die dann lediglich die neue Version des 'read-only'-Tablespaces aktivieren müßten, um mit der neuesten Software-Version ausgestattet zu sein.

Diese erweiterte Funktionalität des 'read-only'-Tablespaces steht mit Release 7.1 noch nicht zu Verfügung, ist aber für eine der nächsten Oracle7 Releases angedacht.

15.5 Erweiterungen für gespeicherte PL/SQL-Programme

Die folgenden zwei wichtige Erweiterungen der Funktionalität von gespeicherten PL/SQL-Programmen werden mit Release 7.1 des Oracle7-Servers eingeführt:

- Nutzung von PL/SQL-Funktionen auch als SQL-Funktionen
- Nutzung von dynamischem SQL innerhalb der PL/SQL-Programme

PL/SQL-Funktionen (wie auch Prozeduren) konnten mit Release 7.0 innerhalb von gespeicherten PL/SQL-Programmen, innerhalb von 4GL-Prozeduren (Oracle Forms, Oracle Reports, Oracle Graphics, ...) und innerhalb von 3GL-Programmen aufgerufen und aktiviert werden (siehe dazu auch Bild 7-4).

Eine andere Klasse von Funktionen stellen die über fünfzig Oracle7-SQL-Funktionen dar, die innerhalb von SQL-Befehlen zur Ausführung kommen, wie die folgenden Beispiele exemplarisch zeigen:

- select to_date('05-DEC-94')
- update   set a=to_number(:char_var)+10
- ... where mod(:var1,5) = 4
- ... order by decode(nr, 0,10,1,20,99)

Bereits mit Release 7.0 war es möglich, alle SQL-Funktionen auch innerhalb von PL/SQL-Programmen als PL/SQL-Funktionen auszuführen. Diese symmetrische Eigenschaft der SQL-Funktionen wird von vielen Programmierern als sehr positiv betrachtet, da sich der Funktionsumfang und die Handhabung der Funktionen in den unterschiedlichen Umgebungen (PL/SQL und SQL) nicht unterscheidet.

Diese positive Eigenschaft der SQL-Funktionen war bisher für PL/SQL-Funktionen, die ein Entwickler als gespeichertes PL/SQL-Programm selbst entwickelt hat, nicht gegeben. Eine PL/SQL-Funktion konnte nur in den oben genannten Programm-Umgebungen (PL/SQL-, 3GL- und 4GL-Umgebungen) ausgeführt werden. Eine Ausführung einer PL/SQL-Funktion innerhalb eines SQL-Befehls war jedoch nicht möglich.

Mit Release 7.1 wird das bisherige asymmetrische Verhalten der PL/SQL-Funktionen vollständig aufgehoben. Jede gespeicherte PL/SQL-Funktion kann auch innerhalb von SQL-Befehlen zur Ausführung kommen, wenn die folgenden Regeln beachtet werden:

- PL/SQL-Funktion darf keine Änderungsoperation auf DB-Tabellen mit Hilfe der 'insert'-, 'update'- oder 'delete'-Befehle durchführen.

- PL/SQL-Funktionen, die innerhalb eines 'remote'-DB-Servers ausgeführt werden, können keine globalen Paket-Variablen lesen oder verändern. Dies gilt auch für PL/SQL-Funktionen, die innerhalb eines parallelisierbaren SQL-Befehls zur Ausführung kommen.

Eine PL/SQL-Funktion kann als 'standalone'-Funktion mit dem 'create function'-Befehl oder als Teil eines PL/SQL-Paketes definiert werden, wie im folgenden Bild gezeigt wird.

Im Bild 15-22 wird schematisch der Aufbau von zwei PL/SQL-Funktionen gezeigt, die beide sowohl innerhalb eines SQL-'select'-Befehls (oder beliebiger anderer SQL-Befehle) und innerhalb eines PL/SQL-Programmes ausgeführt werden können. In diesem Beispiel wird beim Aufruf der Paket-Funktion der Paketname vorangestellt. Wie bei beliebigen anderen PL/SQL-Funktionen ist es möglich, daß der vollständige Name einer PL/SQL-Funktion mit Hilfe von Synonymen verborgen wird. Dies zeigt der folgende 'create synonym'-Befehl:

```
create synonym my_func2 for my_p.my_func2;
```

Auch ist es möglich, eine PL/SQL-Funktion innerhalb eines 'remote'-Oracle7-Servers aufzurufen. Die Adressierung einer 'remote'-PL/SQL-Funktion wird mit Hilfe

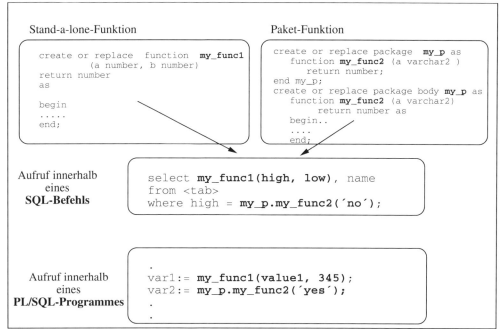

Bild 15-22 : PL/SQL-Funktionen als SQL- Funktionen

der aus Abschnitt 8.2.4 bekannten Datenbank-Links durchgeführt. Ein typisches Beispiel zeigt der folgende Befehl:

```
select my_func1@stgt(high,low),.... from <loc_tab>;
```

Für alle Datensätze, die der 'select'-Befehl aus der 'lokalen'-Datenbank liest, wird die Funktion 'my_func1' im 'remote'-Oracle7-Server, der über den Datenbank-Link 'stgt' adressiert wird, ausgeführt.

Ein Beispiel einer einfachen PL/SQL-Funktion, die auch als SQL-Funktion genutzt werden kann, zeigen die Bilder 15-22.1 und 15-22.2, mit den Funktionen 'my_sql_func2' und 'my_sql_func3'. Beide Funktionen haben den identischen Funktionsumfang, jedoch wurde die erste als 'standalone'-Funktion, die zweite hingegen als Paket-Funktion definiert.

Diese Funktionen haben die Aufgabe einen numerischen Wert (1. Parameter) mit einem Faktor zu multiplizieren, der jedoch nicht als Konstante oder als Variable übergeben, sondern der aus der DB-Tabelle 'factor' jeweils ermittelt wird. Zur Ermittlung des Faktor-Wertes dient der 2. Parameter, der die Adressierung auf den jeweiligen Datensatz innerhalb der 'factor'-Tabelle vornimmt.

```
create or replace function my_sql_func2 (num_inp number, var_fac_no number)
return number
as
result     number;
factor_value   number;

begin
select factor into factor_value from factor where fac_no = var_fac_no;
/* factor Tabelle: fac_no        factor
                      1           1.500
                      2           4.500
                      3          12.875
*/
result := num_inp * factor_value;
return result;
end;
/

        select  mit_gehalt,
                mit_abtnr,
                my_sql_func2(mit_gehalt,2)
        from mitarbeiter
        /

                    my_sql_func2(mit_gehalt,
                                 decode(mit_abtnr,10,1,20,2,30,1,1))
```

Bild 15-22.1 : Beispiel einer ´standalone´ PL/SQL-Funktion und die Nutzung als SQL-Funktion

Oracle7 Release 7.1

Wie bereits erwähnt, ist es nicht zulässig, daß eine PL/SQL-Funktion, die als SQL-Funktion genutzt wird, Änderungen innerhalb der Datenbank mit Hilfe der 'insert'-'update'- oder 'delete'-Befehle durchführt. Bei 'standalone'-Funktionen wird dies vom Laufzeitsystem zur Ausführungszeit überprüft. Bei einem Verstoß gegen diese Regel wird die folgende Fehlermeldung ausgegeben und die Ausführung des Befehls abgebrochen:

```
ORA-06571: Function <function-name> does not guarantee not to update the database
```

Bei Paket-Funktionen, die als SQL-Funktionen genutzt werden sollen, müssen mit Hilfe des 'pragma'-Konstrukts die Restriktionen, denen eine PL/SQL-Funktion genügen soll, definiert werden.

Das Pragma 'restricted_references' beschreibt für eine bestimmte Funktion die zur Anwendung kommenden Restriktionen. Diese werden zur Kompilierungs-Zeit überprüft.

Wird eine Paket-Funktion als SQL-Funktion ausgeführt, ohne daß innerhalb der Paket-Spezifikation ein 'restricted_references' Pragma definiert wurde, kommt es zu der bereits erwähnten Fehlermeldung:

```
ORA-06571: Function <function_name> does not guarantee not to update the database
```

Das 'restricted_references'-Pragma wird im Paket-Kopf folgendermaßen definiert:

```
pragma restricted_references
(<funktions_name>,<restriction1>,<restriction2>,...)
```

Als Restriktionen werden dabei zwei Klassen unterschieden

- Lesen oder Ändern von Datenbank-Tabellen
- Lesen und Ändern von Paket-Variablen.

Dies führt zu den folgenden vier Restriktions-Arten:

- WNDS: Write No Database State
- RNDS: Read No Database State (beide beziehen sich auf Datenbank-Tabellen)
- WNPS: Write No Package State
- RNPS: Read No Package State (beide beziehen sich auf Paket-Variablen)

Im Beispiel aus dem Bild 15-22.2 wird die Funktion 'my_sql_func3' um die Änderungsoperation (WNDS) eingeschränkt. Diese Einschränkung muß als Mindestvoraussetzung für PL/SQL-Funktionen gelten, die als SQL-Funktionen eingesetzt werden sollen. Ist dieses 'pragma' für Paket-Funktionen nicht implementiert, können diese PL/SQL-Funktionen nicht als SQL-Funktionen eingesetzt werden. (ORA-06571).

```
        create or replace package  my_p as
        function my_sql_func3 (num_inp number, var_fac_no number)   return number;
        pragma restrict_references(my_sql_func3, WNDS);
        end my_p;
        /
        create or replace package body my_p as
        function my_sql_func3 (num_inp number, var_fac_no number)
        return number
        as
        result    number;
        factor_value    number;

        begin
        select factor into factor_value from factor where fac_no = var_fac_no;
        result := num_inp*factor_value;
        return result;
        end;
        end my_p;

            select my_p.my_sql_func3(mit_gehalt,1) from mitarbeiter
            /

            create synonym my_sql_func3 for my_p.my_sql_func3
            /

            select my_sql_func3(mit_gehalt,1) from  mitarbeiter
            /
```

Bild 15-22.2 : Beispiel einer Paket-PL/SQL-Funktion und die Nutzung als SQL-Funktion

Eine weitere interessante Möglichkeit ergibt sich im Zusammenhang mit der Oracle7-Prozeduralen Gateway-Entwicklungsumgebung, die im Abschnitt 15.7 eingeführt wird. Mit deren Hilfe ist es möglich, beliebige prozedurale Services, z.B. beliebige 'C'-Programme, in PL/SQL-Programe zu integrieren.

Mit dieser Technologie können PL/SQL-Funktionen entwickelt werden, die 'C'-Programme mit beliebigen Algorithmen im Kontext eines PL/SQL-Programms ausführen. Somit steht eine Möglichkeit zur Verfügung, beliebig komplexe Operationen als PL/SQL-Funktionen zu entwickeln und diese als SQL-Funktionen zu nutzen. Der SQL-Funktionsvorrat kann mit dieser Methode nahezu beliebig erweitert werden, ohne daß der Oracle7-Kernel modifiziert werden muß.

Bild 15-23 zeigt den Aufruf einer gespeicherten PL/SQL-Funktion als SQL-Funktion, die einen 'C'-Programm-Aufruf beinhaltet, der über das Prozedurale-Gateway abgearbeitet wird. (Zu diesem Thema lesen Sie bitte den Abschnitt 15.7 Oracle Open Gateway-Technologie).

Bezüglich der Ausführungsrechte von PL/SQL-Funktionen als SQL-Funktionen gibt es keinerlei Unterschiede zu allen bisher gemachten Anmerkungen. Jeder Benutzer, der das 'execute'-Privileg vom Ersteller der Funktion erhalten hat, kann diese Funktion innerhalb eigener PL/SQL-Programme oder als SQL-Funktion ausführen.

Eine weitere interessante Eigenschaft kommt bei der Verwendung der Parallelen Query-Technologie zum Tragen.

Die Parallelisierung von 'select'-Befehlen schließt auch die Parallelisierung der verwendeten SQL-Funktionen ein. Werden selbsterstellte PL/SQL-Funktionen innerhalb von parallelisierbaren 'select'-Befehlen genutzt, wird auch die PL/SQL-Funktion durch die parallele Verarbeitung des 'select'-Befehls parallel bearbeitet.

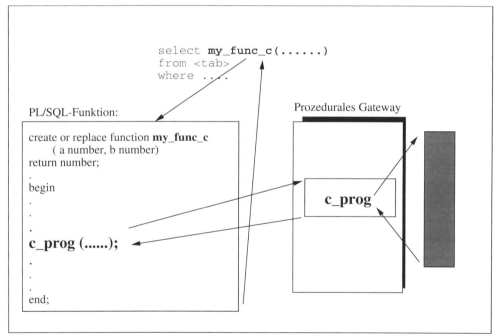

Bild 15-23: Integration externer prozeduraler Services ('C'-Routinen) in eine SQL-Funktion

Die Verwendung von dynamischen SQL-Befehlen innerhalb von PL/SQL-Programmen ist die zweite wichtige Erweiterung bei PL/SQL-Programmen, die mit Oracle7 Release 7.1 eingeführt wird.

Mit dieser Funktions-Erweiterung ist es möglich, die volle Flexibilität der SQL-Programmierung innerhalb von gespeicherten PL/SQL-Programmen auszunutzen.

Oracle7 Release 7.1

Der Unterschied zwischen statischem und dynamischem SQL wurde in Kapitel 2 bereits kurz eingeführt. Hier nochmals die Kurzdefinition:

- Statisches SQL

Ein statischer SQL-Befehl liegt bereits zur Programmierzeit in seiner Struktur vollständig vor. Einzig die 'bind'-Variablen (Eingabe-Variablen) des SQL-Befehls können zur Laufzeit mit entsprechenden Werten versorgt werden. Ein typischer statischer SQL-Befehl könnte innerhalb eines PL/SQL-Programms lauten:

```
declare
nr number;
begin
select mit_name, mit_gehalt into name, gehalt
from mitarbeiter
where mit_nr = nr;
end;
```

Hier hat lediglich die PL/SQL-Variable 'nr' einen 'dynamischen' Charakter, da diese vor der Ausführung des 'select'-Befehls mit einem entsprechenden Wert initialisiert wird. Ansonsten steht der SQL-Befehl bereits zur Programmierzeit fest.

- Dynamisches SQL

Öffnen eines Cursors (Vergabe einer Cursor-Nummer)	**dyn_sql:= dbms_sql.open_cursor;**
Parsen des Befehls	**dbms_sql.parse (dyn_sql, ´select mit_name, mit_gehalt from mitarbeiter where mit_nr = :NR´, dbms_sql.V7);**
Ausgabe- Column-Definitionen	**dbms_sql. define_column(dyn_sql, 1, mit_name, 20); dbms_sql. define_column(dyn_sql, 2, mit_gehalt);**
Eingabe-Column-Definitionen	**dbms_sql.bind_variable(dyn_sql, ´:nr´, <wert_für_nr>);**
Ausführung	**status:=dbms_sql.execute(dyn_sql);**
Lesen der Datensätze	**rows:=dbms_sql.fetch_rows(dyn_sql);**
Übergabe der gelesenen DB-Werte in PL/SQL-Programmvariable	**dbms_sql.column_value(dyn_sql, 1, ename); dbms_sql.column_value(dyn_sql, 2, sal);**

Bild 15-24: Dynamisches SQL innerhalb von PL/SQL-Programmen

Ein dynamischer SQL-Befehl liegt zur Programmierzeit noch nicht fest. Erst zur Ausführungszeit wird der Befehl in seiner Art ('select', 'update',....) und in seiner Struktur vom Programm erzeugt, über Parameter übergeben oder aus der Datenbank gelesen. Die zuletzt genannte Möglichkeit geht dabei von der Voraussetzung aus, daß eine entsprechende DB-Tabelle existiert, in der ausführbare SQL-Befehle abgespeichert sind.

Dynamische SQL-Befehle erlauben die Entwicklung von sehr kompakten und äußerst flexiblen Programmen. Der Nachteil der dynamischen Methode besteht jedoch darin, daß die Programmierung wesentlich aufwendiger und auch komplizierter ist als bei der statischen SQL-Methode. Alle Ausführungsschritte, die bei der statischen Methode der Pre-Compiler oder der PL/SQL-Compiler ausführt, müssen bei der dynamischen Methode vom Programmierer ausprogrammiert werden. Der einfache 'select'-Befehl:

```
select mit_name, mit_gehalt from mitarbeiter where mit_nr = nr;
```

wird mit Hilfe der im Bild 15-24 dargestellten Befehle ausgeführt.

Im Beispiel aus Bild 15-24 wurde der auszuführende (dynamische) SQL-Befehl als Literal eingegeben:

```
dbms_sql.parse(dyn_sql,
select mit_name,
mit_gehalt
from mitarbeiter
where mit_nr = :nr,
dbms_sql.V7)
```

Sinnvollerweise werden die SQL-Befehle, die dynamisch ausgeführt werden sollen, mit Hilfe der PL/SQL-Programm-Parameter übergeben. Dies zeigt das Bild 15-24.1. Der zweite Parameter der PL/SQL-Prozedur 'my_dyn_prog6' wird mit einem 'select'-Befehl initialisiert, der innerhalb der Prozedur dynamisch ausgeführt wird.

Auch die dynamische Erzeugung von SQL-Befehlen aus vorgefertigten Sub-Kommandos oder das Lesen von SQL-Befehlen aus der Datenbank und die nachfolgende Ausführung dieser Befehle ist ein möglicher Einsatz von dynamischen SQL-Befehlen innerhalb von gespeicherten PL/SQL-Programmen. Die Übernahme von SQL-Befehlen aus DB-Tabellen und deren nachfolgende Ausführung zeigt das Bild 15-24.2

Alle für die Ausführung von dynamischen SQL-Befehlen notwendigen Operationen sind in dem Paket 'dbms_sql' enthalten. (Siehe auch Bild 8-16, das die weiteren Oracle7-PL/SQL-Pakete und deren Funktionen/Prozeduren auflistet.)

```
create or replace procedure my_dyn_prog6 ( num_var   in number,
                                           sql_statement  in varchar)
/* Aufruf-Beispiele:

 my_dyn_prog6(4000,'select mit_name,mit_gehalt from mitarbeiter where mit_gehalt > :X')
 my_dyn_prog6(7369,'select mit_name,mit_gehalt from mitarbeiter where mit_nr = :X')
 my_dyn_prog6(5100,'select mit_name,mit_gehalt from mitarbeiter where mit_gehalt <= :X')
 my_dyn_prog6(:var_no, :var_sql_state) -- Aufruf aus einem Pre-Compiler-
                                       -- oder 4GL (Oracle Forms)-Programm
*/

as
dyn_sql        integer;
status         integer;
mit_name       varchar(20);
mit_gehalt     number(8,2);
rows           integer;
log_no         number;

begin
dyn_sql:=dbms_sql.open_cursor;
dbms_sql.parse(dyn_sql,sql_statement,dbms_sql.v7);

dbms_sql.define_column(dyn_sql,1,mit_name,20);
dbms_sql.define_column(dyn_sql,2,mit_gehalt );
dbms_sql.bind_variable(dyn_sql,':x',num_var);


status:=dbms_sql.execute(dyn_sql);

select gst_seq.nextval into log_no from dual;

while dbms_sql.fetch_rows(dyn_sql)>0  loop

    dbms_sql.column_value(dyn_sql,1,mit_name);
    dbms_sql.column_value(dyn_sql,2,mit_gehalt);

insert into prog_log values (log_no,status,mit_name,mit_gehalt,null);
end loop;

commit;
dbms_sql.close_cursor(dyn_sql);
end;
/
```

```
rem       Aufruf der Prozedur innerhalb SQL*Plus

begin
my_dyn_prog6(&num_var,'select mit_name,mit_gehalt from mitarbeiter where &where');
end;
/
rem oder in einer zweiten Variante

undef sql_st
def    sql_st=´select mit_name,mit_gehalt from mitarbeiter where &where´
begin
my_dyn_prog6(&num_var, &&sql_st);
end;
/
```

Bild 15-24.1 : PL/SQL-Prozedur mit dynamischer SQL-Methode (Befehle als Parameter)

```
create or replace procedure my_dyn_prog5 (num_var number,sql_nr number)
as
dyn_sql         integer;
status          integer;
var_mit_name    varchar(20);
var_mit_gehalt  number(8,2);
rows            integer;
sql_text_var    varchar(2000);

begin
/* 'sql_statements'-Tabelle als Beispiel:

no(number)  sql_text(varchar2 )
----------  ------------------------------------------------
1           select mit_name, mit_gehalt from mitarbeiter where mit_nr = :x
2           select mit_name, my_sql_func2(mit_gehalt,fact_no) mit_gehalt from mitarbeiter
              where mit_nr=:x
*/

select sql_text into sql_text_var from sql_statements
where no=sql_nr;

dyn_sql:=dbms_sql.open_cursor;
dbms_sql.parse(dyn_sql,sql_text_var,dbms_sql.v7);
dbms_sql.define_column(dyn_sql,1,mit_name,20);
dbms_sql.define_column(dyn_sql,2,mit_gehalt );
dbms_sql.bind_variable(dyn_sql,':x',num_var );

status:=dbms_sql.execute(dyn_sql);

rows:=dbms_sql.fetch_rows(dyn_sql);
dbms_sql.column_value(dyn_sql,1,var_mit_name);
dbms_sql.column_value(dyn_sql,2,var_mit_gehalt);

/* Protokoll-Informationen in PROG_LOG-Tabelle eintragen*/
insert into prog_log values
(gst_seq.nextval,status,var_mit_name,var_mit_gehalt,num_var );
commit;
dbms_sql.close_cursor(dyn_sql);
end;
/
```

```
rem Aufruf der Prozedur innerhalb von SQL*Plus
begin
my_dyn_prog5(&mit_nr,&sql_nr);
end;
/
```

Bild 15-24.2 : PL/SQL-Prozedur mit dynamischer SQL-Methode (Befehle aus DB-Tabelle)

Das 'dbms_sql'-Paket enthält folgende PL/SQL-Prozeduren (P) und Funktionen (F):

- open_cursor (F)
- parse (P)
- bind_variable (P)
- define_column (P)
- execute(F)
- fetch_rows (F)
- execute_and_fetch (F)
- column_value (P)
- variable_value (P)
- close_cursor (P)
- is_open (F)

Mit Hilfe dieser Prozeduren und Funktionen lassen sich sehr flexible und kompakte gespeicherte PL/SQL-Programme und DB-Trigger implementieren. Die einzige Abweichung der Funktionalität gegenüber 3GL-Pre-Compiler-Programmen ist bei dynamischen SQL-Befehlen zu finden, die mit einer variablen 'select'-Liste oder variablen 'bind'-Liste arbeiten. Bei dieser Variante der dynamischen SQL-Programmierung sind zur Programmierzeit auch die Anzahl und Art (Datentyp) der Parameter der 'select'-Liste bzw. der 'bind'-Liste des 'select'-Befehls unbekannt.

Die Programmierumgebung muß deshalb eine Methode bereitstellen, um zur Laufzeit Programmvariablen zu generieren, die dann die Eingabe- (bind-Liste) bzw. Ausgabewerte (select-Liste) einer SQL-Operation aufnehmen können. Dies wird innerhalb der 3GL Umgebungen (PRO*SQL oder OCI) mit sogenannten 'Deskriptoren' durchgeführt. Das sind Datenstrukturen, die dynamisch zur Laufzeit mit den 'describe bind variable'- und 'describe select list for'-Kommandos innerhalb eines dynamischen SQL-Programms angelegt werden, um die variablen 'select'-Listen bzw. variablen 'bind'-Listen zu repräsentieren.

Der 'describe'-Befehl ist mit Release 7.1 im 'dbms_sql'-Paket noch nicht implementiert. Diese Art der Programmierung kann jedoch bereits mit den zur Verfügung stehenden Mitteln simuliert werden.

15.6 Erweiterungen der Prozeduralen Integritätsmethode

Wie aus Abschnitt 9.3.2 bereits bekannt, können in Oracle7 Release 7.0 insgesamt zwölf Triggerarten unterschieden werden. Einer DB-Tabelle können diese zwölf Triggerarten zugeordnet werden, jedoch besteht die Restriktion, daß eine Triggerart nur jeweils einmal pro Tabelle existieren kann. Es ist in Release 7.0 also nicht zulässig, für eine Tabelle zwei oder mehrere 'before-row-update-Trigger' zu implementieren. Wurde zusätzliche Funktionalität innerhalb eines bestehenden DB-Triggers erforderlich, so mußte dieser DB-Trigger erweitert und neu kompiliert werden. Im einfachsten Fall wurde die neue Funktionalität mit Hilfe eines gespeicherten PL/SQL-Programmes implementiert und der Aufruf im bestehenden DB-Trigger eingetragen.

Dies ist grundsätzlich ein gangbarer Weg, zumal bei der Implementierung von Oracle7-DB-Triggern keinerlei Restriktionen bezüglich der Komplexität bestehen.

Schwierigkeiten treten jedoch immer dann auf, wenn unterschiedliche Entwicklungs-Teams oder unterschiedliche Software-Lieferanten auf einer gemeinsamen Datenstruktur (dazu gehören auch die DB-Trigger) Anwendungssysteme entwickeln und DB-Trigger als aktive Datenstrukturelemente intensiv nutzen. In diesem Fall ergeben sich die Probleme bei der Code-Zusammenfassung, da stets ein bestehender DB-Trigger durch andere Entwicklungs-Teams erweitert und somit modifiziert werden muß. Auch Software-Upgrades, die DB-Trigger einschließen, führen bei dieser Methode zu großen Schwierigkeiten, da jeweils Programm-Teile unterschiedlicher Hersteller betroffen sein können.

Fragen nach der Gewährleistung bei Fehlersituationen drängen sich geradezu auf.

Mit Release 7.1 ist es möglich, daß pro Tabelle mehrere DB-Trigger der gleichen Art vorhanden sein können, die beim Auslösepunkt sequentiell abgearbeitet werden. Die Reihenfolge der Abarbeitung wird vom Oracle7-Server bestimmt und ist nichtdeterministisch. Dies ist auf alle Fälle zu beachten, insbesondere darf es keine Abhängigkeiten der unterschiedlichen DB-Trigger gleichen Typs geben, da die Reihenfolge der Abarbeitung nicht garantiert ist.

Mit dieser Erweiterung ist es möglich, daß unterschiedliche Software-Lieferanten die DB-Trigger-Strukturen einer gegebenen Datenstruktur unabhängig von bereits bestehenden DB-Trigger-Strukturen implementieren können, ohne daß in einen bestehenden DB-Trigger-Code eingegriffen werden muß. Dies vereinfacht die Software-Integration insbesondere bei größeren Systemen enorm, und kommt somit unmittelbar der Produktivität der Entwickler und der Robustheit des Gesamtsystems zugute.

Die Darstellung einer Datenstruktur mit deklarativen und prozeduralen Constraints kann mit Hilfe der im Bild 9-25 dargestellten SQL-Skripts gemacht werden. Eine Datenstruktur mit mehreren gleichen DB-Triggertypen ist im Bild 15-25 dargestellt.

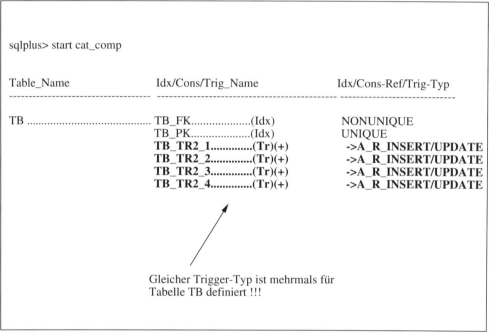

Bild 15-25 : Multiple Trigger-Arten

15.7. Oracle Open Gateway Technologie

15.7.1 Einleitung

Die Einbeziehung beliebiger Datenquellen eines Unternehmens wird zu einer immer wichtigeren Forderung, wenn es um unternehmensweites Informationsmanagement geht. Nur wenn es gelingt, alle Informationsquellen eines Unternehmens unter einer einheitlichen Entwicklungs- und Produktionsumgebung zu betreiben, unabhängig davon, ob es sich um eine Oracle-Datenbank, um beliebige andere relationale, hierarchische oder netzwerkorientierte Datenbanken oder gar Filesysteme handelt, können integrierte Informationssysteme entstehen. Auch bei der Migration von Anwendungen, die oftmals ein Vorhalten eines gegeben Datenbestandes notwendig machen, kommt den Gateway-Produkten, die eine Brücke schlagen zwischen neuen und alten Anwendungen, eine entscheidende Bedeutung zu.

Oracle bietet mit den SQL*Connect Produkten schon seit Jahren für bestimmte relationale Datenbanksysteme und ausgewählte Filesysteme eine Möglichkeit der transparenten Integration dieser Datenbestände an. Die ersten SQL*Connect Produkte für DB2, SQL/DS und NON-Stop SQL wurden stets exklusiv für diese Datenhaltungssysteme entwickelt und basierten auf der Oracle Version 5 Technologie, die jedoch vielfach modifiziert und erweitert werden mußte, um die notwendigen Funktionen bereitstellen zu können. Die Entwicklung solcher spezifischen 'hand-made' SQL*Connect Systeme war jeweils mit großem Aufwand und entsprechend langen Entwicklungs-Zyklen verbunden. Aus diesem Grund wurde für die zweite Version der SQL*Connect Produkte ein Basis-Entwicklungssystem auf der Oracle Version 6 Technologie entwickelt, auf dem die individuelle SQL*Connect Entwicklung aufsetzen konnte. Mit Hilfe dieser Technologie wurden innerhalb sehr kurzer Zeit eine Reihe von SQL*Connect Produkten entwickelt.

Mit der Einführung der Oracle Open Gateway Technologie wurde die Gateway-Produktfamilie einem vollständigen Re-Design unterworfen. Die Erfahrungen, die aus dem SQL*Connect Version 2-Projekt gewonnen wurden, sowie die Oracle7-Datenbanktechnologie führten zu einem wesentlich erweiterten Ansatz für zukünftige Gateway-Produkte. Die Produkte, die auf der Oracle Open Gateway Technologie basieren, lassen sich in die folgenden zwei Produkt-Klassen einteilen:

Oracle7 Release 7.1

- Transparente (Daten) Gateways
- Prozedurale Gateways

Jede Produktklasse wiederum läßt sich unterteilen in schlüsselfertige Gateway-Produkte und Entwicklungsumgebungen zur Erstellung von individuellen Gateways-Systemen.

Daraus ergeben sich die folgenden Produktgruppen (s. auch Bild 15-26):

- Transparente Gateways für bestimmte Datenquellen z.B. Transparente Gateways für DB2, Rdb, DRDA und v.a.

- Transparente Gateway-Entwicklungsumgebung für die Erstellung von individuellen Daten-Gateway-Systemen durch Kunden oder VARs

- Prozedurale Gateways für bestimmte prozedurale Services z.B. Prozedurales APPC Gateway für CICS oder IMS/TM

- Prozedurale Gateway Entwicklungsumgebung für die Integration beliebiger 'C'-Programme oder sonstiger prozeduraler Services.

Basis für diese vier Produktgruppen ist das 'Internal Gateway Developers Kit' (IGDK), das sowohl den Oracle-Entwicklern für die Entwicklung der Transparenten

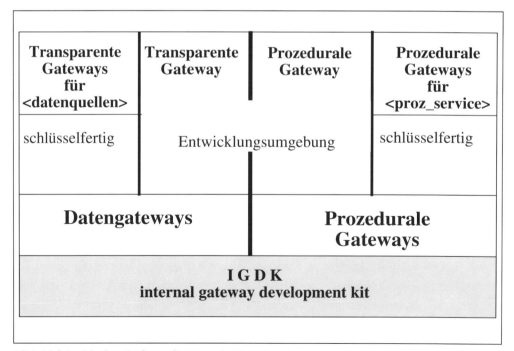

Bild 15-26 : Die Oracle Open Gateway Produktfamilie

(Daten)- und Prozeduralen Gateways zur Verfügung steht, als auch von Kunden-Entwicklern genutzt werden kann, die mit den entsprechenden Entwicklungsumgebungen eigene Gateway-Systeme zu beliebigen Datenquellen bzw. Programmen entwickeln können.

Dies bedeutet, daß nicht nur Gateway-Systeme zur Verfügung stehen, die von Oracle als relevant betrachtet werden. Mit der Öffnung der Gateway-Entwicklungsumgebung bietet sich dem Kunden eine nahezu unbegrenzte Möglichkeit der Integration von beliebigen Datenquellen an. Darüberhinaus bietet die Entwicklungsumgebung für Prozedurale Gateways die Möglichkeit der Integration beliebiger Programme und Services, die innerhalb einer EDV-Umgebung bereitstehen. Ein typisches Beispiel für die Integration beliebiger Programme können mathematische 'C'-Routinen oder sonstige komplexe Algorithmen sein, die in ein gespeichertes PL/SQL-Programm integriert werden sollen, wie das Bild 15-30 zeigt.

15.7.2 Die Oracle Open Gateway Produkte

Transparente-(Daten)-Gateways

Transparente Daten-Gateway-Produkte verhalten sich im Prinzip wie die bisher verfügbaren SQL*Connect- Produkte der Version 1 und Version 2. Auch hier handelt es sich um 'schlüsselfertige' Produkte für bestimmte Datenquellen, die von Oracle als eigenständige Produkte entwickelt und vermarktet werden. Sie basieren jedoch, wie alle anderen Produkte der Oracle Open Gateway-Produktfamilie, auf dem IGDK (internal gateway developers kit) und somit auf der Oracle7-Technologie. Eine typische Konfiguration zeigt das Bild 15-27. Der Oracle7-Server spielt dabei die Rolle des 'Integrators', der die ankommenden SQL-Befehle analysiert und, falls notwendig, aufbricht, um sie dann von einem weiteren (remote) Oracle7-Server oder durch ein Transparentes Gateway verarbeiten zu lassen. Dabei gelten bei der Definition der lokalen wie auch der remote Datenbank-Objekte die gleichen Regeln wie innerhalb jeder verteilten Oracle Datenbank. Auch hier werden Datenbank-Links dazu benutzt, ein remote DB-Objekt zu adressieren. Synonyme oder Views, die entweder im lokalen Data-Dictionary des Oracle7-Servers definiert oder innerhalb des Oracle Name-Servers verwaltet werden, dienen dem transparenten Zugriff des Benutzers, ohne daß der Ort und die Art der Datenquelle (Oracle-Datenbank, Fremd-Datenbank oder File-System) bekannt sein muß.

Oracle7 Release 7.1

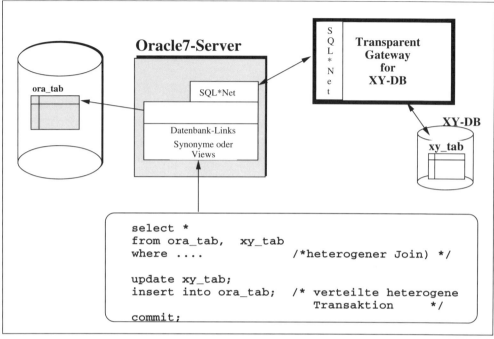

Bild 15-27 : Arbeitsweise der Oracle Transparent Gateways

Die meisten Transparenten-Gateway-Systeme werden als 'read/write' Systeme angeboten und können am Oracle7 2-Phasen-Commit-Protokoll (2PC) teilnehmen. Damit ist es nicht nur möglich, verteilte Transaktionen innerhalb einer homogenen Oracle-Umgebung zu programmieren, sondern es können nahezu beliebige Datenquellen in verteilte Transaktionen einbezogen werden. Diese, gegenüber der SQL*Connect Version 1 und 2 wesentlich erweiterte Funktion, stellt eine neue Klasse der Datenintegration dar, die bisher bei Migrationsprojekten oftmals schmerzlich vermißt wurde. Aus der Sicht des Anwendungsprogrammierers, der seine Datenzugriffe mittels SQL formuliert, ergeben sich keinerlei Unterschiede zwischen Zugriffen auf Oracle-Datenbestände und Zugriffen auf Nicht-Oracle-Datenbestände, die mit Hilfe eines Transparenten Gateways gemacht werden. Wie aus der Oracle Netzwerk-Technologie bekannt, übernehmen die Datenbank-Links und die Synonyme oder Views die interne Verwaltung und können vom DBA gepflegt werden, ohne daß das Anwendungsprogramm und die darin enthaltenen SQL-Befehle betroffen sind. (Siehe dazu auch Kapitel 13 und Kapitel 14.)

Transparente-Gateway-Entwicklungs Umgebung (TG-Entwicklungsumgebung)

Während mit den Transparenten-(Daten)-Gateways fertige Gateway-Produkte von Oracle ausgeliefert werden, kann die Transparent-Gateway-Entwicklungsumgebung dazu benutzt werden, um eigene Gateway-Systeme zu beliebigen Datenquellen selbst zu entwickeln. Oracle stellt dazu einen 'Bausatz' zur Verfügung, bestehend aus Schnittstellen-Programmen und entprechender Dokumentation, die beschreibt, wie ein TG implementiert werden muß.

Ein mit der TG-Entwicklungsumgebung erstelltes Datengateway verhält sich exakt so, wie die von Oracle gelieferten Produkte. Unterschiede können sich nur durch unterschiedliche Implementierungstiefen ergeben. Wird nur ein lesender Zugriff auf ein bestimmtes File-System benötigt, ist es nicht notwendig, Operationen zu implementieren, die sich auf schreibende Operationen, das Transaktionsmanagement und das 2-Phasen-Commit-Protokoll beziehen. Die Entscheidung, ob nur lesend auf die Nicht-Oracle-Datenquelle zugegriffen werden soll oder ob auch schreibender Zugriff inklusive 2PC vorhanden sein muß, liegt beim Kunden.

Den typischen Aufbau eines selbsterstellten Transparenten (Daten) Gateways zeigt das Bild 15-28.

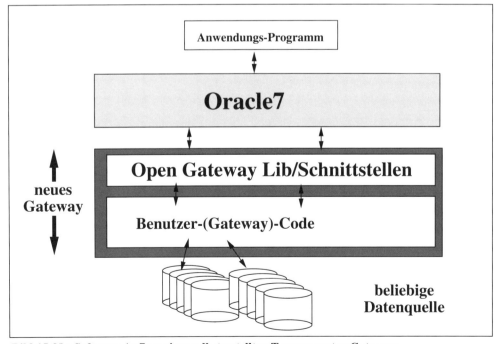

Bild 15-28 : Software-Aufbau eines selbsterstellten Transparenten Gateways

Oracle7 Release 7.1

Grundsätzlich unterscheidet Oracle zwischen vier unterschiedlichen Transparenten-(Daten)-Gateway-Entwicklungsumgebungen, die jeweils unterschiedliche Vorgehensweisen bei der Implementierung erfordern. So gibt es Entwicklungsumgebungen für

- Set-basierende (SQL)-Systeme
- File-basierende-Systeme
- Hierarchische DB-Systeme
- Codasyl-DB-Systeme

die die jeweiligen spezifischen Funktionsweisen berücksichtigen.

Wie schon erwähnt, gibt es keinerlei funktionale Unterschiede zwischen Gateway-Produkten, die von Oracle entwickelt wurden und denen, die mit der Transparenten Gateway-Entwicklungs-Umgebung für beliebige Datenquellen von Kunden oder Softwarehäusern erstellt wurden. Auch bei der Konfiguration dieser Systeme gibt es keine Unterschiede. So wird stets das Gateway-System auf dem Rechner installiert, auf dem sich die zu integrierende Datenquelle befindet. Die Kommunikation zwischen Oracle7-Servern und Gateway-Systemen geschieht über SQL*Net und die eingesetzten Netzwerk-Protokolle. Die einzige Ausnahme von dieser Regel stellt das Oracle-DRDA-Gateway dar, das auf einem dedizierten Rechnersystem installiert wird und über das IBM-Protokoll APPC auf alle APPC-fähige IBM-Datenhaltungssysteme zugreifen kann.

Im Gegensatz zu SQL*Connect-Systemen der Version 1 (z.B. SQL*Connect to DB2) können die Gateway Produkte der Oracle-Open-Gateway-Technologie nicht als Standalone Produkte eingesetzt werden, sondern benötigen stets einen Oracle7-Server, der als sogenannter 'Integrativer Server' fungiert und der die Aufgabe hat, dem Client-Programm eine vollständig transparente Sicht auf eine globale Daten-Struktur zu liefern und alle Inkompatibilitäten eines Fremd-Systems vor dem Anwendungs-Programm zu verbergen. Eine Datenquelle, die über ein Transparentes Daten-Gateway in eine Oracle-Umgebung einbezogen wird, unterliegt keinerlei Restriktionen bezüglich der SQL-Funktionalität und der SQL-Syntax. So können über Oracle7-Datenbanken und beliebige andere Datenquellen Joins, Sub-Queries, Set-Operationen, View-Definitionen u.v.m. ohne Einschränkungen durchgeführt werden. Bei Gateways, die schreibende Operationen zulassen, sind remote Transaktionen und verteilte Transaktionen möglich. Bei verteilten Transaktionen kann pro Transaktion jedoch nur ein Fremd-System beteiligt sein, das dann die Rolle des Commit-Point Servers innerhalb des 2PC-Protokolls übernimmt. (Siehe dazu auch Kapitel 14.)

Oracle7 Release 7.1

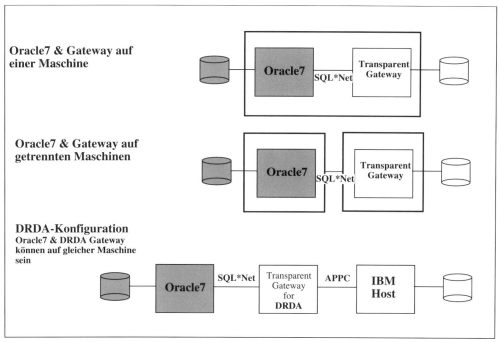

Bild 15-29 : Verschiedene Konfigurationsalternativen

Prozedurale Gateways

Zu der Produktklasse der Prozeduralen Gateways (PG) gibt es in der SQL*Connect-Produktfamilie keine vergleichbaren Produkte. Das Ziel eines PGs besteht darin, beliebige prozedurale Programme im Kontext eines PL/SQL-Programms zu betreiben. Auch innerhalb dieser Produktklasse wird unterschieden zwischen einer Prozeduralen-Gateway-Entwicklungsumgebung und von Oracle angebotenen 'schlüsselfertigen' Prozeduralen Gateways.

Die Integration eines prozeduralen Services kann am Beispiel eines 'C'-Programmes gezeigt werden. Innerhalb eines gespeicherten PL/SQL-Programmes soll eine 'C'-Routine aufgerufen werden können, die beliebige Algorithmen ausführt und u.U. auf beliebige Datenbestände zugreift. Ergebnisse werden über Parameter an das PL/SQL-Programm zurückgeliefert. Diese Art der Integration von 'C'-Programmen in PL/SQL war bisher nicht möglich, da ein Einbinden von selbstgeschriebenen Programmen in den Oracle-Basis-Code nicht möglich war und aus Sicherheitsgründen nicht sinnvoll ist. Mit Hilfe eines Prozeduralen Gateways wird der 'C'-Code eines beliebigen Programmes nicht in den Oracle-Basis-Code eingebunden, sondern das PG übernimmt die Aufgabe, die 'C'-Services bereitzuhalten. Dabei kann das

Oracle7 Release 7.1

Prozedurale Gateway (PG) mit dem eingebetteten 'C'-Programm sowohl auf der lokalen Maschine als auch auf einer beliebigen remote Maschine aktiviert werden. Wird das PG auf einer remote Maschine betrieben, dann wird durch den Aufruf eines gespeicherten PL/SQL-Programmes (oder eines DB-Triggers), das den Aufruf einer 'C'-Routine beinhaltet, der entsprechende Service auf der remote Maschine aktiviert und über die aus der Oracle Netzwerk-Technologie bekannten Oracle7-Funktionen bearbeitet. Das Bild 15-30 zeigt eine Beispiel-Konfiguration mit zwei Rechnern, die über SQL*Net verbunden sein müssen. Aus der Sicht des Programmierers ergeben sich jedoch keinerlei Änderungen, wenn Oracle7 und das Prozedurale Gateway(PG) auf der gleichen Maschine installiert sind. Auch hier spielen DB-Links und Synonyme die bekannte Rollen zur Adressierung der einzelnen 'C'-Routinen oder der prozeduralen Services.

Beim Aufruf eines 'C'-Programms aus einem PL/SQL-Programm, wie das Beispiel im Bild 15-30 zeigt, laufen folgende Aktionen ab:

- Auflösen des Synonyms (falls vorhanden)
- Analyse des Datenbank-Links (der DB-Link zeigt auf das PG, in das das 'C'-Programm eingebunden wurde)
- Übergabe der Parameter an das PG
- Ausführen des 'C'-Programms im Kontext des PG's
- Rückgabe der Parameter (falls vorhanden)

Die Prozedurale-Gateway-(PG)-Entwicklungsumgebung dient dazu, beliebige Prozedurale Services so zu integrieren, daß sie auch von PL/SQL genutzt werden können. Mit dieser Technologie lassen sich, wie am Beispiel des 'C'-Programms gezeigt, 3GL Algorithmen aus PL/SQL-Programmen aktivieren und können in den folgenden Oracle-Programm-Arten genutzt werden:

- gespeicherte PL/SQL-Programme
- DB-Trigger
- SQL-Funktionen, die auf der Basis von PL/SQL entwickelt wurden.

Mit Hilfe einer Definitionssprache (Gateway Data Definition Language, GDDL) wird der neu zu definierende Service mit Namen und Parametern beschrieben und der 'Procedurale Gateway Builder' (PGB) erzeugt daraus eine 'C' Schale. Dieses so erzeugte Programm-Segment wird mit dem eigentlichen 'C'-Programm und der Oracle-PG-Bibliothek zu dem Prozeduralen Gateway zusammengelinkt.

Oracle7 Release 7.1

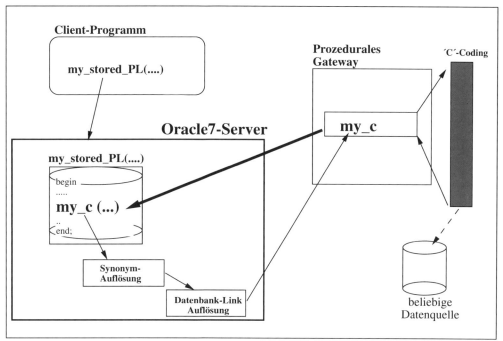

Bild 15-30 : ´C´-Programm-Aufruf von einem gespeicherten PL/SQL Programm

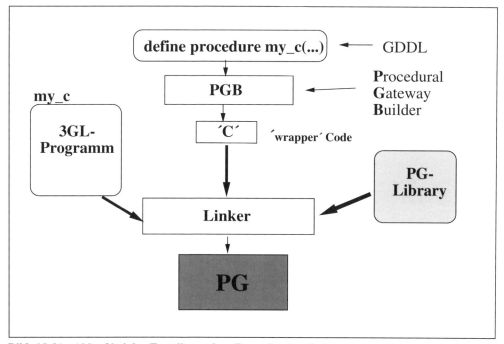

Bild 15-31 : Ablauf bei der Erstellung eines Prozeduralen Gateways

Oracle7 Release 7.1

'Schlüsselfertige' Prozedurale Gateways werden, wie bei den 'schlüsselfertigen' Transparenten Daten-Gateways von Oracle entwickelt und als Oracle-Produkte bereitgestellt. Die ersten Produkte dieser Art dienen der Integration von CICS und IMS/TM-Transaktionen mit Hilfe des Prozeduralen-APPC-Gateways für CICS oder IMS/TM in eine Oracle Umgebung, wie im Bild 15-32 dargestellt.

Damit ist es möglich, beliebige CICS oder IMS/TM basierende Anwendungen aus einer Oracle-Umgebung (Oracle Forms, PRO*SQL,..) zu aktivieren und Daten aus dem jeweiligen Datenhaltungssystem zu extrahieren und ggf. Daten zu ändern. Bei dieser Art der Integration von Fremdsystemen macht es keinerlei Unterschied, ob Daten aus einem File-System wie VSAM, einem hierarchischen System wie DL/1 oder IMS, einem Codasyl-System wie IDMS oder einem relationalen System wie DB2 stammen. Voraussetzung für die Integration dieser Systeme in eine Oracle-Umgebung mt Hilfe des Prozeduralen APPC Gateways sind die Verfügbarkeit von:

- CICS oder IMS/TM Programme und
- APPC-Fähigkeit

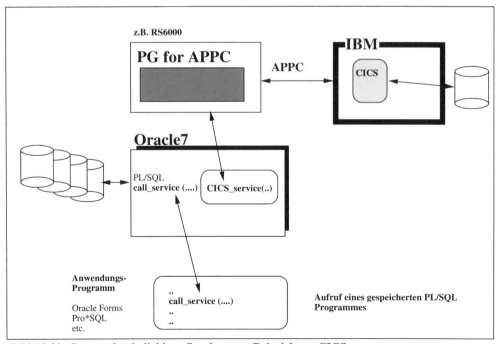

Bild 15-32 : Integration beliebiger Services am Beispiel von CICS

Eine typische Beispiel-Konfiguration zeigt das Bild 15-32. Ein Client-Programm aktiviert ein gespeichertes PL/SQL Programm oder einen DB-Trigger, in dem ein Aufruf eines CICS- oder IMS/TM-Services enthalten ist. Das PL/SQL-Programm wird innerhalb eines Oracle7-Servers ausgeführt und der CICS- bzw. IMS/TM-Aufruf wird vom Oracle7-Server an das Prozedurale APPC Gateway weitergeleitet und von dort über APPC-Services im Ziel-Host-System ausgeführt. Auch hier, wie bei der DRDA-Lösung für Daten-Gateways (Transparent Gateway for DRDA) werden keinerlei zusätzliche Softwarekomponenten auf der Host-Seite benötigt, da das Gateway-System auf einem dedizierten Rechner installiert wird.

Zusammenfassung

Die Oracle-Gateway Produktfamile ist mit Hilfe der Oracle-Open-Gateway-Technologie auf eine vollständig neue technologische Basis gestellt worden. Alle Aspekte der Integration von beliebigen Datenquellen und beliebigen Services wurden dabei berücksichtigt, was zu einer vollständig transparenten Integration führt und insbesondere bei der Einbeziehung von bestehenden Datenstrukturen und Funktionsmodulen hervorragende Dienste leistet.

Mit Hilfe der

- Transparenten (Daten) Gateway- und der
- Prozeduralen Gateway Produkte

lassen sich moderne integrierte Lösungen schaffen, ohne daß die bisherigen Datenbestände ausgeschlossen sind. Dies führt bei vielen Migrations-Projekten zu völlig neuen Ansätzen und Möglichkeiten, da der Integrationsgedanke unabhängig ist von bestimmten Gateway- Produkten, die Oracle als relevant betrachtet. Die hohe Funktionalität der schlüsselfertigen Gateway-Produkte und die Möglichkeit, zu beliebigen Datenquellen und Prozeduralen Umgebungen eigene Gateway-Systeme zu entwickeln, macht den Kunden unabhängiger und viele Migrations-Projekte erst durchführbar.

15.8 Oracle7 Release 7.1-Netzwerk-Technologie

15.8.1 Einführung

Die zunehmende Komplexität der bereits in Produktion befindlichen verteilten Systeme und die oftmals ambitionierten Systeme, die zur Zeit in vielen EDV-Abteilungen in Planung sind, machen es notwendig, daß für den Aufbau und für die Verwaltung solcher Systeme die notwendigen Hilfsmittel und technologischen Voraussetzungen geschaffen werden.

In Kapitel 13 und 14 werden die verschiedenen Aspekte eines verteilten Oracle-System dargestellt, wobei der Schwerpunkt des Kapitels 13 auf der Oracle-Netzwerk-Technologie mit SQL*Net und dem Multi-Protokoll-Interchange liegt. Kapitel 14 beschreibt die datenbank-relevanten Technologien wie Datenbank-Links, verteilte Transaktionen und Replikationen. Diese Technologien nutzen die SQL*Net-Services als Träger-System, ohne sich um die physischen Gegebenheiten der Netzwerke kümmern zu müssen.

Im Zusammenhang mit der Einführung von Release 7.1 des Oracle7-Servers werden eine Reihe von Oracle TNS (Transparent Network Substrate)-Produkte neu eingeführt oder erweitert.

Die wichtigsten sind im Bild 15-33 aufgeführt.

Der Oracle Network Manager stellt dabei das zentrale Werkzeug dar, um vernetzte Oracle-Systeme zu konfigurieren. Mit Hilfe dieses Werkzeugs wird ein verteiltes Oracle-System mit

- allen Oracle-Knoten und allen Oracle-Instanzen
- allen Multiprotokoll-Interchanges
- allen Netzwerken
- allen Netzwerk-Domänen

und bei der Verwendung des Oracle Name-Servers

- allen Datenbank-Links

beschrieben.

Oracle Network Manager	Konfigurations-Werkzeug für verteilte Oracle-Systeme, GUI-basierend.
Oracle Names	Name-Server für alle Objekte eines verteilten Oracle-Systems. Vereinfacht die zentrale Pflege der verteilten Oracle-Objekte
Secure Network Services	Verschlüsselung aller Daten
Verschlüsselung der Passwörter bei C/S und S/S-Kommunikation	Verschlüsselung der Passwörter bei Login-Vorgängen bei C/S- oder S/S-Konfigurationen
´dead-process´-Erkennung	Generische ´dead-process´-Erkennung unabhängig vom verwendeten Netzwerk
Erweiterte Trace-Möglichkeiten	Verbesserte Trace-und Logging-Verfahren

Bild 15-33 : Oracle-TNS-Produkte und neue SQL*Net Funktionen

Diese Beschreibung dient als Basis für die Generierung aller benötigten Konfigurations-Files. Eine manuelle Erstellung der im Kapitel 13 beschriebenen Filearten wird dadurch überflüssig.

Ein weiteres neues Produkt ist Oracle Names, der Name-Server eines verteilten Oracle-Systems. Ein Oracle Name-Server bildet einen zentralen Namens-Service innerhalb einer Oracle-Domäne und verwaltet alle

- Oracle-Knoteninformationen
- Oracle Datenbank-Links
- Alias-Namen

Wird Oracle Names eingesetzt (dies ist ein optionales Produkt), können Datenbank-Links innerhalb Oracle Names abgelegt und mit Hilfe des Oracle Network Managers zentral gepflegt werden.

Auch bezüglich des Datenschutzes innerhalb verteilter Oracle-Systeme ergeben sich einige wichtige Erweiterungen. So wird mit dem 'Secure-Network-Service' eine zu SQL*Net zusätzliche Ebene eingeführt, die alle Daten verschlüsselt, die über SQL*Net an einen weiteren Oracle-Server geschickt werden. Diese vollständige Verschlüsselung aller Daten, die von Client-Systemen an Oracle7-Server oder von einem Server-System zu einem anderen Server-System transportiert werden, ist insbesondere dort interessant, wo bisher Vorbehalte gegen eine Dezentralisierung wegen unzureichender Datenschutzmaßnahmen bestanden haben.

Von großer Wichtigkeit und von vielen Benutzern lange erwartet, ist die Möglichkeit der Passwort-Verschlüsselung bei Client/Server und Server/Server-Kommunikation. Mit Hilfe der Umgebungsvariablen 'ora_encrypt_login' auf der Client-Seite und dem 'init.ora'-Parameter 'dblink_encrypt_login' auf der Server-Seite kann die Verwendung von verschlüsselten Passwörtern bestimmt werden. Dies zeigt auch das Bild 15-34.

Auf der Client-Seite wurde in diesem Beispiel die Umgebungsvariable 'ora_encrypt_login' auf TRUE gesetzt, um eine Passwort-Verschlüsselung vorzunehmen, wenn ein Login auf einen 'remote'-Oracle7-Server durchgeführt werden soll.

Bei Server/Server-Kommunikation mit Hilfe von Datenbank-Links muß der 'init.ora'-Parameter 'dblink_encrypt_login' auf TRUE gesetzt werden, um eine Verschlüsselung zu erreichen.

Eine verschlüsselte Passwort-Kommunikation kann jedoch nur dann erfolgen, wenn die '?_encyrpt_login'-Paramter beider Kommunikations-Partner auf TRUE eingestellt sind. Ist dies nicht der Fall, wird der Verbindungsversuch abgebrochen

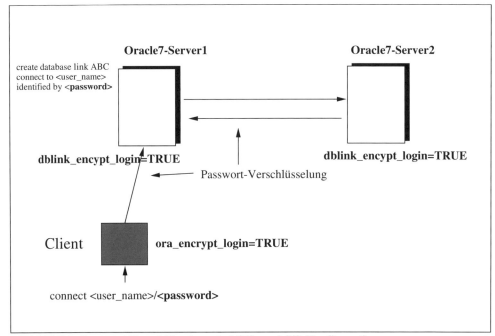

Bild 15-34 : Passwort-Verschlüsselung bei C/S- und S/S-Konfigurationen

und automatisch ein Verbindungsaufbau mit 'nicht-verschlüsseltem' Passwort durchgeführt.

Das automatische Re-Connect bei '?_encyrpt_login'-Inkompatibilitäten der Kommunikationspartner tritt jedoch nur innerhalb der Release 7.1 Partner auf. Ein verschlüsselter Verbindungsaufbau-Versuch zu einem Release 7.0 Server wird mit einer Fehlermeldung abgebrochen.

15.8.2 Erweiterungen des Oracle7-Replikations-Konzeptes

Mit Oracle7 Release 7.0 wurden drei Arten von Replikationen eingeführt

- Asynchrone Replikationen (Oracle7-Schnappschüsse)
- Synchrone (read-only) Replikationen
- Synchrone (read-write) Replikationen

die auch im Bild 14-27 dargestellt sind.

Eine wichtige Erweiterung des bisherigen Konzeptes ist die Möglichkeit der Bildung von Schnappschuß-Gruppen und die Möglichkeit, auf diesen Gruppen Operationen auszuführen.

Alle Operationen auf Schnappschuß-Gruppen werden mit Hilfe des 'dbms_refresh'-Paketes durchgeführt, das die folgenden Operationen zuläßt.

- make
  Erstellen einer Schnappschuß-Gruppe
- add
  Erweitern einer Schnappschuß-Gruppe um weitere Schnappschüsse
- substract
  Entfernen eines Schnappschusses aus der Schnappschuß-Gruppe
- change
  Ändern der Gruppen-Charakteristik z.B. Ändern der refresh-Frequenz der Gruppe
- destroy
  Löschen der Schnappschuß-Gruppe
- user_export und user_export_child
  Erstellen von SQL-Skripts um die jeweilige Gruppe bzw. einen Schnappschuß aus der Gruppe zu bilden
- refresh
  Refresh aller Schnappschüsse der Gruppe innerhalb einer Transaktion

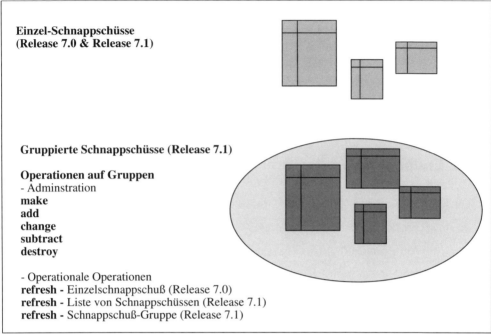

Bild 15-35 : Einzelschnappschüsse und Schnappschuß-Gruppen

Damit stehen insgesamt zwei wichtige PL/SQL-Pakete zur Verfügung, um asynchrone Replikationen zu verwalten. nämlich das aus Release 7.0 bekannte 'dbms_snapshot'-Paket und das mit Release 7.1 eingeführte 'dbms_refresh'-Paket. Im Bild 15-36 sind die Prozeduren der beiden Pakete aufgeführt. Auch der Ausführungsort ist aus diesem Bild ersichtlich. So sind die Prozeduren

- purge_log
- set_up
- wrap_up
- get_log_age

des 'dbms_snapshot'-Paketes nur auf der Master-Seite ausführbar.

Während sich sich die 'refresh'-Prozedur des 'dbms_refresh'-Paketes nur auf Schnappschuß-Gruppen bezieht, können mit der 'refresh'-Prozedur des 'dbms_snapshot'-Paketes sowohl Einzelschnappschüsse als auch eine Liste von Schnappschüssen verarbeitet werden (List-Refresh).

Bei einem Refresh auf eine Gruppe oder auf eine Liste von Schnappschüssen werden alle Replikate, die innerhalb der Gruppe bzw. innerhalb der Refresh-Liste definiert sind, in einer Transaktion 'refreshed'.

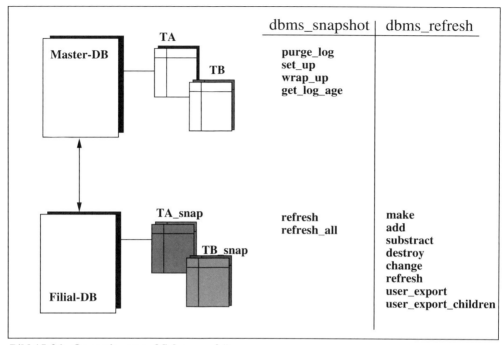

Bild 15-36 : Operationen auf Schnappschüsse

Die bisherigen Ausführungen bezogen sich im wesentlichen auf die manuelle Anwendung der beschriebenen Prozeduren, um ein Refresh von Schnappschüssen durchzuführen.

Dies ist in der Regel die Ausnahme und ist lediglich bei kleinen Konfigurationen angebracht.

In einem produktiven Umfeld ist ein automatisierter Refresh-Vorgang der Replikationen notwendig. Jede Oracle7-Instanz, die Replikate (Schnappschüsse) beinhaltet, kann mit Hilfe der folgenden drei 'init.ora' Parameter den automatischen Refresh-Modus aktivieren:

- snapshot_refresh_processes

Gibt an, wieviele Refresh-Hintergrundprozesse pro Oracle7-Instanz aktiv sein sollen. Bis zu maximal zehn Refresh-Hintergrundprozesse sind möglich. Mehr als ein Refresh-Prozeß ist jedoch nur dann nötig, wenn mehrere Schnappschüsse vorhanden sind, die eine hohe Refresh-Frequenz besitzen

- snapshot_refresh_interval

Gibt an, in welcher Frequenz die Hintergrundprozesse 'aufwachen' sollen, um zu prüfen, ob es Schnappschüsse gibt, die ein Refresh benötigen. Als 'default' sind

60 Sekunden definiert. Sind Schnappschüsse mit kürzeren Refresh-Intervallen vorhanden, sollte dieser Parameter unbedingt dem kürzesten Refresh-Intervall angepaßt werden.

- snapshot_refresh_keep_connections

Ist dieser Parameter auf TRUE gesetzt, dann wird die Verbindung auch nach Beendigung des Refresh-Vorgangs nicht abgebaut. Insbesondere bei hoher Refresh-Frequenz sollte dieser Parameter auf TRUE gesetzt sein, um die Verbindungsaufbauzeiten zu minimieren.

Das Bild 15-37 stellt das manuelle und das automatische Refresh-Verfahren nochmals gegenüber.

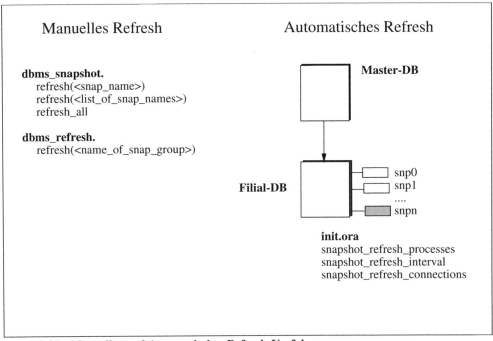

Bild 15-37 : **Manuelles und Automatisches Refresh-Verfahren**

Kann ein notwendiger automatischer Refresh-Vorgang auf Grund einer Fehlersituation (Netzwerk-Problem, remote Server nicht verfügbar,...) zur Refresh-Zeit nicht durchgeführt werden, unternimmt der Refresh-Hintergrundprozeß periodische Versuche, den Refresh durchzuführen.

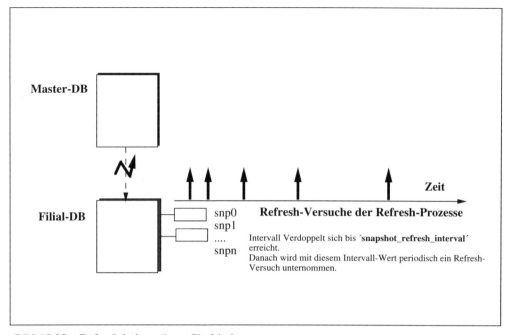

Bild 15-38 : Refresh bei gestörten Verbindungen

Nach sechzehn fehlgeschlagenen Versuchen wird der Refresh-Vorgang für diesen Schnappschuß bzw. für diese Schnappschuß-Gruppe abgebrochen und ein 'broken'-Flag im Data-Dictionary für den Einzelschnappschuß bzw. für die Schnappschuß-Gruppe gesetzt. Zusätzlich wird ein 'snapshot'-Trace File geschrieben.

Über die Data-Dictionary-Views 'user_refresh' und 'user_refresh_children' kann der Zustand der Schnappschüsse bzw. Schnappschuß-Gruppen abgefragt werden. Hieraus ist auch das 'broken'-Flag ersichtlich.

Schnappschüsse bzw. Schnappschuß-Gruppen, bei denen das 'broken'-Flag gesetzt wurde, nehmen am automatischen Refresh nicht mehr teil. Erst nach geglücktem manuellen Refresh mit 'dbms_snapshot.refresh' bzw. bei Schnappschuß-Gruppen mit 'dbms_refresh.refresh' wird das 'broken'-Flag zurückgesetzt und ein automatisches Refresh ist wieder möglich.

Das Bild 15-39 zeigt den Aufbau einer einfachen Replikations-Konfiguration mit automatischem Refresh.

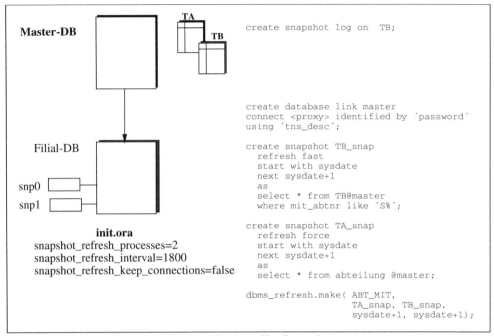

Bild 15-39 : Aufbau einer einfachen Replikations-Konfiguration

15.8.3 Oracle7 Symmetrische Replikationen – Ein Ausblick

Um komplex-verteilte Systeme aufbauen und in einem produktiven Umfeld betreiben zu können, sind eine Vielzahl technologischer und organisatorischer Voraussetzungen nötig. Der Datenbank-Server muß dabei ein großes Spektrum von Funktionalitäten abdecken, um für die Anforderungen der unterschiedlichen Anwendungsarchitekturen die jeweils richtigen Implementierungsmöglichkeiten zu bieten.

Im Bild 13-3 wurden die Phasen vorgestellt, nach denen Oracle die verteilte Datenbank-Technologie in den letzten Jahren eingeführt hat.

Nach der Einführung der

- verteilten Leseoperationen
- verteilten Transaktionen mit dem 2Phasen-Commit Protokoll
- Client/Server-Konfigurationen in homogenen und heterogenen Netzen
- synchronen und asynchronen Replikationen
- gruppierten Replikationen (Schnappschuß-Gruppen)

wird mit der symmetrischen Replikations-Technologie ein weiterer Baustein für den Aufbau verteilter Systeme bereitgestellt.

Das bisherige asynchrone Replikations-Verfahren (Schnappschuß-Verfahren) ist charakterisiert durch ein Master-Slave-Prinzip. Ein Datenbank-Knoten hat die Kontrolle über die Daten und nur dort können Änderungs-Operationen durchgeführt werden. Die aus dem Master-Datenbestand erzeugten Replikate (Schnappschüsse) sind nur für den lesenden Zugriff gedacht und können nicht geändert werden.

Im Bild 14-27 wurden neben den asynchronen Replikationen auch zwei Varianten eines synchronen Replikations-Verfahrens eingeführt. Dieses synchrone Verfahren kann mit Hilfe der Oracle7-Datenbank-Trigger implementiert werden. Die Änderungen innerhalb der Master-Datenbank und die Änderung aller Replikate durch den entsprechenden DB-Trigger werden innerhalb einer Transaktion durchgeführt und mit dem 2PC-Protokoll abgesichert. Insbesondere die dritte Variante aus Bild 14-27 kann als symmetrische (synchrone) Replikation angesehen werden, da es zwischen den beteiligten DB-Objekten keine Master-Slave Beziehung gibt.

Das symmetrische Replikations-Verfahren, das mit Oracle7 Release 7.1 eingeführt wird, geht jedoch weit über die oben beschriebenen Möglichkeiten hinaus. Die mit Release 7.0 zur Verfügung stehenden Möglichkeiten der Implementierung von synchronen Replikationen konnten nur innerhalb der auslösenden Transaktion bearbeitet werden. Diese Tatsache beschränkt die Anzahl der zu versorgenden Replikate, da mit jeder zusätzlichen Replikation die Dauer einer 'commit'-Operation steigt.

Das symmetrische Replikations-Verfahren mit Release 7.1 basiert dagegen auf einem asynchronen RPC-Mechanismus, der die Ausführung einer 'remote'-Operation nicht synchron und damit transaktions-genau zur Auslösetransaktion ausführt, sondern asynchron.

Während bei synchronen Replikationen davon ausgegangen werden kann, daß ein Transaktions-Abschluß alle Replikate ändert, wird bei asynchronen RPCs lediglich die Garantie gegeben, daß alle 'remote'-Transaktionen zu einem späteren Zeitpunkt durchgeführt werden. Mit einem solchen Verfahren kann die lokale 'commit'-Operation sehr schnell abgeschlossen werden, unabhängig von der Anzahl der zu versorgenden Replikate.

Mit Hilfe der asynchronen RPC-Technologie ist es möglich, lokale Transaktionen mit 'commit' abzuschließen, obwohl ein Teil der verteilten Transaktion lediglich in der RPC-Queue angelegt ist und zu einem späteren Zeitpunkt durch den Oracle Job-Scheduler ausgeführt wird. Dieses Verhalten zeigt das Bild 15-40.

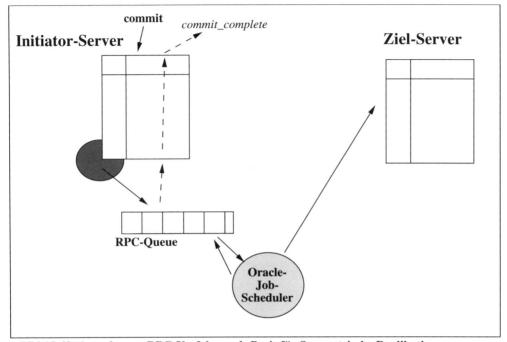

Bild 15-40: Asynchrones RPC-Verfahren als Basis für Symmetrische Replikationen

Der asynchrone RPC bildet die Basis für die symmetrische Replikations-Technologie.

Grundsätzlich lassen sich dabei zwei Replikations-Arten unterscheiden:

- Änderbare Schnappschüsse

- N-Way-Replikationen

Der Unterschied der beiden Replikations-Arten liegt darin, daß Schnappschüsse auch aus Ausschnitten einer Tabelle bestehen können (selection, projection), während bei einer N-Way-Replikation stets die gesamte Tabelle auf den unterschiedlichen 'remote'-Knoten vorhanden sein muß.

Das Problem der 'update'-Konflikterkennung ist jedoch bei beiden Replikations-Arten identisch.

Da Änderungen innerhalb einer Tabelle an mehreren Orten und innerhalb unabhängiger DB-Server zulässig sind, und diese nicht innerhalb einer einzigen Transaktion durchgeführt werden, sind 'update'-Konflikte möglich, wie das Bild 15-41 zeigt.

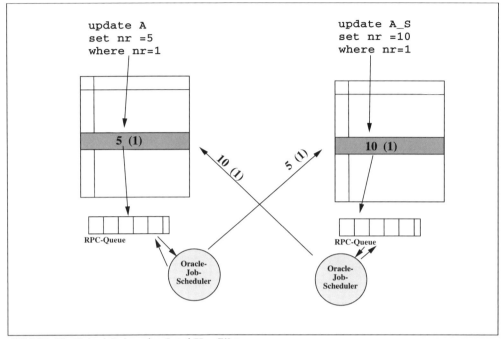

Bild 15-41 : Beispiel eines ´update´-Konfliktes

Der ursprüngliche Wert innerhalb der Tabelle 'a' und innerhalb des Schnappschusses 'a_s' war '1' (siehe Bild 15-41). Eine Transaktion auf Rechner 1 ändert diesen Wert auf '5' und schließt die Transaktion mit 'commit' ab. Nachdem die RPC-Queue geschrieben ist und alle sonstigen 'commit'-Aktionen abgeschlossen sind, ist die Transaktion vollkommen beendet. Gleichzeitig wird jedoch innerhalb des Schnappschusses der gleiche Datensatz geändert (von '1' auf '10') und ebenfalls mit 'commit' abgeschlossen.

Beide Änderungen werden mit Hilfe der jeweiligen RPC-Queues in den 'remote'-Systemen nachgeführt.

Bei der Ausführung dieser Aktionen stellt der Oracle-Server fest, daß der Wert des zu ändernden Datensatzes durch eine andere Transaktion bereits verändert wurde. Daraufhin wird die für diese Tabelle und für die entsprechende Spalte geltende Konflikt-Auflösungs-Prozedur aktiviert, die festlegt, wie dieser Konflikt aufgelöst werden muß und welcher der beiden Werte Gültigkeit besitzen soll.

Oracle stellt einige beispielhafte PL/SQL-Prozeduren für die Auflösung von Konflikt-Situationen zur Verfügung. In der Praxis muß dies jedoch vom Applikations-Programmierer für die jeweiligen Systeme angepaßt werden.

INDEX

Index

A

Abhängigkeitskontrolle 198
   -deptree_fill 201
   -enge Abhängigkeit 198
   -ideptree 201
   -lose Abhängigkeit 198 199
Ablauf-Integrität 101
Abstimmungsvorgang 140
all_errors 185
alter database rename 261
alter session set global name 301 312
alter system set global name 301 312
alter table 19 351
   -noparallel-Parameter 356
   -parallel-Parameter 356
alter table disable constraint 212
alter table drop constraint 211
alter table enable constraint 212
alter tablespace 375
   -read only 375
alter trigger 235
Analyse-Skripts 362
analyze 142
   -compute 143
   -estimate 143 145
analyze_schema 145
Anonyme PL/SQL-Blöcke 158
ANSI/SQL X3.135 32
any-Schlüsselwort 243
ARCH 75

archivelog 127 129
asynchroner RPC 411 412
   -RPC-Queue 411
audit 267
Auflösungsverfahren 313
Ausführungs-Privilegien 234 240 241
Ausführungs-Teil 160 170
Ausführungsrecht 193
   -grant execute 193 240
Auslöseereignis 228 230
Auslösezeitpunkt 228 230
automatisches Re-Connect 405

B

B1-Produkt 252
Backup 127
   -kompletter 130
   -partieller 130
Basis-Parallelisierung 362
Beispiel-Scripts 204 236
benutzerdefinierbare Fehlernr 233
broken-Flag 409

C

C2-Produkt 252
cascade 224
catalog.sql 98
Checkpoint 71 126
   -mini-Checkpoint 132
checkpoint_process-Parameter 74
Client-Knoten 279
Client-Navigator 287
Client/Server 270
Cluster-Schlüssel 54
Cluster-Systeme 354

417

Index

commit 29 110
   -asnchrones commit 72
   -synchrones commit 72
commit force 333
Commit-Phase 320
Commit-Point Server(CP) 321 322 324 396
commit-Record 370
commit_point_strength 321 325
complete Refresh 339
composed Datentypen 165
connect internal 262
connect manager 291
connect-Befehl 299
Connect-String 64
connection qualifier 313
Constraint-Arten 213
   -check 213 220 221
   -default 213
   -foreign key 213
   -not null 213 220
   -on delete cascade 213 216 217
   -primary key 213 220
   -unique 213 220
Constraints 210
   -aktivieren 223
   -anlegen 223
   -deaktivieren 223
   -hinzufügen 223
   -löschen 223
create any table 243
create database 40
create database link 301
create index 21
create role 245

create session 240
create snapshot 337
create snapshot 339
create table 18 358
create trigger 226 235
create unique index 21
create view 19
Cursor-Definition 167
Cursor-Operationen 174
   -%found 175
   -%isopen 175
   -%notfound 175
   -%rowcount 175
   -Deklaration 174
   -schließen 175
   -öffnen 174
   -übertragen von Datensätzen 175 176

D

DAC-Verfahren 253
Data-Dictionary 93
   -extente Ebene 94
   -interne Ebene 94
Data-Dictionary Tabellen 94
Data-Dictionary Views 96
   -all 97
   -dba 97
   -user 97
Daten-Pumpen 291
Datenbank-Cache 62 77 148
   -Puffer-Trefferrate 148
Datenbank-Cache Syncronisation 86
Datenbank-Files 37 39
Datenbank-Tuning 139

Index

Datensatz 54
   -physische Datensatzlänge 56
Datensatz-Exclusiv-Modus 104
Datensatz-Kopf 54
Datensatz-Rumpf 54
Datensatzsperren 105
Datensatztyp 164
   -%rowtype 164
Datensegmente 42
DB-Block Parameter 48
   -initans 48
   -maxtrans 48
   -pctfree 48
   -pctused 48
DB-Block-Puffer 77 149
   -Pufferanalyse 149
DB-Cache 349
DB-Link 284 300
   -mit GLOBALEM Namen 301 311 312
   -ohne globale Namen 301
   -private 305
   -public 305
DB-Server Knoten 279
DB-Server/Client Knoten 279
DB-Trigger 158 226 337 389
   -Restriktionen 389
   -Software-Integration 389
DB-Trigger Rumpf 230
DB-Trigger-Typ 228
   -after-Befehls Trigger 229
   -after-Datensatz Trigger 229
   -before-Befehls Trigger 229
   -before-Datensatz Trigger 229
DB-Triggerarten 228

dba_2pc_neigbors 333
dba_2pc_pending 333
dba_errors 185
dblink_encrypt_login 404
dbms_alert 203
dbms_mail 202 227
dbms_output 195 196 202
dbms_pipe 203
dbms_refresh 406
dbms_snapshot 406
   -get_log_age 406
   -purge_log 406
   -set_up 406
   -wrap_up 406
dbms_transaction 203
dbms_utility 145
DBWR 70
db_block gets 148
db_block_lru_extented_stati. 150
db_block_lru_statistics 150
db_bock_buffers 79
db_domain 312
db_name 312
Debug-Prozeduren 195
   -dbms_output 195
Dedicated MultiServer 63 79
default-Tablespace 43
Deklarations-Teil 160 161
delete restrict 216
deptree 201
describe bind variable 388
describe select list for 388
direkte Datenbank 299
direkte DB-Server 299 315

419

Index

direkte Verbindung 299
Dirty-Reads 113
disable constarint 224
Discretionary Access Control 253
Disk-Striping 364
Diskrete Transaktion 117
    -begin_discrete_transaction 118
    -discrete_tranaction_enabled 118
Distributed Lock Service 86
DML-Phase 327
Dominanz(label) 256 257
DRDA-Gateway 396
drop constraint 224
drop tablespace -Privileg 41
drop trigger 235
dyn. Performance-Tabellen 264
dynamische Tabellen 50
dynamisches SQL 31 32 384

E

Ein-Phasen Commit Protokoll 110
Ein-Prozessor Systeme 60
einfacher Schnappschuß 338
Einzel-Privilegien 246
Einzelschnappschüsse 406
Einzeltyp-Dekalartion 164
    -%type 163
Embedded SQL X3.168 33
Entity Integritätsregeln 211
error$ 186 234
Erweitere Fehlertoleranz 92
exception handler 178 179
Export-Utility 354
Extent-Parameter 48

F

fast Refresh 339 341
Fehler-Ausnahmebehandlungsteil 160 168 178
    -Programmierer def. Ausnahmen 169
    -System definierte Ausnahmen 168
for each row 231
for-Schleife 173
for.Cursor-Schleife 174 176
Free-Liste 51
    -Transaktions-Free-Liste 51
Fremdschlüssel 215

G

GDDL 398
Gespeicherte PL/SQL Programme 158 181
global name 301 312
globale Datenbank 319
globaler DB-Linkname 311
Globaler Koordinator(GC) 321 326
Gruppierte Privilegien 246

H

heterogenes Netzwerk 280
Hochsicherheitsfunktionen 251

I

I/O-Bandbreite 349 363
if inserting,deleting,updating 231
if-then-else 172
IGDK 393
in-line 212
Indexsegmente 42

Index

indirekte Verbindung 299
indirekter DB-Server 300
init.ora 78
   -parallel_default_max_scans 358 359 362
   -parallel_default_scansize 358 359 362
   -parallel_max_servers 361 373
   -parallel_min_servers 360
   -parallel_server_idle_time 361
   -recovery_parallelism 373
initial extent 45
Instance-Information 78
Instanz-Recovery 120 123 320
intchng.ora 282 283
Integrativer Server 396
Interchange 274
Interchange-Navigator 286

J

Join 24

K

Kapselung von DB-Operationen 183
Klassifikation 254
komplexe Queries 347
komplexe SQL-Operationen 347 348
komplexer Schnappschuß 338
Konsistentes Lesen 112
Konsistenzprüfungen 209
Kontroll-Files 37 38

L

Lable 253
Langläufer-Tabellen 362

Lastprofil 355
LCK0,LCK1„ 76
Lesekonsistenz 115
LGWR 72
Liste von Schnappschüssen 406
listener.ora 80
lock table 106
Logisches-Striping 364
log_checkpoint_interval 126
log_checkpoint_timeout 126
Lokaler Koordinator 321 322
loop 172
Lose Gekoppelte Systeme 60
lost-update 102

M

MAC-Verfahren 253
Mandatory Access Control 253
Massiv-Parallele Systeme 61
Master Tabelle 215
Medium Recovery 120 127
Memory-Bus-Bandbreite 349 363
Migrations-Projekte 401
Mindesfüllgrad(pctused) 50
mlslabel 163
MPP 343 348 354
Multi-Version Read Consistency 114
MultiThreaded Server 63 79
   -mts-Parameter 80
mview$ 339 340

N

N-Way-Replikationen 412
NCSC 251

421

Index

Netzwerk-Konfiguration 297
Netzwerk-Verbund 274
Netzwerk-Verbund Kosten 286
next extent 45
noarchivelog 127 129
Non-Unique Index 22
noparallel 352

O

Objektprivilegien 239 241
offline Backup 127
online backup 127
online-Tablespace 374
OPI-Schnittstellen 66
ORACLE Datentypen 19
ORACLE Dispatcher 63 64
Oracle Name Server 393
Oracle Names 403
Oracle Network Manager 402
ORACLE Serverprozesse 62
ORACLE*Monitor 264
ORACLE*MPI 274 290 291 316
ORACLE*Navigator 274 276 288
ORACLE*ProtokollAdapter 274 277
ORACLE*TNS 274 328
ORACLE-Datenbank mount 261
ORACLE-Hintergrundprozesse 62
ORACLE-Instanz 62 261
Oracle-Job-Scheduler 411
ORACLE-Listener Prozeß 64
ORACLE7 Parallele Extension 76 83
ora_encrypt_login 404
Orts-Transparenz 273 304
out-of-line 212

P

Parallel Query Option 344 352 355
Parallel Server Modus 76
parallel-Parameter 356
Parallele Query Technologie 344
Paralleles Recovery 344 366 368
Parallelisierung 356
   -manuelle 368
Parallelisierungs-Arten 352
   -horizontale 352
   -inter 352
   -intra 352
   -vertikale 352
Parallelisierungsgrad1 351 352 354 356
Parameter-Übergabe 192
   -Namens-Methode 192
   -Positions-Methode 192
Partitionierung 350
   -dynamische 350 351 352 360
   -statische 350
Password-Verschlüsselung 404
PCM-Sperren 76 84
Performance-Zugewinn 117
PG-Bibliothek 398
Phantom-Daten 114
physical reads 148
PL/SQL Block 156
PL/SQL Compiler 185
PL/SQL Funktionen 182
PL/SQL Pakete 182
   -create package 188
   -create package body 189

Index

-Paket-Rumpf 189
-Spezifikation 188
PL/SQL Prozeduren 182
PL/SQL records 165
PL/SQL tables 165
PL/SQL-Aufruf 156
PMON 74 122
pragma exception init 170
pragmatische Formel 349
preferred_cmanagers 288
Prepare-Phase 320 325
Prepare-Server(PS) 321 322 324
Privilegs-Context 197
Privilegs-Pool 247
Privilegsmanagement 239
Protokollkonvertierung 293
Proxy-DB-Benutzer 305
Prozedurale Gateway Builder 398
Prozedurale Gateway Entwickl. 392 397
　-APPC-Gateways 400
　-CICS 400
　-IMS/TM 400
　-schlüsselfertige 400
Prozedurales Gateway 382 397
Prozeß-Recovery 120 121 328

Q

Query-Koordinator 360
Query-Prozesse 351 356
　-maximale Anzahl 358
Query-Server Pool 360
　-variabler 361
raise_application_error 233 234
rawmlslabel 163

R

Re-Navigation 293
Read-Only Transaktion 115
Read-Only-Tablespace 344
read-only-Tablespace 375
read/write-Systeme 394
RECO 76
recover 368
　-datafile 368
recover-Befehl 373
Recovery 128
　-Datenbank-Recovery 138
　-offline 135
　-online 135
　-Recovery-Transparenz 273
　-Tablespace-Recovery 138
Recovery-Koordinator 369 372
recovery-parallelism 373
Recovery-Server-Prozesse 368
　-Hash-Verfahren 373
Recovery-Zeit 366
REDO-Log Files 37
　-Archivierte 38
　-Online 38
Redo-Log-Einträge 366
Referentielle Integ. Aktionen 210
Referentielle Integritätsregel 210
referenzierte Tabelle 215
Refresh-Verfahren 339
　-complete 339
　-fast 339
Refresh-Zyklus 338
remote Aufruf 191
Remote Zugriffe 305 309

423

Index

replace 185
Replikat-Konzept 334
    -asynchrone 336 405
    -symmetrisches 411
    -synchrone(read-only) 336 405
    -synchrone(read/write) 336 405
Replikationen 402
    -N-Way- 412
Restore 134
Restore-Granulat 366
Restore-Zeit 366
restricted references 381
    -RNDS 381
    -RNPS 381
    -WNDS 381
    -WNPS 381
role_sys_privs 247
role_tab_privs 247
rollback force 333
rollback to savepoint 29
Rollback-Segmente 42
Rollenkonzept 245
    -aktive Rollen 246
    -deaktivierte Rollen 246
    -default Rollen 246
    -verfügbare Rollen 246
Row-Directory 49
rowlabel 255
RPC-Queue 411 413

S

savepoint 29
Schnappschuß 337
    -automatischer 407
    -einfacher 338
    -Einzel- 406
    -komplexer 338
    -Liste von 406
    -änderbarer 412
SCN 105 116
Selection 20
semantische Datenintegrität 207
    -deklarative Methode 208 210
    -prozedurale Methode 208 225
Sercure Network Service 403
set serveroutput 196
set transaktion read only 115
SGA 62
Shared Pool 78 181 234
Shared SQL 78
shared-index-entry Sperren 219
shared_pool_size 79
show errors 187
shutdown 263
Sicherheits-Kontext 234 309
Single Task 68
skalare Datentypen 165
Skalierungsfaktor 346 347 349 363
SMON 75 125
SMP 343 348 354
snap$ 339 340
snapshot 337
snapshot log 341
snapshot-Trace-File 409
snapshot_refresh_interval 407
snapshot_refresh_keep_connecti 408
snapshot_refresh_processes 407
Software-Architektur 61
Sortierungs-Wertebereiche 354
sort_area_size 365

Index

Spaltenkopf 56
Speicherungsparameter 45
Sperrgranularität 102
   -Datensatz-Sperren 103
   -DB-Block-Sperren 103
   -Tabellen-Sperren 103
Sperrmechanismen 102
SQL*Connect 391
SQL*DBA 260
SQL*Net Version 2.0 272
SQL-Funktion 381
SQL-Hints 356
   -noparallel 347
   -parallel 357
SQL-Optimierer 21 142
   -Hinweise 142 146
   -optimizer_mode 145
   -Regel-Methode 142
   -Regelwerk 142
   -statistische Informationen 142
   -Statistische Methode 142
   -Zugriffsplan 147
SQL-Routing 270
sql.bsq 98
standalone-Funktion 380
startup 263
statisches SQL 31 384
storage parameter 45
   -freelist 45
   -initial 45
   -maxextents 45
   -minextents 45
   -next 45
   -pctincrease 45
Symmetrische MultiProzessoren 60
Symmetrische Replikationen 344 410 411
System R 14
Systemprivilegien 239 241

T

Tabellen-Partitionierung 350
Tablespace 39
   -alter tablespace 40
   -alter tablespace begin backup 132
   -alter tablespace end backup 132
   -alter tablespace OFFLINE 41
   -alter tablespace ONLINE 42
   -create tablespace 40
   -drop tablespace 41
   -drop tablespace including 41
   -immediate 41
   -normal 41
   -OFFLINE-setzen 41
   -ONLINE setzen 42
   -temporary 41
TCSEC 252
Temporäre Segmente 42
timeout_interval 293
tkprof 362
TNS-Knotentypen 279 294
TNS-Netzwerkplaner 281
tnsnames.ora 281 283 299
tnsnav.ora 282 283 288
tnsnet.ora 282 283
Transaktion 110
   -discrete 117
   -lokale 317
   -offene 110
   -read-only 115

Index

-remote 317 318
-Transparenz 273
-verteilte 110 232 317
Transaktions-Ablauf 120
Transaktions-Graph 323 333
Transaktions-Synchronisation 86
Transaktions-Tabelle 370
Transaktions-Typ 317
Transp.-Gateway-Entwicklungsum 396
  -Codasyl-DB-Systeme 396
  -File-basierende 396
  -Hierarchische DB-Systeme 396
  -set-basierende 396
Transparente Leseoperation 297
  -verteilte 297 314
Transparentes Gateway 393 394
Trusted Betriebssysteme 255
Trusted ORACLE7 251
Tuning-Ebenen 140
Two-Task 69

U

UNIQUE Index 21
UPI-Schnittstellen 66
user_errors 185
user_refresh-View 409
user_refresh_children-View 409

V

v$-Tabellen 265
v$librarycache 151 152
v$rowcache 151 152
v$sysstat 148
verkettete DB-Blöcke 49
Verteilte Datenbank 271

verteilte DB-Operationen 314
verteilte Transaktion 232 298 314 394
View-Hierarchien 21

W

Wege-Optimierung 275
while-Schleife 174
Wiederherstellungs-Verfahren 366
with admin option 244
with grant option 244

X

x$kcbchb 150
x$kcbrbh 150

Z

Zugriffs-Mix 112 116

Ä

Änderbare Schnappschüsse 412

Ü

überladen definieren 182 189 194

2

2PC Fehlerzustände 327
2PC manuelle Eingriffe 333
2PC-Knotentypen 323
2Phasen Commit Protokoll 232 320 394 395

4

4GL-Prozeduren 158

?

?_encrypt_login 404 405

Notizen

Notizen

Notizen

Notizen

Notizen

Notizen

Notizen

Notizen